7·9급 공무원

공직
선거법

www.goseowon.co.kr

PREFACE

선거행정직 공무원은 선거나 국민투표에 있어 공정하고 체계적인 관리를 위한 업무를 수행한다. 선거행정직은 기존에는 선관위공무원으로 선발해 왔으나 선거관리의 전문성을 강화하고 유능한 인재들을 충원하기 위해 2013년부터 공직선거법을 필수시험과목으로 채택하고 명칭도 선거행정직으로 바꿨다.

선거행정직은 9급을 기준으로 국어, 영어, 한국사, 공직선거법의 필수과목과 행정법총론, 형법 중 하나의 선택과목으로 시험을 치른다. 그리고 7급은 국어, 영어, 한국사, 헌법, 행정법, 행정학, 공직선거법의 필수과목으로 시험을 치른다.

본서는 선거행정직 필수과목인 공직선거법에 대한 문제집으로 기출문제를 분석하고 이를 토대로 한 예상문제를 엄선하여 단기간에 효율적인 대비가 가능하도록 구성하였다. 더불어 최근 기출문제를 분석·수록하여 최신 출제경향 파악이 가능하다.

선거행정직 공무원을 꿈꾸는 모든 수험생들의 합격을 기원한다.

STRUCTURE

▌ 공무원시험 유형 완벽 분석

다양한 유형의 문제를 체계적으로 분석하여 내용의 흐름을 파악할 수 있도록 구성하였습니다.

▌ 단원별 기출문제 수록

최신 기출문제를 비롯하여 그동안 시행된 기출문제를 수록하여 출제유형 파악에 도움이 되도록 만전을 기하였습니다.

▌ 해설의 상세화

기출문제 및 출제예상문제에 대한 해설을 이해하기 쉽도록 상세하게 기술하여 실전에 충분히 대비할 수 있도록 하였습니다.

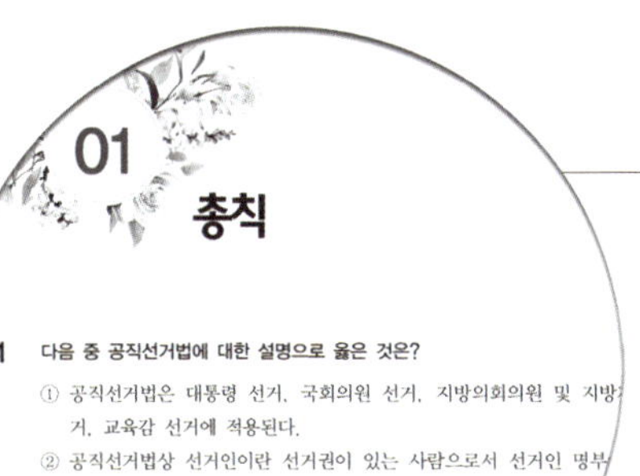

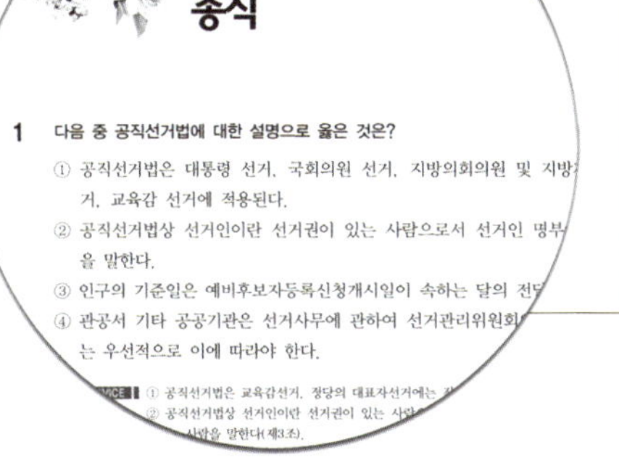

핵심예상문제

그동안 실시되어 온 기출문제의 유형을 파악하고 출제가 예상되는 핵심영역에 대하여 다양한 유형의 문제를 엄선·수록하였습니다.

실력평가모의고사

기출문제를 기반으로 한 모의고사와 상세한 해설을 통해 실력향상에 도움을 주고자 노력하였습니다.

기출문제분석

최신기출문제와 상세한 해설을 통해 실제 공무원시험 출제경향 파악에 도움을 주고자 노력하였습니다.

CONTENTS

시·험·전·에·꼭·풀·어·봐·야·할·문·제

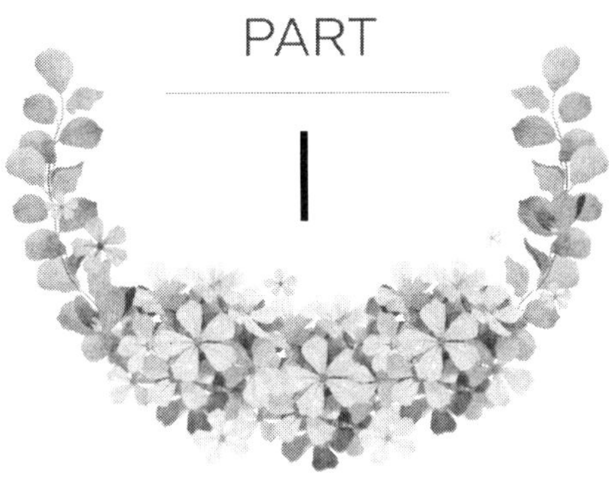

공직선거법 총론

총칙

1 **다음 중 공직선거법에 대한 설명으로 옳은 것은?**

① 공직선거법은 대통령 선거, 국회의원 선거, 지방의회의원 및 지방자치단체의 장 선거, 교육감 선거에 적용된다.

② 공직선거법상 선거인이란 선거권이 있는 사람으로서 선거인 명부에 올라 있는 사람을 말한다.

③ 인구의 기준일은 예비후보자등록신청개시일이 속하는 달의 전달 말일로 한다.

④ 관공서 기타 공공기관은 선거사무에 관하여 선거관리위원회의 협조요구를 받은 때에는 우선적으로 이에 따라야 한다.

> **ADVICE** ① 공직선거법은 교육감선거, 정당의 대표자선거에는 직접 적용되지 않는다(제2조 참조).
> ② 공직선거법상 선거인이란 선거권이 있는 사람으로서 선거인 명부 또는 재외선거인명부에 올라 있는 사람을 말한다(제3조).
> ③ 인구의 기준일은 예비후보자등록신청개시일이 속하는 달의 전전달 말일로 한다(규칙 제2조 제1항).
> ④ 제5조

2 **공직선거법상의 선거권 행사의 보장과 관련된 내용으로 맞는 것은?**

① 국가와 지방자치단체는 선거권자가 선거권을 행사할 수 있도록 필요한 조치를 취하여야 한다.

② 고용주는 고용된 사람이 사전투표기간 및 선거일에 모두 근무를 하는 경우 투표하기 위하여 필요한 시간을 청구한 경우 투표에 필요한 시간을 보장해 줄 수 있다.

③ 고용주는 고용된 사람이 투표하기 위하여 필요한 시간을 청구할 수 있다는 사실을 선거일 전 7일부터 선거일 전 3일까지 인터넷 홈페이지, 사보, 사내게시판 등을 통하여 알릴 수 있다.

④ 각급선거관리위원회(읍·면·동선거관리위원회는 제외한다)는 투표를 마친 선거인에게 국공립 유료시설의 이용요금을 면제·할인하는 등의 필요한 대책을 수립·시행할 수 있다. 이 경우 공정한 실시방법 등을 정당·후보자와 미리 협의하여야 한다.

> **ADVICE** ① 공직선거법 제6조는 선거권 보장을 위한 조치를 취할 주체로 '국가'만을 규정하고 있다.
> ② 공직선거법 제6조의2의 투표시간 청구에 대한 고용주의 보장은 의무 규정이다.
> ③ 공직선거법 제6조의2 제3항은 '알려야 한다'고 규정하고 있다
> ④ 공직선거법 제6조 참조

3 **선거방송심의위원회와 선거기사심의위원회에 대한 설명으로 옳은 것은?**

① 선거방송심의위원회를 구성한 후 국회에 교섭단체를 구성한 정당의 수가 증가하는 경우에도 그 증가한 위원은 위촉하지 않는다.

② 정기간행물 등을 발행하는 자가 선거기사심의위원회의 운영기간 중에 일간신문 또는 일반주간신문을 발행하는 때에는 그 정기간행물 등 1부를, 그 외의 정기간행물 등을 발행하는 때에는 선거기사심의위원회의 요청이 있는 경우 1부를 지체 없이 선거기사심의위원회에 제출하여야 한다.

③ 선거방송심의위원회와 선거심의위원회의 구성과 운영 그 밖에 필요한 사항에 대하여 언론중재위원회가 정한다.

④ 선거방송심의위원회는 임기만료에 의한 선거의 경우 예비후보자등록신청개시일 전일부터 선거일 후 30일까지 설치하지만 보궐선거 등이 실시되는 경우에는 선거방송심의위원회를 설치하지 않는다.

> **ADVICE** ① 선거방송심의위원회를 구성한 후 국회에 교섭단체를 구성한 정당의 수가 증가하여 위원정수를 초과하게 되는 경우에는 현원을 위원 정수로 본다(제8조의2 제2항).
> ② 제8조의3 제4항
> ③ 선거기사심의위원회는 구성과 운영 그 밖에 필요한 사항은 언론중재위원회가 정하지만(제8조의3 제7항), 선거방송심의위원회는 방송통신심의위원회규칙으로 정한다(제8조의2 제7항).
> ④ 보궐선거 등의 경우에도 선거일 전 60일(선거일 전 60일 후에 실시사유가 확정된 보궐선거 등의 경우에는 그 선거의 실시사유가 확정된 후 10일)부터 선거일 후 30일까지 선거방송심의위원회를 설치한다(제8조의2 제1항).

Answer 1.④ 2.④ 3.②

4 인터넷선거보도심의위원회에 대한 설명 중 옳지 않은 것은?

① 각급선거관리위원회는 인터넷언론사의 인터넷홈페이지에 게재된 선거보도의 공정성을 유지하기 위하여 인터넷선거보도심의위원회를 설치·운영하여야 한다.

② 인터넷선거보도심의위원회는 국회에 교섭단체를 구성한 정당이 추천하는 각 1인과 방송통신심의위원회, 언론중재위원회, 학계, 법조계, 인터넷 언론단체 및 시민단체 등이 추천하는 자를 포함하여 중앙선거관리위원회가 위촉하는 11인 이내의 위원으로 구성하며, 위원의 임기는 3년으로 한다.

③ 인터넷선거보도심의위원회에 위원장 1인과 상임위원 1인을 두되, 위원장은 위원중에서 호선하며, 상임위원은 중앙선거관리위원회가 인터넷선거보도심의위원회의 위원중에서 지명한다.

④ 정당의 당원은 인터넷선거보도심의위원회의 위원이 될 수 없다.

> **ADVICE** ① 인터넷선거보도심의위원회의 설치주체는 중앙선거관리위원회이다(제8조의5 제1항).
> ② 제8조의5 제2항
> ③ 제8조의5 제3항, 제4항 참조
> ④ 제8조의5 제5항

5 다음 중 선거방송심의위원회, 선거기사심의위원회 및 인터넷선거보도심의위원회에 대한 설명으로 옳은 것은?

① 각 위원회의 설치주체는 중앙선거관리위원회이다.

② 위원회를 구성한 후에 국회에 교섭단체를 구성한 정당의 수가 증가하여 위원정수를 초과하게 되는 경우에는 현원을 위원 정수로 본다.

③ 선거방송심의위원회의 구성과 운영 그 밖에 필요한 사항은 언론중재위원회가 정한다.

④ 선거기사심의위원회의 구성과 운영에 관하여 필요한 사항은 방송통신심의위원회규칙으로 정한다.

> **ADVICE** ① 각 위원회의 설치주체는 선거방송심의위원회의 경우 방송통신심의위원회(제8조의2 제1항)이며, 선거기사심의위원회는 언론중재위원회(제8조의3 제1항), 인터넷선거보도심의위원회는 중앙선거관리위원회(제8조5 제1항)이다.
> ② 제8조의2 제2항, 제8조의3 제2항, 제8조의5 제2항
> ③ 선거방송심의위원회의 구성과 운영 그 밖에 필요한 사항은 방송통신심의위원회규칙으로 정한다(제8조의2 제7항).
> ④ 선거기사심의위원회의 구성과 운영에 관하여 필요한 사항은 언론중재위원회가 정한다(제8조의3 제7항).

6 선거방송토론위원회에 대한 설명 주 옳은 것은?

① 중앙선거관리위원회는 대담·토론회와 정책토론회를 공정하게 주관·진행하기 위하여 각각 선거방송토론위원회를 설치·운영하여야 한다.

② 중앙선거방송토론위원회와 시·도선거방송토론위원회는 9명이내의 위원으로 구성된다.

③ 각급선거방송토론위원회에 위원장 1인을 두되, 위원장은 위원중에서 호선한다. 다만, 구·시·군선거방송토론위원회 위원장은 해당 구·시·군선거관리위원회 위원장이 겸한다.

④ 중앙선거관리위원회는 대담·토론회 등의 주관·진행 기타 공정성을 보장하기 위하여 필요한 사항을 정하여 공표하여야 한다.

> **ADVICE** ① 선거방송토론위원회의 설치주체는 각급선거관리위원회(읍·면·동선거관리위원회를 제외)이다(제8조의7 제1항).
> ② 중앙선거방송토론위원회는 11인 이내, 시·도선거관리위원회는 9명 이내의 위원으로 구성된다(제8조의7 제2항).
> ③ 제8조의7 제3항
> ④ 대담·토론회 등의 주관·진행 기타 공정성을 보장하기 위하여 필요한 사항을 정하여 공표하는 것은 중앙선거방송토론위원회이다(제8조의7 제6항).

Answer 4.① 5.② 6.③

7 선거여론조사공정심의위원회에 대한 설명 중 옳지 않은 것은?

① 중앙선거관리위원회는 공표 또는 보도를 목적으로 선거에 관하여 정당에 대한 지지
　 도나 당선인을 예상하게 하는 여론조사의 객관성·신뢰성을 확보하기 위하여 선거여
　 론조사공정심의위원회를 각각 설치·운영하여야 한다.
② 중앙선거관리위원회 및 시·도선거관리위원회에 설치하는 선거여론조사공정심의위원
　 회는 국회에 교섭단체를 구성한 정당이 추천하는 각 1명과 학계, 법조계, 여론조사
　 관련 기관·단체의 전문가 등을 포함하여 중립적이고 공정한 사람 중에서 중앙선거
　 관리위원회 또는 시·도선거관리위원회가 위촉하는 사람으로 총 9명 이내의 위원으
　 로 각각 구성된다.
③ 중앙선거여론조사공정심의위원회는 선거여론조사기준을 정하여 공표하여야 한다.
④ 중앙선거여론조사공정심의위원회가 심의하는 관할 여론조사는 전국 또는 2 이상 시·도
　 의 선거구민을 대상으로 하는 여론조사이며, 시·도선거여론조사공정심의위원회가 심의
　 하여 관할하는 여론조사는 해당 시·도의 선거구민을 대상으로 하는 여론조사이다.

> **ADVICE** ① 선거여론조사공정심의위원회의 설치·운영 주체는 중앙선거관리위원회와 시·도선거관리위원회이
> 　　　　　 다(제8조의8 제1항).
> 　　　　② 제8조의8 제2항
> 　　　　③ 제8조의8 제6항
> 　　　　④ 제8조의8 제8항

8 방송사·언론사에 대한 반론보도와 인터넷언론사에 대한 반론보도와 관련된 설명으로 옳은
　 것은?

① 방송사·언론사에 대한 반론보도의 청구권자와 인터넷언론사에 대한 반론보도의 청
　 구권자는 정당, 후보자(후보자가 되려는 자 포함)로 같다.
② 방송사·언론사에 대한 반론보도 제기 사유는 왜곡된 선거보도로 인한 피해이며, 인
　 터넷언론사에 대한 반론보도의 제기사유는 인신공격, 정책의 왜곡선전으로 인한 피
　 해이다.
③ 방송사·언론사 및 인터넷언론사에 대한 반론보도의 협의가 성립한 경우 48시간 이
　 내에 무료로 반론보도의 방송을 하여야 한다.

④ 방송사 · 언론사에 대한 반론보도의 청구기간과 인터넷언론사에 대한 반론보도의 청
구기간은 같다.

 ① 방송사 · 언론사에 대한 반론보도의 청구권자는 중앙당 · 후보자 및 후보자가 되려는 자(제8조의4)
이고, 인터넷언론사에 대한 반론보도의 청구권자는 정당, 후보자 및 후보자가 되려는 자이다(제8
조의6).
② 방송사 · 언론사에 대한 반론보도 제기 사유는 인신공격, 정책의 왜곡선전으로 인한 피해이며(제8
조의4 제1항), 인터넷언론사에 대한 반론보도의 제기사유는 왜곡된 선거보도로 인한 피해이다(제8
조의6 제4항).
③ 방송사 또는 언론사는 협의가 성립한 경우 48시간 이내에 무료로 반론보도의 방송을 하여야 하
며, 인터넷언론사는 12시간 이내에 인터넷언론사의 부담으로 반론보도를 하여야 한다(제8조의4
제2항, 제8조의6 제5항 참조).
④ 방송사 · 언론사 및 인터넷언론사에 대한 반론보도의 청구기간은 사유 있음을 안 날로부터 10일,
있은 날로부터 30일 이내로 같다(제8조의4 제1항, 제8조의6 제4항 참조).

9 다음 중 공직선거법 관련규정에 대한 설명으로 옳지 않은 것은?

① 공직선거법에서 선거인이란 선거권이 있는 사람으로서 선거인명부 또는 재외선거인
명부에 올라 있는 사람을 말한다.

② 중앙선거관리위원회는 선거인의 투표참여를 촉진하기 위하여 노약자 · 장애인 등 거
동이 불편한 선거인에게 교통편의를 제공하거나, 투표를 마친 선거인에게 국공립 유
료시설의 이용요금을 면제 · 할인하는 등의 필요한 대책을 수립 · 시행할 수 있다.

③ 인터넷선거보도심의위원회는 국회에 교섭단체를 구성한 정당이 추천하는 각 1인과
방송통신심의위원회, 언론중재위원회, 학계, 법조계, 인터넷 언론단체 및 시민단체
등이 추천하는 자를 포함하여 중앙선거관리위원회가 위촉하는 11인 이내의 위원으로
구성한다.

④ 인터넷언론사의 왜곡된 선거보도로 인하여 피해를 받은 정당 또는 후보자는 그 보도의
공표가 있음을 안 날부터 10일, 그 보도의 공표가 있은 날부터 30일이내에 서면으로 당
해 인터넷언론사에 반론보도의 방송 또는 반론보도문의 게재를 청구할 수 있다.

 ① 제3조
② 필요한 대책을 수립 · 시행하는 주체는 각급선거관리위원회이다(제6조 제2항).
③ 제8조의5 제2항
④ 제8조의6 제4항

 7.① 8.④ 9.②

10 공직선거법 제9조의 공무원의 중립의무에 대한 설명 중 옳은 것은? (다툼이 있는 경우 헌법 재판소 판례에 의함)

① 국가공무원법 조항은 정무직 공무원들의 일반적 정치활동을 허용하는 데 반하여, 이 사건 법률조항은 그들로 하여금 정치활동 중 '선거에 영향을 미치는 행위'만을 금지하고 있으므로, 위 법률조항은 선거영역에서의 특별법으로서 일반법인 국가공무원법 조항에 우선하여 적용된다

② 선거에 임박한 시기에 대통령이 기자회견에서 전 국민을 상대로 특정 정당에 대한 지지발언을 한 것은 선거에서의 중립의무를 위반한 것이며, 후보자의 특정이 이루어지지 않은 상태에서 특정정당에 대한 지지 발언을 한 행위는 선거운동에 해당한다.

③ 공무원의 중립의무를 규정한 공직선거법 제9조는 모든 영역에서 대통령의 정치적 표현의 자유를 상시적으로 규제하는 것으로 과잉금지원칙에 위배된다.

④ 국회의원과 지방의회의원이 대통령과 달리 제9조의 적용을 받지 않는 것은 합리적 이유 없는 차별로, 제9조는 평등의 원칙에 위배된다.

ADVICE ① 헌재 2008.1.17. 2007헌마700
② 정치적 중립성이 어느 때보다 요청되는 선거에 임박한 시기에 대통령이 기자회견에서 전 국민을 상대로 특정 정당을 지지하는 발언을 한 것은 대통령의 지위를 이용하여 선거에 대한 부당한 영향력을 행사한 것으로 선거에서의 중립의무를 위반한 것이나, 아직 후보자의 특정이 이루어지지 않은 상태에서 특정정당에 대한 지지 발언을 한 행위는 선거운동에 해당한다고 볼 수 없다(헌재 2004.5.14. 2004헌나1).
③ 이 사건 법률조항은 대통령의 정치적 표현의 자유를 상시적으로 모든 영역에서 규제하는 것이 아니라, 선거가 임박한 시기에 부당한 영향력을 행사하는 방법으로 선거결과에 영향을 미치는 표현행위만을 규제하는 것이고, 또한 이 사건 법률조항은 대통령의 직무집행과 관련된 공적인 행위만을 규제하는 것이고 대통령의 순수한 개인적인 영역까지 규제하는 것은 아니며, 나아가 이 사건 법률조항의 위반에 대한 제재조항이 없어 위 조항을 위반한다고 하여도 형사처벌을 받을 위험성이 없으므로 피해의 최소성을 갖추었다(헌재 2008.1.17. 2007헌마700).
④ 대통령은 국정의 책임자이자 행정부의 수반이므로 공명선거에 대한 궁극적 책무를 지고 있고, 대통령의 선거개입은 선거의 공정을 해칠 우려가 높다. 이에 반하여 국회의원이나 지방의회의원은 공무원의 선거관리에 영향을 미칠 가능성이 높지 않고, 국회의원은 국회의 구성원임과 동시에 정당의 소속원으로서 선거에 직접 참여하는 당사자가 될 수도 있고, 복수정당제나 자유선거의 원칙을 실현하기 위하여 정책홍보 등 광범위한 선거운동의 주체가 될 필요도 있으므로 선거에서의 중립성을 요구하는 것이 적절하지 않다. 결국 국회의원과 지방의회의원이 대통령과 달리 이 사건 법률조항의 적용을 받지 않는 것은 합리적인 차별이라고 할 것이므로, 위 법률조항은 평등의 원칙에 반하지 아니한다(헌재 2008.1.17. 2007헌마700).

11 공직선거법 제10조 사회단체 등의 공명선거추진활동에 대한 설명으로 옳은 것은?

① 특별법에 의하여 설립된 국민운동단체인 바르게살기운동협의회·새마을운동협의회·한국자유총연맹은 선거부정을 감시하는 공명선거 추진활동을 할 수 있다.

② 특정 정당(창당준비위원회 포함) 또는 후보자를 지원하기 위하여 설립된 단체, 선거운동을 하거나 할 것을 표방한 노동조합 또는 단체도 공명선거 추진활동을 할 수 있다.

③ 중앙선거관리위원회는 사회단체 등이 불공정한 활동을 하는 때에는 경고·중지 또는 시정명령을 하여야 하며, 그 행위가 선거운동에 이르거나 선거관리위원회의 중지 또는 시정명령을 이행하지 아니하는 때에는 고발 등 필요한 조치를 하여야 한다.

④ 후보자(후보자가 되고자 하는 자 포함), 후보자의 배우자와 후보자 또는 그 배우자의 직계존·비속과 형제자매나 후보자의 직계비속 및 형제자매의 배우자가 설립하거나 운영하고 있는 단체는 공명선거 추진활동을 할 수 없다.

> **ADVICE** ①② 특별법에 의하여 설립된 국민운동단체로서 국가 또는 지방자치단체의 출연 또는 보조를 받는 단체(바르게살기운동협의회·새마을운동협의회·한국자유총연맹), 특정 정당(창당준비위원회 포함) 또는 후보자를 지원하기 위하여 설립된 단체, 선거운동을 하거나 할 것을 표방한 노동조합 또는 단체는 그 명의 또는 그 대표의 명의로 공명선거추진활동을 할 수 없다(제10조 제1항).
>
> ③ 경고·중지 또는 시정명령 고발 등 필요한 조치를 하는 주체는 각급선거관리위원회(읍·면·동선거관리위원회를 제외한다)이다(제10조 제3항).
>
> ④ 제10조 제1항

12 다음 중 공직선거법에 규정된 선거부정감시단에 대한 설명으로 옳지 않은 것은?

① 중앙선거관리위원회에 두는 사이버 선거부정감시단은 상시 설치하고 선거일 전 60일부터 추가로 설치하나, 시·도선거관리위원회에 두는 사이버선거부정감시단은 선거일 전 120일부터 선거일까지 설치·운영한다.

② 선거부정감시단은 선거운동을 할 수 있는 자로서 정당의 당원이 아닌 중립적이고 공정한 자 중에서 중앙선거관리위원회 및 시·도선거관리위원회는 10인 이내의, 구·시·군선거관리위원회는 20인 이내의 인원을 추가하여 구성할 수 있다.

③ 사이버선거부정감시단은 선거운동을 할 수 있는 자로서 정당의 당원이 아닌 중립적인 사람으로 구성한다.

④ 선거부정감시단은 관할 선거관리위원회의 지휘를 받아 이 법에 위반되는 행위에 대하여 증거자료를 수집하거나 조사활동을 할 수 있다.

13 다음 중 공직선거법 규정과 일치하지 않는 것은?

① 대통령선거의 후보자는 후보자등록이 끝난 때부터 개표종료시까지 사형·무기 또는 장기 7년 이상의 징역이나 금고에 해당하는 죄를 범한 경우를 제외하고는 현행범인이 아니면 체포 또는 구속되지 않는다.

② 예비후보자 예비후보자가 선임한 선거사무장·선거사무원 및 회계책임자는 현행범인이 아니면 체포 또는 구속되지 않는다.

③ 중앙선거관리위원회는 이 법에 특별한 규정이 있는 경우를 제외하고는 선거사무를 통할·관리하며, 하급선거관리위원회 및 재외투표관리관의 위법·부당한 처분에 대하여 이를 취소하거나 변경할 수 있다.

④ 시·도선거관리위원회는 지방의회의원 및 지방자치단체의 장의 선거에 관한 하급선거관리위원회의 위법·부당한 처분에 대하여 이를 취소하거나 변경할 수 있다.

 ① 제11조 제1항
② 예비후보자 예비후보자가 선임한 선거사무장·선거사무원 및 회계책임자는 공직선거법 제11조가 규정한 신분보장의 대상이 아니다(제11조 참조).
③ 제12조 제1항
④ 제12조 제2항

14 빈칸에 가장 적절한 말을 고르시오.

> ① (㉠)는 이 법에 특별한 규정이 있는 경우를 제외하고는 선거사무를 통할·관리하며, 하급선거관리위원회 및 재외선거관리위원회와 재외투표관리관의 위법·부당한 처분에 대하여 이를 취소하거나 변경할 수 있다.
> ② (㉡)는 지방의회의원 및 지방자치단체의 장의 선거에 관한 하급선거관리위원회의 위법·부당한 처분에 대하여 이를 취소하거나 변경할 수 있다.
> ③ (㉢)는 당해 선거에 관한 하급선거관리위원회의 위법·부당한 처분에 대하여 이를 취소하거나 변경할 수 있다.

	㉠	㉡	㉢
①	중앙선거관리위원회	시·도선거관리위원회	구·시·군선거관리위원회
②	시·도선거관리위원회	구·시·군선거관리위원회	시·도선거관리위원회
③	중앙선거관리위원회	구·시·군선거관리위원회	시·도선거관리위원회
④	시·도선거관리위원회	시·도선거관리위원회	구·시·군선거관리위원회

 공직선거법 제12조(선거관리)
① 중앙선거관리위원회는 이 법에 특별한 규정이 있는 경우를 제외하고는 선거사무를 통할·관리하며, 하급선거관리위원회(투표관리관 및 사전투표관리관을 포함) 및 재외선거관리위원회와 재외투표관리관의 위법·부당한 처분에 대하여 이를 취소하거나 변경할 수 있다.
② 시·도선거관리위원회는 지방의회의원 및 지방자치단체의 장의 선거에 관한 하급선거관리위원회의 위법·부당한 처분에 대하여 이를 취소하거나 변경할 수 있다.
③ 구·시·군선거관리위원회는 당해 선거에 관한 하급선거관리위원회의 위법·부당한 처분에 대하여 이를 취소하거나 변경할 수 있다.

Answer 12.③ 13.② 14.①

15 공직선거법상 선거구 관리에 관한 설명 중 옳지 않은 것은?

① 대통령선거 및 비례대표국회의원과 시·도지사 선거의 선거사무는 중앙선거관리위원회가 행하고, 비례대표시·도의원 선거의 선거구선거사무는 시·도선거관리위원회가 행한다.

② 선거구선거사무라 함은 선거에 관한 사무 중 후보자등록 및 당선인결정 등과 같이 당해 선거구를 단위로 행하여야 하는 선거사무를 말한다.

③ 직근 상급선거관리위원회는 선거관리를 위하여 특히 필요하다고 인정하는 때에는 중앙선거관리위원회가 정하는 바에 따라 당해 선거에 관하여 하급선거관리위원회로 하여금 선거구선거관리위원회의 직무를 행하게 할 수 있다.

④ 구·시·군선거관리위원회가 천재·지변으로 그 기능을 수행할 수 없는 때에는 직근 상급선거관리위원회는 다른 선거관리위원회로 하여금 그 선거사무를 대행하게 할 수 있다.

> **ADVICE** ① 대통령선거 및 비례대표국회의원선거의 선거구선거사무는 중앙선거관리위원회가 담당하며, 시·도지사선거와 비례대표시·도의원선거의 선거구선거사무는 시·도선거관리위원회가 행한다(제13조 제1항).
> ② 제13조 제2항
> ③ 제13조 제3항
> ④ 제13조 제5항

16 공직선거법에 규정된 임기개시와 관련된 설명으로 옳지 못한 것은?

① 대통령의 임기와 총선거에 의한 국회의원과 지방의회의원의 임기는 전임자의 임기만료일의 다음 날부터 개시된다.

② 의원의 임기가 개시된 후에 실시하는 선거와 지방의회의원의 증원선거에 의한 의원의 임기는 당선이 결정된 때부터 개시되며 전임자 또는 같은 종류의 의원의 잔임기간으로 한다.

③ 지방자치단체의 장의 임기는 전임지방자치단체의 장의 임기만료일의 다음 날부터 개시된다.

④ 지방자치단체의 폐치·분합에 의하여 새로 선거를 실시하는 지방자치단체의 장의 임기는 당선이 결정된 때부터 개시된다.

17 다음 중 공직선거법 관련규정에 대한 설명으로 옳지 않은 것은?

① 선거부정감시단은 선거운동을 할 수 있는 자로서 정당의 당원이 아닌 중립적이고 공정한 자 중에서 중앙선거관리위원회규칙으로 정하는 바에 따라 10명 이내로 구성한다.

② 대통령선거의 후보자는 후보자의 등록이 끝난 때부터 개표종료시까지 사형 · 무기 또는 장기 7년 이상의 징역이나 금고에 해당하는 죄를 범한 경우를 제외하고는 현행범인이 아니면 체포 또는 구속되지 아니한다.

③ 선거여론조사공정심의위원회에 위원장 1명을 두되, 위원장은 중앙선거관리위원회가 위촉하는 사람으로 한다.

④ 중앙선거여론조사공정심의위원회에 상임위원 1명을 두되, 중앙선거관리위원회가 중앙선거여론조사공정심의위원회의 위원 중에서 지명한다.

18 공직선거법과 관련란 판례의 견해로 옳지 않은 것은?

① 지방의회 의원선거의 후보자로 등록된 자가 그 등록 전에 이미 사망하였음에도 불구하고 이를 알지 못한 채 선거가 이루어져 그 사망한 자가 당선인으로 결정된 경우, 그 사망한 자의 후보자등록 및 당선 역시 무효이므로 제195조 제1항 제5호의 규정에 따라 재선거를 실시할 사유에 해당한다.

② 지역구지방의회의원선거에서도 대통령선거나 지역구국회의원선거와 마찬가지로 유효투표 총수의 100분의 15 이상의 득표를 기탁금 및 선거비용 전액의 반환 또는 보전의 기준으로 정한 공직선거법은 청구인들의 평등권을 침해한다.

③ 선거운동의 기회균등원칙이란 것도 일반적 평등원칙과 마찬가지로 절대적이고도 획일적인 평등 내지 기회균등을 요구하는 것이 아니라 합리적 근거 없는 자의적 차별 내지 차등만을 금지하는 것으로 이해하여야 한다.

④ 각 시·도에 해당하는 선거구구역표는 전체가 불가분의 일체를 이루는 것으로서 어느 한 부분에 위헌적인 요소가 있다면 각 시·도에 해당하는 선거구구역표 전부에 관하여 위헌선언을 하는 것이 타당하다.

> **ADVICE** ① 대판 2007.9.7. 2006우15
> ② 지역구지방의회의원선거에서도 대통령선거나 지역구국회의원선거와 마찬가지로 유효투표 총수의 100분의 15 이상의 득표를 기탁금 및 선거비용 전액의 반환 또는 보전의 기준으로, 유효투표 총수의 100분의 10 이상 100분의 15 미만의 득표를 기탁금 및 선거비용 반액의 반환 또는 보전의 기준으로 규정한 공직선거법이 필요한 범위를 넘어 자의적으로 과도한 내용을 정한 것이라고 보기 어려우므로 청구인들의 평등권을 침해하는 것은 아니다(헌재 2011.6.30. 2010헌마542).
> ③ 헌재 1997.10.30. 96헌마94
> ④ 헌재 2007.3.29. 2005헌마985

19 다음 중 선거와 관련된 헌법재판소의 견해와 다른 것은?

① 공직선거의 후보자가 되려는 공무원을 선거일 전 100일까지 그 직을 그만두게 한 것은 공직의 직무전념성을 보장하기 위한 것으로 공무담임권을 침해하는 것은 아니다.

② 선거운동의 선전벽보에 비정규학력의 게재를 금지하는 것은 선거운동의 자유를 침해하지 않는다.

③ 국회의원신거·지빙의회의원 및 지방자치단체장 선거에서 어론조사결과의 공표를 허용할 것인지 여부에 관하여 대통령선거와 달리 취급하여야 할 합리적인 이유를 찾아볼 수 없다.

④ 선거운동기간 중 공개 장소에서 비례대표국회의원후보자의 연설·대담을 금지하는 것은 비례대표국회의원후보자의 선거운동의 자유 및 정당 활동의 자유를 침해하지 않는다.

 ① 공무원으로서 공직선거의 후보자가 되고자 하는 자를 선거일 전 90일까지 그 직을 그만 두도록 한 것은 선거의 공정성과 공직의 직무전념성을 보장하고, 후보의 난립을 방지하기 위한 것으로, 필요성과 합리성이 인정되므로 그것이 공무담임권의 본질적 내용을 침해하였거나 과잉금지의 원칙에 위배된다고 볼 수 없다(헌재 1995.3.23, 95헌마53).
② 헌재 1999.9.16, 99헌바5
③ 헌재 1999.1.28, 98헌바64
④ 헌재 2013.10.24, 2012헌마311

20 다음 중 선거와 관련된 헌법재판소의 견해와 다른 것은?

① 선거운동의 기회균등원칙이란 것도 일반적 평등원칙과 마찬가지로 절대적이고도 획일적인 평등 내지 기회균등을 요구하는 것이 아니라 합리적 근거 없는 자의적 차별 내지 차등만을 금지하는 것으로 이해하여야 한다.

② 선거비용을 보전하는 경우에 기준득표율을 넘은 후보자와 그렇지 않은 후보자를 차별하는 것은 후보자의 난립을 막기 위한 것으로 선거공영제의 취지에 부합한다.

③ 선거범죄로 인하여 당선이 무효로 된 때를 비례대표지방의회의원의 의석 승계 제한 사유로 규정한 공직선거법 제200조 제2항 단서 중 '비례대표지방의회의원 당선인이 제264조(당선인의 선거범죄로 인한 당선무효)의 규정에 의하여 당선이 무효로 된 때' 부분은 대의제 민주주의 원리에 위배된다.

④ 선거운동의 선전벽보에 비정규학력의 게재를 금지하는 것은 선거운동의 자유를 침해하지 않는다.

 ① 헌재 1997.10.30, 96헌마94
② 선거비용의 보전에 있어서 기준득표율을 넘은 후보자와 그렇지 않은 후보자를 차별하는 데에는 선거공영제의 취지에 부합하는 합리적인 이유가 없다 할 것이므로, 기준득표율에 따라 선거비용 보전에 차등을 두는 법률조항은 입법재량권의 한계를 일탈하여 자의적으로 평등권을 침해하지 않는다(헌재 2010.5.27, 2008헌마491).
③ 헌재 2009.6.25, 2007헌마40
④ 헌재 1999.9.16, 99헌바5

21 다음 중 선거와 관련된 헌법재판소의 견해와 다른 것은?

① 예비후보자의 선거운동에서 예비후보자 외에 독자적으로 명함을 교부하거나 지지를 호소 할 수 있는 주체를 예비후보자의 배우자와 직계존·비속으로 제한한 공직선거법 제60조의3 제2항 제1호는 선거운동의 자유를 침해하지 않는다.

② 기초의회의원선거 후보자가 특정 정당으로부터 지지 또는 추천 받은 것을 표방할 수 없게 한 것은 정치적 표현의 자유를 과도하게 침해한다.

③ 예비후보자의 선거운동에서 예비후보자 외에 독자적으로 명함을 교부하거나 지지를 호소 할 수 있는 주체를 예비후보자의 배우자와 직계존·비속으로 제한한 공직선거법 제60조의3 제2항 제1호는 선거운동의 자유를 침해하지 않는다.

④ 비록 공직선거법이 해상에 장기 기거하는 선원들을 부재자투표 대상자로 규정하지 않고, 이들이 투표할 수 있는 방법을 정하지 않고 있다 하더라도 이는 선거권의 본질적인 내용을 침해하는 것은 아니다.

> **ADVICE** ① 헌재 2011.8.30, 2010헌마259
> ② 헌재 2003.1.30, 2001헌가4
> ③ 헌재 2011.8.30, 2010헌마259
> ④ 공직선거법이 부재자투표를 할 수 있는 사람과 부재자투표 방법을 규정하면서, 해상에 장기 기거하는 선원들을 부재자투표 대상자로 규정하지 않고 있으며, 이들이 투표할 수 있는 방법을 정하지 않고 있는 것은 합리적인 이유 없이 그들의 선거권을 침해하는 것이다(헌재 2007.6.28, 2005헌마772).

22 다음 중 선거와 관련된 헌법재판소의 견해와 다른 것은?

① 선거의 공정을 위하여 선거일을 앞두고 어느 정도의 기간 동안 선거에 관한 여론조사결과의 공표를 금지하는 것 자체는 그 금지기간이 지나치게 길지 않는 한 위헌이라고 할 수 없다.

② 자유선거의 원칙은 비록 우리 헌법에 명시되지는 아니하였지만 민주국가의 선거제도에 내재하는 법 원리인 것으로서 국민주권의 원리, 의회민주주의의 원리 및 참정권에 관한 규정에서 그 근거를 찾을 수 있다.

③ 선거일 180일 부터 선거일까지 인터넷상 선거와 관련한 정치적 표현 및 선거운동을 금지하고 처벌하는 것은 후보자 간 경제력 차이에 따른 불균형 및 흑색신진을 통힌 부당한 경쟁을 막고 선거의 평온과 공정을 해하는 결과를 방지한다는 입법목적을 달성하기 위한 적합한 수단이다.

④ 특정 지역의 선거인들이 자의적인 선거구획정으로 인하여 정치과정에 참여할 기회를 잃게 되었거나, 그들이 지지하는 후보가 당선될 가능성을 의도적으로 박탈당하고 있음이 입증되어 특정 지역의 선거인들에 대하여 차별하고자 하는 국가권력의 의도와 그 집단에 대한 실질적인 차별효과가 명백히 드러난 경우, 이는 게리맨더링에 해당하며, 그 선거구획정은 입법재량의 한계를 벗어난 것이다.

ADVICE ① 헌재 1999.1.28, 98헌바64
② 헌재 1995.4.20, 92헌바29
③ 이 사건 법률조항에서 선거일 180일 부터 선거일까지 인터넷상 선거와 관련한 정치적 표현 및 선거운동을 금지하고 처벌하는 것은 후보자 간 경제력 차이에 따른 불균형 및 흑색선전을 통한 부당한 경쟁을 막고 선거의 평온과 공정을 해하는 결과를 방지한다는 입법목적을 달성하기 위한 적합한 수단이라고 할 수 없다(헌재 2011.12.29. 2007헌마1001).
④ 헌재 2001.10.25. 2000헌마92

23 선거제도에 관한 설명으로 옳은 것은? (다툼이 있는 경우 헌법재판소의 판례에 따름)

[2013 입법고시]

① 정당명부식 비례대표제 하에서 지역구에서 획득한 유효투표의 비율에 따라 비례투표 의석을 할당하는 것은 입법재량에 속한다.
② 선거인은 자신이 투표한 후보자가 누구인지를 공개함으로써 선거의 비밀유지에 관한 자신의 권리를 임의로 포기할 수 있다.
③ 투표일에 투표권을 행사할지 말지를 자유롭게 결정할 수 있어야 한다는 것이 비밀선거원칙의 핵심이다.
④ 미성년자에게는 헌법상 선거권을 부여할 수 없으므로 보통선거원칙은 당연히 민법상의 성년규정에 따라 제한된다.

ADVICE ① 1인 1표제 하의 비례대표의석배분방식은 민주주의 원리에 부합하지 않으며, 직접·평등선거의 원칙에 위배된다(헌재 2001.7.19. 2000헌마91).
② 헌법이 보장한 비밀선거의 원칙상 투표한 후보자나 정당에 대해서 어떠한 경우에도 진술할 의무는 없으나, 스스로 투표한 후보자나 정당을 공개하는 것은 가능하다.
③ 투표권의 행사를 자유롭게 결정할 수 있어야 한다는 것은 자유선거 원칙의 핵심내용이다.
④ 선거권과 공무담임권의 연령을 어떻게 규정할 것인가는 입법자가 입법목적 달성을 위한 재량에 속하는 것으로, 선거권 연령을 공무담임권의 연령인 18세와 달리 규정하더라도 이는 입법부에게 주어진 합리적인 재량의 범위를 벗어난 것이라고 할 수 없다(헌재 2003.1.27. 2002헌마787).

Answer 21.④ 22.③ 23.②

선거권과 피선거권

1 선거권에 대한 설명으로 옳지 못한 것은?

① 19세 이상의 국민으로서 선거인명부작성기준일 현재 해당 국회의원지역구 안에 주민등록이 되어 있는 사람은 지역구국회의원의 선거권이 있다.

② 주민등록표에 3개월 이상 계속하여 올라 있고 해당 국회의원지역구 안에 주민등록이 되어 있는 사람은 지역구국회의원의 선거권이 있다.

③ 19세 이상의 국민으로서 선거인명부작성기준일 현재 해당 지방자치단체의 관할 구역에 주민등록이 되어 있는 사람은 그 구역에서 선거하는 지방자치단체의 의회의원 및 장의 선거권이 있다.

④ 19세 이상으로서 선거인명부작성기준일 현재 영주의 체류자격 취득하고 해당 지방자치단체의 외국인등록대장에 올라 있는 외국인은 그 구역에서 선거하는 지방자치단체의 의회의원 및 장의 선거권이 있다.

> **ADVICE** ①② 제15조 제1항
> ③ 제15조 제2항
> ④ 지방자치단체의 의회의원 및 장의 선거권이 인정되기 위해서는 19세 이상으로서 선거인명부작성기준일 현재 영주의 체류자격 취득일 후 3년이 경과하고 외국인등록대장에 올라 있어야 한다(제15조 제2항).

2 다음 중 선거권에 대한 설명으로 옳지 못한 것은?

① 19세 이상의 국민은 대통령 및 국회의원의 선거권이 있다.

② 지역구국회의원과 지방자치단체의 의회의원 및 장의 선거권과 관련하여 주민등록이 되어 있을 요건은 선거일 현재를 기준으로 한다.

③ 선거권자의 연령은 선거일 현재로 산정한다.

④ 1년 이상의 금고 이상의 형의 선고를 받고 그 집행이 종료되지 아니하거나 그 집행을 받지 아니하기로 확정되지 아니한 자는 선거권이 없다.

> **ADVICE**
> ① 제15조 제1항
> ② 주민등록이 되어 있을 요건은 선거일이 아닌 선거인명부작성기준일 현재를 기준으로 한다(제15조 제1항 제2항).
> ③ 제17조
> ④ 제18조 제1항

3 **선거권에 대한 헌법재판소의 결정으로 옳지 않은 것은?**

① 선거권 연령을 정함에 있어서 민법상 행위능력의 유무는 중요한 기준이 될 수 있다.

② 선거권 연령을 정함에 있어 다른 나라의 선거권 연령도 중요한 판단 근거가 될 수 있다.

③ 19세 미만인 미성년자는 정신적·신체적 자율성이 아직 충분하지 않은 것으로 볼 수 있다.

④ 선거권 연령을 19세 이상으로 정한 것이 반드시 불합리하다고 볼 수 없다.

> **ADVICE**
> ①③④ 선거권 연령을 정함에 있어서 민법상 성년 연령과 반드시 일치시킬 필요는 없지만 민법상 행위능력의 유무는 국민이 정치적인 판단을 할 수 있는 능력이 있는지 여부를 판단할 때 중요한 기준이 될 수 있다. 19세 미만인 미성년자는 정신적·신체적 자율성이 아직 충분하지 않은 것으로 볼 수 있다. 입법자는 위와 같이 미성년자의 정신적·신체적 자율성의 불충분성 외에도 교육적인 측면에서 예견되는 부작용과 일상생활 여건상 독자적인 정치적 판단을 할 수 있는 능력에 대한 의문 등을 종합적으로 고려하여 선거권 연령을 19세 이상으로 정한 것이 반드시 불합리하다고 볼 수 없다(헌재 2013. 7.25. 2012헌마174).
> ② 선거권 연령을 정하는 문제는 입법자가 정치적·사회적 영향 등 여러 가지 사항을 종합하여 독자적으로 입법재량에 따라 결정해야 할 문제이므로, 다른나라의 선거권 연령과 단순하게 비교하여서는 안 된다(헌재 20013.7.25. 2012헌마174).

Answer 1.④ 2.② 3.②

4 보통선거와 선거권연령에 관한 설명 중 가장 옳지 않은 것은? (다툼이 있는 경우 헌법재판소 판례에 의함)

[2013 법원행시]

① 헌법은 제24조에서 '모든 국민은 법률이 정하는 바에 의하여 선거권을 가진다.'고 규정하고 제41조 제1항(제67조 제1항)은 보통·평등·직접·비밀 선거를 선거의 기본원칙으로 규정하고 있다.

② 여기서 말하는 보통선거라 함은 개인의 납세액이나 소유하는 재산을 선거권의 요건으로 하는 제한선거에 대응하는 것으로 이러한 요건뿐만 아니라 그 밖에 사회적 신분·인종·성별·종교·교육 등을 요건으로 하지 않고 일정한 연령에 도달한 모든 국민에게 선거권을 인정하는 제도를 말한다.

③ 보통선거제도를 채용하고 있는 국가들은 연령에 의한 선거권의 제한을 인정하고 있다. 이와 같이 연령에 의한 선거권을 제한할 수 밖에 없는 것은 국정 참여수단으로서의 선거권행사는 일정한 수준의 정치적인 판단능력이 전제되어야 하기 때문이다.

④ 선거권연령은 선거권행사에 요구되는 정치적 판단능력의 수준을 설정하고 일정 연령집단의 정치적 판단능력의 보편적 수준을 파악하는 일이 기본적으로 요구되므로, 입법자보다 고도의 전문적 식견을 가지고 있는 헌법재판소는 대의민주제에서 선거권행사에 요구되는 최소한의 정치적 판단능력의 수준과, 또 일정 연령집단의 정치적 판단능력이 보편적 수준을 계측하여 판단할 수 있다고 보아야 한다.

ADVICE ①②③ 헌재 1997.6.26. 96헌마89

④ 선거권연령은 선거권행사에 요구되는 정치적 판단능력의 수준을 설정하고 일정 연령집단의 정치적 판단능력의 보편적 수준을 파악하는 일이 기본적으로 요구된다. 그런데 대의민주제에서 선거권행사의 요구되는 최소한의 정치적 판단능력의 수준과 또 일정 연령집단의 정치적 판단능력의 보편적 수준을 계측할 객관적 기분과 방법이 없다. 그리고 이러한 사항의 판단에 관하여 우리 재판소가 입법자보다 고도의 전문적 식견을 가지고 있는 것도 아니다(헌재 1997.6.26. 96헌마89).

5 다음 중 피선거권에 관한 설명으로 옳지 않은 것은?

① 선거일 현재 5년 이상 국내에 거주하고 있는 40세 이상의 국민은 대통령의 피선거권이 있다.

② 선거일 현재 5년 이상 국내에 거주하고 있는 25세 이상의 국민은 국회의원의 피선거권이 있다.

③ 선거일 현재 계속하여 60일 이상 당해 지방자치단체의 관할구역 안에 주민등록이 되어 있는 주민으로서 25세 이상의 국민은 그 지방의회의원 및 지방자치단체의 장의 피선거권이 있다.

④ 지방자치단체의 사무소 소재지가 다른 지방자치단체의 관할 구역에 있어 해당 지방자치단체의 장의 주민등록이 다른 지방자치단체의 관할 구역에 있게 된 때에는 해당 지방자치단체의 관할 구역에 주민등록이 되어 있는 것으로 본다.

> **ADVICE**
> ① 제16조 제1항
> ② 국회의원의 피선거권의 경우 국내 거주 요건이 없다(제16조 제2항).
> ③ 제16조 제3항
> ④ 제16조 제4항

6 다음 중 피선거권에 관한 설명으로 옳지 않은 것은?

① 대통령의 피선거권 연령은 40세 이상이다.

② 국회의원선거에서의 피선거권 연령은 25세 이상이다.

③ 피선거권의 연령은 선거일 현재로 산정한다.

④ 지방자치단체장의 피선거권 연령은 40세 이상이다

> **ADVICE**
> ① 제16조 제1항
> ② 제16조 제2항
> ③ 제17조
> ④ 선거일 현재 계속하여 60일 이상(공무로 외국에 파견되어 선거일전 60일후에 귀국한 자는 선거인명부작성기준일부터 계속하여 선거일까지) 당해 지방자치단체의 관할구역 안에 주민등록이 되어 있는 주민으로서 25세 이상의 국민은 지방자치단체의 장의 피선거권이 있다(제16조 제3항).

Answer 4.④ 5.② 6.④

7 공직선거법상의 거주요건 중 성격이 다른 것은?

① 대통령선거의 피선거권으로서의 거주요건
② 지방의회의원 및 장 선거에서의 피선거권으로서의 거주요건
③ 무소속후보자에 대하여 선거권자가 추천하기 위한 거주요건
④ 국내 거주 대한민국 국민으로서 지방의회의원 및 장 선거의 선거권을 갖기 위한 거주요건

> **ADVICE** 대통령선거의 피선거권은 실제로 거주할 것을 요하나, 그 외의 경우에는 주민등록이 되어 있는 등 형식적인 거주요건에 해당한다.

8 다음 중 피선거권에 관한 설명으로 옳지 않은 것은?

① 대통령의 피선거권 기간 계산에서 공무로 외국에 파견된 기간과 국내에 주소를 두고 일정기간 외국에 체류한 기간은 국내거주기간으로 본다.
② 공무로 외국에 파견되어 선거일전 60일후에 귀국한 주민이라도 선거인명부작성기준일부터 계속하여 선거일까지 당해 지방자치단체의 관할구역 안에 주민등록이 되어 있다면, 지방자치단체의 장의 피선거권이 있다.
③ 주소요건은 특별한 사정이 없는 한 해당 지방자치단체의 관할구역 안에 주민등록만 되어 있으면 되는 것이지 실제 거주할 것까지 요구하는 것은 아니다.
④ 공무로 외국에 파견되어 선거일 전 60일 후에 귀국한 자에 대하여 예외 규정을 두고 있는 것은 합리적인 근거가 없는 차별이다.

> **ADVICE** ① 제16조 제1항
> ② 제16조 제3항
> ③ 대판 1992.9.22. 92우18
> ④ 이 사건 법률조항에서 공무로 외국에 파견되어 선거일 전 60일 후에 귀국한 자에 대하여 예외규정을 두고 있는 것은 이들이 공무수행으로 인하여 불이익을 입지 않도록 하면서 이 사건 법률조항의 입법목적을 달성하기 위한 최소한의 거주요건을 규정한 것이라 할 수 있으므로 합리적인 근거가 있는 차별이라고 보아야 한다(헌재 2004.12.16. 2004헌마376).

9 다음 중 공직선거법의 규정에 의한 선거권과 피선거권에 대한 설명으로 옳지 않은 것은?

[2011 법무사]

① 19세 이상의 국민은 대통령 및 국회의원의 선거권이 있다.

② 30세 이상의 국민은 국회의원의 피선거권이 있다.

③ 정치자금법 제45조에 규정된 죄를 범한 자로서 100만 원 이상의 벌금형의 선고를 받고 그 형이 확정된 후 5년 또는 형의 집행유예의 선고를 받고 그 형이 확정된 후 10년을 경과하지 아니하거나 징역형의 선고를 받고 그 집행을 받지 아니하기로 확정된 후 또는 그 형의 집행이 종료되거나 면제된 후 10년을 경과하지 아니한 자는 선거권이 없다.

④ 1년 이상 금고 이상의 형의 선고를 받고 그 형이 실효되지 아니한 자는 피선거권이 없다.

> **ADVICE** ① 제15조 제1항
> ② 제16조 제2항
> ③ 제18조 제1항 제3호
> ④ 제18조 제2항 제2호

10 공직선거법상 선거일 현재 선거권이 없는자에 해당하지 않는 것은?

① 금치산선고를 받은 자

② 금고 이상의 형의 선고를 받고 그 집행이 종료되지 아니하거나 그 집행을 받지 아니하기로 확정되지 아니한 자

③ 정치자금법 제46조의 각종 제한규정위반죄로 징역 1년의 형을 선고받고 집행이 종료한자.

④ 법원의 판결 또는 다른 법률에 의하여 선거권이 정지 또는 상실된 자

> **ADVICE** ①②④ 제18조
> ③ 정치자금법은 제45조와 제49조 위반만이 선거범이므로, 제46조 위반은 일반범이며, 집행이 종료하였으므로 선거권이 있다

Answer 7.① 8.④ 9.② 10.③

11 다음 중 공직선거법의 규정에 의할 때 피선거권이 있는 자는?

① 금치산선고를 받은 자

② 금고 이상의 형의 선고를 받고 그 형이 실효되지 아니한 자

③ 지방자치단체의 부단체장으로서 공직을 수행하던 중에 뇌물수수혐의로 징역 2년, 집행유예 3년을 선고받고 집행유예기간이 경과한 자

④ 국회 회의 방해죄를 범하여 500만 원 이상의 벌금형의 선고를 받고 그 형이 확정된 후 5년이 경과되지 아니한 자

> **ADVICE** ③ 정당법 위반은 일반범에 속하므로 벌금형을 선고 받아도 피선거권이 있다.
> ※ **공직선거법 제19조**(피선거권이 없는 자) ··· 선거일 현재 다음 각 호의 어느 하나에 해당하는 자는 피선거권이 없다.
> 1. 제18조(선거권이 없는 자) 제1항 제1호·제3호 또는 제4호에 해당하는 자
> 2. 금고 이상의 형의 선고를 받고 그 형이 실효되지 아니한 자
> 3. 법원의 판결 또는 다른 법률에 의하여 피선거권이 정지되거나 상실된 자
> 4. 「국회법」 제166조(국회 회의 방해죄)의 죄를 범한 자로서 다음 각 목의 어느 하나에 해당하는 자(형이 실효된 자를 포함한다)
>   가. 500만원 이상의 벌금형의 선고를 받고 그 형이 확정된 후 5년이 경과되지 아니한 자
>   나. 형의 집행유예의 선고를 받고 그 형이 확정된 후 10년이 경과되지 아니한 자
>   다. 징역형의 선고를 받고 그 집행을 받지 아니하기로 확정된 후 또는 그 형의 집행이 종료되거나 면제된 후 10년이 경과되지 아니한 자
> 5. 제230조 제6항의 죄를 범한 자로서 벌금형의 선고를 받고 그 형이 확정된 후 10년을 경과하지 아니한 자(형이 실효된 자도 포함한다)

12 선거권과 피선거권에 대한 설명으로 옳지 않은 것은?

① 가석방된 사람으로서 잔여형기가 경과하지 않은 경우 선거권과 피선거권이 없다.

② 공직선거법 제230조의 매수 및 이해유도죄로 80만원의 벌금형을 선고받고 형 확정 후 5년이 경과하지 않은 경우 선거권이 없다.

③ 외국의 영주권을 취득한 사람은 25세 이상이더라도 국회의원 피선거권이 없다.

④ 음주운전으로 징역 1년을 선고받고 그 형이 실효되지 아니한 자는 국회의원 피선거권이 없다.

 ① 가석방된 사람이 잔여형기가 경과하지 않은 경우 아직 형의 집행이 종료되지 않았으므로 선거권과 피선거권이 모두 없다(제19조).
② 공직선거법 위반으로 100만원 이상의 벌금형을 선고받고 형 확정 후 5년이 경과하지 않았으므로 선거권이 없다(제18조).
③ 외국에서 영주권을 취득하더라도 국적을 포기하기 전에는 아직 대한민국 국민이므로 국회의원 피선거권이 있다(제19조).
④ 도로교통법 위반죄의 형이 실효되지 아니하였으므로 피선거권이 없다(제19조).

13 선거권에 대한 설명으로 옳지 않은 것은?

① 헌법 제24조는 "모든 국민은 법률이 정하는 바에 의하여 선거권을 가진다."라고 규정함으로써 법률유보의 형식을 취하고 있는데, 이는 국민의 기본권을 법률에서 의하여 구체화하라는 뜻이며 선거권을 법률을 통해 구체적으로 실현하라는 의미이다.

② 지역구국회의원의 선거권은 25세 이상의 국민으로서 제37조제1항에 따른 선거인명부작성기준일 현재 다음 각 호의 어느 하나에 해당하는 사람에 한하여 인정된다.

③ 대통령과 국회의원의 피선거권 연령은 다르다.

④ 19세 이상으로 선거인명부작성기준일 현재 해당 지방자치단체의 주민등록표에 3개월 이상 계속하여 올라 있는 국민은 지방의회의원의 선거권이 있다.

 ① 헌재 2007.6.28. 2004헌마644
② 지역구국회의원의 선거권은 19세 이상의 국민으로서 제37조제1항에 따른 선거인명부작성기준일 현재 다음 각 호의 어느 하나에 해당하는 사람에 한하여 인정된다(제15조).
③ 대통령의 피선거권 연령은 40세이며, 국회의원 피선거권 연령은 25세이다(제16조).
④ 제15조 제2항

14 공직선거법에 관한 판례의 견해로 옳지 않은 것은?

① 비례대표시·도의회의원후보자에게 사전선거운동, 선거벽보 및 선거공보 작성, 공개대담 연설을 허용하지 않는 공직선거법 제60조의2 제1항이 비례대표시·도의회의원 후보자의 선거운동의 자유를 침해하지 않는다.

② 정당의 후보자추천과 관련하여 금품수수금지를 규정한 공직선거법 제47조의2 제1항에서 '후보자로 추천하는 일과 관련하여'란, 금품의 제공이 후보자 추천의 대가 또는 사례에 해당하거나 그렇지 않다 하더라도 후보자 추천에 있어서 그러한 금품의 제공이 어떠한 형태로든 영향을 미칠 수 있는 경우에 해당하여야 함을 의미한다.

③ 예비후보자등록시 일정한 기탁금을 납부하도록 하고, 예비후보자가 후보자등록을 하지 않는 등 일정한 경우에 기탁금을 국고에 귀속하도록 규정한 공직선거법 제57조 제1항 제1호 다목 및 제60조의2 제2항 후단이 청구인의 공무담임권과 재산권을 침해하지 아니한다.

④ 무소속 예비후보자가 후보자로 등록하지 않는 경우에는 기탁금을 반환하지 않도록 하는 위 공직선거법조항은 청구인의 평등권을 침해한다.

> **ADVICE** ① 헌재 2011.3.31. 2010헌마314
> ② 대판 2009.4.23. 2009도834
> ③ 헌재 2010.12.28. 2010헌마79
> ④ 정당 소속 예비후보자가 경선에서 후보자로 선출되지 않아 공직선거법 제57조의2 제2항에 따라 후보자로 등록될 수 없는 경우에는 기탁금을 반환하는 것과 달리 청구인과 같은 무소속 예비후보자가 후보자로 등록하지 않는 경우에는 기탁금을 반환하지 않도록 하는 위 공직선거법조항들이 불합리한 차별이라고 보기 어려우므로 청구인의 평등권을 침해하지 아니한다(헌재 2010.12.28. 2010헌마79).

15 선거범죄로 당선이 무효로 된 자에게 이미 반환받은 기탁금과 보전 받은 선거비용을 다시 반환하도록 한 구 공직선거법 제265조의2 제1항에 대한 헌법재판소의 견해와 일치하지 않는 것은?

① 이 사건 법률조항이 공무담임권을 제한하는 것은 아니다.

② 과잉금지원칙을 위반하여 재산권을 침해하지 않는다.

③ 이 사건 법률조항에서 낙선자를 제외하고 당선자만을 제재대상으로 규정한 것이 당선자의 평등권을 침해하는 것은 아니다.

④ 이 사건 법률조항은 선거공영제에 위반된다.

 ① 이 사건 법률조항의 제재는 공직취임을 배제하거나 공무원 신분을 박탈하는 내용이 아니므로 공무담임권의 보호영역에 속하는 사항을 규정한 것이라고 할 수 없고, 선거범죄를 저지르지 않고 선거를 치르는 대부분의 후보자는 제재대상에 포함되지 아니하여 자력이 충분하지 못한 국민의 입후보를 곤란하게 하는 효과를 갖는다고 할 수 없으므로 이 사건 법률조항은 공무담임권을 제한한다고 할 수 없다(헌재 2011.4.28. 2010헌바232).

② 이 사건 법률조항은 선거범죄를 억제하고 공정한 선거문화를 확립하고자 하는 목적으로 선거범에 대한 제재를 규정한 것인바, 선거범죄를 범하여 형사처벌을 받은 자에게 가할 불이익에 관하여는 기본적으로 입법자가 결정할 것이고, 이 사건 법률조항이 선고형에 따라 제재대상을 정함으로써 사소하고 경미한 선거범과 구체적인 양형사유가 있는 선거범을 제외하고 있는 등의 사정을 종합해 볼 때, 과잉금지원칙을 위반한 재산권침해라고 할 수 없다(헌재 2011.4.28. 2010헌바232).

③ 공직선거의 후보자들은 모두 당선을 목적으로 하는 이상, 당선자에게만 제재를 부과하는 규정을 두더라도 후보자들은 모두 이를 자신의 제재로 받아들일 것이라서 굳이 낙선자를 제재대상에 포함하지 않더라도 입법목적의 달성의 효과는 동일할 것이므로 낙선자를 제외하고 당선자만 제재대상으로 규정한 이 사건 법률조항이 자의적인 입법으로서 청구인의 평등권을 침해한다고 볼 수 없다(헌재 2011.4.28. 2010헌바232).

④ 이 사건 법률조항의 제재는 이미 선거의 공정을 저해한 자들에 대한 것이고, 선거범죄 유무를 불문하고 일률적으로 득표율에 따라 선거비용 보전을 해 준다면 선거범죄를 저질러서라도 득표율을 높이려고 할 수도 있다는 점 및 재선거를 치르는 경우에는 국가가 이중으로 선거비용을 지출하게 되므로 국가의 재정 부담을 줄이는 조치를 해야 할 필요성도 있는 점을 고려한 것이므로, 선거공영제에 대한 입법형성권을 넘어선 것이라고 볼 수 없다(헌재 2011.4.28. 2010헌바232).

선거구역과 의원 정수

1 **선거구에 대한 설명으로 옳지 않은 것은?**

① 대통령 및 비례대표국회의원은 전국을 단위로 하여 선거한다.

② 비례대표시·도의원은 당해 시·도를 단위로 선거하며, 비례대표자치구·시·군의원은 당해 자치구·시·군을 단위로 선거한다.

③ 지역구시·도의원 및 지역구자치구·시·군의원은 당해 의원의 선거구를 단위로 하여 선거한다.

④ 지방자치단체의 장은 당해 시·도를 단위로 하여 선거한다.

> **ADVICE** ① 제20조 제1항
> ② 제20조 제2항
> ③ 제20조 제3항
> ④ 지방자치단체의 장은 당해 지방자치단체의 관할구역을 단위로 하여 선거한다(제20조 제3항).

2 **공직선거법상 선거제도에 대한 설명으로 옳지 못한 것은?**

① 지역구국회의원, 지역구지방의회의원은 당해 의원의 선거구를 단위로 하여 선거한다.

② 국회의 의원정수는 지역구국회의원과 비례대표국회의원을 합하여 300명으로 한다.

③ 국회의원 및 지방의회의원은 국회의원선거구획정위원회 및 자치구·시·군의원선거구획정위원회의 위원이 될 수 있다.

④ 하나의 국회의원지역선거구에서 선출할 국회의원의 정수는 1인으로 한다.

> **ADVICE** ① 제20조 제3항
> ② 제21조 제1항
> ③ 지방의회의원 및 정당의 당원은 자치구·시·군의원선거구획정위원회의 위원이 될 수 없다(제24조의3 제3항).
> ④ 제21조 제2항

3 선거제도에 대한 설명으로 옳지 않은 것은? (다툼이 있는 경우 판례에 따름)

① 모사전송 시스템을 이용한 선상투표와 같은 제도는 국외를 항해하는 대한민국 선원들의 선거권을 충실히 보장하기 위한 입법수단으로 충분히 수용될 수 있고, 입법자는 비밀선거원칙을 이유로 이를 거부할 수 없다.

② 기초의회의원선거 후보자가 특정 정당으로부터 지지 또는 추천 받은 것을 표방할 수 없게 한 것은 정치적 표현의 자유를 과도하게 침해한다.

③ 범죄자가 저지른 범죄의 경중을 전혀 고려하지 않고 수형자와 집행유예자 모두의 선거권을 제한하더라도 헌법에 위반되는 것은 아니다.

④ 자유선거원칙은 선거의 전 과정에 요구되는 선거권자의 의사형성의 자유와 의사실현의 자유를 말하는 바, 구체적으로는 투표의 자유와 입후보의 자유, 나아가 선거운동의 자유까지 의미하는 것이다.

> **ADVICE** ① 헌재 2007.6.28. 2005헌마772
> ② 헌재 2003.1.30. 2001헌가4
> ③ 심판대상조항은 집행유예자와 수형자에 대하여 전면적·획일적으로 선거권을 제한하고 있는바 이는 입법목적에 비추어 보더라도 범죄자가 저지른 범죄의 경중을 전혀 고려하지 않은 것으로 침해의 최소성에 어긋난다(2014.1.28. 2012헌마409).
> ④ 헌재 1995.4.20. 92헌바29

Answer 1.④ 2.③ 3.③

4 시 · 도의회의 의원정수에 대한 설명 중 옳지 않은 것은?

① 시 · 도별 지역구시 · 도의원의 총 정수는 그 관할구역 안의 자치구 · 시 · 군 수의 2배수로 하되, 인구 · 행정구역 · 지세 · 교통, 그 밖의 조건을 고려하여 100분의 14의 범위에서 조정할 수 있다.

② 시 · 도별 지역구시 · 도의원의 관할구역이란 하나의 자치구 · 시 · 군이 2 이상의 국회의원지역선거구로 된 경우에는 국회의원지역구를 말하며, 행정구역의 변경으로 국회의원지역구와 행정구역이 합치되지 아니하게 된 때에는 행정구역을 말한다.

③ 지방자치법에 따라 시와 군을 통합한 경우에는 시 · 군통합 후 최초로 실시하는 임기만료에 의한 시 · 도의회의원선거에 한하여 해당 시를 관할하는 도의회의원의 정수 및 해당 시의 도의회의원의 정수는 통합 전의 수를 고려하여 이를 정한다.

④ 비례대표시 · 도의원정수는 지역구시 · 도의원정수의 100분의 15로 한다. 다만, 산정된 비례대표시 · 도의원정수가 3인 미만인 때에는 3인으로 한다.

> **ADVICE** ① 제22조 제1항
> ② 제22조 제1항
> ③ 제22조 제2항
> ④ 비례대표시 · 도의원정수는 제1항 내지 제3항의 규정에 의하여 산정된 지역구시 · 도의원정수의 100분의 10으로 한다(제22조 제4항).

5 선거구획정위원회에 대한 설명으로 옳지 않은 것은?

① 국회의원지역구와 자치구 · 시 · 군의원지역구의 공정한 획정을 위하여 국회에 국회의원선거구획정위원회를, 시 · 도에 자치구 · 시 · 군의원선거구획정위원회를 각각 둔다.

② 국회의원선거구획정위원회는 11인 이내의 위원으로 구성하되, 학계 · 법조계 · 언론계 · 시민단체 및 선거관리위원회가 추천하는 자 중에서 위촉하여야 한다.

③ 국회의원선거구확정위원회는 중앙선거관리위원회위원장이 위촉하는 9명의 위원으로 구성한다.

④ 국회의 소관 상임위원회는 8명을 위견로 선정하여 중앙선거관리위원회위원장에게 통보하여야 한다.

6 선거구획정위원회에 대한 설명으로 옳지 못한 것은?

① 중앙선거관리위원회위원장은 국회의원선거구획정위원회 위원의 결원이 발생하는 때에는 위원회에 위원을 선정하여 통보하여 줄 것을 요청하여야 한다.

② 국회의원 및 정당의 당원(제1항에 따른 국회의원선거구획정위원회의 설치일부터 과거 1년 동안 정당의 당원이었던 사람을 포함한다)은 위원이 될 수 없다.

③ 위원은 명예직으로 하되, 위원에게 일비·여비 그 밖의 실비를 지급할 수 없다.

④ 국회의원선거구획정위원회로부터 선거구획정업무에 필요한 자료의 요청을 받은 국가기관 및 지방자치단체는 지체 없이 이에 따라야 한다.

7 국회의원선거구획정위원회와 자치구·시·군의회의원선거구획정위원회에 대한 설명이다. 옳지 않은 것은?

① 선거구획정위원회 구성 인원수는 같다.

② 선거구획정위원회 구성원에 대한 추천권자는 다르다.

③ 국회의원선거구획정위원회의 구성원은 국회의장이 자치구·시·군의회의원 선거구획정위원회의 구성원은 시·도의회의장이 위촉한다.

④ 선거구획정안에 관한 보고서 제출기한은 같다.

> **TIP** ① 자치구·시·군의원선거구획정위원회는 11명 이내의 위원으로 구성한다(제24조의3 제2항).
> ②③ 학계·법조계·언론계·시민단체와 시·도의회 및 시·도선거관리위원회가 추천하는 사람 중에서 시·도지사가 위촉하여야 한다(제24조의3 제2항).
> ④ 자치구·시·군의원선거구획정위원회는 제26조제2항에 규정된 기준에 따라 선거구획정안을 마련하고, 그 이유나 그 밖의 필요한 사항을 기재한 보고서를 첨부하여 임기만료에 따른 자치구·시·군의원선거의 선거일 전 6개월까지 시·도지사에게 제출하여야 한다(제24조의3 제5항).

8 지방의회의원선거구의 획정과 관련하여 옳지 못한 것은?

① 시·도의원지역구는 인구·행정구역 등을 고려하여 자치구·시·군을 구역으로 하거나 분할하여 이를 획정하되, 하나의 시·도의원지역구에서 선출할 지역구시·도의원정수는 1명으로 한다.

② 하나의 자치구·시·군의원지역구에서 선출할 지역구자치구·시·군의원정수는 2인 이상 4인 이하로 하며, 그 자치구·시·군의원지역구의 명칭·구역 및 의원정수는 법률로 정한다.

③ 시·도의원지역구 또는 자치구·시·군의원지역구를 획정하는 경우 하나의 읍·면·동의 일부를 분할하여 다른 시·도의원지역구 또는 자치구·시·군의원지역구에 속하게 하지 못한다.

④ 하나의 시·도의원지역구에서 지역구자치구·시·군의원을 4인 이상 선출하는 때에는 2개 이상의 지역선거구로 분할할 수 있다.

> **ADVICE** ① 제26조 제1항
> ② 자치구·시·군의원지역구의 명칭·구역 및 의원정수는 조례로 정한다(제26조 제2항).
> ③ 제26조 제3항
> ④ 제26조 제4항

9 선거구획정에 대한 설명으로 옳지 않은 것은? (다툼이 있는 경우 판례에 의함)

① 선거구구역표는 전체가 불가분의 일체를 이루는 것으로서 일부 선거구의 선거구획정에 위헌성이 있다면, 선거구구역표의 전부에 관하여 위헌을 하는 것이 상당하다.

② 선거구획정에 있어서 인구비례원칙에 의한 투표가치의 평등은 헌법적 요청으로서 다른 요소에 비하여 기본적이고 일차적인 기준이다.

③ 인구의 증감 또는 행정구역의 변경에 따라 국회의원지역구의 변경이 있더라도 임기만료에 의한 총선거를 실시할 때까지는 그 증감된 국회의원지역구의 선거는 이를 실시하지 아니한다.

④ 국회의원선거구획정위원회의 구성 및 운영 그 밖에 필요한 사항은 대통령령으로 정하며, 자치구 · 시 · 군의원선거구획정위원회의 구성 및 운영 그 밖에 필요한 사항은 조례로 정한다.

> **ADVICE** ① 헌재 1995.12.27. 95헌마224
> ② 헌재 2001.12.25. 2000헌마92
> ③ 제27조
> ④ 자치구 · 시 · 군의원선거구획정위원회의 구성 및 운영 그 밖에 필요한 사항은 중앙선거관리위원회 규칙으로 정한다(제24조의3 제8항).

10 국회의원선거구획정에 헌법재판소 결정으로 옳지 않은 것은?

① 국회의원지역구를 획정함에 있어 투표가치의 평등을 완벽하게 실현할 수 있는 가장 이상적인 방법이 인구편차 상하0%, 인구비례 1:1을 기준으로 하는 것임은 자명하다.

② 국회를 구성함에 있어 국회의원의 지역대표성이 고려되어야 한다고 할지라도 이것이 국민주권주의의 출발점인 투표가치의 평등보다 우선시 될 수는 없다.

③ 현행 공직선거법에 의하면 복수이 시·도의 관할구역에 걸쳐 지역구를 획정할 수 없기 때문에, 인구편차의 허용기준을 완화하면 할수록 시·도별 지역구 의석수와 시·도별 인구가 비례하지 아니할 가능성이 높아져 상대적으로 과대대표되는 지역과 과소대표되는 지역이 생길 수 밖에 없다.

④ 국회의원의 지역대표성이나 도농 간의 인구격차, 불균형한 개발 등은 인구편차 상하 33⅓% 인구비례2:1의 기준을 넘어 인구편차를 완화할 수 있는 사유가 된다.

> **ADVICE** ①②③ 헌재 2014.10.30. 2012헌마192
> ④ 선거를 통해 선출된 국회의원은 국정을 수행함에 있어 득표수와 관계없이 동일한 권한을 갖게 된다. 더구나 우리나라가 채택하고 있는 소선거구제에서는 사표가 많이 발생하고 있는바, 인구편차 상하 50%의 기준을 따를 경우 인구가 적은 지역구에서 당선된 국회의원이 획득한 투표수보다 인구가 많은 지역구에서 낙선된 후보자가 획득한 투표수가 많은 경우가 발생할 가능성이 있는바 국회의원의 지역대표성이나 도농 간의 인구격차, 불균형한 개발 등은 인구편차 상하 33⅓% 인구비례 2:1의 기준을 넘어 인구편차를 완화할 수 있는 사유가 되지 않는다(헌재 2014.10.30. 2012헌마192).

11 헌법상 선거제도에 관한 설명으로 가장 바른 것은?

[2005년 법원사무관]

① 헌법은 제24조에서 선거권을, 제25조에서 공무담임권에 관하여 규정하고 있으며, 제41조 제1항과 제67조 제1항에서 보통·평등·직접·비밀·자유 선거제를 규정하고 있다.

② 우리 헌법이 채택하고 있는 선거공영제는 국가가 선거를 관리하고 그에 소요되는 선거비용을 원칙적으로 정당 또는 후보자의 기탁금에서 공제함으로써 선거의 형평을 기하고 선거비용을 경감하며 나아가 공명선거를 실현하려는 제도이다.

③ 국회의원지역구의 공정한 획정을 위하여 국회의원선거구획정위원회를 둔다.

④ 국회의원선거에 있어서 선거의 효력에 관하여 이의가 있는 선거인·정당 또는 후보자는 당해 선거구선거관리위원회위원장을 피소청인으로 하여 중앙선거관리위원회에 소청할 수 있다.

> **ADVICE** ① 헌법 제41조와 제67조에서는 보통·평등·직접·비밀선거의 원칙만 규정하고 있다. 자유선거의 원칙은 명문의 규정은 없으나 헌재가 선거의 기본원칙으로 인정한 것이다.
> ② 헌법 제116조는 정당 또는 후보자에게 선거에 관한 경비를 부담시킬 수 없다고 규정하고 있다.
> ③ 제24조 제1항
> ④ 대통령선거와 국회의원선거에서는 선거소청을 제기할 수 없다.

12 선거제도에 관한 설명으로 옳지 않은 것은?

① 지역구국회의원은 소선거구제에 따라 선출한다.

② 국회의원선거구획정위원회는 중앙선거관리위원회위원장이 위촉하는 10명의 위원으로 구성하되, 위원장은 위원 중에서 호선한다.

③ 비례대표국회의원후보자에게 공개장소에서의 연설이나 대담을 금지하고 있더라도 이것이 선거운동의 자유를 침해하는 것이라고 볼 수 없다

④ 국회의원선거구획정위원회 위원의 임기는 국회의원선거구획정위원회의 존속기간으로 한다.

> **ADVICE** ① 공직선거법 제21조는 "하나의 국회의원지역구에서 선출할 국회의원의 정수는 1인으로 한다."라고 규정하여 소선거구제를 채택하고 있다.
> ② 국회의원선거구획정위원회는 중앙선거관리위원회위원장이 위촉하는 9명의 위원으로 구성하되, 위원장은 위원 중에서 호선한다(공직선거법 제24조 제3항).
> ③ 헌재 2006.7.27. 2004헌마217
> ④ 제24조 제6항

13 국회의원선거구확정위원회에 관한 설명으로 옳지 않은 것은?

① 국회의원지역구의 공정한 획정을 위하여 임기만료에 따른 국회의원선거의 선거일 전 18개월부터 해당 국회의원선거에 적용되는 국회의원지역구의 명칭과 그 구역이 확정되어 효력을 발생하는 날까지 국회의원선거구획정위원회를 설치·운영한다.

② 국회의원선거구획정위원회는 중앙선거관리위원회에 두되, 직무에 관하여 독립의 지위를 가진다.

③ 국회의원선거구획정위원회는 중앙선거관리위원회위원장이 위촉하는 10명의 위원으로 구성하되, 위원장은 위원 중에서 호선한다.

④ 국회의 소관 상임위원회 또는 선거구획정에 관한 사항을 심사하는 특별위원회는 중앙선거관리위원회위원장이 지명하는 1명과 학계·법조계·언론계·시민단체·정당 등으로부터 추천받은 사람 중 8명을 의결로 선정하여 통보하여야 한다.

> **ADVICE** ① 제24조 1항
> ② 제24조 2항
> ③ 국회의원선거구획정위원회는 중앙선거관리위원회위원장이 위촉하는 9명의 위원으로 구성하되, 위원장은 위원 중에서 호선한다(제24조 3항).
> ④ 제24조 4항

14 다음 중 선거제도와 관련한 헌법재판소의 견해와 일치하지 않는 것은?

① 자치구의회의원 선거구 인구편차의 허용기준을 최소선거의 인구수가 아닌 의원 1인당 평균 인구수로 하는 것이 평등의 원칙에 부합한다.

② 선거구획정은 특단의 불가피한 사정이 없는 한 인접지역이 1개의 선거구를 구성하도록 함이 상당하며, 이는 선거구획정에 관한 국회의 입법재량권의 한계라고 할 것이다.

③ 선상에 장기 기거하는 자들이 팩시밀리 등을 통해서 부재자투표(현행 선상투표)를 할 수 있도록 허용하지 않은 것은 보통선거의 원칙을 침해한다.

④ 기초의회의원선거 후보자에 대해서 특정 정당으로부터 추천 받은 것을 표방할 수 없게 하였다고 하더라도 이것이 후보자의 정치적 표현의 자유를 과도하게 침해하는 것은 아니다.

15 임기 중 지방의회의 의원정수의 조정에 대한 설명으로 옳지 않은 것은?

① 행정구역의 변경에 따라 지방의회의 의원정수의 변경이 있더라도 임기만료에 의한 총선거를 실시할 때까지는 선거를 실시하지 아니하는 것이 원칙이다.

② 시가 광역시로 된 때에는 종전의 시의회의원과 당해 지역에서 선출된 도의회의원은 종전의 지방의회의원의 자격을 각각 상실하고 광역시의회의원의 자격을 취득하되, 그 임기는 종전의 도의회의원의 잔임기간으로 한다.

③ 하나의 지방자치단체가 분할되어 2이상의 지방자치단체가 설치되었으나, 재직의원의 수가 새로운 의원정수의 3분의 2에 미달하는 경우 증원선거를 실시한다.

④ 시가 광역시로 되면서 자치구가 아닌 구가 자치구로 되어 자치구의회를 새로 구성하는 경우 증원선거를 실시한다.

16 지방자치단체의 폐치·분합시의 선거에 대한 설명으로 옳지 않은 것은?

① 시·자치구 또는 광역시가 새로 설치된 때에는 당해 지방자치단체의 장은 새로 선거를 실시한다.

② 하나의 지방자치단체가 분할되어 2 이상의 같은 종류의 지방자치단체로 된 때에는 종전의 지방자치단체의 장은 그 지방자치단체의 사무소가 위치한 지역을 관할하는 지방자치단체의 장으로 되며, 그 다른 지방자치단체의 장은 새로 선거를 실시한다.

③ 2 이상의 같은 종류의 지방자치단체가 합하여 새로운 지방자치단체가 설치된 때에는 종전의 지방자치단체의 장은 그 직을 상실하고, 새로운 지방자치단체의 장에 대해서는 새로 선거를 실시한다.

④ 지방자치단체의 명칭이 변경된 경우에는 종전의 지방자치단체의 장은 그 직을 상실하고 새로 선거를 실시한다.

> **ADVICE** ① 제30조 제1항
> ② 제30조 제1항
> ③ 제30조 제1항
> ④ 지방자치단체의 명칭만 변경된 경우에는 종전의 지방자치단체의 장은 변경된 지방자치단체의 장이 되며, 변경 당시의 잔임기간 재임한다(제30조 제2항).

17 투표구에 대한 다음 설명 중 틀린 것은?

① 구·시·군선거관리위원회는 하나의 읍·면·동에 2 이상의 투표구를 둘 수 있다.

② 하나의 읍·면·동에 2 이상의 투표구를 두는 경우 투표구의 명칭은 그 읍·면·동의 명칭 밑에 제1, 제2, 제3 등을 붙여 표시한다.

③ 하나의 읍·면의 리의 일부를 분할 할 경우 별도의 투표구를 둘 수 있다.

④ 선거인명부작성기준일부터 선거일까지의 사이에 선거구의 구역·행정구역 또는 투표구의 구역이 변경된 경우에도 당해 선거에 관한 한 그 구역은 변경되지 아니한 것으로 본다.

> **ADVICE** ① 제31조
> ② 규칙 제6조 제1항
> ③ 하나의 읍·면·동에 2 이상의 투표구를 둘 경우 읍·면의 리의 일부를 분할하여 다른 투표구에 속하게 할 수 없다(제31조 제2항).
> ④ 제32조

18 공직선거법에 대한 판례의 견해와 일치하지 않는 것은?

① 공직선거법이 당내경선운동방법을 제한하는 취지 및 당내경선의 실시 여부가 확정되지 않았거나 예비후보자로 등록하기 이전이라 할지라도 당내경선에 참여하려고 하는 사람이 당내경선에 대비하여 공직선거법이 허용하는 범위를 넘어서 경선운동을 한 경우, 당내경선운동 위반행위에 해당한다.

② 여러 사람이 식사를 함께 한 경우 찻값을 내겠다고 말하였다면 이는 공직선거법이 규제하는 기부행위를 하였다고 볼 것이다.

③ 당내경선의 실시 여부가 확정되지 아니하였다거나 예비후보자로 등록하기 이전이라 할지라도, 당내경선에 참여하려고 하는 사람이 당내경선에 대비하여 공직선거법이 허용하는 범위를 넘어서 경선운동을 한 경우에는 당내경선운동 위반행위에 해당한다.

④ 공직선거법 제112조 제1항의 기부행위 중 금품이나 이익제공의 의사표시는 사회통념상 쉽게 철회하기 어려울 정도로 진정한 의지가 담긴 것으로 외부적·객관적으로 나타나는 정도에 이르러야 한다.

ADVICE
① 대판 2007.3.15. 2006도8869
② 여러 사람이 식사를 함께 한 경우 참석자 중 한 사람 또는 그 일부가 식사대금 전부를 지급하는 우리 사회의 관행 등에 비추어 볼 때, 찻값을 내겠다고 말하였다는 사정만 가지고 실제로 찻값을 내지 아니한 사람이 기부행위를 하였다고 단정할 수 없다(대판 2007.3.15. 2006도8869).
③ 공직선거법 제57조의3에 따라, 당원과 당원이 아닌 자에게 투표권을 부여하여 실시하는 당내경선에 나서는 후보자는 제57조의3 제1항 각 호에서 규정하는 방법 이외의 방법으로 경선운동을 할 수 없는데, 공직선거법이 이와 같이 당내경선운동방법을 제한하는 취지는 당내경선운동의 과열을 막아 질서 있는 경선을 도모함과 아울러 당내경선운동이 선거운동으로 변질되어 실질적으로 사전선거운동 금지규정 등을 회피하는 탈법적 수단으로 악용되는 것을 막기 위한 것이다. 따라서 위와 같은 당내경선의 실시 여부가 확정되지 아니하였다거나 예비후보자로 등록하기 이전이라 할지라도, 당내경선에 참여하려고 하는 사람이 당내경선에 대비하여 공직선거법이 허용하는 범위를 넘어서 경선운동을 한 경우에는 당내경선운동 위반행위에 해당한다(대판 2007.3.15. 2006도8869).
④ 공직선거법 제112조 제1항의 기부행위 중 금품이나 이익제공의 의사표시는 사회통념상 쉽게 철회하기 어려울 정도로 진정한 의지가 담긴 것으로 외부적·객관적으로 나타나는 정도에 이르러야 하고, 금품이나 이익제공과 관련하여 어떤 대화가 있었다고 하더라도 그것이 단지 의례적이나 사교적인 인사치레 표현에 불과하다면 금품이나 이익제공의 의사표시라고 볼 수 없다(대판 2007.3.15. 2006도8869).

19 공직선거법에 대한 판례의 견해와 일치하지 않는 것은?

① 교원의 선거운동을 금지하고 있는 구 공직선거법 제60조 제1항 제4호는 교육공무원 선거운동 금지조항은 교육의 정치적 중립성을 보장하고 선거의 형평성, 공정성을 기하기 위한 것으로서 과잉금지원칙을 위배하여 선거운동의 자유를 침해한다고 볼 수 없다.

② 관할선거구선거관리위원회가 당내경선사무 중 경선운동, 투표 및 개표에 관한 사무의 관리를 위탁받아 시행한 당내경선이나 후보자 선출 과정에 어떠한 하자가 있다면 그 경선을 통해 정당의 추천을 받은 후보자가 입후보하여 당선된 선거가 무효라고 할 것이다.

③ 당내경선기간 중 특정후보자를 홍보하는 내용의 문자메시지를 발송한 행위가 공직선거법 제57조의3 제1항의 '경선운동'에 해당한다.

④ 공직선거법 제57조의3 제1항의 당내경선운동방법 제한의 취지 및 당내경선기간 이전에 한 경선운동이 공직선거법의 허용 범위를 넘은 경우에도 당내경선운동 위반행위에 해당한다.

ADVICE ① 헌재 2010.12.28. 2010헌마79
② 관할선거구선거관리위원회가 당내경선사무 중 경선운동, 투표 및 개표에 관한 사무의 관리를 위탁받아 시행한 당내경선이나 후보자 선출 과정에 어떠한 하자가 있다고 하여 특별한 사정이 없는 이상 곧바로 그 경선을 통해 정당의 추천을 받은 후보자가 입후보하여 당선된 선거가 무효라고 할 수 없다(대판 2013.3.28. 2012수59).
③ 대판 2008.9.25. 2008도6232
④ 대판 2008.9.25. 2008도6232

20 공직선거법에 대한 판례의 견해와 일치하지 않는 것은?

① 선거운동기간 전에 '시장 예비후보'의 문구가 기재된 어깨띠를 두르고 지나가는 사람들에게 명함을 배부하면서 지지를 부탁한 행위는 공직선거법 제68조 제2항에 위배되는 것은 아니다.

② 공직선거법에 위반되는 선거운동을 위하여 지출된 비용을 보전대상에서 제외하는 공직선거법 제122조의2 제2항 제3호 중 '이 법에 위반되는 선거운동을 위하여 지출된 비용' 부분은 선거공영제에 위반되지 않는다.

③ 공직선거법에 위반되는 선거운동을 위하여 지출된 비용을 보전대상에서 제외하는 공직선거법 제122조의2 제2항 제3호 중 '이 법에 위반되는 선거운동을 위하여 지출된 비용' 부분은 청구인의 재산권 내지 평등권을 침해하지 않는다.

④ 지역구국회의원선거에서 구·시·군선거방송토론위원회가 개최하는 대담·토론회의 초청자격을 제한하고 있는 공직선거법 제82조의2 제4항 제3호 중 '지역구국회의원선거'에 관한 부분이 공무담임권을 제한하는 것은 아니다.

> **ADVICE** ① 선거운동기간 전에 '시장 예비후보' 등의 문구가 기재된 어깨띠를 두르고 지나가는 사람들에게 명함을 배부하면서 지지를 부탁한 행위가, 일정한 경우 외에는 선거운동을 위하여 어깨띠를 착용하는 것을 금지하는 공직선거법 제68조 제2항에 위배된다(대판 2007.8.23. 2007도3940).
> ② 헌재 2012.2.23. 2010헌바485
> ③ 헌재 2012.2.23. 2010헌바485
> ④ 헌재 2011.5.26. 2010헌마451

선거기간과 선거일

1 **선거에 관한 다음 설명 중 옳은 것은?**

[2011년 법원직]

① 선거일 현재 5년 이상 국내에 거주하고 있는 40세 이상의 국민은 대통령의 피선거권
이 있다. 그러나 국내에 거소를 주소에 두고 일정기간 외국에 체류한 기간은 국내거
주기간으로 보지 아니한다.

② 대통령의 선거기간은 23일이고, 국회의원선거와 지방자치단체의 의회의원 및 장의
선거의 선거기간은 14일이며, 대통령 선거의 선거기간이라 함은 후보자등록마감일의
다음날부터 선거일까지를 말한다.

③ 대통령 임기만료에 의한 선거의 경우 그 임기만료일 전 70일 이후 첫 번째 목요일
이다.

④ 미성년자(19세 미만의 자를 말한다)라고 하더라도 예비후보자·후보자의 직계존비속
인 경우에는 선거운동을 할 수 있다.

> **ADVICE** ① 국내에 거소를 주소에 두고 일정기간 외국에 체류한 기간은 국내거주기간으로 본다.
> ② 제33조
> ③ 대통령선거는 그 임기만료일전 70일 이후 첫 번째 수요일이다(제34조).
> ④ 선거운동을 할 수 없다.

2 공직선거법에 규정된 선거기간에 대한 설명으로 옳지 않은 것은?

① 대통령선거의 선거기간은 14일이다.

② 국회의원선거와 지방자치단체의 의회의원 및 장의 선거의 선거기간은 14일이다.

③ 대통령선거의 선거기간이란 후보자등록마감일부터 선거일까지이다.

④ 국회의원선거와 지방자치단체의 의회의원선거의 선거기간은 후보자등록마감일 후 6일부터 선거일까지이다.

> **ADVICE** ① 대통령선거의 선거기간은 23일이다(제33조 제1항).
> ② 제33조 제1항
> ③④ 제33조 제3항

3 공직선거법에 규정된 선거일에 대한 설명으로 옳지 않은 것은?

① 임기만료에 의한 대통령선거는 그 임기만료일전 70일 이후 첫번째 수요일에 실시한다.

② 임기만료에 의한 국회의원선거는 그 임기만료일전 50일 이후 첫번째 수요일에 실시한다.

③ 임기만료에 의한 지방의회의원 및 지방자치단체의 장의 선거는 그 임기만료일전 50일 이후 첫번째 수요일에 실시한다.

④ 선거일이 국민생활과 밀접한 관련이 있는 민속절 또는 공휴일인 때와 선거일전일이나 그 다음날이 공휴일인 때에는 그 다음주의 수요일로 한다.

> **ADVICE** ①② 제34조 제1항
> ③ 임기만료에 의한 지방의회의원 및 지방자치단체의 장의 선거는 그 임기만료일전 30일 이후 첫번째 수요일에 실시한다(제34조 제1항).
> ④ 제34조 제2항

4 공직선거법이 규정한 '선거의 실시사유가 확정된 때'에 대한 설명으로 옳지 못한 것은?

① 대통령의 궐위로 인한 선거는 그 사유가 발생한 날이다.
② 지역구국회의원의 보궐선거는 중앙선거관리위원회가 그 사유의 통지를 받은 날이다.
③ 지방의회의원의 보궐선거는 관할선거구선거관리위원회가 그 사유의 통지를 받은 날이다.
④ 지방자치단체의 설치·폐지·분할에 의한 지방자치단체의 장 선거는 관할선거구선거관리위원회가 그 사유의 통지를 받은 날이다.

ADVICE ① 제35조 제5항 제1호
② 제35조 제5항 제2호
③ 제35조 제5항 제2호
④ 지방자치단체의 설치·폐지·분할에 의한 지방자치단체의 장 선거는 당해 지방자치단체의 설치·폐지·분할에 관한 법률의 효력이 발생한 날이다(제35조 제5항 제5호).

※ 실시사유가 확정된 때

대통령의 궐위로 인한 선거	그 사유가 발생한 날
지역구국회의원·지방의회위원 및 지방자치단체의 장의 보궐선거	• 지역구국회의원 : 중앙선거관리위원회가 사유의 통지를 받은 날 • 지방의회의원 및 지방자치단체장 : 관할 선거구선거관리위원회가 그 사유의 통지를 받은 날
재선거	• 그 사유가 확정된 날(법원의 판결 또는 결정에 의하여 확정된 경우에는 관할 선거구위원회가 그 판결이나 결정의 통지를 받은 날) • 제195조(재선거) 제2항의 규정에 의한 재선거에 있어서는 보궐선거의 실시사유가 확정된 때
지방의회의원의 증원선거	새로 정한 선거구에 관한 별표 2 또는 시·도조례의 효력이 발생한 날
지방자치단체의 폐치·분합시의 지방자치단체의 장 선거	설치·폐지·분할 또는 합병에 관한 법률의 효력이 발생한 날
연기된 선거	그 선거의 연기를 공고한 날
재투표	그 재투표일을 공고한 날

5 공직선거법에 규정된 선거일에 대한 설명으로 옳지 않은 것은?

① 대통령의 궐위로 인한 선거는 사유가 확정된 때부터 60일 이내에 실시하며, 선거일은 선거일 전 50일까지 대통령 또는 대통령권한대행자가 공고하여야 한다.

② 국회의원·지방의회의원 및 지방자치단체의 장의 보궐선거·재선거, 지방의회의원의 증원선거는 4월 중 첫 번째 수요일에 실시한다.

③ 지방자치단체의 설치·폐지·분할 또는 합병에 의한 지방자치단체의 장 선거는 그 선거의 실시사유가 확정된 때부터 60일 이내에 실시한다.

④ 선거의 일부무효로 인한 재선거는 확정판결 또는 결정의 통지를 받은 날부터 60일 이내에 실시한다.

> **ADVICE** ① 제35조 제1항
> ② 제35조 제2항
> ③ 제35조 제2항
> ④ 선거의 일부무효로 인한 재선거는 확정판결 또는 결정의 통지를 받은 날부터 30일 이내에 실시한다(제35조 제3항).

6 공직선거법 제35조에 규정된 '선거의 실시사유가 확정된 때'에 대한 설명으로 옳지 못한 것은?

① 법원의 판결에 따라 실시하는 재선거는 중앙선거관리위원회가 그 판결의 통지를 받은 날이다.

② 자치구·시·군의원의 증원선거는 해당 시·도조례의 효력이 발생한 날이 선거의 실시사유가 확정된 때이다.

③ 재투표는 제36조의 규정에 의하여 그 재투표일을 공고한 날이다.

④ 연기된 선거는 제196조 제3항의 규정에 의하여 그 선거의 연기를 공고한 날이다.

> **ADVICE** ① 법원의 판결에 따라 실시하는 재선거는 관할선거구선거관리위원회가 그 판결의 통지를 받은 날이다.

7 다음 중 선거일 공고권자에 대한 설명으로 옳지 못한 것은?

① 대통령의 궐위로 인한 선거는 대통령 또는 대통령권한대행자가 공고하여야한다.
② 지방자치단체의 장의 보궐선거·재선거, 지방의회의원의 증원선거는 관할선거구선거
　관리위원회위원장이 공고하여야한다.
③ 지방자치단체의 설치·폐지·분할에 의한 지방자치단체의 장 선거는 관할선거구선거
　관리위원회위원장이 공고하여야한다.
④ 선거의 일부무효로 인한 재선거는 관할선거구선거관리위원회가 공고하여야 한다.

> **ADVICE** ① 제35조 제1항
> ② 국회의원·지방의회의원 및 지방자치단체의 장의 보궐선거·재선거, 지방의회의원의 증원선거는
> 　4월 중 첫 번째 수요일에 실시한다(제35조 제2항).
> ③ 제35조 제2항
> ④ 제35조 제3항

8 공직선거법에 대한 판례의 견해와 일치하지 않는 것은?

① 피고인이 제5회 전국동시지방선거 시장 선거에 출마한 갑 후보자의 선거사무장 및
　자원봉사자들에게 저녁 식사를 제공하고 갑의 당선을 위하여 선거운동을 열심히 하
　라는 취지로 말한 행위는 공직선거법이 금지하고 있는 사전선거운동 및 기부행위에
　해당한다.
② 구청 공무원인 피고인이 현직 구청장으로 차기 구청장 선거에 출마할 가능성이 있는
　甲의 구정활동을 홍보하는 내용이 담긴 잡지를 관내 동장들에게 교부한 것은 제3자
　기부행위 및 탈법방법에 의한 인쇄물 배부행위에 해당한다.
③ 공직선거법이 적용되는 '당해 선거구 안에 있는 자'란 선거구 내에 주소나 거소를 갖
　고 있는자에 한정되는 것이므로, 선거운동을 위한 자원봉사자 등이 선거구 내에 일
　시적으로 체제중이였다면 본조의 적용을 받지 않는다.
④ 공직선거법 제112조 제1항에서 규정한 '기부행위'란 원칙적으로 당사자의 일방이 상대
　방에게 무상으로 금품이나 재산상 이익 등을 제공하는 것을 말하고, 기부행위의 상
　대방은 '당해 선거구 안에 있는 자나 기관·단체·시설 및 선거구민의 모임이나 행사
　또는 당해 선거구의 밖에 있더라도 그 선거구민과 연고가 있는 자'이면 족하며, 그
　상대방이 선거운동원이든, 정당원이든 묻지 않는다.

9 **공직선거법에 대한 판례의 견해와 일치하지 않는 것은?**

① 공직선거법 제115조에 정한 '당해 선거에 관하여'라 함은 당해 선거를 위한 선거운동이 되지 아니하더라도 당해 선거를 동기로 하거나 빌미로 하는 등 당해 선거와 관련이 있으면 족하다.

② 선거운동기간 전에 개최된 걷기대회에서 지방자치단체장 선거 출마예비자에 관한 홍보성 기사가 게재된 잡지를 참가자들에게 배부한 행위가 공직선거법 제95조 제1항에서 금지하는 선거에 관한 간행물의 통상방법 외의 배부행위에 해당한다.

③ 어떤 단체 등이 공직선거법 제89조 제1항 본문의 '유사기관'에 해당하는지는 선거운동 목적 유무에 의하여 결정되므로, 후보자가 되고자 하는 자가 내부적 선거 준비행위의 차원을 넘어 선거인에게 영향을 미칠 목적으로 단체 등을 설립하였다면 이는 위 조항에서 정한 유사기관에 해당한다.

④ 공직선거법 제115조에 정한 같은 조에 정한 '후보자가 되고자 하는 자'에는 선거에 출마할 예정인 사람으로서 정당에 공천신청을 하거나 일반 선거권자로부터 후보자추천을 받기 위한 활동을 벌이는 등 입후보의사가 확정적으로 외부에 표출된 사람을 말한다.

선거인명부

1 **선거인 명부에 관한 설명으로 옳지 않은 것은?**

① 대통령선거에서의 선거인 명부 작성기준일은 선거일 전 30일이고, 국회의원선거에서 선거인 명부 작성기준일은 선거일 전 28일이다.

② 선거인명부에는 선거권자의 성명·주소·성별 및 생년월일 기타 필요한 사항을 기재하여야 한다.

③ 구·시·군의 장은 선거인명부를 작성한 때에는 즉시 그 등본 1통을 관할구·시·군 선거관리위원회에 송부하여야 한다.

④ 선거인명부의 서식 기타 필요한 사항은 중앙선거관리위원회규칙으로 정한다.

> **ADVICE** ① 대통령선거에서의 선거인 명부 작성기준일은 선거일 전 28일이고, 국회의원선거와 지방자치단체의 의회의원 및 장의 선거에서 선거인 명부 작성기준일은 선거일 전 22일이다(제37조 제1항).
> ② 제37조 제2항
> ③ 제37조 제4항
> ④ 제37조 제7항

2 **선거인 명부에 관한 설명으로 옳지 않은 것은?**

① 관할 구역에 주민등록 되어 있는 선거권자를 조사하여 선거인명부작성기준일부터 10일 이내에 선거인명부를 작성하여야 한다.

② 선거인명부에는 선거권자의 성명·주소·성별 및 생년월일 기타 필요한 사항을 기재하여야 한다.

③ 하나의 투표구의 선거권자의 수가 1천인을 넘는 때에는 그 선거인명부를 선거인수가 서로 엇비슷하게 분철할 수 있다.

④ 선거인명부의 서식 기타 필요한 사항은 중앙선거관리위원회규칙으로 정한다.

> **ADVICE** ① 선거인명부작성기준일부터 5일 이내에 선거인명부를 작성하여야 한다(제37조 제1항).
> ② 제37조 제2항
> ③ 제37조 제5항
> ④ 제37조 제7항

3 선거인 명부에 관한 설명으로 옳지 않은 것은?

① 지방자치단체의 의회의원 및 장의 선거에서는 선거인 명부 작성기준일은 선거일 전 22일이다.

② 제218조의13에 따라 확정된 국외부재자신고인명부에 올라 있는 사람은 선거인명부의 비고란에 그 사실을 표시하여야 한다.

③ 누구든지 같은 선거에 있어 2 이상의 선거인명부에 오를 수 없다.

④ 구·시·군의 장은 선거인명부를 작성한 때에는 즉시 그 원본 1통을 관할구·시·군선거관리위원회에 송부하여야 한다.

> **ADVICE** ①② 제37조 제1항
> ③ 제37조 제3항
> ④ 구·시·군의 장은 선거인명부를 작성한 때에는 즉시 그 등본(선거인명부작성 전산자료 복사본을 포함한다) 1통을 관할구·시·군선거관리위원회에 송부하여야 한다(제37조 제4항).

4 공직선거법상 거소·선상투표신고에 대한 설명으로 옳지 못한 것은?

① 선거인명부에 오를 자격이 있는 국내에 거주하는 사람으로서 거소투표 신고 사유에 해당하는 사람은 선거인명부작성기간 중 구·시·군의 장에게 서면으로 신고를 할 수 있다.

② 우편에 의한 거소투표신고는 등기우편으로 처리하되, 그 우편요금은 해당 지방자치단체가 부담한다.

③ 대통령선거에서 선거인명부에 오를 자격이 있는 사람으로서 일정한 요건을 갖춘 선박에 승선하고 있는 선원이 사전투표소 및 투표소에서 투표할 수 없는 경우 선거인명부작성기간 중 구·시·군의 장에게 해당 선박에 설치된 팩시밀리로 신고를 할 수 있다.

④ 선상투표신고를 하려는 사람은 해당 신고서에 일정한 사항을 적어야 하고, 해당 선박 선장의 확인을 받아야 한다.

> **ADVICE** ① 제38조 제1항
> ② 그 우편요금은 국가 또는 해당 지방자치단체가 부담한다(제38조 제1항).
> ③ 제38조 제2항
> ④ 제38조 제3항

Answer 1.① 2.① 3.④ 4.②

5 **공직선거법상 거소·선상투표신고에 대한 설명으로 옳지 못한 것은?**

① 장애인복지법 제32조에 따라 등록된 장애인은 통·리·반의 장의 확인 없이 거소투표를 할 수 있는 자로 인정된다.

② 선상투표 사유, 성명, 성별, 생년월일, 주소, 거소, 선박의 명칭과 팩시밀리 번호는 신고서의 필요적 기재사항이다.

③ 사전투표소 및 투표소를 설치할 수 없는 지역에 장기기거하는 자로서 중앙선거관리위원회규칙으로 정하는 자는 거소에서 투표할 수 없다.

④ 거소투표신고가 있는 때에는 구·시·군의 장은 해당 신고서의 신고사항을 확인한 후 정당한 거소투표신고인 때에는 선거인명부에 이를 표시하고 거소투표신고인명부를 따로 작성하여야 한다.

> **ADVICE** ① 제38조 제3항
> ② 제38조 제3항
> ③ 사전투표소 및 투표소를 설치할 수 없는 지역에 장기기거하는 자로서 중앙선거관리위원회규칙으로 정하는 자는 거소에서 투표할 수 있다(제38조 제4항).
> ④ 제38조 제5항

6 **다음 중 거소·선상투표 사유에 대한 설명으로 옳지 않은 것은?**

> ㉠ 법령에 따라 영내 또는 함정에 장기기거하는 군인이나 경찰공무원
> ㉡ 병원·요양소·수용소·교도소 또는 구치소에 기거하는 사람으로서 거동할 수 없는 자
> ㉢ 신체에 중대한 장애가 있어 거동할 수 없는 자
> ㉣ 사전투표소 및 투표소에 가기 어려운 멀리 떨어진 외딴 섬 중 중앙선거관리위원회규칙으로 정하는 섬에 거주하는 자
> ㉤ 사전투표소 및 투표소를 설치할 수 없는 지역에 장기기거하는 자
> ㉥ 선상투표 대상 선원

① ㉠㉡㉢　　　　　　　　　　② ㉠㉡㉤

③ ㉠㉢㉣　　　　　　　　　　④ ㉡㉣㉤

> **ADVICE** ㉠ 법령에 따라 영내 또는 함정에 장기기거하는 군인이나 경찰공무원 중 사전투표소 및 투표소에 가서 투표할 수 없을 정도로 멀리 떨어진 영내(營內) 또는 함정에 근무하는 자
> ㉡ 병원·요양소·수용소·교도소 또는 구치소에 기거하는 사람
> ㉤ 사전투표소 및 투표소를 설치할 수 없는 지역에 장기기거하는 자로서 중앙선거관리위원회규칙으로 정하는 자

7 다음 중 거소 · 선상투표 대상자에 대한 설명으로 옳지 않은 것은?

① 병원 · 요양소 · 수용소 · 교도소에 기거하는 사람이 거소투표신고를 하려면 시설의 장의 확인을 받아야 한다.

② 장애인복지법 제32조에 따라 등록된 장애인이 거소투표신고를 하려는 경우에는 해당 통 · 리 또는 반의 장의 확인을 받아야 한다.

③ 사전투표소 또는 투표소를 설치할 수 없는 지역에 장기 기거하는 자로서 중앙선거관리위원회규칙으로 정하는 자는 별도의 확인절차 없이 거소투표신고를 할 수 있다.

④ 선상투표 신고 대상인 선원이 선상투표신고를 하려면 해당 선박 선장의 확인을 받아야 한다.

ADVICE ② 구 · 시 · 군의 장은 선거인명부작성기준일 전 10일까지 신체에 중대한 장애가 있어 거동할 수 없는 자 중에서 장애인복지법 제32조에 따라 등록된 장애인에게 거소투표신고에 관한 안내문과 거소투표신고서를 발송하여야 하며, 통 · 리 · 반의 장의 확인은 필요없다(제38조 제3항 참조).

※ 거소투표신고 대상자의 확인 여부

거소 · 선상투표신고 대상자	확인여부
법령에 따라 영내 또는 함정에 장기기거하는 군인이나 경찰공무원 중 사전투표소 및 투표소에 가서 투표할 수 없을 정도로 멀리 떨어진 영내(營內) 또는 함정에 근무하는 자	소속 기관장의 확인 필요
병원 · 요양소 · 수용소 · 교도소 또는 구치소에 기거하는 사람	시설의 장의 확인 필요
신체에 중대한 장애가 있어 거동할 수 없는 자	통 · 리 · 반의 장의 확인 필요
사전투표소 및 투표소에 가기 어려운 멀리 떨어진 외딴 섬 중 중앙선거관리위원회규칙으로 정하는 섬에 거주하는 자	확인 불요
사전투표소 및 투표소를 설치할 수 없는 지역에 장기기거하는 자로서 중앙선거관리위원회규칙으로 정하는 자	확인 불요
선상투표 신고대상에 해당하는 선원	해당 선박 선장의 확인 필요

8 공직선거법 제39조 (명부작성의 감독 등)에 대한 설명으로 옳지 않은 것은?

① 선거인명부의 작성에 관하여는 관할구·시·군선거관리위원회 및 읍·면·동선거관리위원회가 이를 감독한다.

② 선거인명부작성에 종사하는 공무원을 임면할 경우 관할구·시·군선거관리위원회와 협의를 하여야 한다.

③ 선거인명부작성기간중에 선거인명부작성에 종사하는 공무원을 해임하고자 하는 때에는 그 임면권자는 관할구·시·군선거관리위원회 또는 직근 상급선거관리위원회와 협의하여야 한다.

④ 선거인명부작성에 종사하는 공무원이 정당한 사유 없이 선거인명부작성에 관하여 그 직무를 태만히 한 때에는 직근 상급선거관리위원회는 임면권자에게 그 교체를 요구할 수 있다.

> **ADVICE** ① 제39조 제1항
> ② 선거인명부작성에 종사하는 공무원이 임면은 관할구·시·군선거관리위원회와 협의할 필요가 없다(제39조 제2항).
> ③ 제39조 제3항
> ④ 제39조 제4항

9 공직선거법 제39조 (명부작성의 감독 등)에 대한 설명으로 옳지 않은 것은?

① 읍·면·동선거관리위원회는 선거인명부의 작성에 관하여 감독할 수 있는 권한이 있다.

② 선거인명부의 작성에 관하여 직근 상급 선거관리위원회는 명부 작성 공무원에 대한 해임 협의권을 가진다.

③ 선거인명부 작성에 종사하는 공무원에 대한 교체 요구는 선거인명부 작성기간 중에만 가능하다.

④ 선거인명부 작성 공무원에 대한 해임요구가 있는 경우 임면권자는 정당한 사유가 없는 한 이에 따라야 한다.

> **ADVICE** ① 제39조 제1항
> ② 제39조 제3항
> ③ 공직선거법에는 선거인명부 작성에 종사하는 공무원에 대한 교체 요구를 명부작성기간 중으로 제한한다는 명문규정은 없다.
> ④ 제39조 제4항

10 선거인명부 열람 및 이의신청에 대한 설명으로 옳지 못한 것은?

① 구·시·군의 장은 선거인명부작성기간 만료일의 다음 날부터 3일간 장소를 정하여 선거인명부를 열람할 수 있도록 하여야 한다.

② 선거권자는 누구든지 선거인명부를 자유로이 열람할 수 있다. 다만, 인터넷홈페이지에서의 열람은 선거권자 자신의 정보에 한한다.

③ 선거권자는 누구든지 선거인명부에 누락 또는 오기가 있거나 자격이 없는 선거인이 올라 있다고 인정되는 때에는 열람기간 내에 구술 또는 서면으로 당해 구·시·군의 장에게 이의를 신청할 수 있다.

④ 선거인명부에 대한 이의신청 결정에 불복이 있는 이의신청인은 당해 구·시·군의 장에게 불복을 신청할 수 있다.

> **ADVICE** ① 제40조 제1항
> ② 제40조 제2항
> ③ 제41조 제1항
> ④ 결정에 대하여 불복이 있는 이의신청인이나 관계인은 그 통지를 받은 날의 다음 날까지 관할구·시·군선거관리위원회에 서면으로 불복을 신청할 수 있다(제42조 제1항).

11 선거인명부 열람 및 이의신청에 대한 설명으로 옳은 것은?

① 인터넷 홈페이지에서의 열람은 열람시간과 열람기간의 제한을 받지 않는다.

② 선거인명부에 누락이 있다고 인정되는 때에는 열람기간 내에 서면으로 당해 이의를 신청할 수 있다

③ 이의신청이나 불복신청, 선거인명부등재신청은 모두 그 신청이 있는 날의 다음날까지 처리해야 한다.

④ 선거인명부 이의신청이과 불복신청의 결정기관은 같다.

> **ADVICE** ① 인터넷홈페이지에서의 열람은 시간의 제한을 받지는 않지만, 열람기간은 선거인명부작성기간만료일의 다음 날부터 3일간으로 제한된다(제40조 제1항).
> ② 선거인명부에 누락 또는 오기가 있거나 자격이 없는 선거인이 올라 있다고 인정되는 때에는 열람기간 내에 구술 또는 서면으로 당해 구·시·군의 장에게 이의를 신청할 수 있다(제41조 제1항).
> ③ 제42조 제1항
> ④ 이의신청의 결정기관은 구·시·군의 장이고, 불복신청의 결정기관은 구·시·군선거관리위원회이다(제41조, 제42조).

Answer 8.② 9.③ 10.④ 11.③

12 선거인명부에 대한 설명으로 옳은 것은?

① 선거인명부의 이의신청기간만료일의 다음 날부터 선거인명부확정일 전일까지 선거인 명부에 누락된 것이 발견된 때에는 선거권자는 소명자료를 첨부하여 관할선거관리위 원회에 서면으로 선거인명부 등재신청을 할 수 있다.

② 선거인명부누락자의 구제신청이 있는 경우 관할선거관리위원회는 그 신청이 있는 날 의 다음 날까지 심사·결정하며, 그 신청이 이유 있다고 결정한 때에는 즉시 관계 구·시·군의 장에게 통지하여 선거인명부를 정정하게 하고 신청인에게 통지하여야 한다.

③ 선거인명부는 선거일 전 15일에, 거소·선상투표신고인명부는 선거인명부작성기간만 료일의 다음 날에 각각 확정된다.

④ 구·시·군의 장은 선거권자가 선거인명부확정일의 다음 날부터 선거일의 투표마감 시각까지 해당 구·시·군이 개설·운영하는 인터넷 홈페이지에서 자신이 선거인명 부에 올라 있는지 여부, 선거인명부 등재번호 및 투표소의 위치를 확인할 수 있도록 기술적 조치를 하여야 한다.

 ① 제43조 제1항
② 제43조 제2항
③ 선거인명부는 선거일 전 12일에, 거소·선상투표신고인명부는 선거인명부작성기간만료일의 다음 날에 각각 확정되며 해당 선거에 한하여 효력을 가진다(제44조 제1항).
④ 제44조 제2항

13 선거인명부에 대한 설명으로 옳지 못한 것은?

① 선거인명부는 선거일 전 12일에, 거소·선상투표신고인명부는 선거인명부작성기간만 료일의 다음 날에 각각 확정 된다.

② 지역구국회의원이 궐원되어 실시하는 보궐선거에서는 당초 임기만료선거에 사용된 선거인 명부를 사용한다.

③ 구·시·군의 장은 선거권자가 선거인명부확정일의 다음 날부터 선거일의 투표마감 시각까지 해당 구·시·군이 개설·운영하는 인터넷 홈페이지에서 자신이 선거인명 부에 올라 있는지 여부, 선거인명부 등재번호 및 투표소익 위치를 확인할 수 있도록 기술적 조치를 하여야 한다.

④ 천재지변, 그 밖의 사고로 인하여 선거인명부가 멸실·훼손된 경우 선거의 실시를 위하여 필요한 때에는 구·시·군의 장은 다시 선거인명부를 작성하여야 한다.

14 **선거인명부에 대한 설명으로 옳지 않은 것은?**

① 대통령선거와 임기만료에 의한 국회의원선거에서 구·시·군의 장은 그 관할구역에 주민등록 되어 있는 선거권자와 확정된 재외선거인명부에 올라 있는 사람을 함께 선거인명부에 올릴 수 없다.

② 선거권자는 누구든지 선거인명부를 자유로이 열람할 수 있다. 다만, 인터넷홈페이지에서의 열람은 선거권자 자신의 정보에 한한다.

③ 선거인명부의 열람기간이 지난 후 선거인명부확정 전까지 선거인명부에 올라 있는자 중 오기 또는 선거권이 없는 자나 사망자가 있는 것을 발견한 때에는 이를 수정 또는 삭제한다.

④ 구·시·군의 장은 선거인명부 확정 후 선거권이 없는 사람을 발견한 때에는 선거인명부에서 이를 삭제한다.

15 통합선거인명부에 대한 설명으로 옳지 못한 것은?

① 중앙선거관리위원회는 사전투표소에서 사용하기 위하여 확정된 선거인명부의 전산자료 복사본을 이용하여 하나의 선거인명부를 작성한다.

② 중앙선거관리위원회는 통합선거인명부를 작성하는 경우 같은 사람이 2회 이상 투표할 수 없도록 필요한 기술적 조치를 하여야 한다.

③ 구·시·군선거관리위원회는 선거일에 투표소에서 사용하기 위하여 사전투표기간 종료 후 중앙선거관리위원회가 2회 이상 투표할 수 없도록 기술적 조치를 한 선거인명부를 출력한 다음 해당 구·시·군선거관리위원회위원장이 이를 봉함·봉인하여 보관하여야 한다.

④ 통합선거인명부의 작성, 선거일 투표소에서 사용하기 위하여 출력한 선거인명부의 보관방법, 그 밖에 필요한 사항은 중앙선거관리위원회규칙으로 정한다.

> **ADVICE** ① 제44조의2 제1항
> ② 제44조의2 제2항
> ③ 선거인명부를 출력은 읍·면·동선거관리위원회가 보관은 읍·면·동선거관리위원회위원장이 한다(제44조의2 제4항).
> ④ 제44조의2 제6항

16 선거인명부 사본교부와 관련한 다음 설명 중 옳지 못한 것은?

① 구·시·군의 장은 후보자·선거사무장 또는 선거연락소장의 신청이 있는 때에는 작성된 선거인명부 또는 거소·선상투표신고인명부의 사본이나 전산자료복사본을 후보자별로 1통씩 12시간 이내에 신청인에게 교부하여야 한다.

② 선거인명부의 사본이나 전산자료복사본의 교부신청은 선거기간개시일까지 해당 구·시·군의 장에게 서면으로 하여야 한다.

③ 선거인명부의 사본이나 전산자료복사본의 교부신청을 하는 자는 그 사본작성비용을 교부신청과 함께 납부하여야 한다.

④ 선거인명부의 교부신청과 비용납부 기타 필요한 사항은 중앙선거관리위원회규칙으로 정한다.

> **ADVICE** ① 구·시·군의 장은 후보자·선거사무장 또는 선거연락소장의 신청이 있는 때에는 작성된 선거인명부 또는 거소·선상투표신고인명부의 사본이나 전산자료복사본을 후보자별로 1통씩 24시간 이내에 신청인에게 교부하여야 한다(제46조 제1항).
> ② 제46조 제2항
> ③ 제46조 제3항
> ④ 제46조 제5항

17 선거인명부 작성과 관련한 공직선거법의 규정과 일치하지 않는 것은?

① 대통령선거에서의 선거인 명부 작성기준일은 선거일 전 28일이고, 국회의원선거와 지방자치단체의 의회의원 및 장의 선거에서 선거인 명부 작성기준일은 선거일 전 22일이다.

② 선거인명부에는 선거권자의 성명·주소·성별 및 생년월일 기타 필요한 사항을 기재하여야 한다.

③ 관할구·시·군선거관리위원회는 선거인명부작성기간 만료일의 다음 날부터 7일간 장소를 정하여 선거인명부를 열람할 수 있도록 하여야 한다.

④ 선거인명부에 대한 이의신청 결정에 대하여 불복이 있는 이의신청인이나 관계인은 그 통지를 받은 날의 다음 날까지 관할구·시·군선거관리위원회에 서면으로 불복을 신청할 수 있다.

> **ADVICE**
> ① 제37조 제1항
> ② 제37조 제2항
> ③ 구·시·군의 장은 선거인명부작성기간 만료일의 다음 날부터 3일간 장소를 정하여 선거인명부를 열람할 수 있도록 하여야 한다(제40조 제1항).
> ④ 제42조 제1항

18 선거인명부 작성에 관한 설명으로 일치하지 않는 것은?

① 대통령선거와 임기만료에 의한 국회의원선거에서 구·시·군의 장은 그 관할구역에 주민등록 되어 있는 선거권자와 확정된 재외선거인명부에 올라 있는 사람을 함께 선거인명부에 올릴 수 없다.

② 선거인명부는 선거일 전 10일에, 거소·선상투표신고인명부는 선거인명부작성기간만료일에 각각 확정 된다.

③ 구·시·군의 장은 선거권자가 선거인명부확정일의 다음 날부터 선거일의 투표마감시각까지 해당 구·시·군이 개설·운영하는 인터넷 홈페이지에서 선거인명부 등재번호 및 투표소의 위치를 확인할 수 있도록 기술적 조치를 하여야 한다.

④ 중앙선거관리위원회는 사전투표소에서 사용하기 위하여 확정된 선거인명부의 전산자료 복사본을 이용하여 하나의 선거인명부를 작성한다.

> **ADVICE**
> ① 제37조 제1항
> ② 선거인명부는 선거일 전 12일에, 거소·선상투표신고인명부는 선거인명부작성기간만료일의 다음 날에 각각 확정 된다(제44조 제1항).
> ③ 제44조 제2항
> ④ 제44조의2 제1항

19 공직선거법에 대한 판례의 견해와 일치하지 않는 것은?

① 예비후보자의 선거운동에서 예비후보자 외에 독자적으로 명함을 교부하거나 지지를 호소할 수 있는 주체를 예비후보자의 배우자와 직계존·비속으로 제한한 공직선거법 제60조의3 제2항 제1호가 청구인들의 선거운동의 자유를 침해하는 것은 아니다.

② 예비후보자의 선거운동에서 예비후보자 외에 독자적으로 명함을 교부하거나 지지를 호소할 수 있는 주체를 예비후보자의 배우자와 직계존·비속으로 제한한 공직선거법 제60조의3 제2항 제1호 배우자나 직계존·비속이 없는 청구인들의 평등권을 침해한다.

③ 공직선거법 제60조 제1항 제4호 중 '예비후보자의 배우자인 공무원에 대하여 선거운동을 금지하는 것이 선거운동의 자유를 과도하게 침해하는 것은 아니다.

④ 공직선거법 제60조의3 제1항 제6호에서 예비후보자가 할 수 있는 선거운동으로 규정하고 있는 '전화를 이용하여 송·수화자 간 직접 통화하는 방식으로 지지를 호소하는 행위'가 예비후보자 본인이 직접 하는 경우에만 적용되는 것이다.

ADVICE ① 헌재 2011.8.30. 2010헌마259
② 이 사건 법률조항이 배우자나 직계존·비속이 있는 예비후보자와 그렇지 않은 예비후보자를 달리 취급하고 있다고 할 수 있으나, 이 사건 법률조항에서 예비후보자의 정치력, 경제력과는 무관하게 존재가능하고 예비후보자와 동일시할 수 있는 배우자나 직계존·비속에 한정하여 명함을 교부하거나 지지를 호소할 수 있도록 한 것에는 합리적 이유가 있다 할 것이고, 숫자만을 한정하여 예비후보자가 명함교부, 지지호소를 할 수 있는 사람을 지정하도록 하거나, 배우자나 직계존·비속이 없는 경우 이를 대체할 사람을 지정할 수 있도록 하는 방안은 오히려 예비후보자간의 기회 불균등을 심화시킬 가능성이 있어 쉽게 채택하기 어려운 면이 있으므로, 선거운동을 할 배우자나 직계존·비속이 없는 예외적인 경우까지 고려하지 않았다고 하여 청구인들의 평등권을 침해한 것이라고 볼 수는 없다(헌재 2011.8.30. 2010헌마259).
③ 헌재 2009.3.26. 2006헌마526
④ 대판 2013.7.25. 2013도1793

20 공직선거법에 대한 판례의 견해와 일치하지 않는 것은?

① 선거운동과 관련하여 선거운동원 등에게 일체의 금품제공을 금지하고 이를 위반하는 경우 처벌하는 공직선거법 제135조 제3항 중 "금품의 제공"에 관한 부분이 당원이 당비를 납부하여 정당선거사무소의 운영비 등으로 사용하는 것을 제한하는 것이 아니며, 정당 활동의 자유를 침해하는 것은 아니다.

② 자치구 · 시 · 군의원선거의 후보자가 후보자 등록을 위하여 납부한 기탁금을 후보자의 득표율에 따라 반환하도록 하는 공직선거법 제57조 제1항 제1호의 '지역구지방의회의원선거' 중 자치구 · 시 · 군의원선거에 관한 부분이 청구인의 평등권을 침해하는 것은 아니다.

③ 사전선거운동 금지의 예외로서 예비후보자홍보물의 발송을 허용하면서도 그 수량을 선거구 안에 있는 세대수 100분의 10에 해당하는 수 이내로 제한하는 구 공직선거법 제60조의3제1항 제4호 전문 중 '세대수 100분의 10에 해당하는 수 이내' 부분이 청구인의 선거운동의 자유 등을 침해하는 것은 아니다.

④ 선거사무장, 선거사무원 등의 경우 예비후보자와 함께 다니는 경우에만 명함교부 등에 의한 선거운동을 할 수 있도록 하는 공직선거법 제60조의3 제2항 제2호가 청구인의 평등권을 침해한다.

> **ADVICE** ① 헌재 2011.4.28. 2010헌바473
> ② 헌재 2012.3.29. 2010헌마673
> ③ 헌재 2012.3.29. 2010헌마673
> ④ 선거사무장, 선거사무원 등의 경우 예비후보자와 함께 다니면서 명함교부 등에 의한 선거운동을 할 수 있도록 하는 공직선거법 제60조의3 제2항 제2호는 선거사무장이나 선거사무원을 두지 않은 예비후보자와 선거사무장과 선거사무원을 둔 예비후보자 사이에 선거운동에 있어서 불균형을 발생하지만, 그 불균형이 합리적 근거 없는 차별에 해당한다고 볼 수 없으므로 청구인의 평등권을 침해한다고 볼 수 없다(헌재 2012.3.29. 2010헌마673).

06 후보자

1 **정당의 후보자 추천에 대한 설명으로 옳지 않은 것은?**

① 정당이 비례대표자치구·시·군의원선거에 후보자를 추천하는 경우에는 정수 범위를 초과하여 추천할 수 없다.

② 정당이 비례대표국회의원선거 및 비례대표지방의회의원선거에 후보자를 추천하는 때에는 그 후보자 중 100분의 50 이상을 여성으로 추천하여야 한다.

③ 정당이 임기만료에 따른 지역구국회의원선거에 후보자를 추천하는 때에는 각각 전국 지역구총수의 100분의 30 이상을 여성으로 추천하도록 노력하여야 한다.

④ 정당이 임기만료에 따른 지역구지방의회의원선거에 후보자를 추천하는 때에는 지역구시·도의원선거 또는 지역구자치구·시·군의원선거 중 어느 하나의 선거에 국회의원지역구마다 1명 이상을 여성으로 추천하여야 한다.

> **ADVICE** ① 비례대표자치구·시·군의원의 경우에는 그 정수 범위를 초과하여 추천할 수 있다(제47조 제1항).
> ② 제47조 제3항
> ③ 제47조 제4항
> ④ 제47조 제5항

2 정당의 후보자 추천에 대한 설명으로 옳지 않은 것은?

① 정당은 선거에 있어 선거구별로 선거할 정수범위안에서 그 소속당원을 후보자로 추천할 수 있다.

② 정당이 비례대표국회의원선거 및 비례대표지방의회의원선거에 후보자를 추천하는 때에는 후보자명부의 순위의 매 홀수에는 여성을 추천하여야 한다.

③ 정당이 임기만료에 따른 지역구지방의회의원선거에 후보자를 추천하는 때에는 각각 전국지역구총수의 100분의 30 이상을 여성으로 추천하도록 노력하여야 한다.

④ 정당이 임기만료에 따른 지역구지방의회의원선거에 후보자를 추천하는 경우 자치구의 일부지역이 다른 자치구 또는 군지역과 합하여 하나의 국회의원지역구로 된 때에도 1명 이상을 여성으로 추천하여야 한다.

> **ADVICE** ① 제47조 제1항
> ② 제47조 제3항
> ③ 제47조 제4항
> ④ 정당이 임기만료에 따른 지역구지방의회의원선거에 여성후보 추천에 관한 규정은 자치구의 일부지역이 다른 자치구 또는 군지역과 합하여 하나의 국회의원지역구로 된 경우에는 적용하지 않는다(제47조 제5항).

3 정당의 후보자 추천에 대한 설명으로 옳지 않은 것은?

① 누구든지 정당이 특정인을 후보자로 추천하는 일과 관련하여 금품이나 그 밖의 재산상의 이익 또는 공사의 직을 제공하거나 그 제공의 의사표시를 승낙할 수 없다.

② 누구든지 규정된 행위에 관하여 지시·권유 또는 요구하거나 알선하여서는 아니 된다.

③ 후보자가 되려는 사람의 배우자가 선거일전 90일에 정치자금법에 따라 후원금을 기부할 경우 정당이 특정인을 후보자로 추천하는 일과 관련하여 제공한 것으로 본다.

④ 후보자의 직계존속이 선거일 전 150일에 국회의원 등의 배우자에게 대여의 명목으로 재산상의 이익을 제공한 때에는 정당이 특정인을 후보자로 추천하는 일과 관련하여 제공한 것으로 본다.

> **ADVICE** ①④ 제47조의2 제1항
> ② 제47조의2 제2항
> ③ 후보자등의 직계존비속과 형제자매가 선거일 전 150일부터 선서일 후 60일까지 「징지자금법」에 따라 후원금을 기부하거나 당비를 납부하는 것은 정당이 특정인을 후보자로 추천하는 일과 관련하여 제공한 것으로 보지 아니한다(제47조의2 제1항).

4 선거권자의 무소속 후보자 추천에 대한 설명으로 옳지 않은 것은?

① 관할선거구 안에 주민등록이 된 선거권자는 각 선거(비례대표국회의원선거 및 비례대표지방의회의원선거를 제외한다)별로 무소속후보자로 추천할 수 있다.

② 임기만료에 의한 대통령 선거에 무소속후보자가 되고자 하는 자는 관할선거구선거관리위원회 검인하여 교부하는 추천장을 사용하여 5 이상의 시·도에 나누어 하나의 시·도에 주민등록이 되어 있는 선거권자의 수를 700인 이상으로 한 3천500인 이상 6천인 이하 선거권자의 추천을 받아야 한다.

③ 시·도지사선거에 무소속후보자가 되고자 하는 자는 관할선거구선거관리위원회 검인하여 교부하는 추천장을 사용하여 당해 시·도안의 3분의 1 이상의 자치구·시·군에 나누어 하나의 자치구·시·군에 주민등록이 되어 있는 선거권자의 수를 50인 이상으로 한 1천인 이상 2천인 이하 선거권자의 추천을 받아야 한다.

④ 무소속후보자의 추천에는 검인되지 아니한 추천장에 의하여 추천을 받을 수 없으나 추천선거권자수의 상한수를 넘는 추천을 받을 수 있다.

ADVICE ① 제48조 제1항
② 제48조 제2항
③ 제48조 제2항
④ 검인되지 아니한 추천장에 의하여 추천을 받거나 추천선거권자수의 상한수를 넘어 추천을 받아서는 아니된다(제48조 제3항).

5 공직선거법상의 무소속 후보자 추천에 대한 설명으로 옳지 않은 것은?

① 임기만료에 의한 대통령 선거에 무소속후보자가 되고자 하는 자는 관할선거구선거관리위원회가 검인하여 교부하는 추천장을 사용하여 5 이상의 시·도에 나누어 하나의 시·도에 주민등록이 되어 있는 선거권자의 수를 700인 이상으로 한 3천500인 이상 6천인 이하 선거권자의 추천을 받아야 한다.

② 지역구시·도의원선거에서 무소속후보자가 되고자 하는 자는 관할선거구선거관리위원회가 검인하여 교부하는 추천장을 사용하여 선거권자 100인 이상 200인 이하의 추천을 받아야 한다.

③ 지역구국회의원선거에서 무소속후보자가 되고자 하는 자는 관할선거구선거관리위원회가 후   검인하여 교부하는 추천장을 사용하여 선거권자 300인 이상 500인 이하의 추천을 받아야 한다.

④ 지역구자치구·시·군의원선거에서 무소속후보자가 되고자 하는 자는 관할선거구선거관리위원회가 검인하여 교부하는 추천장을 사용하여 100인 이상 150인 이하. 다만, 인구 1천인 미만의 선거구에 있어서는 50인 이상 100인 이하의 추천을 받아야 한다.

> **ADVICE** ① 제48조 제1항
> ② 제48조 제1항
> ③ 제48조 제1항
> ④ 지역구자치구·시·군의원선거에서 무소속후보자가 되고자 하는 자는 관할선거구선거관리위원회가 검인하여 교부하는 추천장을 사용하여 50인 이상 100인 이하. 다만, 인구 1천인 미만의 선거구에 있어서는 30인 이상 50인 이하의 추천을 받아야 한다(제48조 제1항).

6 공직선거법상의 무소속 후보자 추천에 대한 설명으로 옳지 않은 것은?

① 자치구·시·군의 장 선거에서 무소속후보자가 되고자 하는 자는 관할선거구선거관리위원회가 검인하여 교부하는 추천장을 사용하여 300인 이상 500인 이하의 추천을 받아야 한다.

② ①항의 경우 검인되지 아니한 추천장에 의하여 추천을 받거나 추천선거권자수의 상한수를 넘어 추천을 받아서는 아니된다.

③ 관할선거구선거관리위원회 추천장 검인·교부신청은 공휴일을 제외하고 매일 오전 9시부터 오후 6시까지 할 수 있다.

④ 선거권자의 추천장의 서식·교부신청 및 교부 기타 필요한 사항은 중앙선거관리위원회규칙으로 정한다.

 ① 제48조 제2항
② 제48조 제3항
③ 관할선거구선거관리위원회 추천장 검인·교부신청과 관련된 기간은 불변기간이므로 공휴일에도 불구하고 매일 오전 9시부터 오후 6시까지 할 수 있다(제48조 제4항).
④ 제48조 제5항

7 후보자추천에 대한 설명으로 옳지 않은 것은?

① 정당이 비례대표자치구·시·군의회의원선거에서 후보자를 추천하는 경우 그 정수 범위를 초과할 수 없다.
② 후보자등록기간 중 정당추천후보자가 사퇴·사망하거나, 소속정당의 제명이나 중앙당의 시·도당창당승인취소외의 사유로 인하여 등록이 무효로 된 때에는 정당은 후보자를 다시 추천할 수 있다.
③ 선거권자는 후보자에 대한 추천을 취소 또는 변경할 수 없다.
④ 비례대표지방의회의원선거에서 정당의 여성후보자 추천의 비율과 순위를 위반할 경우 후보자의 등록이 무효가 된다.

 ① 정당은 선거에 있어 선거구별로 선거할 정수범위안에서 그 소속당원을 후보자로 추천할 수 있다. 다만, 비례대표자치구·시·군의원의 경우에는 그 정수 범위를 초과하여 추천할 수 있다(제47조 제1항).
② 제50조 제1항
③ 제50조 제2항
④ 제52조 제1항

8 후보자등록에 대한 설명으로 옳지 않은 것은?

① 대통령선거에서는 선거일 전 24일, 국회의원선거와 지방자치단체의 의회의원 및 장의 선거에서는 선거일 전 20일부터 2일간 관할선거구선거관리위원회에 서면으로 신청하여야 한다.

② 대통령선거에서의 정당추천후보자의 등록은 그 추천정당이, 지역구국회의원선거와 지역구지방의회의원 및 지방자치단체의 장의 선거에 있어서는 정당추천후보자가 되고자 하는 자가 신청한다.

③ 무소속후보자가 되고자 하는 자는 제48조에 따라 선거권자가 기명하고 날인(무인을 허용)한 추천장[단기(單記) 또는 연기(連記)로 하며 간인(間印)을 요한다]을 등록신청서에 첨부하여야 한다.

④ 정당의 당원인 자는 무소속후보자로 등록할 수 없으며, 후보자등록기간중(후보자등록신청시를 포함한다) 당적을 이탈·변경하거나 2 이상의 당적을 가지고 있는 때에는 당해 선거에 후보자로 등록될 수 없다.

> **ADVICE** ① 제49조 제1항
> ② 제49조 제2항
> ③ 무소속후보자가 되고자 하는 자는 제48조에 따라 선거권자가 기명하고 날인(무인을 허용하지 아니한다)한 추천장[단기(單記) 또는 연기(連記)로 하며 간인(間印)을 요하지 아니한다]을 등록신청서에 첨부하여야 한다(제49조 제3항).
> ④ 제49조 제6항

9 다음 중 후보자등록신청 시 갖추어야 할 필수구비서류가 아닌 것은?

① 피선거권에 관한 증명서류
② 등록대상재산에 관한 신고서
③ 병역사항에 관한 신고서
④ 병역사항에 관한 신고서

필수구비서류	• 등록신청서 • 정당의 추천서와 본인승낙서 또는 선거권자의 추천장 • 기탁금 • 등록대상재산에 관한 신고서 • 병역사항에 관한 신고서 • 최근 5년간 세금 납부 및 체납에 관한 신고서 • 벌금형 100만원 이상의 형의 범죄경력에 관한 증명서류
보조구비서류	• 피선거권에 관한 증명서류 • 정규학력에 관한 최종학력 증명서와 국내 정규학력에 준하는 외국의 교육기관에서 이수한 학력에 관한 각 증명서 • 대통령선거 · 국회의원선거 · 지방의회의원 및 지방자치단체의 장의 선거와 교육의원선거 및 교육감선거에 후보자로 등록한 경력에 관한 신고서

10 후보자등록에 대한 설명으로 옳지 않은 것은?

① 대통령선거의 후보자등록서류에는 추천정당의 당인(黨印) 및 그 대표자의 직인이 날인된 추천서를 등록신청서에 첨부하여야 한다.

② 후보자등록신청서의 접수는 공휴일에 불구하고 매일 오전 9시부터 오후 6시까지로 한다.

③ 관할선거구선거관리위원회는 당선인 결정 후 15일 이내에 당해 당선인이 제출한 등록대상재산에 관한 신고서의 사본을 해당공직자윤리위원회에 송부하여야 한다.

④ 후보자가 되고자 하는 자 또는 정당은 선거기간개시일 전 150일부터 본인 또는 후보자가 되고자 하는 소속 당원의 전과기록을 국가경찰관서의 장에게 조회할 수 있으며, 그 요청을 받은 국가경찰관서의 장은 지체없이 그 전과기록을 회보(回報)하여야 한다.

11 후보자등록서류에 대한 설명으로 옳지 않은 것은?

① 피선거권에 관한 증명서류가 후보등록시 첨부되지 아니한 경우 등록신청을 수리할 수 없다.

② 후보자 본인의 직계존비속이 소유하고 있는 사실상의 재산이 신고 대상이므로, 후보자의 배우자의 직계존속은 신고대상이 아니다.

③ 병역사항에 관한 신고대상은 18세 이상의 직계비속이므로 외손자 및 외증손자의 병역사항도 신고 대상이 된다.

④ 전과기록에 관한 증명서류에서 전과기록의 범위는 선거범이든 일반범이든 모두 100만원 이상의 형의 범죄경력을 말한다.

> **ADVICE** ① 후보자의 피선거권에 관한 증명서류가 첨부되지 아니한 경우에는 이를 수리하되, 해당 선거구선거관리위원회가 그 사항을 조사하며, 그 조사를 의뢰받은 기관 또는 단체는 지체 없이 그 사실을 확인하여 해당 선거구선거관리위원회에 회보하여야 한다(제49조 제8항).

12 후보자의 등록에 대한 설명 중 옳지 않은 것은?

① 후보자등록을 신청하는 자는 예비후보자등록을 신청하는 때에 제출한 서류는 제출하지 아니할 수 있다. 다만, 그 서류 중 변경사항이 있는 경우에는 후보자등록을 신청하는 때까지 추가하거나 보완하여야 한다.

② 정당의 당원인 자는 무소속후보자로 등록할 수 없으며, 후보자등록기간 중 당적을 이탈·변경한 때에는 당해 선거에 후보자로 등록될 수 없다. 그러나 소속정당의 해산으로 당원자격이 상실된 경우에는 무소속후보자로 등록할 수 있다.

③ 관할선거구선거관리위원회는 후보자등록신청이 있는 때에는 후보자의 피선거권에 관한 증명서류가 첨부되지 아니한 경우에는 이를 수리하되, 당해 선거구선거관리위원회가 그 사항을 조사하여야 하며, 그 조사를 의뢰받은 기관 또는 단체는 지체없이 그 사실을 확인하여 당해 선거구선거관리위원회에 회보하여야 한다.

④ 후보자가 되고자 하는 자 또는 정당은 선거기간개시일 전 150일부터 본인 또는 후보자가 되고자 하는 소속 당원의 전과기록을 국가경찰관서의 장에게 조회할 수 있으며, 그 요청을 받은 국가경찰관서의 장은 지체없이 그 전과기록을 회보(回報)하여야 한다.

 ① 제49조 제5항

② 정당의 당원인 자는 무소속후보자로 등록할 수 없으며, 후보자등록기간중 당적을 이탈·변경하거나 2 이상의 당적을 가지고 있는 때에는 당해 선거에 후보자로 등록될 수 없다. 소속정당의 해산이나 그 등록의 취소 또는 중앙당의 시·도당창당승인취소로 인하여 당원자격이 상실된 경우에도 또한 같다(제49조 제6항).

③ 제49조 제9항

④ 제49조 제10항

13 후보자의 등록에 대한 설명 중 옳지 않은 것은?

① 관할선거구선거관리위원회는 당선인결정후 15일 이내에 당해 당선인이 제출한 등록대상재산에 관한 신고서의 사본을 해당공직자윤리위원회에 송부하여야 한다.

② 후보자가 되고자 하는 자 또는 정당은 선거기간개시일 전 150일부터 본인 또는 후보자가 되고자 하는 소속 당원의 전과기록을 국가경찰관서의 장에게 조회할 수 있으며, 그 요청을 받은 국가경찰관서의 장은 지체없이 그 전과기록을 회보(回報)하여야 한다.

③ 선거기간 중 관할선거구선거관리위원회가 회보받은 전과기록을 열람할 수 있는 자는 선거권자에 한한다.

④ 후보자의 등록신청서와 추천서의 서식, 세금납부 및 체납에 관한 선고서의 서식, 제출·회보받은 서류의 공개방법 그 밖에 필요한 사항은 중앙선거관리위원회규칙으로 정한다.

 ① 제49조 제9항

② 제49조 제10항

③ 누구든지 선거기간중 관할선거구선거관리위원회가 제10항의 규정에 의하여 회보받은 전과기록을 열람할 수 있다(제49조 제11항).

④ 제49조 제15항

 11.① 12.② 13.③

14 후보자추천의 취소와 변경의 금지에 대한 설명으로 옳지 않은 것은?

① 정당은 후보자등록 후에는 등록된 후보자에 대한 추천을 취소 또는 변경할 수 없으며, 비례대표국회의원후보자명부에 후보자를 추가하거나 그 순위를 변경할 수 없다.

② 후보자등록기간 중 정당추천후보자가 소속정당의 제명이나 중앙당이 시·도당 창당승인 취소 외의 사유로 인하여 등록이 무료된 경우에 추천을 변경할 수 있다.

③ 후보자등록기간 중 정당추천후보자가 사망하여 비례대표국회의원후보자명부에 후보자를 추가할 경우에는 그 순위는 사망한자의 순위에 의한다.

④ 선거권자는 후보자에 대한 추천을 취소 또는 변경할 수 없다.

> **ADVICE** ①② 제50조 제1항
> ③ 후보자등록기간 중 정당추천후보자가 사망하여 비례대표국회의원후보자명부에 후보자를 추가할 경우에는 그 순위는 이미 등록된 자의 다음으로 한다(제50조 제1항).
> ④ 제50조 제2항

15 후보자추천·등록에 대한 설명으로 옳지 않은 것은?

① 관할선거구 안에 주민등록이 된 선거권자는 각 선거별로 정당의 당원이 아닌 자를 당해 선거구의 후보자로 추천할 수 없다.

② 후보자등록을 신청하는 자는 예비후보자등록을 신청하는 때에 제출한 서류는 제출하지 아니할 수 있다. 다만, 그 서류 중 변경사항이 있는 경우에는 후보자등록을 신청하는 때까지 추가하거나 보완하여야 한다.

③ 관할선거구선거관리위원회는 당선인결정 후 15일 이내에 당해 당선인이 제출한 등록대상재산에 관한 신고서의 사본을 「공직자윤리법」 제9조(공직자윤리위원회)의 규정에 의한 해당공직자윤리위원회에 송부하여야 한다.

④ 대통령선거에 있어서 정당추천후보자가 후보자등록기간 중 또는 후보자등록기간이 지난 후에 사망한 때에는 후보자등록마감일후 5일까지 후보자등록을 신청할 수 있다.

> **ADVICE** ① 관할선거구 안에 주민등록이 된 선거권자는 각 선거별로 정당의 당원이 아닌 자를 당해 선거구의 후보자로 추천할 수 있다(제48조 제1항).
> ② 제49조 제5항
> ③ 제49조 제9항
> ④ 제51조

16 공직선거법 제52조에 규정된 후보자 등록무효사유가 아닌 것은?

① 정당 추천 후보자가 당적을 이탈·변경하거나 2이상의 당적을 가지고 있는 때(등록 신청 시 2이상의 당적을 가진 경우 포함)

② 정당이 그 소속 당원이 아닌 사람이나 정당법 제22조에 따라 당원이 될 수 없는 사람을 추천한 것이 발견된 때

③ 비례대표국회의원선거에서 여성후보자 추천의 비율과 순위를 위반한 것이 발견된 때

④ 정당 또는 후보자가 정당한 사유 없이 후보자정보공개자료를 제출하지 아니한 것이 발견된 때

> **ADVICE** ③ 비례대표지방의회의원선거에서 여성후보자 추천의 비율과 순위를 위반한 것은 등록무효사유이나, 비례대표국회의원선거에서 여성후보자 추천의 비율과 순위를 위반한 것은 등록무효사유가 아니다(제52조 제1항).

17 공직선거법 제52조에 규정된 후보자 등록무효사유가 아닌 것은?

① 정당 또는 후보자가 점자형 후보자정보공개자료를 제출하지 아니한 것이 발견된 경우

② 지역구국회의원선거에 있어서 관할구역이 겹치는 지방자치단체의 장이 선거일 전 120일까지 사직하지 않고 등록된 것이 발견된 때

③ 다른 법률에 따라 공무담임이 제한되는 사람이나 후보자가 될 수 없는 사람에 해당하는 것이 발견된 때

④ 후보자가 같은 선거의 다른 선거구나 다른 선거의 후보자로 등록된 때

> **ADVICE** 정당 또는 후보자가 정당한 사유 없이 후보자정보공개자료를 제출하지 아니한 것이 발견된 때에는 등록무효사유이나, 점자형 후보자정보공개자료를 제출하지 아니한 것이 발견된 경우 정당한 사유의 유무를 불문하고 등록무효사유에 해당하지 않는다(제52조 제1항).

18 공직선거법 제52조에 규정된 후보자 등록무효사유가 아닌 것은?

① 후보자의 피선거권이 없는 것이 발견 된 때
② 비례대표지방의원선거에 여성후보자 추천 비율과 순위를 위반하거나 선거권자의 추천인 수가 규정에 미달한 것이 발견된 때
③ 재산·병역·세금신고서, 전과기록증명서류를 제출하지 아니한 것이 발견된 때
④ 정당의 당내경선에서 낙선한 자가 해당 선거의 다른 선거구에 무소속 후보자로 등록한 것이 발견된 때

> **ADVICE** | 당내경선에서 낙선한 자가 다른 선거구에 등록하는 것은 가능하다. 공직선거법이 규정한 등록무효사유는 당해 선거의 같은 선거구에 후보자로 등록하는 것이다(제52조 제1항 제8호).

19 공무원 등의 입후보에 관한 설명 중 옳지 않은 것은?

① 국회의원이 대통령선거나 국회의원선거에 입후보하는 경우나, 지방의회의원선거와 지방자치단체의 장의 선거에 있어서 당해 지방자치단체의 의회의원이나 장이 입후보하는 경우에는 그 직을 가지고 입후보할 수 있다.
② 국가공무원법 제2조에 규정된 국가공무원과 지방공무원법 제2조에 규정된 지방공무원이 공직선거에 입후보 하려는 경우 선거일 전 90일까지 그 직을 그만두어야 한다.
③ 한국은행의 상근 임원이 공직선거에 입후보 하려는 경우 선거일 전 90일까지 그 직을 그만두어야 한다.
④ 지방의회의원이 다른 지방자치단체의 의회의원이나 장의 선거에 입후보하는 경우 선거일 전 90일까지 그 직을 그만두어야 한다.

> **ADVICE** | ①②③ 제53조 제1항
> ④ 지방의회의원이 다른 지방자치단체의 의회의원이나 장의 선거에 입후보하는 경우 선거일 전 30일까지 그 직을 그만두어야 한다(제53조 제2항).

20 공직선거법 제53조에 규정된 공무원 등의 입후보에 대한 설명으로 옳지 못한 것은?

① 농업조합 수산업협동조합 엽연초생산협동조합의 상근 임원과 중앙회장이 임기만료에 의한 지역구국회의원선거에 입후보하려는 경우 선거일 전 90일까지 그 직을 그만두어야 한다.

② 정당법 규정에 의하여 정당의 당원이 될 수 없는 사립학교교원이 지방자치단체의 장의 선거에 후보자가 되려는 경우 선거일 전 90일까지 그 직을 그만두어야 한다.

③ 바르게살기운동협의회 · 새마을운동협의회 · 한국자유총연맹 시 · 도조직의 대표자가 대통령선거에 입후보 하려는 경우 선거일 전 90일까지 그 직을 그만두어야 한다.

④ 중앙선거관리위원회 규칙으로 정하는 언론인이 지역구국회의원 보궐선거에 입후보하려는 경우 선거일 전 90일까지 그 직을 그만두어야 한다.

> **ADVICE** ①②③ 제53조 제1항
> ④ 보궐선거에 입후보하는 경우 선거일 전 30일까지 그 직을 그만두어야 한다(제53조 제2항).

21 다음 중 후보자등록 신청 전까지 사직하여야 하는 자가 아닌 것은?

① 지방의회의원이 지역구국회의원선거에 입후보하는 경우

② 지방의회의원이 다른 지방자치단체장의 선거에 입후보하려는 경우

③ 지방의회의원이 지역구국회의원선거에 입후보하려는 경우

④ 일반직 공무원이 비례대표시 · 도의원선거에 입후보하려는 경우

> **ADVICE** ④ 선거일 전 90일까지 사직하여야 한다.
> ※ 사직기한 정리

현직을 가지고 입후보 하는 경우	• 국회의원이 대통령선거와 국회의원선거에 있어서 그 직을 가지고 입후보하려는 경우 • 지방의회의원선거와 지방자치단체의 장 선거에 있어서 해당 지방자치단체의 의회의원이나 장이 그 직을 가지고 입후보하는 경우
선거일 전 30일까지 사직해야 하는 경우	1. 비례대표국회의원선거나 비례대표지방의회의원선거에 입후보하는 경우 2. 보궐선거 등에 입후보하는 경우 3. 국회의원이 지방자치단체의 장의 선거에 입후보하는 경우 4. 지방의회의원이 다른 지방자치단체의 의회의원이나 장의 선거에 입후보하는 경우 5. 비례대표국회의원이 지역구국회의원 보궐선거등에 입후보하는 경우 및 비례대표지방의회의원이 해당 지방자치단체의 지역구지방의회의원 보궐선거등에 입후보하는 경우에는
선거일 전 120일까지 사직해야 하는 경우	지방자치단체의 장은 선거구역이 당해 지방자치단체의 관할구역과 같거나 겹치는 지역구국회의원선거에 입후보하고자 하는 때에는 당해 선거의 선거일전 120일까지 그 직을 그만두어야 한다. 다만, 그 지방자치단체의 장이 임기가 만료된 후에 그 임기만료일부터 90일 후에 실시되는 지역구국회의원선거에 입후보하려는 경우에는 그러하지 아니하다.

22 공직선거법 제53조에 규정된 공무원 등의 입후보에 대한 설명으로 옳지 못한 것은?

① 비례대표국회의원이 지역구국회의원 보궐선거 등에 입후보하는 경우 선거일 전 30일까지 그 직을 그만두어야 한다.

② 지방공사의 상근임원이 비례대표국회의원선거에 입후보하려는 경우에는 후보자등록 신청 전까지 그 직을 그만두어야 한다.

③ 국회의원이 지방자치단체의 장 선거에 입후보하려는 경우에는 선거일 전 90일까지 그 직을 그만두어야 한다.

④ 지방자치단체의 장은 선거구역이 당해 지방자치단체의 관할구역과 같거나 겹치는 지역구국회의원선거에 입후보하고자 하는 때에는 당해 선거의 선거일전 120일까지 그 직을 그만두어야 한다.

> **ADVICE** ③ 국회의원이 지방자치단체의 장 선거에 입후보하려는 경우에는 선거일 전 30일까지 그 직을 그만두어야 한다(제53조 제2항).

23 공직선거법상 공무원의 입후보에 대한 설명으로 옳지 않은 것은?

① 새마을운동협의회의 대표자는 임기만료에 의한 지역구지방의회의원선거의 후보자가 되려면 선거일 전 90일까지 그 직을 그만두어야 한다.

② 지방의회의원이 다른 지방자치단체의 장의 선거에 입후보하는 경우 선거일 전 30일까지 그 직을 그만두어야 한다.

③ 울산광역시의 자치구·군의 장의 직무를 대행하고 있는 부구청장과 부군수가 공직선거에 입후보하고자 하는 경우에는, 선거일 전 90일까지 그 직을 그만두어야 한다.

④ 국회의원이 지방자치단체의 장의 선거에 입후보하는 경우에는 선거일 전 90일까지 그 직을 그만두어야 한다.

> **ADVICE** ① 새마을운동협의회의 대표자는 90일 제한 대상자이다(제53조 제1항).
> ② 지방의회의원이 해당 지방자치단체의 의회의원선거에 입후보하는 경우 그 직을 가지고 입후보가 가능하지만, 다른 지방자치단체의 장의 선거에 입후보하는 경우 후보등록신청 전까지 그 직을 그만두어야 한다(제53조 제2항).
> ③ 부구청장과 부군수는 일반직 공무원이다. 따라서 선거일 전 90일까지 사직하여야 한다(제53조 제1항).
> ④ 국회의원이 지방자치단체의 장의 선거에 입후보하는 경우에는 선거일 전 30일까지 사직하여야 한다(제53조 제2항).

24 다음 중 선거일 전 90일까지 사직대상이 아닌 사람은? (다른 결격사유는 없음)

① 교육위원회의 교육위원

② 사립대학 교수

③ 지방공사와 공단의 상근임원

④ 산림협동조합의 상근 임원과 조합의 중앙회장

> **ADVICE** ② 사립학교의 교원은 사직 대상이지만, 대학교 총장, 교수 등은 국공립 및 사립을 불문하고 사직의 대상이 아니다.
>
> ※ 90일 사직 대상자(제53조 제1항)
>
> 1. 「국가공무원법」 제2조에 규정된 국가공무원과 「지방공무원법」 제2조에 규정된 지방공무원. 다만, 「정당법」 제22조(발기인 및 당원의 자격) 제1항 제1호 단서의 규정에 의하여 정당의 당원이 될 수 있는 공무원(정무직공무원을 제외한다)은 그러하지 아니하다.
> 2. 각급선거관리위원회위원 또는 교육위원회의 교육위원
> 3. 다른 법령의 규정에 의하여 공무원의 신분을 가진 자
> 4. 「공공기관의 운영에 관한 법률」 제4조 제1항 제3호에 해당하는 기관 중 정부가 100분의 50 이상의 지분을 가지고 있는 기관(한국은행을 포함한다)의 상근 임원
> 5. 「농업협동조합법」·「수산업협동조합법」·「산림조합법」·「엽연초생산협동조합법」에 의하여 설립된 조합의 상근 임원과 이들 조합의 중앙회장
> 6. 「지방공기업법」 제2조(적용범위)에 규정된 지방공사와 지방공단의 상근 임원
> 7. 「정당법」 제22조 제1항 제2호의 규정에 의하여 정당의 당원이 될 수 없는 사립학교교원
> 8. 중앙선거관리위원회 규칙으로 정하는 언론인
> 9. 특별법에 의하여 설립된 국민운동단체로서 국가 또는 지방자치단체의 출연 또는 보조를 받는 단체(바르게살기운동협의회·새마을운동협의회·한국자유총연맹을 말하며, 시·도조직 및 구·시·군조직을 포함한다)의 대표자

Answer 22.③ 23.④ 24.②

25 공직선거법 관련규정에 대한 설명으로 옳지 않은 것은?

① 공공기관의 운영에 관한 법률 제4조 제1항 제3호에 해당하는 기관 중 정부가 100분의 50 이상의 지분을 가지고 있는 기관의 상근 임원이 지역구국회의원 보궐선거 등에 입후보하는 경우 선거일 전 90일까지 그 직을 그만두어야 한다.

② 국회의원이 지방자치단체의 장 선거에 입후보하려는 경우에는 선거일 전 30일까지 그 직을 그만두어야 한다.

③ 후보자가 사퇴하고자 하는 때에는 자신 또는 법률대리인이 당해 선거구선거관리위원회에 가서 서면으로 신고하되, 정당추천후보자가 사퇴하고자 하는 때에는 추천정당의 사퇴승인서를 첨부하여야 한다.

④ 후보자가 등록·사퇴·사망하거나 등록이 무효로 된 때에는 당해 선거구선거관리위원회는 지체 없이 이를 공고하고, 상급선거관리위원회에 보고하여야 하며, 하급선거관리위원회에 통지하여야 한다.

> ADVICE ① 제53조 제1항
> ② 제53조 제2항
> ③ 후보자가 사퇴하고자 하는 때에는 자신이 직접 당해 선거구선거관리위원회에 가서 서면으로 신고하여야 한다(제54조).
> ④ 제55조

26 후보자등록을 신청하는 때 납부해야 하는 기탁금에 대한 설명으로 옳지 않은 것은?

① 대통령선거는 3억원

② 국회의원선거는 1천500만원

③ 시·도지사선거는 5천만원

④ 자치구·시·군의 장 선거는 1천 500만원

> ADVICE ④ 자치구·시·군의 장 선거에 후보등록 신청을 하는 때에는 1천만원의 기탁금을 납부해야 한다(제56조 제1항).

27 선거제도에 대한 설명으로 옳지 않은 것은?

[2013년 법원직]

① 출입국관리법 제10조의 규정에 따른 영주의 체류자격 취득일 후 3년이 경과한 19세 이상의 외국인으로서 일정한 요건을 갖춘 자는 그 구역에서 선거하는 지방자치단체의 의회의원 및 장의 선거권이 있다.

② 지역구국회의원선거에서 후보자가 유효투표총수의 100분의 10 이상을 득표한 경우에는 기탁금 전액에서 일정 비용을 공제한 나머지 금액을 기탁자에게 반환한다.

③ 선거운동은 원칙적으로 선거기간개시일부터 선거일 전일까지에 한하여 할 수 있지만 선거일이 아닌 때에 문자메시지를 전송하는 방법으로 선거운동을 하는 경우에는 그러하지 아니하다.

④ 향우회, 산악회 등 개인 간의 사적 모임은 그 명의 또는 그 대표의 명의로 선거운동을 할 수 없다.

> **ADVICE** ① 출입국관리법 제10조의 규정에 따른 영주의 체류자격 취득일 후 3년이 경과한 19세 이상의 외국인으로서 일정한 요건을 갖춘 자는 그 구역에서 선거하는 지방자치단체의 의회의원 및 장의 선거권이 있다(제15조 제2항).
> ② 지역구국회의원선거에서 후보자가 유효투표총수의 100분의 10 이상을 득표한 경우 기탁금의 반액을 반환한다(제57조).
> ③ 선거일이 아닌 때에 문자메시지를 전송하는 방법으로 선거운동을 하는 경우는 선거운동기간의 예외이다.
> ④ 향우회 · 종친회 · 동창회 · 산악회 · 계모임 등 개인간의 사적모임은 그 명의 또는 그 대표의 명의로 선거운동을 할 수 없다(제87조 제1항).

28 기탁금제도에 대한 설명으로 옳지 않은 것은?

① 예비후보자등록을 신청하는 사람은 해당 선거 기탁금의 100분의20에 해당하는 금액을 관할선거구선거관리위원회에 기탁금으로 납부하여야 한다.

② 기탁금은 체납처분이나 강제집행의 대상이 되지 아니한다.

③ 과태료 및 불법시설물 등에 대한 대집행비용은 기탁금에서 부담한다.

④ 후보자가 유효투표총수의 100분의 10 이상 100분의 15 미만의 득표율로 당선되었을 경우에는 기탁금의 100분의 50만을 반환한다.

ADVICE ② 제56조 제2항
③ 제56조 제3항
④ 후보자가 당선된 경우에는 득표수와 상관없이 전액 반환한다(제57조 제1항)
① 제56조 제1항 : 대통령선거에서 후보자등록을 신청하는 자는 등록신청 시에 후보자 1명마다 3억원의 기탁금을 중앙선거관리위원회규칙으로 정하는 바에 따라 관할선거구선거관리위원회에 납부하여야 한다.
1. 대통령선거는 3억원
2. 국회의원선거는 1천500만원
3. 시·도의회의원선거는 300만원
4. 시·도지사선거는 5천만원
5. 자치구·시·군의 장 선거는 1천만원
6. 자치구·시·군의원선거는 200만원

29 **기탁금에 대한 설명으로 옳지 않은 것은?**

① 국회의원선거에서 후보자등록을 신청하는 자는 등록신청 시에 후보자 1명마다 1천 500만원의 기탁금을 중앙선거관리위원회규칙으로 정하는 바에 따라 관할선거구선거 관리위원회에 납부하여야 한다.

② 정당추천 후보자와 무소속후보자의 기탁금에 차등을 둔 것은 우리 헌법이 정당에 대한 특별한 보호를 하고 있는 취지에 부합하는 것으로 합리적인 이유가 있는 차별이다.

③ 시 · 도의회의원선거시 300만원, 자치구 · 시 · 군의회의원선거시 200만원의 기탁금 부분은 그 액수가 과중하다고 보이지 않으며, 후보의 난립방지 등 기탁금 제도의 입법목적을 고려할 때, 입법재량의 범위를 벗어난 것으로 볼 수 없다.

④ 후보자의 난립을 방지하기 위해 기탁금제도를 두더라도 그 금액이 현저하게 과다하거나 불합리하게 책정된 것이라면 허용될 수 없다. 5억 원의 기탁금은 대통령선거 입후보예정자가 조달하기에 매우 높은 금액임이 명백하다.

> **ADVICE** ① 제56조 제1항
> ② 정당 추천 후보자와 무소속 후보자의 기탁금에 1000만원과, 2000만원의 차등을 둔 것은 정당인과 비정당인을 불합리하게 차별하는 것으로 헌법 제41조의 선거원칙에 반하고 헌법 제11조의 평등보호규정에 위배된다(헌재 1989.9.8. 88헌가6).
> ③ 헌재 2004.3.25. 2002헌마383
> ④ 헌재 2008.11.27. 2007헌마1024
> ※ **기탁금과 관련한 헌재의 결정**
> ㉠ 국회의원선거에서 정당 추천 후보자는 1천만원, 무소속 후보자는 2천만원으로 한 것 − 위헌
> ㉡ 국회의원선거에서의 기탁금 2천만원 − 위헌
> ㉢ 광역의원(시 · 도의원)선거에서의 기탁금 700만원 − 위헌
> ㉣ 광역의원(시 · 도의원)선거에서의 기탁금 300만원 − 위헌

30 기탁금의 반환(공직선거법 제57조)에 대한 설명으로 틀린 것은?

① 대통령선거에서 후보자가 당선되거나 사망한 경우와 유효투표총수의 100분의 15 이상을 득표한 경우에는 기탁금 전액을 반환한다.

② 비례대표국회의원과 비례대표지방의회의원의 경우 해당 후보자명부에 올라 있는 후보자 중 당선인에게만 기탁금을 반환한다.

③ 후보자가 유효투표총수의 100분의 10 이상 100분의 15 미만을 득표한 경우에는 기탁금의 100분의 50에 해당하는 금액을 반환한다.

④ 관할선거구선거관리위원회는 반환하지 아니하는 기탁금은 국가 또는 지방자치단체에 귀속한다.

 ② 비례대표국회의원선거 및 비례대표지방의회의원선거의 경우 당해 후보자명부에 올라 있는 후보자 중 당선인이 있는 때에는 기탁금 전액을 반환한다.

※ 기탁금의 반환요건(공직선거법 제57조)

전액 반환	• 후보자가 당선·사망한 경우. • 유효투표총수의 100분의 15 이상을 득표한 경우 • 예비후보자가 사망하거나 당내경선후보자로서 해당 정당의 후보자로 선출되지 않아 후보자로 등록될 수 없는 경우 • 비례대표국회의원선거 및 비례대표지방의회의원선거에서 당해 후보자명부에 올라 있는 후보자중 당선인이 있는 때(다만 당선인 결정 전에 사퇴하거나 등록이 무효로 된 후보자의 기탁금은 제외한다).
반액 반환	유효투표총수의 100분의 10 이상 100분의 15 미만을 득표한 경우
국가 또는 지방자치단체에 귀속	• 후보자가 사퇴한 경우 • 유효투표총수의 100분의 10 미만을 득표한 경우 • 비례대표국회의원선거 및 비례대표지방의회의원선거에서 당해 후보자명부에 올라 있는 후보자중 당선인이 없는 때

31 공직선거 후보자추천을 위한 정당의 당내경선에 대한 설명으로 옳지 않은 것은?

① 정당이 당내경선을 실시하는 경우 경선후보자로서 당해 정당의 후보자로 선출되지 아니한 자는 당해 선거의 같은 선거구에서는 후보자로 등록될 수 없다.

② 당원협의회도 자체적으로 공직선거후보자를 추천하기 위한 당내경선을 실시할 수 있다.

③ 정당의 당헌·당규에 따라 당내경선을 실시할 경우 그 당내 경선이 후보자의 의사와 다르다고 하더라도 무효라고 할 수 없다.

④ 정당법의 규정에 따라 당원이 될 수 없는 자는 당내경선의 선거인이 될 수 없다.

 ① 제57조의2 제2항
② 당내경선을 실시할 수 있는 주체는 정당에 한하므로 정당이 아닌 당원협의회는 당내경선을 실시할 수 없다(제57조의2 제1항 참조).
③ 당내경선의 후보자로 등재된 자를 대상으로 한 여론조사에는 정당의 당헌·당규에 의한 것과 경선 후보자간의 서면합의에 따라 실시하는 여론 조사의 2가지가 있다. 정당의 당헌·당규에 의한 경우에는 후보자간의 합의가 필요 없으므로 당내경선이 경선후보자의 의사와 다르다 하더라도 무효라고 할 수 없다.
④ 제57조의2 제3항

32 정당의 후보자 추천을 위한 당내경선에 대한 설명으로 옳지 않은 것은?

① 당내경선에 참가하여 당해 정당의 후보자로 선출되지 아니한 자는, 후보자로 선출된 자가 사퇴·사망·피선거권 상실 또는 당적의 이탈·변경 등으로 그 자격을 상실하지 않은 이상 당해 선거의 같은 선거구에 입후보할 수 없다.

② 정당이 당원과 당원이 아닌 자에게 투표권을 부여하여 실시하는 당내경선에서 제57조의3 제1항의 규정을 위반되는 경선에 소요되는 비용은 제119조(선거비용 등의 정의)의 규정에 따른 선거비용으로 본다.

③ 정치자금법의 규정에 따라 보조금의 배분대상이 되는 정당은 당내경선사무 중 경선운동, 투표 및 개표에 관한 사무의 관리를 당해 선거의 관할선거구선거관리위원회에 위탁할 수 있다.

④ 관할선거구선거관리위원회가 당내경선의 투표 및 개표에 관한 사무를 수탁관리하는 경우에는 그 필요한 비용은 당해 정당이 부담한다.

 ① 제57조의2 제2항
② 제57조의3 제3항
③ 제57조의4 제1항
④ 관할선거구선거관리위원회가 제1항에 따라 당내경선의 투표 및 개표에 관한 사무를 수탁관리하는 경우에는 그 비용은 국가가 부담한다. 다만, 투표 및 개표참관인의 수당은 당해 정당이 부담한다(제57조의4 제2항).

33 정당의 후보자 추천을 위한 당내경선에 대한 설명으로 옳지 않은 것은?

① 정당이 당원과 당원이 아닌 자에게 투표권을 부여하여 실시하는 당내경선에서 경선후 보자가 작성하여 정당이 발송하는 경선홍보물은 종수와 발송횟수의 제한을 받는다.

② 정당이 당내경선을 위해 경선홍보물을 발송하거나 합동연설회 또는 합동토론회를 개 최하는 때에는 당해 선거의 관할선거구선거관리위원회에 신고하여야 한다.

③ 정당이 당내경선을 위탁하여 실시하는 경우에는 그 경선 및 선출의 효력에 대한 이 의제기는 당해 정당이나 관할 선거구선거관리위원회에 하여야 한다.

④ 누구든지 당내경선에 있어 후보자로 선출될 목적으로 경선선거인 또는 그의 배우자 나 직계존·비속에게 명목여하를 불문하고 금품 그 밖의 재산상의 이익을 제공하거 나 그 제공의 의사를 표시하는 행위를 할 수 없다.

> **ADVICE** ① 경선홍보물은 1종으로 하며, 1회에 한하여 발송할 수 있다(제57조의3 제1항 참조).
> ② 제57조의3 제2항
> ③ 정당이 당내경선을 위탁하여 실시하는 경우에는 그 경선 및 선출의 효력에 대한 이의제기는 당해 정당에 하여야 하며, 관할 선거구선거관리위원회에는 할 수 없다(제57조의7).
> ④ 제57조의5 제1항

34 공직선거법에 대한 판례의 견해와 일치하지 않는 것은?

① 공직선거 후보자의 투표용지 게재순위에 관하여 규정하고 있는 공직선거법 제150조 제3항은 청구인의 평등권을 침해한다.

② 후보자가 자기 선거운동을 위해 작성·제출하는 선거공보를 후보자등록마감일 후 일 정기한까지 관할 선거관리위원회에 제출하도록 하고 이를 선거관리위원회가 부재자 투표용지나 투표안내문을 발송하는 때에 동봉하여 발송하도록 하는 구 공직선거법 제65조 제5항 제2호와 제216조 제2항 제7호 중 각 '지방자치단체의 의회의원선거'에 관한부분이 청구인의 선거운동의 자유 등을 침해하는 것은 아니다

③ 통상적인 방법을 벗어나 선거에 영향을 미치게 하기 위하여 언론기관에 보도자료를 제공하는 행위가 공직선거법 제93조 제1항 본문에서 금지하는 '탈법방법에 의한 문서 의 배부 행위'에 해당한다.

④ 특정 학교 동문회가 甲 후보를 공개 지지한다는 취지의 허위 성명서를 작성하여 언 론사에 보도자료로 제공한 행위가 공직선거법상 '탈법방법에 의한 문서의 배부 행위' 에 해당한다.

35 공직선거법에 대한 판례의 견해와 일치하지 않는 것은?

① '특정 학교 동문회가 甲 후보를 공개 지지한다'는 취지의 허위 성명서를 작성 · 배포한 행위가 공직선거법에서 정한 허위사실공표죄에 해당한다.

② 공직선거법 제64조 제1항 및 동법 제250조 제1항에 의하여 게재가 허용되는 '정규학력'이란 초 · 중등교육법 및 고등교육법에서 학교의 종류, 설립, 경영, 교원, 교과과정, 학력평가 및 능력인증 등에 관하여 엄격히 관리 · 통제되고 있는 학교교육제도상의 학력만을 의미한다.

③ 공직선거법 제64조 제1항 및 동법 제250조 제1항에 의하여 게재가 허용되는 '이에 준하는 외국의 교육과정을 이수한 학력'에 해당하는지 여부도 외국의 교육과정에 대한 입학자격, 수업연한, 교과과정, 학력평가 및 능력인증 절차 등을 종합적으로 고찰하여 합리적으로 판단하여야 할 것이다

④ 시장선거 출마예비자가 출판기념회를 빙자하여 초청장 발송, 벽보 부착, 방송자막광고, 문자메시지 발송 등 행위를 한 것이 사전선거운동에 해당한다.

Answer 33.③ 34.① 35.①

시·험·전·에·꼭·풀·어·봐·야·할·문·제

선거운동과 금지 · 제한

01. 선거운동 / 02. 선거비용 / 03. 선거와 관련 있는 정당활동의 규제

선거운동

1 공직선거법이 규정하고 있는 선거운동에 해당하는 것은?

① 선거에 관한 단순한 의견개진 및 의사표시

② 정당의 후보자 추천에 관한 단순한 지지·반대의 의견개진 및 의사표시

③ 특정인의 당선을 위해 통상적인 범위를 넘은 정당 활동

④ 설날·추석 등 명절 및 석가탄신일·기독탄신일 등에 하는 의례적인 인사말을 문자
메시지로 전송하는 행위

> **ADVICE** 공직선거법이 선거운동으로 보지 않는 경우(제58조)
> 1. 선거에 관한 단순한 의견개진 및 의사표시
> 2. 입후보와 선거운동을 위한 준비행위
> 3. 정당의 후보자 추천에 관한 단순한 지지·반대의 의견개진 및 의사표시
> 4. 통상적인 정당활동
> 5. 설날·추석 등 명절 및 석가탄신일·기독탄신일 등에 하는 의례적인 인사말을 문자메시지로 전송
>   하는 행위

2 공직선거법이 규정한 투표참여 권유활동에 대한 설명으로 옳은 것은?

① 특정 정당 또는 후보자를 지지·추천하거나 반대하는 내용이 없다면 사전투표소로부
터 100m안에서 투표참여 권유활동을 하는 것도 가능하다.

② 일몰 이후에는 호별로 방문하여 투표참여를 권유하는 활동을 할 수 없다.

③ 정당이 그 명의로 버스·지하철을 이용하여 투표참여 권유 광고를 하는 행위는 허용
된다.

④ 후보자가 컴퓨터를 이용하여 투표참여를 권유하는 문자메세지를 전송하는 것은 가능
하다.

3 **공직선거법이 금지하고 있는 투표 참여 권유활동이 아닌 것은?**

① 호별로 방문하여 투표참여 권유행위를 하는 경우

② 사전투표소 또는 투표소로부터 150미터 안에서 투표참여 권유행위를 하는 경우

③ 특정 정당 또는 후보자를 지지·추천하거나 반대하는 내용을 포함하여 투표참여 권유행위를 하는 경우

④ 정당의 명칭이나 후보자의 성명을 유추할 수 있는 내용의 인쇄물을 사용하여 투표참여 권유행위를 하는 경우

Answer 1.③ 2.④ 3.②

4 선거운동기간에 대한 설명으로 옳지 않은 것은?

① 선거운동은 선거기간 개시일 부터 선거일 전일까지에 한하여 할 수 있다.

② 제60조의3 제1항 및 제2항의 규정에 따라 예비후보자 등이 선거운동을 하는 경우 공직선거법 제59조의 선거운동 기간의 적용을 받지 않는다.

③ 후보자가 선거일이 아닌 때에 문자메시지를 전송하는 방법으로 선거운동을 하는 경우. 그 횟수는 5회를 초과할 수 없으며, 예비후보자로서 전송한 횟수는 제외된다.

④ 선거일이 아닌 때에 인터넷 홈페이지 등에 글이나 동영상 등을 게시하거나 전자우편을 전송하는 방법으로 선거운동을 하는 경우. 전자우편 전송대행업체에 위탁하여 전자우편을 전송할 수 있는 사람은 후보자와 예비후보자에 한한다.

ADVICE ③ 선거일이 아닌 때에 문자(문자 외의 음성·화상·동영상 등은 제외한다)메시지를 전송하는 방법으로 선거운동을 하는 경우. 컴퓨터 및 컴퓨터 이용기술을 활용한 자동 동보통신의 방법으로 전송할 수 있는 자는 후보자와 예비후보자에 한하되, 그 횟수는 5회(후보자의 경우 예비후보자로서 전송한 횟수를 포함한다)를 넘을 수 없으며, 매회 전송하는 때마다 중앙선거관리위원회규칙에 따라 신고한 1개의 전화번호만을 사용하여야 한다(제59조).

5 공직선거법이 규정하고 있는 선거운동을 할 수 없는자가 아닌 것은?

① 대한민국 국민이 아닌 자(예비후보자·후보자의 배우자가 아님)

② 정당의 당원이 될 수 있는 공무원과 예비후보자·후보자의 배우자이거나 후보자의 직계존비속인 경우

③ 농업협동조합법에 의하여 설립된 조합의 상근 임원과 이들 조합의 중앙회장과 상근 직원(예비후보자·후보자의 배우자가 아님)

④ 읍·면·동주민자치센터에 설치된 주민자치위원회위원(예비후보자·후보자의 배우자가 아님)

ADVICE 공직선거법 제60조상 선거운동을 할 수 없는 자
1. 대한민국 국민이 아닌 자. 다만, 제15조 제2항 제3호에 따른 외국인이 해당 선거에서 선거운동을 하는 경우와 예비후보자·후보자의 배우자인 경우에는 그러하지 아니하다.
2. 미성년자(19세 미만의 자)
3. 제18조 제1항의 규정에 의하여 선거권이 없는 자
4. 「국가공무원법」 제2조에 규정된 국가공무원과 「지방공무원법」 제2조에 규정된 지방공무원. 다만, 「정당법」 제22조(발기인 및 당원의 자격) 제1항 제1호 단서의 규정에 의하여 성낭의 낭원이 될 수 있는 공무원(국회의원과 지방의회의원외의 정무직공무원을 제외한다)과 예비후보자·후보자의 배우자이거나 후보자의 직계존비속인 경우는 그러하지 아니하다.

5. 각급선거관리위원회위원 또는 교육위원회의 교육위원. 다만, 예비후보자ㆍ후보자의 배우자이거나 후보자의 직계존비속인 경우에는 그러하지 아니하다.

6. 다른 법령의 규정에 의하여 공무원의 신분을 가진 자. 다만, 예비후보자ㆍ후보자의 배우자이거나 후보자의 직계존비속인 경우에는 그러하지 아니하다.

7. 공공기관의 운영에 관한 법률 제4조 제1항 제3호에 해당하는 기관 중 정부가 100분의 50 이상의 지분을 가지고 있는 기관(한국은행을 포함한다)의 상근 임원과 상근직원. 다만, 예비후보자ㆍ후보자의 배우자이거나 후보자의 직계존비속인 경우에는 그러하지 아니하다.

8. 농업협동조합법ㆍ수산업협동조합법ㆍ산림조합법ㆍ엽연초생산협동조합법에 의하여 설립된 조합의 상근 임원과 이들 조합의 중앙회장과 상근직원. 다만, 예비후보자ㆍ후보자의 배우자이거나 후보자의 직계존비속인 경우에는 그러하지 아니하다.

9. 지방공기업법 제2조(적용범위)에 규정된 지방공사와 지방공단의 상근 임원과 상근직원. 다만, 예비후보자ㆍ후보자의 배우자이거나 후보자의 직계존비속인 경우에는 그러하지 아니하다.

10. 정당법 제22조 제1항 제2호의 규정에 의하여 정당의 당원이 될 수 없는 사립학교교원. 다만, 예비후보자ㆍ후보자의 배우자이거나 후보자의 직계존비속인 경우에는 그러하지 아니하다.

11. 대통령령으로 정하는 언론인. 다만, 예비후보자ㆍ후보자의 배우자이거나 후보자의 직계존비속인 경우에는 그러하지 아니하다.

12. 예비군 중대장급 이상의 간부. 다만, 예비후보자ㆍ후보자의 배우자이거나 후보자의 직계존비속인 경우에는 그러하지 아니하다.

13. 통ㆍ리ㆍ반의 장 및 읍ㆍ면ㆍ동주민자치센터(그 명칭에 관계없이 읍ㆍ면ㆍ동사무소 기능전환의 일환으로 조례에 의하여 설치된 각종 문화ㆍ복지ㆍ편익시설을 총칭한다. 이하 같다)에 설치된 주민자치위원회(주민 자치센터의 운영을 위하여 조례에 의하여 읍ㆍ면ㆍ동사무소의 관할구역별로 두는 위원회를 말한다. 이하 같다)위원. 다만, 예비후보자ㆍ후보자의 배우자이거나 후보자의 직계존비속인 경우에는 그러하지 아니하다.

14. 특별법에 의하여 설립된 국민운동단체로서 국가 또는 지방자치단체의 출연 또는 보조를 받는 단체(바르게살기운동협의회ㆍ새마을운동협의회ㆍ한국자유총연맹을 말한다)의 상근 임ㆍ직원 및 이들 단체 등(시ㆍ도조직 및 구ㆍ시ㆍ군조직을 포함한다)의 대표자. 다만, 예비후보자ㆍ후보자의 배우자이거나 후보자의 직계존비속인 경우에는 그러하지 아니하다.

15. 선상투표신고를 한 선원이 승선하고 있는 선박의 선장

6 **공직선거법에 대한 판례의 견해와 일치하지 않는 것은?**

① 지역구국회의원선거에서 구·시·군선거방송토론위원회가 개최하는 대담·토론회의 초청자격을 제한하고 있는 공직선거법 제82조의2 제4항 제3호 중 '지역구국회의원선거'에 관한 부분이 대담·토론회의 초청에서 제외된 청구인의 선거운동의 기회균등원칙과 관련한 평등권을 침해하는 것은 아니다

② 공무원 등의 선거에 영향을 미치는 행위를 금지하고 있는 공직선거법 제86조 제1항 제2호에서 정한 '선거운동의 기획에 참여하는 행위' 라 함은 선거운동의 효율적 수행을 위한 일체의 계획 수립에 참여하는 것을 뜻한다.

③ 공직선거법 제86조 제1항 제2호에서의 '지위를 이용하여'라는 개념은 공무원이 개인의 자격으로 선거운동의 기획에 참여하거나 그 기획의 실시에 관여하는 행위를 포함한다.

④ 지방자치단체장 선거와 관련하여 지방자치단체 소속 공무원들이 선거에 출마한 현직 단체장인 후보자의 인터뷰 자료와 토론회 자료의 작성에 관여하거나 선거용 프로필을 작성한 행위가 공직선거법 제86조 제1항 제2호에서 금지하는 '선거운동의 기획에 참여하거나 그 기획의 실시에 관여하는 행위'에 해당한다.

ADVICE ① 헌재 2011.5.26. 2010헌마451
② 대판 2007.3.29. 2006도9392
③ 공직선거법 제86조 제1항 제2호에서의 '지위를 이용하여'라는 개념은 공무원이 개인의 자격으로서가 아니라 공무원의 지위와 결부되어 선거운동의 기획에 참여하거나 그 기획의 실시에 관여하는 행위를 뜻하는 것으로, 공무원의 지위에 있기 때문에 특히 선거운동의 기획행위를 효과적으로 할 수 있는 영향력 또는 편익을 이용하는 것을 의미하고, 구체적으로는 그 지위에 수반되는 신분상의 지휘감독권, 직무권한, 담당사무 등과 관련하여 공무원이 직무를 행하는 사무소 내부 또는 외부의 사람에게 작용하는 것도 포함된다(헌재 2008.5.29. 2006헌마1096).
④ 대판 2007.10.25. 2007도4069

7 다음 중 선거운동이 가능한 자를 모두 고른 것은?

> ㉠ 미성년자인 후보자의 아들
> ㉡ 중국 국적인 후보자의 배우자
> ㉢ 신림동 새마을 운동협의회 임직원
> ㉣ 공무원인 예비후보자의 성년인 딸

① ㉠㉡   ② ㉠㉢

③ ㉢㉣   ④ ㉡㉢

> **ADVICE** ㉠ 미성년자는 후보자의 직계비속이라도 선거운동을 할 수 없다.
> ㉡ 후보자의 배우자가 외국인인 경우 선거운동이 가능하다.
> ㉢ 구·시·군 단위 이상의 새마을운동협의회 임직원은 선거운동을 할 수 없으나, 읍·면·동 단위 이하의 새마을운동협의회 임직원은 선거운동을 할 수 있다.
> ㉣ 후보자의 딸이 공무원인 경우에는 선거운동이 가능하지만, 예비후보자의 딸인 경우에는 선거운동을 할 수 없다.

8 예비후보자 등록신청 개시시기에 대한 설명으로 옳지 않은 것은?

① 대통령선거의 경우 선거일 전 240일

② 지역구국회의원선거 및 시·도지사선거의 경우 선거일 전 150일

③ 지역구시·도의회의원선거, 자치구·시의 지역구의회의원 및 장의 선거의 경우 선거기간개시일 전 90일

④ 군의 지역구의회의원 및 장의 선거의 경우 선거기간개시일 전 60일

> **ADVICE** ② 지역구국회의원선거 및 시·도지사선거의 예비후보자가 되려는 사람은 선거일 전 120일부터 관할 선거구선거관리위원회에 예비후보자등록을 서면으로 신청하여야 한다(제60조의2 제1항).

9 예비후보자 등록신청에 대한 설명으로 옳지 않은 것은?

① 예비후보자등록을 신청하는 사람은 해당 선거 기탁금의 100분의 20에 해당하는 금액을 중앙선거관리위원회규칙으로 정하는 바에 따라 관할선거구선거관리위원회에 기탁금으로 납부하여야 한다.

② 예비후보자등록을 신청하는 사람이 피선거권에 관한 증명서류를 제출하지 않은 경우 등록신청을 받은 선거관리위원회는 등록신청을 수리할 수 없다.

③ 예비후보자등록을 신청하는 사람이 제출해야 하는 것에는 기탁금, 피선거권에 관한 증명서류. 전과기록에 관한 증명서류, 학력에 관한 증명서 등이 있다.

④ 기탁금과 전과기록에 관한 증명서류를 갖추지 아니한 등록신청에 대하여 관할 선거관리위원회는 수리할 수 없다.

> **ADVICE** ①③④ 제60조의2 제2항
> ② 예비후보자등록을 신청하는 사람이 피선거권에 관한 증명서류를 제출하지 않은 경우 관할선거관리위원회는 신청서를 수리하되, 피선거권에 관하여 확인이 필요하다고 인정되는 예비후보자에 대하여는 관계기관의 장에게 필요한 사항을 조회할 수 있다(제60조의2 제3항).

10 공직선거법이 규정한 예비후보자의 등록이 무효가 되는 경우가 아닌 것은?

① 피선거권이 없는 것이 발견된 때

② 전과기록에 관한 증명서류를 제출하지 아니한 것이 발견된 때

③ 예비후보자가 당적을 변경하거나 이탈한 때

④ 국가공무원법 제2조에 규정된 국가공무원이 그 직을 가지고 입후보한 사실이 발견된 때

> **ADVICE** ①②④ 제60조의2 제4항
> ③ 예비후보자의 등록에는 정당의 추천을 요하지 아니하므로, 예비후보자가 당적을 변경·이탈하더라도 등록이 무효가 되는 것은 아니다.

11 공직선거법이 규정한 예비후보자의 등록이 무효가 되는 경우가 아닌 것은?

① 다른 법률에 따라 공무담임이 제한되는 사람이나 후보자가 될 수 없는 사람에 해당하는 것이 발견된 때

② 농협협동조합법에 이하여 설립된 조합의 상근 임원이 그 직을 가지고 입후보한 사실이 발견된 때

③ 병역사항에 관한 증명서류를 제출하지 아니한 것이 발견된 때

④ 엽연초생산협동조합법에 의하여 설립된 조합의 상근 임원과 이들 조합의 중앙회장이 그 직을 가지고 입후보한 사실이 발견된 때

> **ADVICE** ①②④ 제60조의2 제4항
> ③ 병역사항에 관한 증명서류는 후보자등록시에는 필수 서류이나, 예비후보자등록시에는 필수서류가 아니다.

12 공직선거법이 규정한 예비후보자의 등록이 무효가 되는 경우가 아닌 것은?

① 각급선거관리위원회위원 또는 교육위원회의 교육위원이 그 직을 가지고 입후보 한 것이 발견된 때

② 예비후보자가 등록대상재산에 관한 신고서를 제출하지 아니한 것이 발견된 때

③ 다른 법률에 따라 공무담임이 제한되는 사람이나 예비후보자가 될 수 없는 자에 해당하는 것이 발견된 때

④ 예비후보자가 같은 선거의 다른 선거구나 다른 선거의 예비후보자로 등록 된 것이 발견된 때

> **ADVICE** ①③④ 제60조의2 제4항
> ② 등록대상재산에 관한 신고서는 예비후보자 등록에 필요서류가 아니다.

13 다음 중 예비후보자의 명함을 배부할 수 없는 사람은? (다른 결격사유는 없음)

① 예비후보자와 함께 다니는 선거사무장

② 예비후보자와 함께 다니는 활동보조인

③ 동장인 예비후보자의 사위

④ 예비후보자 또는 그의 배우자가 그와 함께 다니는 사람 중에서 지정한 각 1명

> **ADVICE** ①②④ 제60조의3 제2항
> ③ 사위는 직계존비속에 속하지 않으므로 선거운동을 할 수 없다.
> ※ **제60조의3 제2항**
> 다음 각 호의 어느 하나에 해당하는 사람은 예비후보자의 선거운동을 위하여 제1항 제2호에 따른 예비후보자의 명함을 직접 주거나 예비후보자에 대한 지지를 호소할 수 있다.
> 1. 예비후보자의 배우자와 직계존비속
> 2. 예비후보자와 함께 다니는 선거사무장·선거사무원 및 제62조 제4항에 따른 활동보조인
> 3. 예비후보자 또는 그의 배우자가 그와 함께 다니는 사람 중에서 지정한 각 1명

14 다음 중 예비후보자만이 할 수 있는 선거운동이 아닌 것은?

① 선거사무소를 설치하거나 그 선거사무소에 간판·현판 또는 현수막을 설치·게시하는 행위

② 예비후보자의 성명·사진·전화번호·학력·경력 등을 게재한 길이 9센티미터 너비 5센티미터 이내의 명함을 직접 주는 행위.

③ 예비후보자홍보물을 작성하여 관할 선거관리위원회로부터 발송대상·매수 등을 확인받은 후 중앙선거관리위원회규칙이 정하는 바에 따라 우편발송하는 행위

④ 선거운동을 위하여 어깨띠 또는 예비후보자임을 나타내는 표지물을 착용하는 행위

> **ADVICE** ①③④ 제60조의3 제1항
> ② 예비후보자의 배우자와 직계존비속 등 일정한 사람은 예비후보자의 명함을 직접 주거나 예비후보자에 대한 지지를 호소할 수 있다(제60조의3 제2항).
> ※ **예비후보자가 할 수 있는 선거운동**(제60조의3 제1항)
> 1. 선거사무소를 설치하거나 그 선거사무소에 간판·현판 또는 현수막을 설치·게시하는 행위
> 2. 자신의 성명·사진·전화번호·학력(정규학력과 이에 준하는 외국의 교육과정을 이수한 학력)·경력, 그 밖에 홍보에 필요한 사항을 게재한 길이 9센티미터 너비 5센티미터 이내의 명함을 직접 주거나 지지를 호소하는 행위. 다만, 지하철역구내 그 밖에 중앙선거관리위원회규칙으로 정하는 다수인이 왕래하거나 집합하는 공개된 장소에서 주거나 지지를 호소하는 행위는 그러하지 아니하다.

4. 선거구안에 있는 세대수의 100분의 10에 해당하는 수 이내에서 자신의 사진·성명·전화번호·학력·경력, 그 밖에 홍보에 필요한 사항을 게재한 인쇄물을 작성하여 관할 선거관리위원회로부터 발송대상·매수 등을 확인받은 후 선거기간개시일 전 3일까지 중앙선거관리위원회규칙이 정하는 바에 따라 우편발송하는 행위. 이 경우 대통령선거 및 지방자치단체의 장선거의 예비후보자는 표지를 포함한 전체면수의 100분의 50 이상의 면수에 선거공약 및 이에 대한 추진계획으로 각 사업의 목표·우선순위·이행절차·이행기한·재원조달방안을 게재하여야 하며, 이를 게재한 면에는 다른 정당이나 후보자가 되려는 자에 관한 사항을 게재할 수 없다.
5. 선거운동을 위하여 어깨띠 또는 예비후보자임을 나타내는 표지물을 착용하는 행위
6. 전화를 이용하여 송·수화자 간 직접 통화하는 방식으로 지지를 호소하는 행위

15 공직선거법이 규정한 예비후보자공약집에 대한 설명으로 옳지 않은 것은?

① 대통령선거의 예비후보자는 선거공약 및 이에 대한 추진계획을 게재한 공약집 1종을 발간·배부·판매 할 수 있으며, 방문판매도 가능하다.

② 예비후보자공약집에 자신의 사진·성명·학력·경력을 게재하는 경우 그 게재면수는 표지를 포함한 전체면수의 100분의 10을 넘을 수 없다.

③ 예비후보자가 제1항에 따라 예비후보자공약집을 발간하여 판매하려는 때에는 발간 즉시 관할 선거구선거관리위원회에 2권을 제출하여야 한다.

④ 예비후보자공약집의 작성근거 등의 표시와 제출, 그 밖에 필요한 사항은 중앙선거관리위원회규칙으로 정한다.

> **ADVICE** ① 공직선거법은 예비후보자공약집의 방문판매를 금지하고 있다(제60조의4 제1항).
> ② 제60조의4 제2항
> ③ 제60조의4 제3항
> ④ 제60조의4 제4항

16 공직선거법이 규정한 선거운동기구에 대한 설명으로 옳지 않은 것은?

① 대통령선거의 경우 정당 또는 후보자가 선거사무소 1개소와 시·도 및 구·시·군마다 선거연락소 1개소를 설치할 수 있다.

② 지역구국회의원선거에서는 후보자가 당해 국회의원지역구안에 선거사무소 1개소를 설치할 수 있다. 다만, 하나의 국회의원지역구가 2 이상의 구·시·군으로 된 경우에는 각 지역마다 선거사무소를 설치할 수 있다.

③ 비례대표시·도의원선거에서는 정당이 비례대표시·도의원후보자명부를 제출한 시·도마다, 1개의 선거사무소를 설치할 수 있다.

④ 지역구지방의회의원선거의 경우에는 후보자가 당해 선거구안에 선거사무소 1개소를 설치할 수 있다.

> **ADVICE** ①③④ 제61조 제1항
> ② 지역구국회의원선거에서 하나의 국회의원지역구가 2 이상의 구·시·군으로 된 경우에는 하나의 선거사무소를 두고, 선거사무소를 두지 아니하는 구·시·군마다 선거연락소 1개소를 둔다(제61조 제1항).

17 공직선거법에 규정된 선거운동기구에 대한 설명으로 옳지 않은 것은?

① 정당·정당추천후보자 또는 정당소속 예비후보자의 선거사무소와 선거연락소는 그에 대응하는 정당의 사무소가 있는 때에는 그 사무소에 둘 수 있다

② 예비후보자가 후보자등록을 마친 때에는 당해 예비후보자의 선거사무소는 후보자의 선거사무소로 본다.

③ 선거사무소와 선거연락소는 고정된 장소 또는 시설에 두어야 하며, 「식품위생법」에 의한 식품접객영업소 또는 「공중위생관리법」에 의한 공중위생영업소안에 둘 수 없다.

④ 예비후보자가 그 신분을 상실한 때에는 3일이내에 선거사무소를 폐쇄하여야 하며, 이를 폐쇄하지 아니한 경우 선거구선거관리위원회는 당해 예비후보자에게 즉시 선거사무소의 폐쇄를 명하여야 한다.

> **ADVICE** ① 제61조 제3항
> ② 제61조 제4항
> ③ 제61조 제5항
> ④ 공직선거법에는 예비후보자의 선거사무소 폐쇄와 관련하여 기간을 규정하고 있지 않다(제61조 제7항).

18 선거운동기구에 대한 설명으로 옳지 않은 것은?

① 선거운동 및 그 밖의 선거에 관한 사무를 처리하기 위하여 예비후보자는 선거사무소와 선거연락소를 정당은 중앙당 및 시·도당의 사무소에 선거대책기구 각 1개씩을 설치할 수 있다.

② 비례대표자치구·시·군의원선거의 경우 정당이 비례대표자치구·시·군의원후보자명부를 제출한 자치구·시·군마다 선거사무소 1개소를 설치할 수 있다.

③ 시·도지사선거의 경우 후보자가 당해 시·도안에 선거사무소 1개소와 당해 시·도안의 구·시·군마다 선거연락소 1개소를 설치할 수 있다.

④ 자치구·시·군의 장 선거의 경우 후보자가 당해 자치구·시·군안에 선거사무소 1개소를 설치할 수 있다. 다만, 자치구가 아닌 구가 설치된 시에 있어서는 선거사무소를 두지 아니하는 구마다 선거연락소 1개소를 둘 수 있다.

> **ADVICE** ① 예비후보자는 선거사무소만 설치할 수 있다(제61조 제1항).
> ②③④ 제61조 제1항

19 정당선거사무소에 대한 공직선거법의 규정으로 옳지 않은 것은?

① 정당은 당해 대통령선거에 관한 정당의 사무를 처리하기 위하여 선거일 전 240일부터 1개소의 정당선거사무소를 설치할 수 있다.

② 정당은 당해 시·도지사선거에 관한 정당의 사무를 처리하기 위하여 선거일 전 120일부터 1개소의 정당선거사무소를 설치할 수 있다.

③ 정당은 당해 국회의원선거에 관한 정당의 사무를 처리하기 위하여 선거일 전 60일부터 1개소의 정당선거사무소를 설치할 수 있다.

④ 정당은 당해 지방의회의원선거 및 자치구·시·군의 장 선거에 관한 정당의 사무를 처리하기 위하여 선거일 전 60일부터 구·시·군마다 1개소의 정당선거사무소를 설치할 수 있다.

> **ADVICE** ①②④ 제61조의2
> ③ 국회의원선거에서 정당은 선거일 전 120일 부터 정당선거사무소를 설치할 수 있다(제61조의2 제1항).

20 정당선거사무소에 대한 공직선거법의 규정으로 옳지 않은 것은?

① 정당선거사무소에는 당원 중에서 소장 1인을 두어야 하며, 2인 이내의 유급사무직원을 둘 수 있다.

② 중앙당 또는 시 · 도당의 대표자는 정당선거사무소를 설치하는 때에는 지체 없이 관할선거관리위원회에 서면으로 신고하여야 한다.

③ 정당선거사무소에는 중앙선거관리위원회규칙으로 정하는 바에 따라 정당의 홍보에 필요한 사항을 게재한 간판 · 현판 · 현수막을 설치 · 게시할 수 있다.

④ 정당은 선거일후 7일이 지난 때에는 제1항의 규정에 의한 정당선거사무소를 즉시 폐쇄하여야 한다.

> **ADVICE** ① 제61조의2 제2항
> ② 제61조의2 제3항
> ③ 제61조의2 제4항
> ④ 정당은 선거일후 30일이 지난 때에는 정당선거사무소를 즉시 폐쇄하여야 한다(제61조의2 제6항).

21 공직선거법이 규정한 예비후보자의 선거사무원 수에 대한 설명으로 옳은 것은?

① 대통령선거 예비후보자는 15인 이내

② 시 · 도지사선거 예비후보자는 10인 이내

③ 지역구국회의원선거 및 자치구 · 시 · 군의 장선거 예비후보자는 5인 이내

④ 지역구지방의회의원선거 예비후보자는 2인 이내

> **ADVICE** 공직선거법 제62조 제3항
> 예비후보자는 선거운동을 할 수 있는 자중에서 제1항에 따른 선거사무장을 포함하여 다음 각 호에 따른 수의 선거사무원을 둘 수 있다.
> 1. 대통령선거 : 10인 이내
> 2. 시 · 도지사선거 : 5인 이내
> 3. 지역구국회의원선거 및 자치구 · 시 · 군의 장선거 : 3인 이내
> 4. 지역구지방의회의원선거 : 2인 이내

22 다음 중 공직선거법에 규정된 후보자의 선거사무원 수에 대한 설명으로 옳지 않은 것은?

> ㉠ 대통령선거 : 선거사무소에 시·도수의 6배수 이내와 시·도선거연락소에 당해 시·도안의 구·시·군 수 이내 및 구·시·군선거연락소에 당해 구·시·군안의 읍·면·동수 이내
>
> ㉡ 지역구국회의원선거 및 자치구·시·군의 장선거 : 선거사무소와 선거연락소를 두는 구·시·군 안의 읍·면·동수의 3배수 이내
>
> ㉢ 비례대표국회의원선거 : 선거사무소에 시·도수의 2배수 이내
>
> ㉣ 지역구시·도의원선거 : 선거사무소에 10인 이내
>
> ㉤ 비례대표시·도의원선거 : 선거사무소에 당해 시·도안의 구·시·군의 수(산정한 수가 30 미만인 때에는 30인) 이내
>
> ㉥ 시·도지사선거 : 선거사무소에 당해 시·도안의 구·시·군의 수(그 구·시·군수가 10 미만인 때에는 10인) 이내와 선거연락소에 당해 구·시·군안의 읍·면·동수 이내
>
> ㉦ 지역구자치구·시·군의원선거 : 선거사무소에 10명 이내
>
> ㉧ 비례대표자치구·시·군의원선거 : 선거사무소에 당해 자치구·시·군 안의 읍·면·동수의 2배수 이내

① ㉠㉢㉣㉦
② ㉡㉤㉦㉧
③ ㉢㉥㉦㉧
④ ㉢㉣㉥㉦

ADVICE ㉡ **지역구국회의원선거 및 자치구·시·군의 장선거** : 선거사무소와 선거연락소를 두는 구·시·군 안의 읍·면·동수의 3배수에 5를 더한 수 이내

㉤ **비례대표시·도의원선거** : 선거사무소에 당해 시·도안의 구·시·군의 수(산정한 수가 20 미만인 때에는 20인) 이내

㉦ **지역구자치구·시·군의원선거** : 선거사무소에 8명 이내

㉧ **비례대표자치구·시·군의원선거** : 선거사무소에 당해 자치구·시·군 안의 읍·면·동수 이내(제62조 제2항)

23 선거사무관계자에 대한 공직선거법의 규정과 일치하지 않는 것은?

① 장애인 예비후보자 · 후보자는 그의 활동을 보조하기 위하여 1명의 활동보조인을 둘 수 있으며, 활동보조인은 선거사무원수에 산입한다.

② 수당을 지급받을 수 없는 정당의 유급사무직원, 국회의원과 그 보좌관 · 비서관 · 비서 또는 지방의회의원은 선거사무원이 된 경우에도 선거사무원수에는 산입하지 아니한다.

③ 선거사무장을 두지 아니한 경우에는 후보자 또는 예비후보자가 선거사무장을 겸한 것으로 본다.

④ 같은 선거에 있어서는 2 이상의 정당 · 예비후보자 또는 후보자가 동일인을 함께 선거사무장 · 선거연락소장 또는 선거사무원으로 선임할 수 없다.

> **ADVICE** ① 중앙선거관리위원회규칙으로 정하는 장애인 예비후보자 · 후보자는 선거운동을 할 수 있는 사람 중에서 1명의 활동보조인을 둘 수 있다. 활동보조인은 선거사무원수에 산입하지 아니한다(제62조 제4항).
> ② 제62조 제5항
> ③ 제62조 제6항
> ④ 제62조 제7항

24 공직선거법에 대한 설명으로 옳지 않은 것은?

① 정당 · 후보자 · 예비후보자 · 선거사무장이 교체선임 할 수 있는 선거사무원수는 제62조 제2항 또는 제3항에 따른 선거사무원수의 1.5배수를 넘을 수 없다.

② 선거사무장등(회계책임자를 포함한다)은 해당 선거관리위원회가 교부하는 표지를 패용하고 선거운동을 하여야 한다.

③ 선거관리위원회는 제2항에 따른 표지의 교부신청을 받은 때에는 즉시 이를 교부하여야 한다.

④ 선거사무소와 선거연락소의 설치신고서, 선거사무장 등의 선임신고서, 선거사무장등의 표지 및 그 표지 분실 시 처리절차, 그 밖에 필요한 사항은 중앙선거관리위원회규칙으로 정한다.

> **ADVICE** ① 교체선임할 수 있는 선거사무원수는 최초의 선임을 포함하여 제62조 제2항 또는 제3항에 따른 선거사무원수의 2배수를 넘을 수 없다(제63조 제1항).
> ② 제63조 제1항
> ③ 제63조 제1항
> ④ 제63조 제1항

25 선거벽보에 대한 공직선거법의 내용과 일치하지 않는 것은?

① 선거운동에 사용하는 선거벽보에는 후보자만의 사진, 성명, 기호, 정당추천후보자의 소속정당명(무소속후보자는 "무소속"이라 표시) 경력·정견 및 소속정당의 정강·정책 그 밖의 홍보에 필요한 사항을 게재한다.

② 제49조 제4항 제6호에 따라 학력증명서를 제출한 정규학력과 이에 준하는 외국의 교육과정을 이수한 학력외에는 게재할 수 없다.

③ 정규학력에 준하는 외국의 교육과정을 이수한 학력을 게재하는 때에는 그 교육과정명과 수학기간 및 학위를 취득한 때의 취득학위명을 기재하여야 한다.

④ 동에 있어서는 인구 1000명에 1매, 읍에 있어서는 인구 500명에 1매, 면에 있어서는 인구 100명에 1매의 비율을 한도로 작성·첨부한다.

ADVICE ①②③ 제64조 제1항

④ 동에 있어서는 인구 500명에 1매, 읍에 있어서는 인구 250명에 1매, 면에 있어서는 인구 100명에 1매의 비율을 한도로 작성·첨부한다. 다만, 인구밀집상태 및 첨부장소 등을 감안하여 중앙선거관리위원회규칙으로 정하는 바에 따라 인구 1천명에 1매의 비율까지 조정할 수 있다(제64조 제1항).

26 선거벽보에 대한 공직선거법의 내용과 일치하지 않는 것은?

① 대통령선거에서의 선거벽보는 후보자가 작성하여 대통령선거는 후보자등록마감일 후 3일(제51조에 따른 추가등록의 경우에는 추가등록마감일 후 2일 이내를 말한다)까지, 첨부할 지역을 관할하는 구·시·군선거관리위원회에 제출한다.

② 국회의원선거와 지방자치단체의 의회의원 및 장의 선거는 후보자등록마감일 후 5일까지 첨부할 지역을 관할하는 구·시·군선거관리위원회에 제출하고, 해당 구·시·군선거관리위원회가 이를 확인하여 선거벽보 제출마감일후 2일까지 첨부한다.

③ 선거벽보의 일부를 제출하지 아니할 때에는 선거벽보를 첨부하지 아니할 지역을 지정하여 선거벽보의 제출시에 서면으로 신고하여야 하고, 선거벽보를 첨부하지 아니할 지역을 신고하지 아니한 때에는 해당 구·시·군선거관리위원회가 그 지역을 지정한다.

④ 시·군·구선거구선거관리위원회는 제후보자가 작성하여 보관 또는 제출할 선거벽보의 수량을 선거기간개시일전 20일까지 공고하여야 한다.

 ① 제64조 제2항
② 제64조 제2항
③ 제64조 제2항
④ 관할선거구선거관리위원회는 제2항에 따라 후보자가 작성하여 보관 또는 제출할 선거벽보의 수량을 선거기간개시일전 10일까지 공고하여야 한다. 이 경우 중앙선거관리위원회규칙으로 정하는 바에 따라 일정한 수량을 가산할 수 있다(제64조 제3항).

27 선거벽보에 대한 공직선거법의 내용과 일치하지 않는 것은?

① 후보자가 제출마감일까지 선거벽보를 제출하지 아니한 때와 규격을 넘거나 미달하는 선거벽보를 제출한 때에는 그 선거벽보는 첨부하지 아니한다.

② 후보자는 선거벽보에 게재된 후보자의 성명·기호·소속 정당명과 경력 등이 거짓으로 게재되어 있거나 이 법에 위반되는 내용이 게재되어 있음을 이유로 해당 선거구선거관리위원회에 서면 또는 구술로 정정 또는 삭제를 요청할 수 있다.

③ 정정 또는 삭제 요청을 받은 선거구선거관리위원회는 선거벽보 제출마감일까지 그 내용을 정정 또는 삭제하게 할 수 있다. 이 경우 해당 내용을 정정 또는 삭제하는 외에 새로운 내용을 추가하거나 종전의 배열방법·색상·규격 등을 변경할 수 없다.

④ 누구든지 선거벽보의 내용 중 경력등에 관한 거짓 사실의 게재를 이유로 이의제기를 하는 때에는 해당 선거구선거관리위원회를 거쳐 직근 상급선거관리위원회에 서면으로 하여야 하고, 이의제기를 받은 상급선거관리위원회는 후보자와 이의제기자에게 그 증명서류의 제출을 요구할 수 있다.

> **ADVICE**
> ① 제64조 제4항
> ② 제출된 선거벽보는 정정 또는 철회할 수 없다. 다만, 일정한 경우 해당 선거구선거관리위원회에 서면으로 정정 또는 삭제를 요청할 수 있다(제64조 제5항).
> ③ 제64조 제5항
> ④ 제64조 제6항

28 내용과 일치하지 않는 것은?

① 관할선거구선거관리위원회는 선거벽보에 다른 후보자, 그의 배우자 또는 직계존·비속이나 형제자매의 사생활에 대한 사실을 적시하여 비방하는 내용이 이 법에 위반된다고 인정하는 때에는 이를 고발하고 공고하여야 한다.

② 후보자는 관할구·시·군선거관리위원회가 첩부한 선거벽보가 오손되거나 훼손되어 보완첩부하고자 하는 때에는 제64조 제3항에 따라 공고된 수량의 범위에서 그 선거벽보 위에 덧붙여야 한다.

③ 선거벽보를 첩부하는 경우에 첩부장소가 있는 토지·건물 그 밖의 시설물의 소유자 또는 관리자는 특별한 사유가 없는 한 선거벽보의 첩부에 협조하여야 한다.

④ 선거벽보 내용의 정정·삭제 신청, 수량공고·규격·작성·제출·확인·첩부·경력 등에 관한 허위사실이나 사생활비방으로 인한 고발사실의 공고 그 밖에 필요한 사항은 공직선거법시행규칙으로 정한다.

> **ADVICE**
> ① 제64조 제7항
> ② 제64조 제9항
> ③ 제64조 제10항
> ④ 중앙선거관리위원회규칙으로 정한다(제64조 제11항).

29 선거공보에 대한 공직선거법 규정과 일치하지 않은 것은?

① 후보자는 선거운동을 위하여 책자형 선거공보 1종(대통령선거에서는 전단형 선거공보 1종을 포함한다)을 작성할 수 있다. 이 경우 비례대표국회의원선거 및 비례대표지방의회의원선거에서는 해당 정당이 추천한 후보자 모두의 사진·성명·학력·경력을 게재하여야 한다.

② 책자형 선거공보는 대통령·국회의원선거 및 지방자치단체의 장·지방의회의원선거에 있어서는 16면 이내로 작성하고, 전단형 선거공보는 1매(양면에 게재할 수 있다)로 작성한다.

③ 책자형 선거공보의 수량은 당해 선거구 안의 세대수와 예상 거소투표신고인수 및 예상 신청자수를 합한 수에 상당하는 수 이내로, 전단형 선거공보의 수량은 당해 선거구 안의 세대수에 상당하는 수 이내로 한다.

④ 후보자는 선거공보 외에 선거인으로서 장애인복지법 제32조에 따라 등록된 시각장애인을 위한 선거공보 1종을 작성할 수 있다. 이 경우 제65조 제2항에 따른 책자형 선거공보의 면수 이내에서 작성하여야 한다.

> **ADVICE** ① 제65조 제1항
> ② 책자형 선거공보는 대통령선거에 있어서는 16면 이내로, 국회의원선거 및 지방자치단체의 장선거에 있어서는 12면 이내로, 지방의회의원선거에 있어서는 8면 이내로 작성하고(제65조 제2항).
> ③ 제65조 제3항
> ④ 제65조 제4항

30 선거공보의 제출과 발송에 대한 설명으로 옳지 않은 것은?

① 대통령선거에서 책자형 선거공보 : 후보자가 후보자등록마감일 후 6일(추가등록의 경우에는 추가등록마감일 후 2일)까지 배부할 지역을 관할하는 구·시·군선거관리위원회에 제출하고 당해 선거관리위원회가 이를 확인하여 관할구역 안의 매세대에는 제출마감일 후 3일까지 우편으로 발송한다.

② 대통령 선거에서의 전단형 선거공보 : 후보자가 후보자등록마감일 후 10일까지 배부할 지역을 관할하는 구·시·군선거관리위원회에 제출하고 당해 선거관리위원회가 이를 확인하여 투표안내문을 발송하는 때에 이를 동봉하여 발송한다.

③ 국회의원선거 : 후보자가 후보자등록마감일 후 10일까지 배부할 지역을 관할하는 읍 · 면 · 동선거관리위원회에 제출하고 해당 선거관리위원회가 이를 확인하여 매세대에는 투표안내문을 발송하는 때에, 거소투표신고인명부에 올라 있는 선거인에게는 거소투표용지를 발송하는 때에 각각 동봉하여 발송한다.

④ 지방자치단체의 의회의원 및 장의 선거 : 후보자가 후보자등록마감일 후 7일까지 배부할 지역을 관할하는 구 · 시 · 군선거관리위원회에 제출하고 해당 선거관리위원회가 이를 확인하여 매세대에는 투표안내문을 발송하는 때에, 거소투표신고인명부에 올라 있는 선거인에게는 거소투표용지를 발송하는 때에 각각 동봉하여 발송한다.

> **ADVICE** ①②④ 제65조 제6항
> ③ 후보자가 후보자등록마감일 후 7일까지 배부할 지역을 관할하는 구 · 시 · 군선거관리위원회에 제출하고 해당 선거관리위원회가 이를 확인하여 매세대에는 투표안내문을 발송하는 때에, 거소투표신고인명부에 올라 있는 선거인에게는 거소투표용지를 발송하는 때에 각각 동봉하여 발송한다(제65조 제6항).

31 선거공보의 후보자정보공개자료에 대한 설명으로 옳지 않은 것은?

① 재산상황 : 후보자, 후보자의 배우자 및 직계존 · 비속(혼인한 딸과 외조부모 및 외손자녀를 제외)의 각 재산총액

② 병역사항 : 후보자 및 후보자의 직계비속의 군별 · 계급 · 복무기간 · 복무분야 · 병역처분사항 및 병역처분사유

③ 최근 3년간 소득세 · 종합부동산세 납부 및 체납실적 : 후보자, 후보자의 배우자의 연도별 납부액, 연도별 체납액(10만원 이하 또는 3월 이내의 체납은 제외) 및 완납시기

④ 직업 · 학력 · 경력 등 인적사항 : 후보자등록신청서에 기재된 사항

> **ADVICE** ①②④ 제65조 제8항
> ③ 최근 5년간 소득세 · 재산세 · 종합부동산세 납부 및 체납실적 : 후보자, 후보자의 배우자 및 직계존 · 비속의 연도별 납부액, 연도별 체납액(10만원 이하 또는 3월 이내의 체납은 제외한다) 및 완납시기(제65조 제8항)

32 선거공보에 대한 설명으로 옳지 않은 것은?

① 후보자가 책자형 선거공보 제출수량의 전부 또는 일부를 제출하지 아니하는 때에는 후보자정보공개자료를 별도로 작성하여 책자형 선거공보의 제출마감일까지 제출하여야 하며, 제출받은 후보자정보공개자료는 책자형 선거공보를 발송하는 때에 함께 발송한다.

② 관할선거구선거관리위원회는 후보자로 하여금 책자형선거공보 원고를 당해 선거관리위원회가 지정하는 인터넷홈페이지에 입력하는 방법으로 제출하게 한 후 선거공보를 1책으로 작성하여 발송할 수 있다. 이 경우 선거공보의 인쇄비용은 관할선거구선거관리위원회가 부담하여야 한다.

③ 구·시·군선거관리위원회는 책자형 선거공보의 둘째 면이 아닌 다른 면에 후보자정보공개자료를 게재하거나, 선거공보의 규격·제출기한을 위반한 때에는 이를 접수하지 아니한다.

④ 선거공보의 규격·작성·제출·확인·발송 및 공고, 후보자정보공개자료의 게재방법과 선거공보의 원고 및 인쇄비용의 산정·납부 그 밖에 필요한 사항은 중앙선거관리위원회규칙으로 정한다.

> **ADVICE** ① 제65조 제9항
> ② 이 경우 선거공보의 인쇄비용은 후보자가 부담하여야 한다(제65조 제10항).
> ③ 제65조 제11항
> ④ 제65조 제13항

33 선거공약서에 대한 설명으로 옳지 않은 것은?

① 대통령선거 및 지방자치단체의 장선거의 후보자는 선거운동을 위하여 선거공약 및 그 추진계획을 게재한 인쇄물 1종을 작성할 수 있다.

② 선거공약서에는 선거공약 및 이에 대한 추진계획으로 각 사업의 목표·우선순위·이행절차·이행기한·재원조달방안을 게재하여야 하며, 다른 정당이나 후보자에 관한 사항을 게재할 수 없다.

③ 선거공약서는 대통령선거에 있어서는 32면 이내로, 시·도지사선거에 있어서는 16면 이내로, 자치구·시·군의 장선거에 있어서는 12면 이내로 작성한다.

④ 선거공약서의 수량은 해당 선거구 안에 있는 세대수의 100분의 20에 해당하는 수 이내로 한다.

34 공직선거법상의 선거공약서에 대한 설명으로 옳지 않은 것은?

① 후보자와 그 가족, 선거사무장, 선거연락소장, 선거사무원, 회계책임자 및 후보자와 함께 다니는 활동보조인은 선거공약서를 배부할 수 있다. 다만, 우편발송(점자형 선거공약서는 제외한다)·호별방문의 방법으로 선거공약서를 배부할 수 없다.

② 후보자가 선거공약서를 배부하고자 하는 때에는 배부일 전일까지 2부를 첨부하여 작성수량·작성비용 및 배부방법 등을 관할선거구선거관리위원회에 서면으로 신고하여야 하며, 배부 전까지 배부할 지역을 관할하는 읍·면·동선거관리위원회에 각 2부를 제출하여야 한다.

③ 관할선거구선거관리위원회는 선거공약서를 선거구민이 알 수 있도록 이를 공개할 수 있으며, 당선인 결정 후에는 당선인의 선거공약서를 그 임기만료일까지 선거관리위원회의 인터넷홈페이지 또는 중앙선거관리위원회가 지정하는 인터넷홈페이지에 게시할 수 있다.

④ 선거공약서의 규격, 작성근거 등의 표시, 신고 및 제출 그 밖의 필요한 사항은 중앙선거관리위원회규칙으로 정한다.

35 공직선거법 규정에 대한 설명으로 옳지 않은 것은?

① 후보자(비례대표국회의원후보자 및 비례대표지방의회의원후보자를 제외)는 선거운동을 위하여 당해 선거구안의 읍·면·동마다 1매의 현수막을 게시할 수 있다.

② 후보자의 현수막의 규격 및 게시방법 등에 관하여 필요한 사항은 중앙선거관리위원회규칙으로 정한다.

③ 후보자와 그 배우자는 선거운동기간 중 후보자의 사진·성명·기호 및 소속 정당명을 게재한 어깨띠나 관할선거관리위원회규칙으로 정하는 금액 범위의 윗옷(上衣)·표찰(標札)·마스코트를 붙이거나 입거나 지니고 선거운동을 할 수 있다.

④ 어깨띠의 규격 또는 그 밖에 필요한 사항은 중앙선거관리위원회규칙으로 정한다.

> **ADVICE**　① 제67조 제1항
> ② 제67조 제3항
> ③ 중앙선거관리위원회규칙으로 정하는 규격 또는 금액 범위의 윗옷(上衣)·표찰(標札)·수기(手旗)·마스코트, 그 밖의 소품을 붙이거나 입거나 지니고 선거운동을 할 수 있다(제68조 제1항).
> ④ 제68조 제3항

36 공직선거법 규정된 신문광고에 대한 설명으로 옳지 않은 것은?

① 대통령선거에 있어서 정당추천후보자는 선거기간개시일부터 선거일전 2일까지 총 70회 이내의 범위에서 일간신문에 선거운동을 위한 신문광고를 게재할 수 있다.

② 비례대표국회의원선거에서 후보자를 추천한 정당은 선거기간개시일부터 선거일전 2일까지 총 20회 이내의 범위에서 일간신문에 선거운동을 위한 신문광고를 게재할 수 있다.

③ 시·도지사선거 선거운동을 위한 신문광고는 총 10회 이내로 한다. 다만, 인구 500만을 넘는 시·도에 있어서는 500만을 넘는 매 100만까지마다 1회를 더한다.

④ 시·도지사선거에 있어서 같은 정당의 추천을 받은 2인 이상의 후보자는 합동으로 광고를 할 수 있다. 이 경우 광고회수는 해당 후보자가 각각 1회의 광고를 한 것으로 보며, 그 비용은 해당 후보자간의 약정에 의하여 분담한다.

> **ADVICE**　① 제69조 제1항
> ② 제69조 제1항
> ③ 시·도지사선거 선거운동을 위한 신문광고는 총 5회 이내로 한다. 다만, 인구 300만을 넘는 시·도에 있어서는 300만을 넘는 매 100만까지마다 1회를 더한다(제69조 제1항).
> ④ 제69조 제3항

37 공직선거법 규정된 신문광고에 대한 설명으로 옳지 않은 것은?

① 비례대표국회의원선거에서 후보자는 선거기간개시일부터 선거일전 2일까지 총 20회 이내의 범위에서 일간신문에 선거운동을 위한 신문광고를 게재할 수 있다.

② 후보자가 광고를 하고자 하는 때에는 광고전에 이 법에 의한 광고임을 인정하는 관할선거구선거관리위원회의 인증서를 교부받아 광고를 하여야 하며, 일간신문을 경영·관리하는 자 또는 광고업무를 담당하는 자는 인증서가 첨부되지 아니한 후보자의 광고를 게재하여서는 아니된다.

③ 신문광고를 게재하는 일간신문을 경영·관리하는 자는 그 광고비용을 산정함에 있어 선거기간중에 같은 지면에 같은 규격으로 게재하는 상업·문화 기타 각종 광고의 요금중 최저요금을 초과하여 후보자에게 청구하거나 받을 수 없다.

④ 인증서의 서식, 광고근거의 표시, 그 밖에 필요한 사항은 중앙선거관리위원회규칙으로 정한다.

　① 비례대표국회의원선거에서 일간신문에 선거운동을 위한 신문광고를 게재할 수 있는 주체는 후보자를 추천한 정당이다(제69조 제1항).
　② 제69조 제5항
　③ 제69조 제8항
　④ 제69조 제9항

38 방송광고에 대한 공직선거법의 규정에 대한 설명으로 옳지 않은 것은?

① 대통령선거에서 정당추천후보자는 선거운동기간중 소속정당의 정강·정책이나 후보자의 정견을 홍보하기위해서 텔레비전 및 라디오 방송별로 각 30회 이내로 방송광고를 할 수 있다.

② 비례대표국회의원선거의 경우에는 후보자를 추천한 정당은 선거운동기간중 소속정당의 정강·정책이나 후보자의 정견을 홍보하기위해서 텔레비전 및 라디오 방송별로 각 15회 이내로 방송광고를 할 수 있다.

③ 시·도지사선거에서 후보자는 지역방송시설을 이용하여 텔레비전 및 라디오 방송별로 각 5회 이내의 방송광고를 할 수 있다.

④ 광고시간은 1회 5분을 초과할 수 없다. 이 경우 광고회수의 계산에 있어서는 재방송을 포함하지 않는다.

> **ADVICE** ①②③ 제70조 제1항
> ④ 광고시간은 1회 1분을 초과할 수 없다. 이 경우 광고회수의 계산에 있어서는 재방송을 포함한다(제70조 제1항).

39 방송광고와 관련한 공직선거법의 규정과 일치하지 않은 것은?

① 광고를 실시하는 방송시설의 경영자는 방송광고의 일시와 광고내용 등을 중앙선거관리위원회규칙이 정하는 바에 따라 관할선거구선거관리위원회에 통보하여야 한다.

② 방송시설을 경영 또는 관리하는 자는 제1항의 방송광고를 함에 있어서 방송시간대와 방송권역 등을 고려하여 모든 후보자에게 공평하게 하여야 하며, 후보자가 신청한 방송시설의 이용일시가 서로 중첩되는 경우에 방송일시의 조정은 관할선거관리위원회규칙이 정하는 바에 의한다.

③ 후보자는 방송광고에 있어서 청각장애선거인을 위한 수화 또는 자막을 방영할 수 있다.

④ 방송광고를 행하는 방송시설을 경영·관리하는 자는 그 광고비용을 산정함에 있어 선거기간중 같은 방송시간대에 광고하는 상업·문화 기타 각종 광고의 요금중 최저요금을 초과하여 후보자에게 청구하거나 받을 수 없다.

 ① 제70조 제3항
② 후보자가 신청한 방송시설의 이용일시가 서로 중첩되는 경우에 방송일시의 조정은 중앙선거관리
위원회규칙이 정하는 바에 의한다(제70조 제5항).
③ 제70조 제6항
④ 제70조 제8항

40 방송연설에 대한 공직선거법 규정과 일치하지 않은 것은?

① 대통령선거에서 후보자와 후보자가 지명한 연설원은 소속정당의 정강·정책이나 후보자의 정견 기타 홍보에 필요한 사항을 발표하기 위하여 각각 1회 20분 이내에서 텔레비전 및 라디오 방송별 각 11회 이내의 연설을 할 수 있다.

② 비례대표국회의원선거에서 정당별로 비례대표국회의원후보자중에서 선임된 대표 3인은 텔레비전 및 라디오 방송시설을 이용하여 각각 1회 5분 이내에서 텔레비전 및 라디오 방송별 각 2회의 연설을 할 수 있다.

③ 지역구국회의원선거 및 자치구·시·군의 장 선거에서 후보자는 1회 10분 이내에서 지역방송시설을 이용하여 텔레비전 및 라디오 방송별 각 2회 이내의 연설을 할 수 있다.

④ 시·도지사선거에서 후보자는 정견 기타 홍보에 필요한 사항을 발표하기 위하여 1회 10분 이내에서 지역방송시설을 이용하여 텔레비전 및 라디오 방송별 각 5회 이내로 연설을 할 수 있다.

 ①③④ 제71조 제1항
② 비례대표국회의원선거에서 정당별로 비례대표국회의원후보자중에서 선임된 대표 2인은 텔레비전 및 라디오 방송시설을 이용하여 각각 1회 10분 이내에서 텔레비전 및 라디오 방송별 각 1회의 연설을 할 수 있다(제71조 제1항).

 38.④ 39.② 40.②

41 후보자 등의 방송연설에 관한 공직선거법의 규정과 일치하지 않은 것은?

① 이 법에서 "지역방송시설"이란 해당 시·도의 관할구역 안에 있는 방송시설을 말하며, 해당 시·도의 관할 구역 안에 지역방송시설이 없는 시·도로서 서울특별시에 인접한 시·도의 경우 서울특별시 안에 있는 방송시설을 말한다.

② 텔레비전 방송시설을 이용한 방송연설을 하는 경우에는 후보자 또는 연설원이 연설하는 모습, 후보자의 성명·기호·소속 정당명·경력, 연설요지 및 통계자료 외의 다른 내용이 방영되게 하여서는 안된다.

③ 방송시설을 경영 또는 관리하는 자는 후보자 또는 연설원의 연설을 위한 방송시설명·이용일시·시간대 등을 선거일전 20일까지 시·군·구선거구선거관리위원회에 통보하여야 한다.

④ 선거구선거관리위원회는 후보자등록신청개시일전 3일까지 연설에 이용할 수 있는 방송시설과 일정을 선거구단위로 미리 지정·공고하고 후보자등록신청시 후보자에게 통지하여야 한다.

> **ADVICE** ① 제71조 제2항
> ② 제71조 제4항
> ③ 방송시설을 경영 또는 관리하는 자는 후보자 또는 연설원의 연설을 위한 방송시설명·이용일시·시간대 등을 선거일전 30일까지 관할선거구선거관리위원회에 통보하여야 한다(제71조 제5항).
> ④ 제71조 제6항

42 후보자 등의 방송연설에 관한 공직선거법의 규정과 일치하지 않은 것은?

① 대통령선거에 있어서 후보자가 방송시설을 이용한 연설을 하고자 하는 때에는 이용할 방송시설명·이용일시·연설을 할 사람의 성명·소요시간·이용방법 등을 기재한 신청서를 후보자등록마감일후 7일(추가등록의 경우에는 추가등록마감일)까지 중앙선거관리위원회에 서면 또는 구술로 제출하여야 한다.

② 후보자(정당추천후보자는 그 추천정당을 말한다)가 신청한 방송시설의 이용일시가 서로 중첩되는 경우에는 중앙선거관리위원회가 그 일시를 정하며, 후보자가 그 지정된 일시의 24시간 전까지 방송시설이용계약을 하지 아니한 때에는 당해 방송시설을 경영·관리하는 자는 그 시간대에 다른 방송을 할 수 있다.

③ 중앙선거관리위원회가 제8항의 규정에 의하여 방송일시를 결정한 때에는 이를 공고하고, 정당 또는 후보자에게 통지하여야 한다.

④ 국회의원선거, 비례대표시·도의원선거, 지방자치단체의 장 선거에 있어서 후보자가 방송시설을 이용한 연설을 하고자 하는 때에는 당해 방송시설을 경영 또는 관리하는 자와 체결한 방송시설이용계약서 사본을 첨부하여 이용할 방송시설명·이용일시·소요시간·이용방법 등을 방송일전 3일까지 당해 선거구선거관리위원회에 서면으로 신고하여야 한다.

 ① 대통령선거에 있어서 후보자가 방송시설을 이용한 연설을 하고자 하는 때에는 신청서를 후보자등록마감일후 3일(추가등록의 경우에는 추가등록마감일)까지 중앙선거관리위원회에 서면으로 제출하여야 한다(제71조 제7항).
② 제71조 제8항
③ 제71조 제9항
④ 제71조 제10항

43 다음 중 공직선거법 규정과 일치하지 않은 것은?

① 텔레비전 및 라디오 방송시설이 후보자의 연설을 방송하는 경우 내용을 편집하지 아니한 상태에서 방송하여야 하며, 선거구단위로 모든 정당 또는 후보자에게 공평하게 하여야 한다.

② 방송시설을 경영 또는 관리하는 자가 후보자의 연설을 방송하고자 하는 때에는 그 방송일전 2일까지 방송시설명·방송일시·소요시간 등을 중앙선거관리위원회규칙이 정하는 바에 따라 관할선거구선거관리위원회에 통보하여야 한다.

③ 한국방송공사는 대통령선거의 선거운동기간 중 텔레비전과 라디오 방송시설을 이용하여 후보자마다 매회 2분 이내의 범위 안에서 8회 이상의 경력방송을 하여야 한다.

④ 한국방송공사는 국회의원선거 및 시·도지사선거, 자치구·시·군의 장 선거의 선거운동기간 중 텔레비전과 라디오 방송시설을 이용하여 후보자마다 매회 2분 이내의 범위 안에서 4회 이상의 경력방송을 하여야 한다.

 ① 제72조 제1항
② 제72조 제3항
③ 제73조 제2항
④ 국회의원선거 및 자치구·시·군의 장 선거에서의 경력방송은 각 2회 이상이며, 시·도지사선거에서의 경력방송은 각 3회 이상이다(제73조 제2항).

44 다음 중 공직선거법 규정과 일치하는 것은?

① 경력방송을 하는 때에는 그 회수와 내용이 선거구 단위로 모든 후보자에게 공평하게 하여야 하며, 그 비용은 후보자 등이 부담한다.

② 경력방송 원고의 관할선거구선거관리위원회에의 제출 및 경력방송실시의 통보 기타 필요한 사항은 공직선거법시행규칙으로 정한다.

③ 한국방송공사외의 텔레비전 및 라디오 방송시설이 그의 부담으로 후보자의 경력을 방송하고자 하는 때에는 방송사가 독자적으로 취해한 내용에 의하되, 선거구 단위로 모든 후보자에게 공평하게 하여야 한다.

④ 제71조(후보자 등의 방송연설) 제12항 및 제72조(방송시설주관 후보자연설의 방송) 제2항 및 제3항의 규정은 방송시설주관 경력방송에 이를 준용한다.

> **🌐TIP**　　① 그 비용은 한국방송공사가 부담한다(제73조 제3항).
> 　　　　　② 중앙선거관리위원회규칙으로 정한다(제73조 제5항).
> 　　　　　③ 관할선거구선거관리위원회가 제공하는 내용에 의하여 한다(제74조 제1항).
> 　　　　　④ 제74조 제2항

45 공개 장소에서의 연설·대담과 관련한 공직선거법의 규정과 일치하지 않은 것은?

① 비례대표국회의원후보자는 선거운동기간 중에 소속 정당의 정강·정책이나 후보자의 정견, 그 밖에 필요한 사항을 홍보하기 위하여 공개장소에서의 연설·대담을 할 수 있다.

② "공개장소에서의 연설·대담"이라 함은 후보자등이 선거운동을 할 수 있는 사람 중에서 지정한 사람이 도로변·광장·공터·주민회관·시장 등을 방문하여 정당이나 후보자에 대한 지지를 호소하는 연설을 하거나 청중의 질문에 대답하는 방식으로 대담하는 것을 말한다.

③ 대통령선거의 경우 공개장소에서의 연설·대담을 위하여 후보자와 시·도 및 구·시·군선거연락소마다 각 1대의 자동차와 각 1조의 확성장치 및 휴대용 확성장치를 사용할 수 있다.

④ 확성장치는 연설·대담을 하는 경우에만 사용할 수 있으며, 휴대용 확성장치는 연설·대담용 차량이 정차한 외의 다른 지역에서 사용할 수 없다. 이 경우 차량 부착용 확성장치와 동시에 사용할 수 없다.

 ① 비례대표국회의원후보자 및 비례대표지방의회의원후보자는 공개장소에서의 연설·대담을 할 수 없다(제79조 제1항).
② 제79조 제2항
③ 제79조 제3항
④ 제79조 제4항

46 공개 장소에서의 연설·대담과 관련한 공직선거법의 규정과 일치하지 않은 것은?

① 자동차에 부착된 확성장치를 사용함에 있어 확성나발의 수는 1개를 넘을 수 없다.

② 자동차와 확성장치에는 중앙선거관리위원회규칙으로 정하는 바에 따라 표지를 부착하여야 하고, 선거벽보, 선거공보, 선거공약서 및 후보자 사진을 붙일 수 있다.

③ 후보자등은 다른 사람이 개최한 옥내모임에 일시적으로 참석하여 연설·대담을 할 수 있으며, 이 경우 후보자 등이 휴대한 확성장치 외에 그 장소에 설치된 확성장치를 사용할 수 없다.

④ 후보자 등이 공개장소에서의 연설·대담을 하는 때에는 녹음기 또는 녹화기를 사용하여 음악을 방송하거나 소속정당의 정강·정책이나 후보자의 경력·정견·활동상황을 방송 또는 방영할 수 있다.

 ① 제79조 제5항
② 제79조 제6항
③ 그 장소에 설치된 확성장치를 사용하거나 휴대용 확성장치를 사용할 수 있다(제79조 제7항).
④ 제79조 제10항

 44.④ 45.① 46.③

47 다음 중 공직선거법이 규정한 연설금지장소가 아닌 곳은?

① 국가 또는 지방자치단체가 소유하거나 관리하는 건물·시설

② 공원·문화원·시장·운동장·주민회관·체육관·도로변·광장 또는 학교 기타 다수인이 왕래하는 공개된 장소

③ 선박·정기여객자동차·열차·전동차·항공기의 안과 그 터미널구내 및 지하철역 구내

④ 병원·진료소·도서관·연구소 또는 시험소 기타 의료·연구시설

> **ADVICE** ①③④ 제80조
> ② 국가 또는 지방자치단체가 소유하거나 관리하는 건물·시설이라도 공원·문화원·시장·운동장·주민회관·체육관·도로변·광장 또는 학교 기타 다수인이 왕래하는 공개된 장소는 연설금지장소가 아니다(제80조).

48 단체의 후보자 등 초청 대담·토론회에 대한 설명으로 옳지 않은 것은?

① 제87조(단체의 선거운동금지)의 규정에 해당하지 아니하는 단체는 후보자를 초청하여 소속정당의 정강·정책이나 후보자의 정견 기타사항을 알아보기 위한 대담·토론회를 이 법이 정하는 바에 따라 옥내에서 개최할 수 있다.

② "대담"이라 함은 1인의 후보자 또는 대담자가 소속정당의 정강·정책이나 후보자의 정견 기타사항에 관하여 사회자 또는 질문자의 질문에 대하여 답변하는 것을 말하고, "토론"이라 함은 2인 이상의 후보자 또는 토론자가 사회자의 주관하에 소속정당의 정강·정책이나 후보자의 정견 기타사항에 관한 주제에 대하여 사회자를 통하여 질문·답변하는 것을 말한다.

③ 대담·토론회를 개최하고자 하는 단체는 중앙선거관리위원회규칙이 정하는 바에 따라 일정한 사항을 개최일전 5일까지 구·시·군선거구선거관리위원회 또는 그 개최장소의 소재지를 관할하는 구·시·군선거관리위원회에 구술 또는 서면으로 신고하여야 한다.

④ 대담·토론회를 개최하는 때에는 중앙선거관리위원회규칙이 정하는 바에 따라 제1항에 의한 대담·토론회임을 표시하는 표지를 게시 또는 첨부하여야 한다.

> **ADVICE** ① 제81조 제1항
> ② 제81조 제2항
> ③ 개최일전 2일까지 관할선거구선거관리위원회 또는 그 개최장소의 소재지를 관할하는 구·시·군선거관리위원회에 서면으로 신고하여야 한다(제81조 제3항).
> ④ 제81조 제4항

49 후보자 등 초청 대담 · 토론회에 대한 설명으로 옳지 않은 것은?

① 정당, 후보자, 대담 · 토론자, 선거사무장, 선거연락소장, 선거사무원, 회계책임자 또는 제114조(정당 및 후보자의 가족 등의 기부행위제한) 제2항의 후보자 또는 그 가족과 관계있는 회사 등은 대담 · 토론회와 관련하여 대담 · 토론회를 주최하는 단체 또는 사회자에게 금품 · 향응 기타의 이익을 제공하거나 제공할 의사의 표시 또는 그 제공의 약속을 할 수 없다.

② 대담 · 토론회를 개최하는 단체는 그 비용을 후보자에게 부담시킬 수 없다. 대담 · 토론회의 개최신고서와 표지의 서식 기타 필요한 사항은 중앙선거관리위원회규칙으로 정한다.

③ 뉴스통신진흥에 관한 법률 제2조 제3호에 따른 뉴스통신사업자 및 인터넷언론사는 선거운동기간중 대담 · 토론자(후보자가 선거운동을 할 수 있는 자중에서 지정하는 자)에 대하여 후보자의 승낙을 받아 대담 · 토론회를 개최하고 이를 보도할 수 있다.

④ 신문 등의 진흥에 관한 법률 제2조 제3호에 따른 신문사업자는 대통령선거 · 국회의원선거 에서는 선거일 전 180일부터, 지방자치단체의장선거에 있어서는 선거일전 60일부터 선거기간개시일전일까지 후보자가 되고자 하는 자를 초청하여 대담 · 토론회를 개최하고 이를 보도할 수 있다.

> **ADVICE** ① 제81조 제6항
> ② 제81조 제7항 제9항
> ③ 제82조 제1항
> ④ 후보자가 되고자 하는 자에 대한 대담 · 토론회는 대통령선거에서는 선거일 전 1년부터, 국회의원 선거 또는 지방자치단체의장선거에 있어서는 선거일전 60일부터 선거기간개시일전일까지 이다(제82조 제1항).

50 선거방송토론위원회 주관 대담 · 토론회의 초청대상 후보자에 대한 설명으로 옳은 것은?

① 대통령선거 : 국회에 6인 이상의 소속의원을 가진 정당이 추천한 후보자

② 비례대표국회의원선거 및 비례대표시 · 도의원선거 : 직전 대통령선거, 비례대표국회의원선거, 비례대표시 · 도의원선거 또는 비례대표자치구 · 시 · 군의원선거에서 100분의 5 이상을 득표한 정당의 대표자가 지정한 후보자

③ 지역구국회의원선거 및 지방자치단체의 장선거 : 최근 4년 이내에 해당 선거구(선거구의 구역이 변경되어 변경된 구역이 직전 선거의 구역과 겹치는 경우를 포함한다)에서 실시된 대통령선거, 지역구국회의원선거 또는 지방자치단체의 장선거(그 보궐선거등을 포함한다)에 입후보하여 유효투표총수의 100분의 10 이상을 득표한 후보자

④ 지방자치단체의 장선거 : 공직선거법시행규칙이 정하는 바에 따라 언론기관이 선거기간개시일전 20일부터 선거기간개시일전일까지의 사이에 실시하여 공표한 여론조사결과를 평균한 지지율이 100분의 10 이상인 후보자

ADVICE | 제82조의2 제4항

각급선거방송토론위원회는 대담 · 토론회를 개최하는 때에는 다음 각 호의 어느 하나에 해당하는 후보자를 대상으로 개최한다.

1. 대통령선거
   가. 국회에 5인 이상의 소속의원을 가진 정당이 추천한 후보자
   나. 직전 대통령선거, 비례대표국회의원선거, 비례대표시 · 도의원선거 또는 비례대표자치구 · 시 · 군의원선거에서 전국 유효투표총수의 100분의 3 이상을 득표한 정당이 추천한 후보자
   다. 중앙선거관리위원회규칙이 정하는 바에 따라 언론기관이 선거기간개시일전 30일부터 선거기간개시일전일까지의 사이에 실시하여 공표한 여론조사결과를 평균한 지지율이 100분의 5 이상인 후보자

2. 비례대표국회의원선거 및 비례대표시 · 도의원선거
   가. 국회에 5인 이상의 소속의원을 가진 정당의 대표자가 지정한 후보자
   나. 직전 대통령선거, 비례대표국회의원선거, 비례대표시 · 도의원선거 또는 비례대표자치구 · 시 · 군의원선거에서 전국 유효투표총수의 100분의 3 이상을 득표한 정당의 대표자가 지정한 후보자
   다. 중앙선거관리위원회규칙이 정하는 바에 따라 언론기관이 선거기간개시일전 30일부터 선거기간개시일전일까지의 사이에 실시하여 공표한 여론조사결과를 평균하여 100분의 5 이상의 지지를 얻은 정당의 대표자가 지정한 후보자

3. 지역구국회의원선거
   가. 국회에 5인 이상의 소속의원을 가진 정당이 추천한 후보자
   나. 직전 대통령선거, 비례대표국회의원선거, 비례대표시 · 도의원선거 또는 비례대표자치구 · 시 · 군의원선거에서 전국 유효투표총수의 100분의 3 이상을 득표한 정당이 추천한 후보자

다. 최근 4년 이내에 해당 선거구(선거구의 구역이 변경되어 변경된 구역이 직전 선거의 구역과 겹치는 경우를 포함한다)에서 실시된 대통령선거, 지역구국회의원선거 또는 지방자치단체의 장선거(그 보궐선거등을 포함한다)에 입후보하여 유효투표총수의 100분의 10 이상을 득표한 후보자

라. 중앙선거관리위원회규칙이 정하는 바에 따라 언론기관이 선거기간개시일전 30일부터 선거기간개시일전일까지의 사이에 실시하여 공표한 여론조사결과를 평균한 지지율이 100분의 5 이상인 후보자

4. **지방자치단체의 장선거**

가. 국회에 5인 이상의 소속의원을 가진 정당이 추천한 후보자

나. 직전 대통령선거, 비례대표국회의원선거, 비례대표시·도의원선거 또는 비례대표자치구·시·군의원선거에서 전국 유효투표총수의 100분의 3 이상을 득표한 정당이 추천한 후보자

다. 최근 4년 이내에 해당 선거구(선거구의 구역이 변경되어 변경된 구역이 직전 선거의 구역과 겹치는 경우를 포함한다)에서 실시된 대통령선거, 지역구국회의원선거 또는 지방자치단체의 장선거(그 보궐선거등을 포함한다)에 입후보하여 유효투표총수의 100분의 10 이상을 득표한 후보자

라. 중앙선거관리위원회규칙이 정하는 바에 따라 언론기관이 선거기간개시일전 30일부터 선거기간개시일전일까지의 사이에 실시하여 공표한 여론조사결과를 평균한 지지율이 100분의 5 이상인 후보자

51 선거방송토론위원회 주관 대담 · 토론회에 대한 설명으로 옳지 않은 것은?

① 중앙선거방송토론위원회는 대통령선거에 있어서 선거운동기간 중 후보자 중에서 1인 또는 수인을 초청하여 3회 이상 대담 · 토론회를 개최하여야 한다.

② 시 · 도선거방송토론위원회는 비례대표국회의원선거에 있어서 선거운동기간 중 해당 정당의 대표자가 선거운동을 할 수 있는 사람(지역구국회의원후보자 포함) 중에서 지정하는 1명 또는 여러 명을 초청하여 3회 이상 대담 · 토론회를 개최하여야 한다.

③ 시 · 도선거방송토론위원회는 시 · 도지사선거에 있어서 선거운동기간 중 후보자 중에서 1인 또는 수인을 초청하여 1회 이상 대담 · 토론회를 개최하여야 한다.

④ 시 · 도선거방송토론위원회는 비례대표시 · 도의원선거에 있어서 선거운동기간 중 해당 정당의 대표자가 비례대표시 · 도의원후보자 또는 선거운동을 할 수 있는 사람(지역구시 · 도의원후보자는 제외한다) 중에서 지정하는 1명 또는 여러 명을 초청하여 1회 이상 대담 · 토론회를 개최하여야 한다.

> **ADVICE** ① 제82조의2 제1항
> ② 중앙선거방송토론위원회는 비례대표국회의원선거에 있어서 선거운동기간 중 해당 정당의 대표자가 비례대표국회의원후보자 또는 선거운동을 할 수 있는 사람(지역구국회의원후보자는 제외한다) 중에서 지정하는 1명 또는 여러 명을 초청하여 2회 이상 대담 · 토론회를 개최하여야 한다(제82조의2 제1항).
> ③ 제82조의2 제2항
> ④ 제82조의2 제2항

52 선거방송토론위원회 주관 대담 · 토론회에 대한 설명으로 옳지 않은 것은?

① 각급선거방송토론위원회는 초청대상에 포함되지 아니하는 후보자를 대상으로 대담 · 토론회를 개최할 수 있다. 이 경우 대담 · 토론회의 시간이나 횟수는 중앙선거관리위원회규칙이 정하는 바에 따라 초청대상 후보자의 대담 · 토론회와 다르게 정할 수 있다.

② 각급선거방송토론위원회는 정당한 사유 없이 대담 · 토론회에 참석하지 아니한 초청후보자가 있는 때에는 그 사실을 선거인이 알 수 있도록 당해 후보자의 소속 정당명(무소속후보자는 "무소속"이라 한다) · 기호 · 성명과 불참사실을 중계방송을 시작하는 때에 방송하게 하여야 한다.

③ 각급선거방송토론위원회위원상 또는 그가 미리 지명한 위원은 대담 · 토론회장에서 진행을 방해하거나 질서를 문란하게 하는 자가 있는 때에는 그 중지를 명하고, 그 명령에 불응하는 때에는 대담 · 토론회장 밖으로 퇴장시킬 수 있다.

④ 공영방송사는 그의 부담으로 대담·토론회를 텔레비전방송을 통하여 중계방송하여야 하되, 대통령선거에 있어서 중앙선거방송토론위원회가 주관하는 대담·토론회는 오후 9시부터 당일 오후 10시까지의 사이에 중계방송하여야 한다.

> **ADVICE** ① 제82조의2 제5항
> ② 제82조의2 제6항
> ③ 제82조의2 제9항
> ④ 대통령선거에 있어서 중앙선거방송토론위원회가 주관하는 대담·토론회는 오후 8시부터 당일 오후 11시까지의 사이에 중계방송하여야 한다(제82조의2 제10항).

53 선거방송토론위원회 주관 대담·토론회에 대한 설명으로 옳은 것은?

① 각급선거방송토론위원회위원장 또는 그가 미리 지명한 위원은 대담·토론회에서 후보자가 이 법에 위반되는 내용을 발표하거나 배정된 시간을 초과하여 발언하는 때에는 이를 제지하거나 자막안내하는 등 필요한 조치를 할 수 있다.

② 구·시·군선거방송토론위원회는 지역구국회의원선거 및 자치구·시·군의 장선거에 있어서 공영방송사가 중계방송을 할 수 없는 때에는 다른 지상파방송사업자나 종합유선방송사업자의 방송시설을 이용하여 대담·토론회를 중계방송하게 할 수 있다. 이 경우 그 방송시설이용료는 지상파방송사업자나 종합유선방송사업자가 부담한다.

③ 방송법 제2조의 규정에 의한 방송사업자·중계유선방송사업자 및 인터넷언론사는 그의 부담으로 대담·토론회를 중계방송 할 수 있다. 이 경우 정당한 사유가 있는 경우 편집할 수 있다.

④ 대담·토론회의 진행절차, 개최홍보, 방송시설이용료의 산정·지급 기타 필요한 사항은 공직선거법시행규칙으로 정한다.

> **ADVICE** ① 제82조의2 제8항
> ② 그 방송시설이용료는 국가 또는 당해 지방자치단체가 부담한다(제82조의2 제11항).
> ③ 편집 없이 중계방송 하여야 한다(제82조의2 제13항).
> ④ 중앙선거관리위원회규칙으로 정한다(제82조의2 제14항).

54 선거방송토론위원회가 주관하는 정책토론회에 대한 설명으로 옳지 않은 것은?

① 중앙선거방송토론위원회는 임기만료에 의한 선거의 선거일전 90일부터 후보자등록신청개시일전일까지 정당(선거에 참여하지 아니할 것을 공표한 정당을 제외한다)의 대표자 또는 그가 지정하는 자를 초청하여 정책토론회를 월 1회 이상 개최하여야 한다.

② 중앙선거방송토론위원회가 주관하는 정책토론회의 초청대상이 되는 정당은 국회에 5인 이상의 소속의원을 가진 정당 및 직전 대통령선거, 비례대표국회의원선거 또는 비례대표시·도의원선거에서 전국 유효투표총수의 100분의 3 이상을 득표한 정당이다.

③ 중앙선거관리위원회규칙이 정하는 바에 따라 언론기관이 선거기간개시일전 30일부터 선거기간개시일전일까지의 사이에 실시하여 공표한 여론조사결과를 평균한 지지율이 100분의 5 이상인 정당은 정책토론회의 초청대상이 된다.

④ 정책토론회의 운영·진행절차·개최홍보 기타 필요한 사항은 중앙선거관리위원회규칙으로 정한다.

> **ADVICE** ①② 제82조의3 제1항
> ③ 지역구국회의원선거 및 지방자치단체의 장선거에서 선거방송토론위원회 주관 대담·토론회의 초청대상 후보자를 선정하기 위한 기준일 뿐 정당의 정책토론회와는 무관한 내용이다(제82조의2 제4항, 제82조의3 참조).
> ④ 제82조의3 제3항

55 정보통신망을 이용한 선거운동에 대한 설명으로 옳지 않은 것은?

① 선거운동을 할 수 있는 자는 선거운동기간 중에 전화를 이용하여 송·수화자 간 직접 통화하는 방식으로 선거운동을 할 수 있다.

② 누구든지 정보통신망 이용촉진 및 정보보호 등에 관한 법률 제2조 제1항 제1호에 따른 정보통신망을 이용하여 후보자, 그의 배우자 또는 직계존·비속이나 형제자매에 관하여 허위의 사실을 유포하여서는 안되며, 공연히 사실을 적시하여 이들을 비방하여서는 안 된다.

③ 읍·면·동선거관리위원회 또는 후보자는 이 법의 규정에 위반되는 정보가 인터넷 홈페이지 등에 게시된 때에는 즉시 관할 선거구선거관리위원회에 그 사실을 통보 할 수 있으며, 관할 선거구선거관리위원회는 후보자가 삭제요청을 요청한 정보가 이 법의 규정에 위반된다고 인정되는 때에는 해당 인터넷 홈페이지 관리·운영자에게 삭제를 요청 할 수 있다.

④ 선거관리위원회로부터 삭제요청을 받은 인터넷 홈페이지 관리·운영자는 그 요청을 받은 날부터 3일 이내에 그 요청을 한 선거관리위원회에 이의신청을 할 수 있다.

① 제82조의4 제1항
② 제82조의4 제2항
③ 각급선거관리위원회(읍·면·동선거관리위원회를 제외한다) 또는 후보자는 먼저 당해 정보가 게시된 인터넷 홈페이지를 관리·운영하는 자에게 해당 정보의 삭제를 요청해야하며, 인터넷 홈페이지 관리·운영자가 후보자의 요청에 따르지 아니하는 때에는 해당 후보자는 관할 선거구선거관리위원회에 서면으로 그 사실을 통보할 수 있다(제82조의4 제3항).
④ 제82조의4 제5항

56 선거운동정보의 전송제한에 대한 설명으로 옳지 않은 것은?

① 누구든지 정보수신자의 명시적·묵시적인 수신거부의사에 반하여 선거운동 목적의 정보를 전송하여서는 안 된다.

② 예비후보자가 선거운동 목적의 정보를 문자메시지로 전송하는 때에는 선거운동정보에 해당하는 사실 및 수신거부의 의사표시를 쉽게 할 수 있는 방법에 관한 사항을 명시하여야 한다.

③ 선거운동정보를 전송하는 자는 수신자의 수신거부를 회피하거나 방해할 목적으로 기술적 조치를 하여서는 아니 된다.

④ 누구든지 숫자·부호 또는 문자를 조합하여 전화번호·전자우편주소 등 수신자의 연락처를 자동으로 생성하는 프로그램 그 밖의 기술적 장치를 이용하여 선거운동정보를 전송하여서는 아니 된다.

① 정보수신자의 명시적인 수신거부의사에 반하여 선거운동 목적의 정보를 전송하여서는 아니 된다(제82조의5 제1항).
② 제82조의5 제2항
③ 제82조의5 제4항
④ 제82조의5 제6항

57 인터넷언론사 게시판·대화방 등의 실명확인에 대한 설명으로 옳지 않은 것은?

① 인터넷언론사는 선거운동기간 중 당해 인터넷홈페이지의 게시판·대화방 등에 정당·후보자에 대한 지지·반대의 문자·음성·화상 또는 동영상 등의 정보를 게시할 수 있도록 하는 경우에는 행정자치부장관 또는 신용정보의 이용 및 보호에 관한 법률 제2조 제4호에 따른 신용정보업자가 제공하는 실명인증방법으로 실명을 확인받도록 하는 기술적 조치를 하여야 한다.

② 정당이나 후보자는 자신의 명의로 개설·운영하는 인터넷홈페이지의 게시판·대화방 등에 정당·후보자에 대한 지지·반대의 정보 등을 게시할 수 있도록 하는 경우에는 신용정보업자가 제공하는 실명인증방법으로 실명을 확인받도록 하는 기술적 조치를 할 수 있다.

③ 인터넷언론사는 실명인증을 받은 자가 정보 등을 게시한 경우 당해 인터넷홈페이지의 게시판·대화방 등에 "실명인증" 표시가 나타나도록 하는 기술적 조치를 하여야 한다.

④ 인터넷언론사는 당해 인터넷홈페이지의 게시판·대화방 등에 "실명인증"의 표시가 없는 정당이나 후보자에 대한 지지·반대의 정보 등이 게시된 경우에는 2일 이내에 이를 삭제하여야 한다.

> **ADVICE** ① 제82조의6 제1항
> ② 제82조의6 제2항
> ③ 제82조의6 제4항
> ④ 인터넷언론사는 "실명인증"의 표시가 없는 정당이나 후보자에 대한 지지·반대의 정보 등이 게시된 경우에는 지체 없이 이를 삭제하여야 한다(제82조의6 제6항).

58 인터넷 광고에 대한 공직선거법의 규정과 일치하지 않은 것은?

① 후보자 및 예비후보자는 인터넷언론사의 인터넷홈페이지에 선거운동을 위한 광고를 할 수 있다.

② 인터넷언론사의 인터넷홈페이지에 선거운동을 위한 광고에는 광고근거와 광고주명을 표시하여야 한다.

③ 같은 정당의 추천을 받은 2인 이상의 후보자는 합동으로 인터넷광고를 할 수 있다. 이 경우 그 비용은 당해 후보자간의 약정에 따라 분담하되, 그 분담내역을 광고계약서에 명시하여야 한다.

④ 광고근거의 표시방법 그 밖에 필요한 사항은 중앙선거관리위원회규칙으로 정한다.

59 다음 중 공직선거법 규정과 일치하지 않은 것은?

① 선거에 있어서 한국철도공사사장은 선거운동용으로 계속하여 사용할 수 있는 전국용 무료승차권 30매를 각 후보자에게 발급할 수 있다. 전국용 무료승차권을 발급받은 후보자가 사퇴·사망하거나 등록이 무효로 된 때에는 그 후 이를 사용할 수 없으며, 한국철도공사사장에게 지체 없이 반환하여야 한다.

② 무소속후보자는 정당의 당원경력을 표시하는 행위 및 해당 선거구에 후보자를 추천하지 아니한 정당이 무소속후보자를 지지하거나 지원하는 경우 그 사실을 표방하는 행위를 제외하고 특정 정당으로부터의 지지 또는 추천받음을 표방할 수 없다.

③ 공무원 등 법령에 따라 정치적 중립을 지켜야 하는 자는 직무와 관련하여 또는 지위를 이용하여 선거에 부당한 영향력을 행사하는 등 선거에 영향을 미치는 행위를 할 수 없다.

④ 누구든지 교육적·종교적 또는 직업적인 기관·단체 등의 조직내에서의 직무상 행위를 이용하여 그 구성원에 대하여 선거운동을 하거나 하게 하거나, 계열화나 하도급 등 거래상 특수한 지위를 이용하여 기업조직·기업체 또는 그 구성원에 대하여 선거운동을 하거나 하게 할 수 없다.

60 공무원 등의 선거에 영향을 미치는 행위금지를 규정한 공직선거법의 조문과 일치하지 않는 내용은?

① 공무원, 농업협동조합법·수산업협동조합법·산림조합법·엽연초생산협동조합법에 의하여 설립된 조합의 상근 임원과 이들 조합의 중앙회장은 소속직원 또는 선거구민에게 교육 기타 명목여하를 불문하고 특정 정당이나 후보자의 업적을 홍보하는 행위를 하여서는 아니 된다.

② 공공기관의 운영에 관한 법률 제4조 제1항 제3호에 해당하는 기관 중 정부가 100분의 50 이상의 지분을 가지고 있는 기관의 상근 임원은 지위를 이용하여 선거운동의 기획에 참여하거나 그 기획의 실시에 관여하는 행위가 금지된다.

③ 특별법에 의하여 설립된 국민운동단체로서 국가나 지방자치단체의 출연 또는 보조를 받는 단체(바르게살기운동협의회·새마을운동협의회·한국자유총연맹을 말한다)의 상근 임·직원은 정당 또는 후보자에 대한 선거권자의 지지도를 조사하거나 이를 발표하는 행위가 금지된다.

④ 지방공기업법 제2조에 규정된 지방공사와 지방공단의 상근 임원은 선거기간 중 국가 또는 지방자치단체의 예산으로 시행하는 사업 중 즉시 공사를 진행하지 아니할 사업의 기공식을 거행하는 행위가 금지된다.

> **ADVICE** ① 선거에 영향을 미치는 행위 금지된 공무원 등에는 국회의원과 그 보좌관·비서관·비서 및 지방의회의원과 「농업협동조합법」·「수산업협동조합법」·「산림조합법」·「엽연초생산협동조합법」에 의하여 설립된 조합의 상근 임원과 이들 조합의 중앙회장은 제외된다(제86조 제1항).
> ②③④ 제86조 제1항

61 공무원 등의 선거에 영향을 미치는 행위금지를 규정한 공직선거법의 조문과 일치하지 않는 내용은?

① 당해 지방자치단체의 장의 선거에 예비후보자 또는 후보자가 되지 않은 지방자치단체의 장은 선거일전 60일부터 선거일까지 정당의 정강·정책을 선거구민을 대상으로 홍보·선전하는 행위를 하여서는 아니 된다.

② 당해 지방자치단체의 장의 선거에 예비후보자 또는 후보자가 되지 않은 지방자치단체의 장은 선거일전 60일부터 선거일까지 소속 정당이 아닌 정당이 개최하는 시국강연회, 정견·정책발표회, 당원연수·단합대회 등 일체의 정치행사에 참석하여서는 아니 된다.

③ 지방자치단체의 장은 선거일전 60일부터 선거일까지 종전의 범위를 넘지 않는 직업지원교육 또는 유상(有償)으로 실시하는 교양강좌를 개최·후원하는 행위를 하여서는 아니 된다.

④ 지방자치단체의 장은 선거일전 60일부터 선거일까지 통·리·반장의 회의에 참석하는 행위를 하여서는 아니 된다. 다만, 천재·지변 기타 재해가 있거나 집단민원 또는 긴급한 민원이 발생하였을 때에는 그러하지 아니하다.

ADVICE ①②④ 제86조 제2항

③ 직업지원교육 또는 유상(有償)으로 실시하는 교양강좌를 개최·후원하는 행위 또는 주민자치센터가 개최하는 교양강좌를 후원하는 행위는 가능하다. 다만, 종전의 범위를 넘는 새로운 강좌를 개설하거나 수강생을 증원하거나 장소를 이전하여 실시하는 주민자치센터의 교양강좌를 후원하는 행위를 제외한다(제86조 제2항 참조).

62 공무원 등의 선거에 영향을 미치는 행위금지를 규정한 공직선거법의 조문과 일치하지 않는 내용은?

① 지방자치단체의 장 및 소속 공무원은 당해 지방자치단체의 장의 선거의 선거일전 180일 (보궐선거 등에 있어서는 그 선거의 실시사유가 확정된 때)부터 선거일까지는 홍보물을 발행·배부 또는 방송할 수 없다.

② 법령에 의하여 발행·배부 또는 방송하도록 규정된 홍보물 및 특정사업을 추진하기 위하여 그 사업과 이해관계가 있는 자나 관계주민의 동의를 얻기 위한 행위는 분기별 1회를 초과하여 발행·배부 또는 방송할 수 있다.

③ 지방자치단체의 장은 당해 지방자치단체의 장의 선거의 선거일전 180일부터 선거일까지 주민자치센터가 개최하는 교양강좌에 참석할 수 없으며, 근무시간 중에 공공기관이 아닌 단체 등이 주최하는 행사(해당 지방자치단체의 청사에서 개최하는 행사 포함)에는 참석할 수 없다.

④ 지방자치단체의 장은 소관 사무나 그 밖의 명목 여하를 불문하고 방송·신문·잡지나 그 밖의 광고에 출연할 수 없다.

> **ADVICE** ①② 법령에 의하여 규정된 홍보물을 발행·배부 또는 방송하는 행위, 특정사업을 추진하기 위하여 그 사업과 이해관계가 있는 자나 관계주민의 동의를 얻기 위한 행위, 집단민원 또는 긴급한 민원이 발생하였을 때 이를 해결하기 위한 행위, 기타 중앙선거관리위원회규칙이 정하는 행위는 발행·배부 또는 방송이 제한되지 않는다(제86조 제5항).
> ③ 제86조 제6항
> ④ 제86조 제7항

63 다음 중 공직선거법에 의해 선거운동이 금지된 단체는 모두 몇 개인가?

> ㉠ 국가 · 지방자치단체
> ㉡ 한국은행
> ㉢ 농업협동조합
> ㉣ 지방공기업법 제2조에 규정된 지방공사와 지방공단
> ㉤ 종친회, 산악회
> ㉥ 바르게살기운동협의회 · 새마을운동협의회 · 한국자유총연맹
> ㉦ 건강보험관리공단
> ㉧ 후보자의 가족이 임원으로 있는 기관.

① 5개 ② 6개

③ 7개 ④ 8개

ADVICE ③ 건강보험관리공단은 선거운동이 금지되는 단체가 아니다.

※ 선거운동이 금지되는 단체(제87조)
㉠ 국가 · 지방자치단체
㉡ 공공기관의 운영에 관한 법률 제4조 제1항 제3호에 해당하는 기관 중 정부가 100분의 50 이상의 지분을 가지고 있는 기관(한국은행 포함)
㉢ 농업협동조합법 · 수산업협동조합법 · 산림조합법 · 엽연초생산협동조합법에 의하여 설립된 조합
㉣ 지방공기업법 제2조(適用範圍)에 규정된 지방공사와 지방공단
㉤ 향우회 · 종친회 · 동창회, 산악회 등 동호인회, 계모임 등 개인간의 사적모임
㉥ 바르게살기운동협의회 · 새마을운동협의회 · 한국자유총연맹
㉦ 법령에 의하여 정치활동이나 공직선거에의 관여가 금지된 단체
㉧ 후보자 또는 후보자의 가족이 임원으로 있거나, 후보자등의 재산을 출연하여 설립하거나, 후보자등이 운영경비를 부담하거나 관계법규나 규약에 의하여 의사결정에 실질적으로 영향력을 행사하는 기관 · 단체
㉨ 구성원의 과반수가 선거운동을 할 수 없는 자로 이루어진 기관 · 단체

64 선거운동의 금지와 관련된 공직선거법의 규정과 일치하지 않은 것은?

① 누구든지 선거에 있어서 후보자의 선거운동을 위하여 연구소 · 동우회 · 향우회 · 산악회 · 조기축구회, 정당의 외곽단체 등의 사조직 기타 단체를 설립하거나 설치할 수 없다.

② 후보자, 선거사무장, 선거연락소장, 선거사무원, 회계책임자, 연설원, 대담 · 토론자는 다른 정당이나 선거구가 같거나 일부 겹치는 다른 후보자를 위한 선거운동을 할 수 없다. 다만, 정당이나 후보자를 위한 선거운동을 함에 있어서 그 일부가 다른 정당이나 후보자의 선거운동에 이른 경우와 같은 정당이나 같은 정당의 추천후보자를 지원하는 경우에는 그러하지 아니하다.

③ 누구든지 제61조 제1항 · 제2항에 따른 선거사무소, 선거연락소 및 선거대책기구 외에는 후보자가 되려는 사람을 위하여 선거추진위원회 · 후원회 · 연구소 · 상담소 또는 이와 유사한 기관 · 단체 · 조직 또는 시설을 새로이 설립 또는 설치할 수 없다.

④ 정당이나 후보자가 설립 · 운영하는 기관 · 단체 · 조직 또는 시설은 선거일전 180일부터 선거일까지 당해 선거구민을 대상으로 선거에 영향을 미치는 행위를 하거나, 그 기관 · 단체 또는 시설의 설립이나 활동내용을 선거구민에게 알리기 위하여 정당 또는 후보자의 명의나 그 명의를 유추할 수 있는 방법으로 벽보 · 현수막 · 방송 · 신문 · 통신 · 잡지 또는 인쇄물을 이용하거나 그 밖의 방법으로 선전할 수 있다.

ADVICE
① 제87조 제2항
② 제88조
③ 제89조 제1항
④ 정당이나 후보자가 설립 · 운영하는 기관 · 단체 · 조직 또는 시설은 선거일전 180일(보궐선거 등에 있어서는 그 선거의 실시사유가 확정된 때)부터 선거일까지 당해 선거구민을 대상으로 선거에 영향을 미치는 행위를 하거나, 그 기관 · 단체 또는 시설의 설립이나 활동내용을 선거구민에게 알리기 위하여 정당 또는 후보자의 명의나 그 명의를 유추할 수 있는 방법으로 벽보 · 현수막 · 방송 · 신문 · 통신 · 잡지 또는 인쇄물을 이용하거나 그 밖의 방법으로 선전할 수 없다(제89조 제2항).

65 시설물설치 등의 금지에 대한 공직선거법의 규정과 일치하지 않은 것은?

① 후보자 및 예비후보자는 선거일 전 120일부터 선거일까지 선거에 영향을 미치게 하기 위하여 공직선거법의 규정에 의한 것을 제외하고는 시설물설치 등이 금지된다.

② 공직선거법상 금지되는 행위에는 화환·풍선·간판·현수막·애드벌룬·기구류 또는 선전탑, 그 밖의 광고물이나 광고시설을 설치·진열·게시·배부하는 행위, 표찰이나 그 밖의 표시물을 착용 또는 배부하는 행위, 후보자를 상징하는 인형·마스코트 등 상징물을 제작·판매하는 행위 등이 있다.

③ 정당(창당준비위원회 포함)의 명칭이나 후보자(후보자가 되려는 사람 포함)의 성명·사진 또는 그 명칭·성명을 유추할 수 있는 내용을 명시한 것은 선거에 영향을 미치게 하기 위한 것으로 본다.

④ 의례적이거나 직무상·업무상의 행위 또는 통상적인 정당활동으로서 중앙선거관리위원회규칙으로 정하는 행위는 선거에 영향을 미치게 하기 위한 행위로 보지 아니한다.

> **ADVICE** ① 누구든지 선거일 전 180일(보궐선거등에서는 그 선거의 실시사유가 확정된 때)부터 선거일까지 선거에 영향을 미치게 하기 위하여 이 법의 규정에 의한 것을 제외하고는 다음 각 호의 어느 하나에 해당하는 행위를 할 수 없다(제90조 제1항).
> ② 제90조 제1항
> ③ 제90조 제1항
> ④ 제90조 제2항

66 다음 중 공직선거법의 규정과 일치하지 않은 것은?

① 누구든지 이 법의 규정에 의한 공개장소에서의 연설·대담장소 또는 대담·토론회장에서 연설·대담·토론용으로 사용하는 경우를 제외하고는 선거운동을 위하여 확성장치를 사용할 수 없다.

② 누구든지 자동차를 사용하여 선거운동을 할 수 없다. 다만, 제79조에 따른 연설·대담장소에서 자동차에 승차하여 선거운동을 하는 경우와 같은 조 제6항에 따른 선거벽보 등을 자동차에 부착하여 사용하는 경우에는 그러하지 아니하다.

③ 대통령선거에서 정당·후보자·예비후보자는 제79조에 따른 연설·대담장소에서 자동차에 선거벽보 등을 부착하여 사용하는 경우 외에 선거사무소와 선거연락소마다 각 10대10척 이내에서 관할선거관리위원회가 교부한 표지를 부착한 자동차와 선박에 선거벽보, 선거공보 및 선거공약서를 부착하여 운행하거나 운행하게 할 수 있다.

④ 누구든지 선거기간중에는 선거운동을 위하여 저술·연예·연극·영화 또는 사진을 이 법에 규정되지 아니한 방법으로 배부·공연·상연·상영 또는 게시할 수 없다.

> **ADVICE** ① 제91조 제1항
> ② 제91조 제3항
> ③ 자동차와 선박의 운행주체는 정당·후보자·선거사무장 또는 선거연락소장이며, 그 수는 다음과 같다(제91조 제4항).
>   1. 대통령선거와 시·도지사선거 : 선거사무소와 선거연락소마다 각 5대·5척 이내
>   2. 지역구국회의원선거와 자치구·시·군의 장 선거 : 후보자마다 각 5대·5척 이내
>   3. 지역구시·도의원선거 : 후보자마다 각 2대·2척 이내
>   4. 지역구자치구·시·군의원선거 : 후보자마다 각 1대·1척
> ④ 제92조

67 탈법방법에 의한 문서 · 도화의 배부 · 게시 등 금지에 대한 설명으로 옳지 않은 것은?

① 누구든지 선거일전 90일부터 선거일까지 선거에 영향을 미치게 하기 위하여 이 법의 규정에 의하지 아니하고는 정당 또는 후보자를 지지 · 추천하는 내용이 포함되어 있거나 정당의 명칭 또는 후보자의 성명을 나타내는 사진, 문서 · 도화를 게시할 수 없다.

② 선거운동기간 중 후보자, 제60조의3제2항 각 호의 어느 하나에 해당하는 사람이 후보자의 명함을 직접 주는 행위와 선거기간이 아닌 때에 행하는 「정당법」 제37조 제2항에 따른 통상적인 정당활동은 탈법방법에 의한 문서 · 도화의 배부 · 게시 등 금지의 적용을 받지 않는다.

③ 누구든지 선거일전 90일부터 선거일까지는 정당 또는 후보자의 명의를 나타내는 저술 · 사진을 이 법에 규정되지 아니한 방법으로 광고할 수 없으며, 후보자는 방송 · 신문 · 잡지 기타의 광고에 출연할 수 없다.

④ 누구든지 선거운동을 하도록 권유 · 약속하기 위하여 선거구민에 대하여 신분증명서 · 문서 기타 인쇄물을 발급 · 배부 또는 징구하거나 하게 할 수 없다.

> **ADVICE** ① 누구든지 선거일전 180일(보궐선거 등에 있어서는 그 선거의 실시사유가 확정된 때)부터 선거일까지 선거에 영향을 미치게 하기 위하여 이 법의 규정에 의하지 아니하고는 정당(창당준비위원회와 정당의 정강 · 정책을 포함한다) 또는 후보자(후보자가 되고자 하는 자를 포함한다)를 지지 · 추천하거나 반대하는 내용이 포함되어 있거나 정당의 명칭 또는 후보자의 성명을 나타내는 광고, 인사장, 벽보, 사진, 문서 · 도화, 인쇄물이나 녹음 · 녹화테이프 그 밖에 이와 유사한 것을 배부 · 첩부 · 살포 · 상영 또는 게시할 수 없다(제93조 제1항).
> ② 제93조 제1항
> ③ 제93조 제2항
> ④ 제93조 제3항

68 다음 중 공직선거법 규정과 일치하지 않은 것은?

① 누구든지 선거기간 중 선거운동을 위하여 이 법에 규정되지 아니한 방법으로 방송·신문·통신 또는 잡지 기타의 간행물 등 언론매체를 통하여 광고할 수 없다.

② 누구든지 이 법의 규정에 의한 경우를 제외하고는 선거에 관한 기사를 게재한 신문·통신·잡지 또는 기관·단체·시설의 기관지 기타 간행물을 통상방법외의 방법으로 배부·살포·게시·첩부하거나 그 기사를 복사하여 배부·살포·게시·첩부할 수 없다.

③ 방송·신문·통신·잡지, 그 밖의 간행물을 경영·관리하는 자 또는 편집·취재·집필·보도하는 자는 특정 후보자를 당선되게 하거나 되지 못하게 할 목적으로 선거에 관하여 허위의 사실을 보도하거나 사실을 왜곡하여 보도 또는 논평을 하는 행위를 할 수 없다.

④ 정당, 후보자, 선거사무장, 선거연락소장, 선거사무원, 회계책임자, 연설원, 대담·토론자 또는 제114조 제2항의 후보자 또는 그 가족과 관계있는 회사 등은 선거에 관한 보도·논평이나 대담·토론과 관련하여 당해 방송·신문·통신·잡지 기타 간행물을 경영·관리하거나 편집·취재·집필·보도하는 자 또는 그 보조자에게 금품·향응 기타 이익을 제공하거나 제공할 의사의 표시 또는 그 제공을 약속할 수 있다.

> **ADVICE** ① 제94조
> ② 제95조 제1항
> ③ 제96조 제2항
> ④ 정당, 후보자, 선거사무장, 선거연락소장, 선거사무원, 회계책임자, 연설원, 대담·토론자 또는 제114조(정당 및 후보자의 가족 등의 기부행위제한) 제2항의 후보자 또는 그 가족과 관계있는 회사 등은 선거에 관한 보도·논평이나 대담·토론과 관련하여 당해 방송·신문·통신·잡지 기타 간행물을 경영·관리하거나 편집·취재·집필·보도하는 자 또는 그 보조자에게 금품·향응 기타 이익을 제공하거나 제공할 의사의 표시 또는 그 제공을 약속할 수 없다(제97조 제2항).

69 다음 중 공직선거법의 규정과 일치하지 않은 것은?

① 누구든지 이 법의 규정에 의하지 아니하고는 선거기간 중 교통수단·건물 또는 시설 안의 방송시설을 이용하여 선거운동을 할 수 없다.

② 누구든지 선거기간중 이 법의 규정에 의하지 아니하고는 녹음기나 녹화기(비디오 및 오디오기기를 포함한다)를 사용하여 선거운동을 할 수 없다.

③ 누구든지 선거기간중 선거에 영향을 미치게 하기 위하여 이 법의 규정에 의한 연설·대담 또는 대담·토론회를 제외하고는 다수인을 모이게 하여 개인정견발표회·시국강연회·좌담회 또는 토론회 기타의 연설회나 대담·토론회를 개최할 수 없다.

④ 연설·대담과 대담·토론회는 오후 10시부터 다음날 오전 6시까지는 개최할 수 없으며, 공개장소에서의 연설·대담은 오후 10시부터 다음날 오전 6시까지는 할 수 없다. 다만, 공개장소에서의 연설·대담에 있어서 휴대용 확성장치만을 사용하는 경우에는 오전 7시부터 오후 9시까지 할 수 있다.

ADVICE　① 제99조
② 제100조
③ 제101조
④ 제102조

※ **야간연설 등의 제한**(제102조)

① 이 법의 규정에 의한 연설·대담과 대담·토론회(방송시설을 이용하는 경우를 제외한다)는 오후 11시부터 다음날 오전 6시까지는 개최할 수 없으며, 공개장소에서의 연설·대담은 오후 10시부터 다음날 오전 7시까지는 이를 할 수 없다. 다만, 공개장소에서의 연설·대담에 있어서 휴대용 확성장치만을 사용하는 경우에는 오전 6시부터 오후 11시까지 할 수 있다.

② 제79조에 따른 공개장소에서의 연설·대담을 하는 경우 오후 9시부터 다음 날 오전 7시까지 같은 조 제10항에 따른 녹음기와 녹화기(비디오 및 오디오 기기를 포함한다)를 사용할 수 없다.

Answer　68.④　69.④

70 공직선거법의 제한·금지의 규정과 일치하지 않은 것은?

① 특별법에 따라 설립된 국민운동단체로서 국가나 지방자치단체의 출연 또는 보조를 받는 단체(바르게살기운동협의회·새마을운동협의회·한국자유총연맹을 말한다) 및 주민자치위원회는 선거기간 중 회의 그 밖에 어떠한 명칭의 모임도 개최할 수 없다.

② 누구든지 선거기간 중 선거에 영향을 미치게 하기 위하여 향우회·종친회·동창회·단합대회 또는 야유회, 그 밖의 집회나 모임을 개최할 수 없으며, 선거기간중에는 특별한 사유가 없는 한 반상회를 개최할 수 없다.

③ 정당, 후보자, 선거사무장, 선거연락소장, 선거사무원은 선거일전 90일부터 선거일까지 후보자(후보자가 되고자 하는 자 포함)와 관련 있는 저서의 출판기념회를 개최할 수 없다.

④ 누구든지 이 법의 규정에 의한 공개장소에서의 연설·대담장소, 대담·토론회장 또는 정당의 집회장소에서 폭행·협박 기타 어떠한 방법으로도 연설·대담장소 등의 질서를 문란하게 하거나 그 진행을 방해할 수 없으며, 연설·대담 등의 주관자가 연단과 그 주변의 조명을 위하여 사용하는 경우를 제외하고는 횃불을 사용할 수 없다.

ADVICE ① 제103조 제2항

② 제103조 제3항, 제4항

③ 누구든지 선거일전 90일(선거일전 90일후에 실시사유가 확정된 보궐선거등에 있어서는 그 선거의 실시사유가 확정된 때)부터 선거일까지 후보자(후보자가 되고자 하는 자를 포함한다)와 관련 있는 저서의 출판기념회를 개최할 수 없다(제103조 제5항).

④ 제104조

71 공직선거법의 제한·금지의 규정과 일치하지 않은 것은?

① 누구든지 선거운동을 위하여 7명(후보자와 함께 있는 경우에는 후보자를 제외하고 10명)을 초과하여 무리를 지어 거리를 행진하는 행위하거나 연달아 소리지르는 행위를 할 수 없다.

② 다수의 선거구민에게 인사하는 행위를 하는 경우에는 후보자와 그 배우자(배우자 대신 후보자가 그의 직계존비속 중에서 신고한 1인을 포함한다), 선거사무장, 선거연락소장, 선거사무원, 후보자와 함께 있는 활동보조인 및 회계책임자는 그 수에 산입하지 아니한다.

③ 누구든지 선거운동을 위하여 또는 선거기간중 입당 권유 및 공개장소에서의 연설·대담의 통지를 위하여 호별로 방문할 수 없다.

④ 선거운동을 할 수 있는 자는 관혼상제의 의식이 거행되는 장소와 도로·시장·점포·다방·대합실 기타 다수인이 왕래하는 공개된 장소에서 정당 또는 후보자에 대한 지지를 호소할 수 있다.

ADVICE ① 누구든지 선거운동을 위하여 5명(후보자와 함께 있는 경우에는 후보자를 포함하여 10명)을 초과하여 무리를 지어 다음 각 호의 어느 하나에 해당하는 행위를 할 수 없다. 다만, 제2호의 행위를 하는 경우에는 후보자와 그 배우자(배우자 대신 후보자가 그의 직계존비속 중에서 신고한 1인을 포함한다), 선거사무장, 선거연락소장, 선거사무원, 후보자와 함께 있는 활동보조인 및 회계책임자는 그 수에 산입하지 아니한다.

1. 거리를 행진하는 행위
2. 다수의 선거구민에게 인사하는 행위
3. 연달아 소리지르는 행위. 다만, 제79조의 규정에 의한 공개장소에서의 연설·대담에서 당해 정당 또는 후보자에 대한 지지를 나타내기 위하여 연달아 소리지르는 경우에는 그러하지 아니하다(제105조 제1항).

② 제105조 제1항
③ 제106조 제1항 제3항
④ 제106조 제2항

 여론조사의 결과공표금지 등과 관련한 공직선거법의 규정과 일치하지 않은 것은?

① 방송·신문·통신·잡지 기타 간행물을 경영·관리하거나 편집·취재·집필·보도하는 자 또는 그 보조자는 선거일 전 6일부터 선거일의 투표마감시각까지 선거에 관하여 정당에 대한 지지도나 당선인을 예상하게 하는 여론조사의 경위와 그 결과를 공표하거나 인용하여 보도할 수 없다.

② 누구든지 선거일전 60일(선거일전 60일 후에 실시사유가 확정된 보궐선거등에서는 그 선거의 실시사유가 확정된 때)부터 선거일까지 선거에 관한 여론조사를 투표용지와 유사한 모형에 의한 방법을 사용하거나 후보자 또는 정당의 명의로 선거에 관한 여론조사를 할 수 없다. 다만, 제57조의2제2항에 따른 여론조사는 그러하지 아니하다.

③ 전년도 말 기준 직전 3개월 간의 일일 평균 이용자 수 8만명인 인터넷언론사가 선거일 전 180일부터 선거일의 투표마감시각까지 선거에 관하여 여론조사를 실시하려면 공직선거법이 규정하고 있는 사항을 여론조사 개시일 전 2일까지 관할 선거관리위원회에 서면으로 신고하여야 한다.

④ 선거에 관한 여론조사를 하는 경우에는 피조사자에게 여론조사기관·단체의 명칭, 전화번호를 밝혀야 하고, 해당 조사대상의 전 계층을 대표할 수 있도록 피조사자를 선정하여야 한다.

> **ADVICE**
> ① 누구든지 선거일 전 6일부터 선거일의 투표마감시각까지 선거에 관하여 정당에 대한 지지도나 당선인을 예상하게 하는 여론조사(모의투표나 인기투표에 의한 경우 포함)의 경위와 그 결과를 공표하거나 인용하여 보도할 수 없다(제108조 제1항).
> ② 제108조 제2항
> ③ 제108조 제3항
> ④ 제108조 제5항
> ※ **여론조사 신고가 면제되는 기관(제108조 제3항)**
>   1. 제3자로부터 여론조사를 의뢰받은 여론조사 기관·단체(제3자의 의뢰 없이 직접 하는 경우는 제외한다)
>   2. 정당[창당준비위원회와 「정당법」 제38조(정책연구소의 설치·운영)에 따른 정책연구소를 포함한다]
>   3. 「방송법」 제2조(용어의 정의)에 따른 방송사업자
>   4. 전국 또는 시·도를 보급지역으로 하는 「신문 등의 진흥에 관한 법률」 제2조(정의)에 따른 신문사업자 및 「잡지 등 정기간행물의 진흥에 관한 법률」 제2조(정의)에 따른 정기간행물사업자
>   5. 「뉴스통신 진흥에 관한 법률」 제2조(정의)에 따른 뉴스통신사업자
>   6. 제3호부터 제5호까지의 사업자가 관리·운영하는 인터넷언론사
>   7. 전년도 말 기준 직전 3개월 간의 일일 평균 이용자 수 10만명 이상인 인터넷언론사

※ 여론조사 금지행위(제108조 제5항)
1. 특정 정당 또는 후보자에게 편향되도록 하는 어휘나 문장을 사용하여 질문하는 행위
2. 피조사자에게 응답을 강요하거나 조사자의 의도에 따라 응답을 유도하는 방법으로 질문하거나, 피조사자의 의사를 왜곡하는 행위
3. 오락 기타 사행성을 조장할 수 있는 방법으로 조사하는 행위
4. 피조사자의 성명이나 성명을 유추할 수 있는 내용을 공개하는 행위

73 여론조사의 결과공표금지 등과 관련한 공직선거법의 규정과 일치하지 않은 것은?

① 누구든지 선거에 관한 여론조사의 결과를 공표 또는 보도하는 때에는 선거여론조사기준으로 정한 사항을 함께 공표 또는 보도하여야 한다.

② 선거에 관한 여론조사 결과를 공표·보도하려는 때에는 그 결과의 공표·보도 전에 해당 여론조사를 실시한 기관·단체가 선거여론조사기준으로 정한 사항을 중앙선거여론조사공정심의위원회 홈페이지에 등록하여야 한다.

③ 누구든지 선거여론조사기준을 따르지 아니하고 공표 또는 보도를 목적으로 선거에 관하여 여론조사를 하거나 그 결과를 공표 또는 보도하는 행위를 하여서는 아니 된다.

④ 누구든지 오후 11시부터 다음 날 오전 6시까지는 전화를 이용하여 선거에 관한 여론조사를 실시할 수 없다.

ADVICE ① 제108조 제6항
② 제108조 제7항
③ 제108조 제8항
④ 전화를 이용하여 선거에 관한 여론조사가 금지되는 시간은 오후 10시부터 다음 날 오전 7시까지이다(제108조 제10항).

74 정책 · 공약에 관한 비교평가결과의 공표제한에 대한 설명으로 옳지 않은 것은?

① 제82조의 언론기관 및 제87조 제1항 각 호의 어느 하나에 해당하지 아니하는 단체는 정당 · 후보자(후보자가 되려는 자 포함)의 정책이나 공약에 관하여 비교평가하고 그 결과를 공표할 수 있다.

② 언론기관 등이 후보자등의 정책이나 공약에 관한 비교평가를 하거나 그 결과를 공표하는 경우 후보자등별로 점수부여 또는 순위나 등급을 정하는 등의 방법으로 서열화하는 행위를 하여서는 아니 된다.

③ 언론기관등이 후보자의 공약에 관한 비교평가의 결과를 공표하는 때에는 평가의 신뢰성 · 객관성을 입증할 수 있는 내용을 공표하여야 하며, 비교평가와 관련있는 자료 일체를 해당 선거의 선거일 후 6개월까지 보관하여야 한다.

④ 후보자 및 예비후보자는 선거기간 중 이 법에 규정되지 아니한 방법으로 선거권자에게 서신 · 전보 · 모사전송 그 밖에 전기통신의 방법을 이용하여 선거운동을 할 수 없다.

> **ADVICE** ① 제108조의2 제1항
> ② 제108조의2 제2항
> ③ 제108조의2 제3항
> ④ 누구든지 선거기간 중 이 법에 규정되지 아니한 방법으로 선거권자에게 서신 · 전보 · 모사전송 그 밖에 전기통신의 방법을 이용하여 선거운동을 할 수 없다(제109조 제1항).

75 의정활동 보고에 대한 공직선거법의 규정과 일치하지 않은 것은?

① 국회의원 또는 지방의회의원은 대통령선거·국회의원선거·지방의회의원선거 및 지방자치단체의 장선거의 선거일전 90일부터 선거일까지 직무상의 행위인 경우 보고회 등 집회, 보고서 인터넷, 문자메시지 등을 통하여 의정활동을 선거구민에게 보고할 수 있다.

② 국회의원 또는 지방의회의원이 의정보고회를 개최하는 때에는 고지벽보와 의정보고회 장소표지를 첩부·게시할 수 있으며, 고지벽보와 표지에는 보고회명과 개최일시·장소 및 보고사항을 게재할 수 있다. 이 경우 의정보고회를 개최한 국회의원 또는 지방의회의원은 고지벽보와 표지를 의정보고회가 끝난 후 지체없이 철거하여야 한다.

③ 의정활동보고서를 우편으로 발송하고자 하는 국회의원 또는 지방의회의원은 그 발송수량의 범위 안에서 선거구민인 세대주의 성명·주소의 교부를 연 1회에 한하여 구·시·군의 장에게 서면으로 신청할 수 있으며, 신청을 받은 구·시·군의 장은 지체 없이 그 세대주명단을 작성·교부하여야 한다.

④ 의정보고회의 고지벽보와 표지의 규격·수량, 세대주의 명단의 교부신청 그 밖의 의정활동보고에 관하여 필요한 사항은 중앙선거관리위원회규칙으로 정한다.

> **ADVICE** ① 다만, 대통령선거·국회의원선거·지방의회의원선거 및 지방자치단체의 장선거의 선거일전 90일부터 선거일까지 직무상의 행위 그 밖에 명목여하를 불문하고 의정활동을 인터넷 홈페이지 또는 그 게시판·대화방 등에 게시하거나 전자우편·문자메시지로 전송하는 외의 방법으로 의정활동을 보고할 수 없다(제111조 제1항).
> ② 제111조 제2항
> ③ 제111조 제3항
> ④ 제111조 제5항

76 다음 중 기부행위로 보지 않는 통상적인 정당활동과 관련한 행위가 아닌 것은?

① 정당의 당헌·당규 기타 정당의 내부규약에 의하여 정당의 당원이 당비 기타 부담금을 납부하는 행위

② 창당대회 등과 당원집회 및 당원교육, 그 밖에 소속 당원만을 대상으로 하는 당원집회에서 참석당원 등에게 정당의 경비로 교재, 그 밖에 정당의 홍보인쇄물, 싼 값의 정당의 배지 또는 상징마스코트나 통상적인 범위에서 차·커피 등 음료(주류는 제외한다)를 제공하는 행위

③ 중앙당의 대표자가 참석하는 당직자회의(구·시·군단위 이상의 지역책임자급 간부와 시·도수의 10배수에 상당하는 상위직의 간부가 참석하는 회의를 말한다) 또는 시·도당의 대표자가 참석하는 당직자회의(읍·면·동단위 이상의 지역책임자급 간부와 관할 구·시·군의 수에 상당하는 상위직의 간부가 참석하는 회의를 말한다)에 참석한 당직자에게 통상적인 범위에서 식사류의 음식물을 제공하는 행위

④ 국가유공자의 위령제, 국경일의 기념식, 「각종 기념일 등에 관한 규정」 제2조에 규정된 정부가 주관하는 기념일의 기념식, 공공기관·시설의 개소·이전식, 합동결혼식, 합동분향식, 산하 기관·단체의 준공식, 정당의 창당대회·합당대회·후보자선출대회, 그 밖에 이에 준하는 행사에 의례적인 화환·화분·기념품을 제공하는 행위

※ 기부행위로 보지 않는 통상적인 정당활동과 관련한 행위(제112조 제2항)

　가. 정당이 각급당부에 당해 당부의 운영경비를 지원하거나 유급사무직원에게 보수를 지급하는 행위

　나. 정당의 당헌·당규 기타 정당의 내부규약에 의하여 정당의 당원이 당비 기타 부담금을 납부하는 행위

　다. 정당이 소속 국회의원, 이 법에 따른 공직선거의 후보자·예비후보자에게 정치자금을 지원하는 행위

　라. 제140조 제1항에 따른 창당대회 등과 제141조 제2항에 따른 당원집회 및 당원교육, 그 밖에 소속 당원만을 대상으로 하는 당원집회에서 참석당원 등에게 정당의 경비로 교재, 그 밖에 정당의 홍보인쇄물, 싼 값의 정당의 배지 또는 상징마스코트나 통상적인 범위에서 차·커피 등 음료(주류는 제외한다)를 제공하는 행위

　마. 통상적인 범위안에서 선거사무소·선거연락소 또는 정당의 사무소를 방문하는 자에게 다과·떡·김밥·음료(주류는 제외한다) 등 다과류의 음식물을 제공하는 행위

　바. 중앙당의 대표자가 참석하는 당직자회의(구·시·군단위 이상의 지역책임자급 간부와 시·도수의 10배수에 상당하는 상위직의 간부가 참석하는 회의를 말한다) 또는 시·도당의 대표자가 참석하는 당직자회의(읍·면·동단위 이상의 지역책임자급 간부와 관할 구·시·군의 수에 상당하는 상위직의 간부가 참석하는 회의를 말한다)에 참석한 당직자에게 통상적인 범위에서 식사류의 음식물을 제공하는 행위

사. 정당이 소속 유급사무직원을 대상으로 실시하는 교육·연수에 참석한 유급사무직원에게 정당의 경비로 숙식·교통편의 또는 실비의 여비를 제공하는 행위

아. 정당의 대표자가 소속 당원만을 대상으로 개최하는 신년회·송년회에 참석한 사람에게 정당의 경비로 통상적인 범위에서 다과류의 음식물을 제공하는 행위

자. 정당이 그 명의로 재해구호·장애인돕기·농촌일손돕기 등 대민 자원봉사활동을 하거나 그 자원봉사활동에 참석한 당원에게 정당의 경비로 교통편의(여비는 제외한다)와 통상적인 범위에서 식사류의 음식물을 제공하는 행위

차. 정당의 대표자가 개최하는 정당의 정책개발을 위한 간담회·토론회에 참석한 직능·사회단체의 대표자, 주제발표자, 토론자 등에게 정당의 경비로 식사류의 음식물을 제공하는 행위

카. 정당의 대표자가 개최하는 정당의 각종 행사에서 모범·우수당원에게 정당의 경비로 상장과 통상적인 부상을 수여하는 행위

타. 제57조의5제1항 단서에 따른 의례적인 행위

파. 정당의 대표자가 주관하는 당무에 관한 회의에서 참석한 각급 당부의 대표자·책임자 또는 유급당직자에게 정당의 경비로 식사류의 음식물을 제공하는 행위

하. 정당의 중앙당의 대표자가 당무파악 및 지역여론을 수렴하기 위하여 시·도당을 방문하는 때에 정당의 경비로 방문지역의 기관·단체의 장 또는 사회단체의 간부나 언론인 등 제한된 범위의 인사를 초청하여 간담회를 개최하고 식사류의 음식물을 제공하는 행위

거. 정당의 중앙당이 당헌에 따라 개최하는 전국 단위의 최고 대의기관 회의에 참석하는 당원에게 정당의 경비로 교통편의를 제공하는 행위

77 공직선거법에 대한 판례의 견해와 일치하지 않는 것은?

① 선거사무관계자에 대한 수당과 실비보상을 규정한 공직선거법 제135조 제3항이 선거일 전의 행위에 대하여만 적용된다.

② 공직선거법 제256조 제4항 제11호, 제118조는 후보자가 선거일 이후 일반 선거구민에게 당선 축하 또는 낙선 위로 등의 답례로 금품 등을 제공하는 행위 등을 금지하고 이를 처벌하는 규정으로서, 여기의 '일반 선거구민'은 선거운동에 관여하지 아니한 일반 유권자를 가리킨다고 보아야 한다.

③ 구 공직선거법 제86조 제1항 제2호의 '선거운동의 기획에 참여하는 행위'라 함은 당선되게 하거나 되지 못하게 하기 위한 선거운동에는 이르지 아니한 것으로서, 선거운동의 효율적 수행을 위한 일체의 계획 수립에 참여하는 행위를 말하는 것으로 해석하여야 한다.

④ 공직선거법 제112조 제1항의 '기부행위'라 함은 원칙적으로 당사자의 일방이 상대방에게 무상으로 금품이나 재산상 이익 등을 제공하는 것을 말하므로, 제112조 제1항 소정의 행위를 무상으로 하여야 기부행위가 되고(일부 대가관계가 있더라도 급부와 반대급부 간의 현저한 불균형이 있는 경우에는 정당한 반대급부로 볼 수 없는 부분은 기부행위가 된다고 할 것이다), 채무의 이행 등 정당한 대가관계로 행하는 경우에는 기부행위가 되지 아니한다.

> **ADVICE** ① 선거사무관계자에 대한 수당과 실비보상을 규정한 공직선거법이 제135조 제3항의 위반행위와 관련하여 그 시기에 제한을 두고 있지 않으므로 그 문리적 의미에 의하면 선거일 후의 위반행위에 대하여도 적용되는 것으로 보아야 하는 점, 선거일 후에 위반행위를 하더라도 처벌의 필요성이 있다고 보아야 할 것인데 공직선거법에서 그에 관한 별도의 처벌규정을 두고 있지 않은 점 등에 비추어, 공직선거법 제135조 제3항이 선거일 전의 행위에 대하여만 적용되는 것으로 볼 수 없다 (대판 2007.10.25. 2007도4069).
> ② 대판 2007.10.25. 2007도4069
> ③ 대판 2007.10.25. 2007도4069
> ④ 대판 2005.9.29. 2005도2554

78 다음 중 공직선거법이 기부행위로 보지 않는 구호적 · 자선적 행위가 아닌 것은?

① 장애인복지법 제58조에 따른 장애인복지시설(유료복지시설을 제외한다)에 의연금품 · 구호금품을 제공하는 행위

② 자선 · 구호사업을 주관 · 시행하는 국가 · 지방자치단체, 그 밖의 공공기관 · 법인을 통하여 소년 · 소녀가장과 후원인으로 결연을 맺고 정기적으로 제공하여 온 자선 · 구호금품을 제공하는 행위

③ 근로청소년을 대상으로 무료학교(야학을 포함한다)를 운영하거나 그 학교에서 학생들을 가르치는 행위

④ 물품구매 · 공사 · 역무의 제공 등에 대한 대가의 제공 또는 부담금의 납부 등 채무를 이행하는 행위

ADVICE ④ 직무상의 행위이다.

※ **기부행위로 보지 않는 구호적 · 자선적 행위**(제112조 제2항)

가. 법령에 의하여 설치된 사회보호시설중 수용보호시설에 의연금품을 제공하는 행위

나. 「재해구호법」의 규정에 의한 구호기관(전국재해구호협회를 포함한다) 및 「대한적십자사 조직법」에 의한 대한적십자사에 천재 · 지변으로 인한 재해의 구호를 위하여 금품을 제공하는 행위

다. 「장애인복지법」 제58조에 따른 장애인복지시설(유료복지시설을 제외한다)에 의연금품 · 구호금품을 제공하는 행위

라. 「국민기초생활 보장법」에 의한 수급권자인 중증장애인에게 자선 · 구호금품을 제공하는 행위

마. 자선사업을 주관 · 시행하는 국가 · 지방자치단체 · 언론기관 · 사회단체 또는 종교단체 그 밖에 국가기관이나 지방자치단체의 허가를 받아 설립된 법인 또는 단체에 의연금품 · 구호금품을 제공하는 행위. 다만, 광범위한 선거구민을 대상으로 하는 경우 제공하는 개별 물품 또는 그 포장지에 직명 · 성명 또는 그 소속 정당의 명칭을 표시하여 제공하는 행위는 제외한다.

바. 자선 · 구호사업을 주관 · 시행하는 국가 · 지방자치단체, 그 밖의 공공기관 · 법인을 통하여 소년 · 소녀가장과 후원인으로 결연을 맺고 정기적으로 제공하여 온 자선 · 구호금품을 제공하는 행위

사. 국가기관 · 지방자치단체 또는 구호 · 자선단체가 개최하는 소년 · 소녀가장, 장애인, 국가유공자, 무의탁노인, 결식자, 이재민, 「국민기초생활 보장법」에 따른 수급자 등을 돕기 위한 후원회 등의 행사에 금품을 제공하는 행위. 다만, 개별 물품 또는 그 포장지에 직명 · 성명 또는 그 소속 정당의 명칭을 표시하여 제공하는 행위는 제외한다.

아. 근로청소년을 대상으로 무료학교(야학을 포함한다)를 운영하거나 그 학교에서 학생들을 가르치는 행위

Answer 77.① 78.④

79 다음 중 기부행위로 보지 않는 의례적 행위가 아닌 것은?

① 정당의 대표자가 중앙당 또는 시 · 도당에서 근무하는 해당 유급사무직원 · 그 배우자 또는 그 직계존비속이 결혼하거나 사망한 때에 통상적인 범위에서 축의 · 부의금품을 제공하거나 해당 유급사무직원에게 연말 · 설 · 추석 · 창당기념일 또는 그의 생일에 정당의 경비로 의례적인 선물을 정당의 명의로 제공하는 행위

② 정당이 그 명의로 재해구호 · 장애인돕기 · 농촌일손돕기 등 대민 자원봉사활동을 하거나 그 자원봉사활동에 참석한 당원에게 정당의 경비로 교통편의(여비는 제외한다)와 통상적인 범위에서 식사류의 음식물을 제공하는 행위

③ 공익을 목적으로 설립된 재단 또는 기금이 선거일 전 4년 이전부터 그 설립목적에 따라 정기적으로 지급하여 온 금품을 지급하는 행위. 다만, 선거일 전 120일부터 선거일까지 그 금품의 금액과 지급 대상 · 방법 등을 확대 · 변경하거나 후보자가 직접 주거나 후보자 또는 그 소속 정당의 명의를 추정할 수 있는 방법으로 지급하는 행위는 제외한다.

④ 선거운동을 위하여 후보자와 함께 다니는 자나 국회의원 · 후보자 · 예비후보자가 관할구역안의 지역을 방문하는 때에 함께 다니는 자에게 통상적인 범위에서 식사류의 음식물을 제공하는 행위. 이 경우 함께 다니는 자의 범위에 관하여는 중앙선거관리위원회규칙으로 정한다.

> **ADVICE** ② 통상의 정당활동과 관련된 행위이다.
>
> ※ **기부행위로 보지 않는 의례적 행위**(제112조 제2항)
>
> 가. 민법 제777조(친족의 범위)의 규정에 의한 친족의 관혼상제의식 기타 경조사에 축의 · 부의금품을 제공하는 행위
>
> 나. 정당의 대표자가 중앙당 또는 시 · 도당에서 근무하는 해당 유급사무직원(중앙당 대표자의 경우 시 · 도당의 대표자와 상근 간부를 포함한다) · 그 배우자 또는 그 직계존비속이 결혼하거나 사망한 때에 통상적인 범위에서 축의 · 부의금품(화환 또는 화분을 포함한다)을 제공하거나 해당 유급사무직원(중앙당 대표자의 경우 시 · 도당 대표자를 포함한다)에게 연말 · 설 · 추석 · 창당기념일 또는 그의 생일에 정당의 경비로 의례적인 선물을 정당의 명의로 제공하는 행위
>
> 다. 국가유공자의 위령제, 국경일의 기념식, 「각종 기념일 등에 관한 규정」 제2조에 규정된 정부가 주관하는 기념일의 기념식, 공공기관 · 시설의 개소 · 이전식, 합동결혼식, 합동분향식, 산하 기관 · 단체의 준공식, 정당의 창당대회 · 합당대회 · 후보자선출대회, 그 밖에 이에 준하는 행사에 의례적인 화환 · 화분 · 기념품을 제공하는 행위
>
> 라. 공익을 목적으로 설립된 재단 또는 기금이 선거일 전 4년 이전부터 그 설립목적에 따라 정기적으로 지급하여 온 금품을 지급하는 행위. 다만, 선거일 전 120일(선거일 전 120일 후에 실시사유가 확정된 보궐선거등에 있어서는 그 선거의 실시사유가 확정된 때)부터 선거일까지 그 금품의 금액과 지급 대상 · 방법 등을 확대 · 변경하거나 후보자(후보자가 되려는 사람을 포함한다. 이하 이 조에서 같다)가 직접 주거나 후보자 또는 그 소속 정당의 명의를 추정할 수 있는 방법으로 지급하는 행위는 제외한다.

마. 친목회 · 향우회 · 종친회 · 동창회 등 각종 사교 · 친목단체 및 사회단체의 구성원으로서 당해 단체의 정관 · 규약 또는 운영관례상의 의무에 기하여 종전의 범위안에서 회비를 납부하는 행위

바. 종교인이 평소 자신이 다니는 교회 · 성당 · 사찰 등에 통상의 예에 따라 헌금(물품의 제공을 포함한다)하는 행위

사. 선거운동을 위하여 후보자와 함께 다니는 자나 국회의원 · 후보자 · 예비후보자가 관할구역안의 지역을 방문하는 때에 함께 다니는 자에게 통상적인 범위에서 식사류의 음식물을 제공하는 행위. 이 경우 함께 다니는 자의 범위에 관하여는 중앙선거관리위원회규칙으로 정한다.

아. 기관 · 단체 · 시설의 대표자가 소속 상근직원(「지방자치법」제6장제3절과 제4절에서 규정하고 있는 소속 행정기관 및 하부행정기관과 그 밖에 명칭여하를 불문하고 이에 준하는 기관 · 단체 · 시설의 직원은 제외한다. 이하 이 목에서 같다)이나 소속 또는 차하급기관 · 단체 · 시설의 대표자 · 그 배우자 또는 그 직계존비속이 결혼하거나 사망한 때에 통상적인 범위에서 축의 · 부의금품(화환 또는 화분을 포함한다)을 제공하는 행위와 소속 상근직원이나 소속 또는 차하급기관 · 단체 · 시설의 대표자에게 연말 · 설 · 추석 · 창립기념일 또는 그의 생일에 자체사업계획과 예산에 따라 의례적인 선물을 해당 기관 · 단체 · 시설의 명의로 제공하는 행위

자. 읍 · 면 · 동 이상의 행정구역단위의 정기적인 문화 · 예술 · 체육행사, 각급학교 의 졸업식 또는 공공의 이익을 위한 행사에 의례적인 범위에서 상장(부상은 제외한다. 이하 이 목에서 같다)을 수여하는 행위와 구 · 시 · 군단위 이상의 조직 또는 단체(향우회 · 종친회 · 동창회, 동호인회, 계모임 등 개인 간의 사적모임은 제외한다)의 정기총회에 의례적인 범위에서 연 1회에 한하여 상장을 수여하는 행위. 다만, 제60조의2(예비후보자등록) 제1항의 규정에 따른 예비후보자등록신청개시일부터 선거일까지 후보자(후보자가 되고자 하는 자를 포함한다)가 직접 수여하는 행위를 제외한다.

차. 의정활동보고회, 정책토론회, 출판기념회, 그 밖의 각종 행사에 참석한 사람에게 통상적인 범위에서 차 · 커피 등 음료(주류는 제외한다)를 제공하는 행위

카. 선거사무소 · 선거연락소 또는 정당선거사무소의 개소식 · 간판게시식 또는 현판식에 참석한 정당의 간부 · 당원들이나 선거사무관계자들에게 해당 사무소 안에서 통상적인 범위의 다과류의 음식물(주류를 제외한다)을 제공하는 행위

타. 제114조 제2항에 따른 후보자 또는 그 가족과 관계있는 회사등이 개최하는 정기적인 창립기념식 · 사원체육대회 또는 사옥준공식 등에 참석한 소속 임직원이나 그 가족, 거래선, 한정된 범위의 내빈 등에게 회사등의 경비로 통상적인 범위에서 유공자를 표창(지방자치단체의 경우 소속 직원이 아닌 자에 대한 부상의 수여는 제외한다)하거나 식사류의 음식물 또는 싼 값의 기념품을 제공하는 행위

파. 제113조 및 제114조에 따른 기부행위를 할 수 없는 자의 관혼상제에 참석한 하객이나 조객 등에게 통상적인 범위에서 음식물 또는 답례품을 제공하는 행위

80 공직선거법에 대한 판례의 견해와 일치하지 않는 것은?

① 제3자가 후보자를 위하여 후보자의 채무를 대신 변제해 준 경우 이는 그 변제를 받은 채권자의 입장에서는 정당한 대가관계로 변제받은 것이므로, 그 행위를 공직선거법 제112조 제1항의 '기부행위'에 해당한다고 할 수는 없다

② 비록 회원들이 자발적으로 모여 만든 사조직이라도, 조직이 설립된 후에 특정 후보자가 여러 차례 모임에 참석하였다면 공직선거법 제87조 제2항이 규제하는 사조직의 설립 또는 설치 행위에 해당한다.

③ 공직선거법 제255조 제1항 제11호, 제87조 제1항 제3호에 의하여 금지되는 '단체의 선거운동'이란 단체, 그 대표자와 임직원 또는 구성원이 단체의 명의 또는 대표 명의를 직접 명시하거나 직접 명시하지 않아도 일반 선거인들이 단체의 명의 또는 대표 명의로 선거운동을 한다고 쉽게 인식할 수 있는 방법으로 선거운동을 하는 것을 의미한다.

④ 공직선거법 제87조 제2항에서 설립 내지 설치를 금지하는 사조직은 선거에 있어서 후보자나 후보자가 되고자 하는 자를 위하여 법정 선거운동기구 이외에 설립하거나 설치하는 일체의 사조직을 의미하므로, 설사 회칙이 없고 조직과 임원 및 재정 등에 관하여 구체적으로 정한 바가 없더라도 위 조항에서 말하는 사조직에 해당한다.

> **ADVICE** ① 대판 2007.3.29. 2006도9392
> ② 공직선거법 제87조 제2항에서는 사조직의 설립 또는 설치 행위만을 금지하고 있을 뿐 이미 설립된 사조직을 이용하는 행위에 대해서는 금지하고 있지 않으므로, 특정 선거 후보자의 지시나 공모 없이 회원들이 자발적으로 모여 사조직을 만들었다면, 그 조직의 설립 후에 특정 후보자가 여러 차례 모임에 참석하였다는 사실만으로는 그 후보자가 사조직을 설립 또는 설치하였다거나 그에 공모하였다고 인정할 수 없다(대판 2008.3.13. 2007도7902).
> ③ 대판 2011.12.27. 2011도13285
> ④ 대판 2008.3.13. 2007도7902

81 기부행위제한과 관련하여 공직선거법의 규정과 일치하지 않은 것은?

① 국회의원·지방자치단체의 장·정당의 대표자는 당해 선거구안에 있는 자나 기관·단체·시설 또는 당해 선거구의 밖에 있더라도 그 선거구민과 연고가 있는 자나 기관·단체·시설에 기부행위(결혼식에서의 주례행위를 포함한다)를 할 수 없다.

② 후보자의 직계비속과 관계있는 법인의 임·직원은 선거기간 전에는 당해 선거에 관하여 후보자 또는 그 소속정당을 위하여 일체의 기부행위를 할 수 없다. 이 경우 후보자 또는 그 소속정당이 기부하는 것으로 추정할 수 있는 방법으로 기부행위를 하는 것은 당해 선거에 관하여 후보자 또는 정당을 위한 기부행위로 보지 아니한다.

③ "후보자 또는 그 가족과 관계있는 회사 등"이라 함은 후보자의 가족이 임원 또는 구성원으로 있거나 기금을 출연하여 설립하고 운영에 참여하고 있거나 관계법규 또는 규약에 의하여 의사결정에 실질적으로 영향력을 행사할 수 있는 회사 기타 법인·단체를 말한다.

④ 누구든지 선거에 관하여 후보자 또는 그 소속정당을 위하여 기부행위를 하거나 하게 할 수 없다. 이 경우 후보자 또는 그 소속정당의 명의를 밝혀 기부행위를 하거나 후보자 또는 그 소속정당이 기부하는 것으로 추정할 수 있는 방법으로 기부행위를 하는 것은 당해 선거에 관하여 후보자 또는 정당을 위한 기부행위로 본다.

ADVICE
① 제113조 제1항
② 이 경우 후보자 또는 그 소속정당의 명의를 밝혀 기부행위를 하거나 후보자 또는 그 소속정당이 기부하는 것으로 추정할 수 있는 방법으로 기부행위를 하는 것은 당해 선거에 관하여 후보자 또는 정당을 위한 기부행위로 본다(제114조 제1항).
③ 제114조 제2항
④ 제115조

82 다음 중 기부행위로 보지 않는 직무상의 행위가 아닌 것은?

① 국가기관 또는 지방자치단체가 자체사업계획과 예산으로 행하는 법령에 의한 금품제공행위(지방자치단체가 표창·포상을 하는 경우 부상의 수여를 제외한다.)

② 국가기관 또는 지방자치단체가 긴급한 현안을 해결하기 위하여 자체사업계획과 예산으로 해당 국가기관 또는 지방자치단체의 명의로 금품이나 그 밖에 재산상의 이익을 제공하는 행위

③ 선거사무소·선거연락소 또는 정당선거사무소의 개소식·간판게시식 또는 현판식에 참석한 정당의 간부·당원들이나 선거사무관계자들에게 해당 사무소 안에서 통상적인 범위의 다과류의 음식물(주류를 제외한다)을 제공하는 행위

④ 후보자 또는 그 가족과 관계있는 회사가 영업활동을 위하여 달력·수첩·탁상일기·메모판 등 홍보물을 그 명의로 종업원이나 제한된 범위의 거래처, 영업활동에 필요한 유관기관·단체·시설에 배부하거나 영업활동에 부가하여 해당 기업의 영업범위에서 무료강좌를 실시하는 행위

ADVICE ③ 의례적 행위에 해당한다.

※ **기부행위로 보지 않는 직무상의 행위**(제112조 제2항)

가. 국가기관 또는 지방자치단체가 자체사업계획과 예산으로 행하는 법령에 의한 금품제공행위(지방자치단체가 표창·포상을 하는 경우 부상의 수여를 제외한다. 이하 나목에서 같다)

나. 지방자치단체가 자체사업계획과 예산으로 대상·방법·범위 등을 구체적으로 정한 당해 지방자치단체의 조례에 의한 금품제공행위

다. 구호사업 또는 자선사업을 행하는 국가기관 또는 지방자치단체가 자체사업계획과 예산으로 당해 국가기관 또는 지방자치단체의 명의를 나타내어 행하는 구호행위·자선행위

라. 선거일전 60일까지 국가·지방자치단체 또는 공공기관(「공공기관의 운영에 관한 법률」 제4조에 따라 지정된 기관이나 그 밖에 중앙선거관리위원회규칙으로 정하는 기관을 말한다)의 장이 업무파악을 위한 초도순시 또는 연두순시차 하급기관을 방문하여 업무보고를 받거나 주민여론 등을 청취하면서 자체사업계획과 예산에 따라 참석한 소속공무원이나 임·직원, 유관기관·단체의 장과 의례적인 범위안의 주민대표에게 통상적인 범위안에서 식사류(지방자치단체의 장의 경우에는 다과류를 말한다)의 음식물을 제공하는 행위

마. 국가기관 또는 지방자치단체가 긴급한 현안을 해결하기 위하여 자체사업계획과 예산으로 해당 국가기관 또는 지방자치단체의 명의로 금품이나 그 밖에 재산상의 이익을 제공하는 행위

바. 선거기간이 아닌 때에 국가기관이 효자·효부·모범시민·유공자등에게 포상을 하거나, 국가기관·지방자치단체가 관할구역 안의 환경미화원·구두미화원·가두신문판매원·우편집배원 등에게 위문품을 제공하는 행위

사. 국회의원 및 지방의회의원이 자신의 직무 또는 업무를 수행하는 상설사무소에서 행하거나, 정당이 해당 당사에서 행하는 무료의 민원상담행위

아. 변호사·의사 등 법률에서 정하는 일정한 자격을 가진 전문식업인이 업무활동을 촉진하기 위하여 자신이 개설한 인터넷 홈페이지를 통하여 법률·의료 등 자신의 전문분야에 대한 무료상담을 하는 행위

자. 제114조 제2항에 따른 후보자 또는 그 가족과 관계있는 회사가 영업활동을 위하여 달력·수첩·탁상일기·메모판 등 홍보물(후보자의 성명이나 직명 또는 사진이 표시된 것은 제외한다)을 그 명의로 종업원이나 제한된 범위의 거래처, 영업활동에 필요한 유관기관·단체·시설에

배부하거나 영업활동에 부가하여 해당 기업의 영업범위에서 무료강좌를 실시하는 행위

　　차. 물품구매·공사·역무의 제공 등에 대한 대가의 제공 또는 부담금의 납부 등 채무를 이행하는 행위

83 다음 중 공직선거법의 규정과 일치하지 않은 것은?

① 누구든지 선거에 관하여 제113조부터 제115조까지에 규정된 기부행위가 제한되는 자로부터 기부를 받거나 기부를 권유 또는 요구할 수 없다.

② 정당, 당원협의회, 창당준비위원회, 정당선거사무소의 소장, 후보자(예비후보자 포함)나 그 배우자는 선거에 관하여 정치자금법의 규정에 따라 정치자금을 기부할 수 없는 자에게 기부를 요구하거나 그로부터 기부를 받을 수 없다.

③ 후보자와 후보자의 가족 또는 정당의 당직자는 선거일후에 당선되거나 되지 아니한 데 대하여 선거구민에게 축하 또는 위로하기 위하여 방송·신문 또는 잡지 기타 간행물에 광고하는 행위를 할 수 없다.

④ 후보자와 후보자의 가족 또는 정당의 당직자가 선거일의 다음 날부터 13일 동안 해당 선거구 안의 읍·면·동마다 1매의 현수막을 게시하는 행위는 선거일후 답례금지 조항에 위배되지 않는다.

ADVICE ① 제116조

② 공직선거법상 기부 받는 행위가 금지되는 사람에는 제한이 없다. 즉 누구든지 선거에 관하여 「정치자금법」 제31조의 규정에 따라 정치자금을 기부할 수 없는 자에게 기부를 요구하거나 그로부터 기부를 받을 수 없다(제117조).

③ 제118조

④ 제118조

84 공직선거법에 대한 판례의 견해와 일치하지 않는 것은?

① 공직선거법 제108조 제4항의 여론조사의 공표 방법에 관한 규정은 여론조사의 결과를 최초로 공표 또는 보도하는 사람에 한하여 적용된다.

② 공직선거법 제112조 제1항의 기부행위는 그에 의한 기부의 효과를 후보자 또는 후보자가 되려는 자에게 돌리려는 의사를 가지고 공직선거법 제112조 제1항에 규정된 사람에게 금품 등을 제공하는 것으로서, 그 출연자가 기부행위자가 되는 것이 통례이지만 그 기부행위를 한 것으로 평가되는 주체인 기부행위자는 항상 그 물품 등의 사실상 출연자에 한정되는 것은 아니다.

③ 공직선거법 제58조 제1항 소정의 선거운동은 특정 후보자의 당선 내지 득표나 낙선을 위하여 필요하고도 유리한 모든 행위로서 당선 또는 낙선을 도모한다는 목적이 객관적으로 인정될 수 있는 능동적 · 계획적인 행위를 말하는 것으로서, 단순히 장래의 선거운동의 준비행위나 통상적인 정당활동과는 구별되나, 구체적으로 어떠한 행위가 선거운동에 해당하는지 여부를 판단함에 있어서는 단순히 그 행위의 명목뿐만 아니라 그 행위의 태양, 즉 그 행위가 행하여지는 시기 · 장소 · 방법 등을 종합적으로 관찰하여 판단하여야 한다.

④ 공직선거법 제113조 제1항은 '당해 선거구 안에 있는 자'와 '당해 선거구의 밖에 있더라도 그 선거구민과 연고가 있는 자'에 대한 기부행위를 금지하고 있는바, 여기서 '당해 선거구 안에 있는 자'란 선거구 내에 주소나 거소를 갖는 사람은 물론 선거구 안에 일시적으로 머무르는 사람도 포함되고, '선거구민과 연고가 있는 자'란 당해 선거구민의 가족 · 친지 · 친구 · 직장동료 · 상하급자나 향우회 · 동창회 · 친목회 등 일정한 혈연적 · 인간적 관계를 가지고 있어 그 선거구민의 의사결정에 직접적 또는 간접적으로 어떠한 영향을 미칠 수 있는 가능성이 있는 사람을 말하며 그 연고를 맺게 된 사유는 불문한다.

> **ADVICE** ① 공직선거법 제108조 제4항은 선거와 관련된 여론조사의 결과를 공표함에 있어서 그 객관성과 신뢰성을 유지하기 위한 것으로서, '누구든지 선거에 관한 여론조사의 결과를 공표 또는 보도하는 때에는'이라고 규정하여 그 행위 주체에 아무런 제한을 두고 있지 아니하다. 따라서 위 규정이 여론조사의 결과를 최초로 공표 또는 보도하는 자에 한하여 적용된다고는 할 수 없다(대판 2007.6.14. 2007도2741).
> ② 2006도9043
> ③ 2006도9043
> ④ 대판 2007.03.30. 2006도9043

선거비용

1 공직선거법 제135조의2(선거비용보전의 제한)에 대한 설명으로 옳지 않은 것은?

① 선거구선거관리위원회는 이 법의 규정에 의하여 선거비용을 보전함에 있어서 선거사무소의 회계책임자가 정당한 사유 없이 정치자금법의 규정에 따른 회계보고서를 그 제출마감일까지 제출하지 아니한 때에는 그 비용을 보전하지 아니한다.

② 선거구선거관리위원회는 정당, 후보자, 선거사무장이 제261조 제9항에 따른 과태료를 부과 받은 경우 이 법에 따라 보전할 비용 중 그 기부행위에 사용된 비용의 3배에 해당하는 금액을 보전하지 아니한다.

③ 선거구선거관리위원회는 정당 또는 후보자에게 선거비용을 보전한 후에 보전하지 아니할 사유가 발견된 때에는 당해 정당 또는 후보자에게 그 사실을 통지하고, 보전비용액 중 해당하는 금액의 반환을 명하여야 한다.

④ 선거구선거관리위원회는 정당 또는 후보자가 제5항 후단의 기한 안에 해당금액을 반환하지 아니한 때에는 대통령선거와 국회의원선거에 있어서는 관할세무서장에게 징수를 위탁하고 관할세무서장이 국세체납처분의 예에 따라 이를 징수하여 국가에 납입하여야 한다.

> **ADVICE**
> ① 제135조의2 제1항
> ② 선거구선거관리위원회는 정당, 후보자(예비후보자를 포함한다) 및 그 가족, 선거사무장, 선거연락소장, 선거사무원, 회계책임자 또는 연설원으로부터 기부를 받은 자가 제261조 제9항에 따른 과태료를 부과받은 경우 이 법에 따라 보전할 비용 중 그 기부행위에 사용된 비용의 5배에 해당하는 금액을 보전하지 아니한다(제135조의2 제3항).
> ③ 제135조의2 제5항
> ④ 제135조의2 제6항

2 선거사무관계자에 대한 수당과 실비보상에 대한 공직선거법 규정과 일치하지 않은 것은?

① 선거사무장·선거연락소장·선거사무원·활동보조인 및 회계책임자에 대하여는 수당과 실비를 지급할 수 있다.

② 정당의 유급사무직원, 국회의원과 그 보좌관·비서관·비서 또는 지방의회의원이 선거사무장등을 겸한 때에는 수당과 실비를 보상하며, 후보자등록신청개시일부터 선거기간개시일 전일까지는 후보자로서 신고한 선거사무장등에게 수당과 실비를 지급할 수 있다.

③ 선거사무관계자에게 지급할 수당과 실비의 종류와 금액은 중앙선거관리위원회가 정한다.

④ 이 법의 규정에 의하여 수당·실비 기타 이익을 제공하는 경우를 제외하고는 수당·실비 기타 자원봉사에 대한 보상 등 명목여하를 불문하고 누구든지 선거운동과 관련하여 금품 기타 이익의 제공 또는 그 제공의 의사를 표시하거나 그 제공의 약속·지시·권유·알선·요구 또는 수령할 수 없다.

> **ADVICE** ① 제135조 제1항
> ② 정당의 유급사무직원, 국회의원과 그 보좌관·비서관·비서 또는 지방의회의원이 선거사무장등을 겸한 때에는 실비만을 보상할 수 있으며, 후보자등록신청개시일부터 선거기간개시일 전일까지는 후보자로서 신고한 선거사무장등에게 수당과 실비를 지급할 수 없다(제135조 제1항).
> ③ 제135조 제2항
> ④ 제135조 제3항

3 선거비용에 대한 설명으로 옳은 것은?

① 선거비용이라 함은 당해 선거에서 선거운동을 위하여 소요되는 금전·물품 및 채무 그 밖에 모든 재산상의 가치가 있는 것으로서 당해 후보자(후보자가 되려는 사람을 포함)가 부담하는 비용을 말한다.

② 후보자가 이 법에 위반되는 선거운동을 위하여 지출한 비용과 기부행위제한규정을 위반하여 지출한 비용은 선거비용으로 보지 않는다.

③ 선거사무소와 선거연락소의 전화료·전기료 및 수도료 기타의 유지비로서 선거기간 전부터 정당 또는 후보자가 지출하여 온 경비는 선거비용으로 본다.

④ 선거사무장·선거연락소장·회계책임자로 선임된 사람이 선임·신고되기 전까지 해당 후보자의 선거운동을 위하여 지출한 비용과 기부행위제한규정을 위반하여 지출한 비용은 선거비용으로 보지 않는다.

※ **선거비용으로 인정 되는 것**(제119조)
1. 후보자가 이 법에 위반되는 선거운동을 위하여 지출한 비용과 기부행위제한규정을 위반하여 지출한 비용
2. 정당, 정당선거사무소의 소장, 후보자의 배우자 및 직계존비속, 선거사무장·선거연락소장·회계책임자가 해당 후보자의 선거운동(위법선거운동을 포함한다. 이하 이 항에서 같다)을 위하여 지출한 비용과 기부행위제한규정을 위반하여 지출한 비용
3. 선거사무장·선거연락소장·회계책임자로 선임된 사람이 선임·신고되기 전까지 해당 후보자의 선거운동을 위하여 지출한 비용과 기부행위제한규정을 위반하여 지출한 비용
4. 제2호 및 제3호에 규정되지 아니한 사람이라도 누구든지 후보자, 제2호 또는 제3호에 규정된 자와 통모하여 해당 후보자의 선거운동을 위하여 지출한 비용과 기부행위제한규정을 위반하여 지출한 비용

※ **선거비용으로 보지 않는 것**(제120조)
1. 선거권자의 추천을 받는데 소요된 비용 등 선거운동을 위한 준비행위에 소요되는 비용
2. 정당의 후보자선출대회비용 기타 선거와 관련한 정당활동에 소요되는 정당비용
3. 선거에 관하여 국가·지방자치단체 또는 선거관리위원회에 납부하거나 지급하는 기탁금과 모든 납부금 및 수수료
4. 선거사무소와 선거연락소의 전화료·전기료 및 수도료 기타의 유지비로서 선거기간전부터 정당 또는 후보자가 지출하여 온 경비
5. 선거사무소와 선거연락소의 설치 및 유지비용
6. 정당, 후보자, 선거사무장, 선거연락소장, 선거사무원, 회계책임자, 연설원 및 대담·토론자가 승용하는 자동차[제91조(확성장치와 자동차 등의 사용제한) 제4항의 규정에 의한 자동차와 선박을 포함한다]의 운영비용
7. 제삼자가 정당·후보자·선거사무장·선거연락소장 또는 회계책임자와 통모함이 없이 특정 후보자의 선거운동을 위하여 지출한 전신료 등의 비용
8. 제112조 제2항에 따라 기부행위로 보지 아니하는 행위에 소요되는 비용. 다만, 같은 항 제1호 마목(정당의 사무소를 방문하는 사람에게 제공하는 경우는 제외한다) 및 제2호사목(후보자·예비후보자가 아닌 국회의원이 제공하는 경우는 제외한다)의 행위에 소요되는 비용은 선거비용으로 본다.
9. 선거일후에 지출원인이 발생한 잔무정리비용

Answer 2.② 3.①

4 선거비용보전에 대한 설명으로 옳지 않은 것은?

① 대통령선거에서 후보자가 당선되거나 사망한 경우 또는 후보자의 득표수가 유효투표 총수의 100분의 15 이상인 경우 후보자가 지출한 선거비용의 전액을 보전한다.

② 지역구국회의원선거에서 후보자의 득표수가 유효투표총수의 100분의 10 이상 100분의 15 미만인 경우 후보자가 지출한 선거비용의 100분의 50에 해당하는 금액을 보전한다.

③ 비례대표국회의원선거 및 비례대표지방의회의원선거에서 후보자명부에 올라 있는 후보자중 당선인이 있는 경우에 당해 정당이 지출한 선거비용의 전액을 보전한다.

④ 선거벽보와 선거공보를 관할 구·시·군선거관리위원회에 제출한 후 그 내용을 정정하는데 소요되는 비용은 대통령선거 및 국회의원선거에 있어서는 국가의 부담으로, 지방자치단체의 의회의원 및 장의 선거에 있어서는 당해 지방자치단체의 부담으로 선거일후 보전한다.

ADVICE ①②③ 제122조의2 제1항

④ 선거비용보전의 예외에 해당한다.

※ **선거비용의 보전의 예외**(제122조의2 제2항)

1. 예비후보자의 선거비용
2. 「정치자금법」 제40조(회계보고)의 규정에 따라 제출한 회계보고서에 보고되지 아니하거나 허위로 보고된 비용
3. 이 법에 위반되는 선거운동을 위하여 또는 기부행위제한규정을 위반하여 지출된 비용
4. 제64조 또는 제65조에 따라 선거벽보와 선거공보를 관할 구·시·군선거관리위원회에 제출한 후 그 내용을 정정하거나 삭제하는데 소요되는 비용
5. 이 법에 따라 제공하는 경우 외에 선거운동과 관련하여 지출된 수당·실비 그 밖의 비용
6. 정당한 사유 없이 지출을 증빙하는 적법한 영수증 그 밖의 증빙서류가 첨부되지 아니한 비용
7. 후보자가 자신의 차량·장비·물품 등을 사용하거나 후보자의 가족·소속 정당 또는 제3자의 차량·장비·물품 등을 무상으로 제공 또는 대여받는 등 정당 또는 후보자가 실제로 지출하지 아니한 비용
8. 청구금액이 중앙선거관리위원회규칙으로 정하는 기준에 따라 산정한 통상적인 거래가격 또는 임차가격과 비교하여 정당한 사유 없이 현저하게 비싸다고 인정되는 경우 그 초과하는 가액의 비용
9. 선거운동에 사용하지 아니한 차량·장비·물품 등의 임차·구입·제작비용
10. 휴대전화 통화료와 정보이용요금. 다만, 후보자와 그 배우자, 선거사무장, 선거연락소장 및 회계책임자가 선거운동기간 중 선거운동을 위하여 사용한 휴대전화 통화료 중 후보자가 부담하는 통화료는 보전한다.
11. 그 밖에 위 각 호의 어느 하나에 준하는 비용으로서 중앙선거관리위원회규칙으로 정하는 비용

5 선거비용제한액에 대한 설명으로 옳지 않은 것은?

① 지역구국회의원선거에서의 선거비용제한액은 1억원+(인구수×200원)+(읍·면·동수 ×200만원)으로 한다. 이 경우 100만원 미만의 단수는 100만원으로 한다.

② 선거비용제한액을 산정하는 때에는 당해 선거의 직전 임기만료에 의한 선거의 선거일 이 속하는 달의 말일부터 제122조의 규정에 의한 공고일이 속하는 달의 전전달 말일 까지의 전국소비자물가변동률을 감안하여 정한 비율을 적용하여 증감할 수 있다. 이 경우 그 제한액산정비율은 관할선거구선거관리위원회가 해당 선거 때마다 정한다.

③ 도지사 선거에서의 선거비용제한액은 4억원(인구수 200만 미만인 때에는 2억원)+ (인구수×300원)으로 한다.

④ 선거비용제한액 산정을 위한 인구수의 기준일, 제한액산정비율의 결정 기타 필요한 사항은 중앙선거관리위원회규칙으로 정한다.

> **ADVICE** ① 제121조 제1항
> ② 제121조 제2항
> ③ 도지사 선거에서의 선거비용제한액은 8억원(인구수 100만 미만인 때에는 3억원)+(인구수×250원) 으로 한다(제121조 제1항).
> ④ 제121조 제3항
> ※ **선거비용제한액의 산정**(제121조 제1항)
> 선거비용제한액은 선거별로 다음 각호에 의하여 산정되는 금액으로 한다. 이 경우 100만원 미만 의 단수는 100만원으로 한다.
> 1. 대통령선거 : 인구수×950원
> 2. 지역구국회의원선거 : 1억원+(인구수×200원)+(읍·면·동수×200만원)
> 3. 비례대표국회의원선거 : 인구수×90원
> 4. 지역구시·도의원선거 : 4천만원+(인구수×100원)
> 5. 비례대표시·도의원선거 : 4천만원+(인구수×50원)
> 6. 시·도지사선거
>   가. 특별시장·광역시장 선거 : 4억원(인구수 200만 미만인 때에는 2억원)+(인구수×300원)
>   나. 도지사 선거 : 8억원(인구수 100만 미만인 때에는 3억원)+(인구수×250원)
> 7. 지역구자치구·시·군의원선거 : 3천500만원+(인구수×100원)
> 8. 비례대표자치구·시·군의원선거 : 3천5백만원+(인구수×50원)
> 9. 자치구·시·군의 장 선거 : 9천만원+(인구수×200원)+(읍·면·동수×100만원)

6 선거비용의 보전에 대한 공직선거법의 규정과 일치하지 않은 것은?

① 선거벽보의 첩부 및 철거의 비용과 점자형 선거공보의 작성비용은 국가 또는 지방자치단체가 후보자를 위하여 부담한다.

② 책자형 선거공보(점자형 선거공보 및 후보자정보공개자료 포함) 및 전단형 선거공보의 발송비용과 우편요금은 국가 또는 지방자치단체가 후보자를 위하여 부담한다.

③ 활동보조인의 수당과 실비, 선거방송토론위원회 주관 정책토론회의 개최비용은 국가 또는 지방자치단체가 후보자를 위하여 부담한다.

④ 투표참관인 및 사전투표참관인의 수당과 식비, 개표참관인의 수당과 식비는 국가 또는 지방자치단체가 후보자를 위하여 부담한다.

ADVICE ③ 활동보조인의 수당과 실비, 제82조의3(선거방송토론위원회 주관 정책토론회)의 규정에 의한 정책토론회의 개최비용은 국가가 부담한다.

※ 제122조의2 제3항(선거비용의 보전 등)

다음 각 호의 어느 하나에 해당하는 비용은 국가 또는 지방자치단체가 후보자를 위하여 부담한다. 이 경우 제3호의2 및 제5호의 비용은 국가가 부담한다.

1. 제64조에 따른 선거벽보의 첩부 및 철거의 비용
2. 제65조에 따른 점자형 선거공보(같은 조 제9항의 점자형 후보자정보공개자료를 포함한다. 이하 이 호에서 같다)의 작성비용과 책자형 선거공보(점자형 선거공보 및 같은 조 제9항의 후보자정보공개자료를 포함한다) 및 전단형 선거공보의 발송비용과 우편요금
3. 제66조(선거공약서) 제8항의 규정에 따른 점자형 선거공약서의 작성비용

3의2. 활동보조인의 수당과 실비

4. 제82조의2(선거방송토론위원회 주관 대담·토론회)의 규정에 의한 대담·토론회(합동방송연설회를 포함한다)의 개최비용
5. 제82조의3(선거방송토론위원회 주관 정책토론회)의 규정에 의한 정책토론회의 개최비용
6. 제161조(投票參觀)의 규정에 의한 투표참관인 및 제162조에 따른 사전투표참관인의 수당과 식비
7. 제181조(開票參觀)의 규정에 의한 개표참관인의 수당과 식비

선거와 관련 있는 정당활동의 규제

1 공직선거법이 규정한 일간신문 등에 의한 정강·정책의 신문광고에 대한 설명으로 옳지 않은 것은?

① 임기만료에 의한 선거에서 당해 정당이나 추천후보자가 사용할 구호·도안·정책 그 밖에 선거에 관한 의견수집을 위한 광고는 선거일전 90일부터 선거기간개시일전일까지 정당의 중앙당이 행하되, 그 횟수는 총 70회 이내로 제한된다.

② 대통령의 궐위로 인한 선거 및 재선거에서 정치자금모금을 위한 광고는 그 선거의 실시사유가 확정된 때부터 선거기간개시일전일까지 선거정당의 중앙당이 행하되, 그 횟수는 총 20회 이내로 제한된다.

③ 지역구국회의원의 보궐선거·재선거 및 연기된 선거에서 정강·정책의 홍보, 당원·후보지망자의 모집, 정치자금모금을 위한 광고는 선거일전 90일부터 선거기간개시일 전일까지 정당의 중앙당이 행하되, 그 횟수는 총 70회 이내로 제한된다.

④ 일간신문 등의 광고 1회의 규격은 가로 37센티미터 세로 17센티미터 이내로 하여야 하며, 후보자가 되고자 하는 자의 사진·성명(성명을 유추할 수 있는 내용을 포함한다) 기타 선거운동에 이르는 내용을 게재할 수 없다.

> **ADVICE** ① 제137조 제1항
> ② 제137조 제1항
> ③ 정치자금모금을 위한 광고는 대통령선거에 한하여 인정된다(제137조 제1항).
> ④ 제137조 제2항
> ※ 정강·정책의 신문광고 등의 제한(제137조 제1항)
>   1. 임기만료에 의한 선거 : 정당의 중앙당이 행하되, 선거일전 90일부터 선거기간개시일전일까지 일간신문 등에 총 70회 이내
>   2. 대통령의 궐위로 인한 선거·재선거 [제197조(선거의 일부무효로 인한 재선거)의 규정에 의한 재선거를 제외한다.] 및 연기된 선거 : 정당의 중앙당이 행하되, 그 선거의 실시사유가 확정된 때부터 선거기간개시일전일까지 일간신문 등에 총 20회 이내
>   3. 제2호외의 보궐선거·재선거 및 연기된 선거 : 정당의 중앙당이 행하되, 그 선거의 실시사유가 확정된 때부터 선거기간개시일전일까지 일간신문 등에 총 10회 이내

Answer 6.③ / 1.③

2 정강·정책의 방송제한과 관련한 공직선거법의 규정과 일치하지 않은 것은?

① 임기만료에 의한 선거에서 정당의 중앙당 대표자가 하는 방송연설은 선거일전 90일이 속하는 달의 초일부터 선거기간개시일전일까지, 1회 10분 이내에서 텔레비전 및 라디오방송별로 각5회 이내로 하여야 한다.

② 정당이 텔레비전 방송시설을 이용한 방송연설을 하는 때에는 연설하는 모습, 정당명, 연설의 요지 및 통계자료 외의 다른 내용이 방영되게 하여서는 아니 되며, 방송연설을 녹화하여 방송하고자 하는 때에는 당해 방송시설을 이용하여야 한다.

③ 방송연설의 비용은 당해 정당이 부담하되, 국회에 교섭단체를 구성한 정당이 공영방송사를 이용하여 방송연설을 하는 때에는 각 공영방송사마다 텔레비전 및 라디오 방송별로 행하는 월 1회의 방송연설비용(제작비용을 제외한다)은 당해 공영방송사가 이를 부담하여야 한다.

④ 공영방송사가 비용을 부담하는 방송연설을 하고자 하는 경우 그 방송연설의 일시·시간대 기타 필요한 사항은 당해 공영방송사와 당해 정당이 협의하여 정한다.

> **ADVICE** ① 선거일전 90일이 속하는 달의 초일부터 선거기간개시일전일까지, 1회 20분 이내에서 텔레비전 및 라디오방송별로 월 2회의 범위 안에서 하여야 한다(제137조의2 제1항).
> ② 제137조의2 제2항
> ③ 제137조의2 제4항
> ④ 제137조의2 제5항

3 정강·정책홍보물을 제작·배부와 관련한 공직선거법의 규정과 일치하지 않은 것은?

① 정당이 선거기간중에 후보자를 추천한 선거구의 소속당원에게 배부할 수 있는 정강·정책홍보물은 정당의 중앙당이 제작한 책자형 정강·정책홍보물 1종으로 하며, 배부할 수 있는 수량은 후보자를 추천한 선거구의 소속당원에 상당하는 수를 넘지 못한다.

② 제1항의 규정에 의한 정강·정책홍보물을 제작·배부하는 때에는 그 표지에 "당원용"이라 표시하여야 하며, 해당 정당이 추천한 후보자의 기호·성명·사진·경력 등을 제외하고는 후보자와 관련된 사항을 게재할 수 없다.

③ 정당이 정강·정책홍보물을 배부하고자 하는 때에는 배부 후 즉시 중앙선거관리위원회에 3부를 제출하여야 하며, 전자적 파일로 대신 제출할 수 없다.

④ 정강 · 정책홍보물은 길이 27센티미터 너비19센티미터 이내에서 대통령선거의 경우에는 16면 이내로, 지역구국회의원선거, 지역구지방의회의원선거 및 지방자치단체의 장선거의 경우에는 8면 이내로 작성한다.

> **ADVICE** ① 제138조 제1항, 제2항
> ② 제138조 제3항, 제5항
> ③ 정당이 정강 · 정책홍보물을 배부하고자 하는 때에는 배부전까지 중앙선거관리위원회에 2부를 제출하여야 하되, 전자적 파일로 대신 제출할 수 있다(제138조 제4항).
> ④ 제138조 제6항

4 **정책공약집의 배부제한과 관련된 공직선거법의 규정과 일치하지 않은 것은?**

① 정당이 자당의 정책과 선거에 있어서 공약을 게재한 정책공약집을 배부하고자 하는 때에는 통상적인 방법(방문판매 포함)으로 판매하여야 한다.
② 정당은 해당 정당의 당사와 소속 정당추천후보자가 개최한 공개장소에서의 연설 · 대담 장소에서 정책공약집을 판매할 수 있다.
③ 정당이 정책공약집을 판매하고자 하는 때에는 발간 즉시 정당법의 규정에 따라 해당 정당의 등록사무를 처리하는 관할선거관리위원회에 2권을 제출하여야 하여야 한다.
④ 정책공약집에는 후보자의 기호 · 성명 · 사진 · 학력 · 경력 등 후보자와 관련된 사항 및 다른 정당에 관한 사항을 게재할 수 없다.

> **ADVICE** ① 정당이 자당의 정책과 선거에 있어서 공약을 게재한 정책공약집(도서의 형태로 발간된 것을 말하며, 이하 "정책공약집"이라 한다)을 배부하고자 하는 때에는 통상적인 방법으로 판매하여야 한다. 다만, 방문판매의 방법으로 정책공약집을 판매할 수 없다(제138조의2 제1항).
> ② 제138조의2 제2항
> ③ 제138조의2 제3항
> ④ 제138조의2 제4항

5 다음 중 공직선거법의 규정과 일치하지 않은 것은?

① 정당의 중앙당은 선거기간중 기관지를 통상적인 방법외의 방법으로 발행·배부할 수 없다. 다만, 선거기간중 통상적인 주기에 의한 발행회수가 2회 미만인 때에는 2회 이내로 한다. 이 경우 정당의 중앙당외의 당부가 발행하거나 공개장소에서의 연설·대담장소 또는 대담·토론회장에서의 배부, 거리에서의 판매·배부, 첩부, 게시, 살포는 통상적인 방법에 의한 배부로 보지 아니한다.

② 정당의 중앙당이 선거기간중에 발행하는 기관지에는 당해 정당이 추천한 후보자의 기호·성명·사진·학력·경력 등 외에 후보자의 홍보에 관한 사항을 게재할 수 없으며, 발행 즉시 2부를 중앙선거관리위원회에 제출하여야 하되, 전자적 파일로 대신 제출할 수 있다.

③ 정당이 선거일전 120일부터 선거일까지 창당대회를 개최하는 때에는 다수인이 왕래하는 공개된 장소가 아닌 장소에서 소속당원만을 대상으로 개최하여야 하되, 사회통념상 인정되는 범위안에서 당원이 아닌 자를 초청할 수 있다.

④ 창당대회를 주관하는 정당은 정당법 제10조 제2항의 신문 공고를 하는 외에 창당대회 등의 장소에 10매이내의 표지를 게시할 수 있다. 이 경우 신문공고·표지에 후보자의 사진·성명을 게재할 수 있다.

ADVICE
① 제139조 제1항
② 제139조 제2항, 제3항
③ 제140조 제1항
④ 창당대회 등을 주관하는 정당은 「정당법」 제10조(창당집회의공개) 제2항의 신문공고를 하는 외에 창당대회 등의 장소에 5매이내의 표지를 게시할 수 있다. 이 경우 신문공고·표지에는 후보자(후보자가 되고자 하는 자를 포함한다. 이하 이 항에서 같다)의 사진·성명(성명을 유추할 수 있는 내용을 포함한다) 또는 선전구호 등 후보자를 선전하는 내용을 게재할 수 없다(제140조 제2항).

6 당원집회의 제한과 관련된 공직선거법의 규정과 일치하지 않은 것은?

① 정당(당원협의회는 제외)은 선거일전 50일부터 선거일까지 선거가 실시중인 선거구 안이나 선거구민인 당원을 대상으로 당원수련회 등을 개최할 수 없다.

② 정당이 선거일 전 90일부터 당원집회를 개최하는 때에는 개최지역을 관할하는 구·시·군선거관리위원회에 신고한 후 당해 정당의 사무소, 주민회관, 공공기관·단체의 사무소 그 밖의 공공시설 또는 다수인이 왕래하는 장소가 아닌 공개된 장소에서 개최하여야 한다.

③ 정치자금법에 의하여 보조금의 배분대상이 되는 정당은 중앙선거관리위원회규칙이 정하는 바에 따라 국가 또는 지방자치단체가 소유하거나 관리하는 주민회관·체육관 또는 문화원 기타 다수인이 모일 수 있는 시설을 당원집회의 장소로써 무료로 사용할 수 있다.

④ 당원집회 장소의 외부에는 이 법에 의한 당원집회임을 표시하는 표지를 게시하여야 하되, 그 개최자는 당해 집회종료후에는 지체 없이 철거하여야 한다.

> **ADVICE** ① 정당(당원협의회를 포함한다)은 선거일전 30일부터 선거일까지 소속당원의 단합·수련·연수·교육 그 밖에 명목여하를 불문하고 선거가 실시중인 선거구안이나 선거구민인 당원을 대상으로 당원수련회 등(이하 이 조에서 "당원집회"라 한다)을 개최할 수 없다. 다만, 당무에 관한 연락·지시 등을 위하여 일시적으로 이루어지는 당원간의 면접은 당원집회로 보지 아니한다(제141조 제1항).
> ② 제141조 제2항
> ③ 제141조 제3항
> ④ 제141조 제4항

---

7 다음 중 공직선거법의 관련규정과 일치하지 않은 것은?

① 창당대회 등을 주관하는 정당은 정당법 제10조 제2항의 신문공고를 하는 외에 창당대회 등의 장소에 5매 이내의 표지를 게시할 수 있다.

② 정당은 선거기간 중 당원을 모집하거나 입당원서를 배부할 수 없다. 다만, 시·도당의 창당 또는 개편을 위하여 창당대회·개편대회를 개최하는 경우에는 그 집회일까지는 그러하지 아니하다.

③ 정당은 선거기간 정당의 홍보에 필요한 사항과 해당 정당이 추천한 후보자의 기호·성명·사진·경력 등에 관한 사항을 게재한 간판·현판 또는 현수막을 중앙선거관리위원회규칙으로 정하는 바에 따라 당해 당사의 외벽면 또는 옥상에 설치·게시할 수 있다.

④ 정치자금법에 따른 후원회의 사무소에는 정치자금법시행규칙으로 정하는 바에 따라 간판을 달 수 있다.

ADVICE ① 제140조 제2항
② 제144조 제1항
③ 제145조 제1항
④ 정치자금법에 따른 후원회의 사무소에는 중앙선거관리위원회규칙으로 정하는 바에 따라 간판을 달 수 있다(제145조 제2항).

8 공직선거법에 대한 판례의 견해와 일치하지 않는 것은?

① 투표용지의 후보자 게재 순위를 정함에 있어서 정당·의석수를 기준으로 기호배정하도록 한 공직선거법 제150조 제3항이 청구인의 평등권을 침해한다.

② 선거에서 정당이나 후보자 내지 후보예정자에 대한 지지도를 알아보기 위한 여론조사는 일반적으로는 허용되나, 그 여론조사의 목적이 후보자나 후보예정자에 대한 인지도를 높이고 그의 장점을 부각시켜 그에 대한 지지를 유도하기 위한 것이라면, 이는 사전선거운동에 해당하여 허용할 수 없다.

③ 정당의 후보자추천 관련 금품수수금지를 규정한 공직선거법 제47조의2 제1항에서 '후보자로 추천하는 일과 관련하여'란, 금품의 제공이 후보자 추천의 대가 또는 사례에 해당하거나 그렇지 않다 하더라도 후보자 추천에 있어서 그러한 금품의 제공이 어떠한 형태로든 영향을 미칠 수 있는 경우에 해당하여야 함을 의미한다.

④ 공직선거법 제237조 제5항 제2호에서 '당내경선의 자유'는 공직선거 후보자 선출을 위한 당내경선에서의 '투표의 자유'와 경선 입후보의 자유를 포함한 '경선운동의 자유'를 말한다.

> **ADVICE** ① 투표용지의 후보자 게재순위를 정함에 있어서 정당·의석수를 기준으로 한 기호배정 방법이 무소속 후보자 등에게 상대적으로 불리하여 차별을 두었다고 할 수 있으나, 이는 정당제도의 존재의의 등에 비추어 그 목적이 정당할 뿐만 아니라 정당·의석을 우선함에 있어서도 당적 유무, 의석 순, 정당명 또는 후보자 성명의 가,나,다 순 등 합리적 기준에 따른 것으로, 청구인의 평등권을 침해한다고 볼 수 없다(헌재 1996.3.28. 96헌마9).
> ② 대판 1998.6.9. 97도856
> ③ 대판 2009.04.23. 2009도834
> ④ 대판 2008.7.10. 2008도2737

시·험·전·에·꼭·풀·어·봐·야·할·문·제

투표 · 개표 · 당선인

투표

1 **다음 중 공직선거법의 규정과 일치하지 않은 것은?**

① 투표는 직접 또는 우편으로 하되, 1인 1표로 한다. 다만, 국회의원선거, 시·도의원선거 및 자치구·시·군의원선거에 있어서는 지역구의원선거 및 비례대표의원선거마다 1인 1표로 한다.

② 투표를 함에 있어서는 선거인의 성명 기타 선거인을 추정할 수 있는 표시를 하여서는 아니된다.

③ 구·시·군선거관리위원회는 투표에 관한 사무를 관리하게 하기 위하여 투표구마다 투표관리관 2명을, 사전투표소마다 사전투표관리관 2명을 각각 둔다.

④ 투표관리관 및 사전투표관리관은 국가 또는 지방자치단체의 소속 공무원 또는 각급 학교의 교직원 중에서 위촉하며, 사전투표관리관은 위촉된 투표관리관 중에서 지정할 수 있다.

ADVICE ① 제146조 제2항
② 제146조 제3항
③ 구·시·군선거관리위원회는 투표에 관한 사무를 관리하게 하기 위하여 투표구마다 투표관리관 1명을, 사전투표소마다 사전투표관리관 1명을 각각 둔다(제146조의2 제1항).
④ 제146조의2 제2항

2 공직선거법에 대한 설명으로 옳지 않은 것은?

① 투표소에는 기표소·투표함·참관인의 좌석 그 밖의 투표관리에 필요한 시설을 설비해야 하며, 정당·후보자·선거사무장 또는 선거연락소장은 투표소의 설비에 대하여 그 시정을 요구할 수 있다.

② 기표소는 그 안을 다른 사람이 엿볼 수 없도록 설비하여야 하며 어떠한 표지도 하여서는 아니된다.

③ 투표소를 설치하는 때에는 읍·면·동선거관리위원회는 선거일전 10일까지 그 명칭과 소재지를 공고하여야 한다. 다만, 천재·지변 기타 부득이한 사유가 있는 때에는 이를 변경할 수 있으며, 이 경우에는 즉시 공고하여 선거인에게 알려야 한다.

④ 읍·면·동선거관리위원회가 투표사무를 보조하게 하기 위하여 교정직 공무원중에서 투표사무원을 위촉한 경우 선거일전 3일까지 그 성명을 공고하여야 한다.

> **ADVICE** ① 제147조 제5항, 제7항
> ② 제147조 제6항
> ③ 제147조 제8항
> ④ 교정직 공무원은 투표사무원으로 위촉할 수 없다(제147조 제9항 참조).
> ※ **투표사무원의 위촉**
>   읍·면·동선거관리위원회는 투표사무를 보조하게 하기 위하여 다음 각 호의 어느 하나에 해당하는 자중에서 투표사무원을 위촉하되, 선거일전 3일까지 그 성명을 공고하여야 한다.
>   1. 「국가공무원법」 제2조에 규정된 국가공무원과 「지방공무원법」 제2조에 규정된 지방 공무원. 다만, 일반직공무원의 행정직군 중 교정·보호·검찰사무·마약수사·출입국관리·철도 공안 직렬의 공무원과 교육공무원 외의 특정직공무원 및 정무직공무원을 제외한다.
>   2. 각급학교의 교직원
>   3. 「은행법」 제2조의 규정에 의한 은행의 직원
>   4. 제53조 제1항 제4호 내지 제6호에 규정된 기관 등의 직원
>   5. 투표사무를 보조할 능력이 있는 공정하고 중립적인 자

Answer 1.③ 2.④

3 투표소의 설치에 대한 공직선거법의 규정과 일치하지 않은 것은?

① 읍·면·동선거관리위원회는 선거일 전일까지 관할 구역 안의 투표구마다 투표소를 설치하여야 한다.

② 투표소는 투표구안의 학교, 읍·면·동사무소 등 관공서, 공공기관·단체의 사무소, 주민회관 기타 선거인이 투표하기 편리한 곳에 설치한다. 다만, 당해 투표구안에 투표소를 설치할 적당한 장소가 없는 경우에는 인접한 다른 투표구안에 설치할 수 있다.

③ 학교·관공서 및 공공기관·단체의 장은 선거관리위원회로부터 투표소 설치를 위한 장소사용 협조요구를 받은 때에는 우선적으로 이에 응하여야 한다.

④ 기표소는 그 안을 다른 사람이 엿볼 수 없도록 설비하여야 하며 어떠한 표지도 가능하다.

> **ADVICE** ① 제147조 제1항
> ② 제147조 제2항
> ③ 제147조 제3항
> ④ 기표소는 그 안을 다른 사람이 엿볼 수 없도록 설비하여야 하며 어떠한 표지도 하여서는 아니된다(제147조 제6항).

4 사전투표소의 설치에 대한 설명으로 옳지 않은 것은?

① 관할 구·시·군선거관리위원회는 선거일 전 5일부터 2일 동안(이하 "사전투표기간"이라 한다) 선거인명부에 올라 있는 선거인이 투표할 수 있도록 사전투표소를 그 관할구역에 설치·운영하여야 한다.

② 구·시·군선거관리위원회는 제1항에 따라 사전투표소를 설치할 때에는 선거일 전 9일까지 그 명칭·소재지 및 설치·운영기간을 공고하고, 선거사무장 또는 선거연락소장에게 이를 통지하여야 하며, 관할구역 안의 투표구마다 5개소에 공고문을 첨부하여야 한다. 사전투표소의 설치장소를 변경한 때에도 또한 같다.

③ 구·시·군선거관리위원회는 제1항에 따라 설치된 사전투표소의 투표사무를 보조하게 하기 위하여 제147조 제9항 각 호의 어느 하나에 해당하는 사람 중에서 사전투표사무원을 두어야 한다

④ 사전투표소의 설치·공고·통보 및 사전투표사무원의 위촉, 그 밖에 필요한 사항은 중앙선거관리위원회규칙으로 정한다.

 ① 관할 구·시·군선거관리위원회는 선거일 전 5일부터 2일 동안(이하 "사전투표기간"이라 한다) 사
전투표소를 그 관할구역에 설치·운영하여야 한다(제148조 제1항).
② 제148조 제2항
③ 제148조 제3항
④ 제148조 제5항

5 기관·시설안의 기표소 설치에 대한 설명으로 옳지 않은 것은?

① 장애인복지법에 따른 장애인 거주시설로 거소투표신고인을 수용하고 있는 시설의 장
은 그 명칭과 소재지 및 거소투표신고인수 등을 선거인명부작성기간만료일 후 3일까
지 관할 구·시·군선거관리위원회에 신고하여야 한다.

② 10명 이상의 거소투표신고인을 수용하고 있는 기관·시설의 장은 일시·장소를 정하
여 해당 신고인의 거소투표를 위한 기표소를 설치하여야 한다.

③ 후보자 또는 선거연락소장은 20명 미만의 거소투표신고인을 수용하고 있는 기관·시
설의 장에게 제2항에 따른 공고일 후 3일 이내에 거소투표를 위한 기표소 설치를 요
청할 수 있다.

④ 후보자·선거사무장·선거연락소장은 선거권자 중에서 1명을 선정하여 기관·시설의
장이 설치·운영하는 기표소의 투표상황을 참관하게 할 수 있다.

 ① 제149조 제1항
② 제149조 제3항
③ 후보자(대통령선거에서 정당추천후보자의 경우에는 그 추천 정당을 말한다. 이하 이 조에서 같
다)·선거사무장 또는 선거연락소장은 10명 미만의 거소투표신고인을 수용하고 있는 기관·시설
의 장에게 제2항에 따른 공고일 후 2일 이내에 거소투표를 위한 기표소 설치를 요청할 수 있다.
이 경우 기관·시설의 장은 정당한 사유가 없는 한 이에 따라야 한다(제149조 제4항).
④ 제149조 제6항

6 투표용지의 정당·후보자의 게재순위에 대한 설명으로 옳지 않은 것은?

① 투표용지에는 후보자의 기호·정당추천후보자의 소속정당명 및 성명을 표시하여야 한다. 다만, 무소속후보자는 후보자의 정당추천후보자의 소속정당명의 난에 "무소속"으로 표시하고, 비례대표국회의원선거 및 비례대표지방의회의원선거에 있어서는 후보자를 추천한 정당의 기호와 정당명을 표시하여야 한다.

② 기호는 투표용지에 게재할 정당 또는 후보자의 순위에 의하여 "1, 2, 3" 등으로 표시하여야 하며, 정당명과 후보자의 성명은 한글로 기재한다. 다만, 한글로 표시된 성명이 같은 후보자가 있는 경우에는 괄호속에 한자를 함께 기재한다.

③ 후보자의 게재순위를 정함에 있어서는 후보자등록마감일 현재 국회에서 의석을 갖고 있는 정당의 추천을 받은 후보자, 국회에서 의석을 갖고 있지 아니한 정당의 추천을 받은 후보자, 무소속후보자의 순으로 하고, 정당의 게재순위를 정함에 있어서는 후보자등록마감일 현재 국회에서 의석을 가지고 있는 정당, 국회에서 의석을 가지고 있지 아니한 정당의 순으로 한다.

④ 국회에서 의석을 가지고 있는 정당의 게재순위를 정함에 있어 직전 대통령선거, 비례대표국회의원선거에서 전국 유효투표총수의 100분의 5 이상을 득표한 정당은 전국적으로 통일된 기호를 우선하여 부여한다.

ADVICE ① 제150조 제1항
② 제150조 제2항
③ 제150조 제3항
④ 국회에서 의석을 가지고 있는 정당의 게재순위를 정함에 있어 국회에 5명 이상의 소속 지역구국회의원을 가진 정당, 직전 대통령선거, 비례대표국회의원선거 또는 비례대표지방의회의원선거에서 전국 유효투표총수의 100분의 3 이상을 득표한 정당은 전국적으로 통일된 기호를 우선하여 부여한다(제150조 제4항).

7 투표용지의 정당·후보자의 게재순위에 대한 설명으로 옳지 않은 것은?

① 관할선거구선거관리위원회가 후보자등록마감일 현재 국회에 의석을 가지고 있는 정당의 추천을 받은 후보자 사이에서 게재순위를 결정 할 때는 국회에서의 다수의석순에 따른다. 단 같은 의석을 가진 정당이 둘 이상인 때에는 최근에 실시된 지역구국회의원선거에서의 득표수 순으로 한다.

② 같은 게재순위에 해당하는 정당 또는 후보자가 2 이상이 있을 때에는 소속정당의 대표자나 후보자 또는 그 대리인의 참여하에 관할선거구선거관리위원회에서 후보자등록마감후에 추첨하여 결정한다.

③ 지역구자치구·시·군의원선거에서 정당이 같은 선거구에 2명 이상의 후보자를 추천한 경우 그 정당이 추천한 후보자 사이의 투표용지 게재순위는 해당 정당이 정한 순위에 따르되, 정당이 정하지 아니한 경우에는 관할선거구선거관리위원회에서 추첨하여 결정한다. 이 경우 그 게재순위는 "1-가, 1-나, 1-다" 등으로 표시한다.

④ 대통령선거에 있어서 추가등록이 있는 경우에 그 정당의 후보자의 게재순위는 이미 결정된 종전의 당해 정당추천후보자의 게재순위로 한다.

> **ADVICE** ① 관할선거구선거관리위원회가 정당 또는 후보자의 게재순위를 정함에 있어서는 다음 각 호에 따른다(제150조 제5항).
> 1. 후보자등록마감일 현재 국회에 의석을 가지고 있는 정당이나 그 정당의 추천을 받은 후보자 사이의 게재순위는 국회에서의 다수의석순. 다만, 같은 의석을 가진 정당이 둘 이상인 때에는 최근에 실시된 비례대표국회의원선거에서의 득표수 순
> 2. 후보자등록마감일 현재 국회에서 의석을 가지고 있지 아니한 정당이나 그 정당의 추천을 받은 후보자 사이의 게재순위는 그 정당의 명칭의 가나다순
> 3. 무소속후보자 사이의 게재순위는 관할선거구선거관리위원회에서 추첨하여 결정하는 순
> ② 제150조 제6항
> ③ 제150조 제7항
> ④ 제150조 제9항

8 투표용지와 투표함의 작성에 대한 공직선거법의 규정과 일치하지 않은 것은?

① 투표용지와 투표함은 중앙선거관리위원회가 작성하여 구·시·군선거관리위원회에 송부하며, 이를 송부받은 구·시·군선거관리위원회위원장은 투표용지를 봉합하여 보관하였다가 투표함과 함께 투표관리관에게 인계하여야 한다.

② 구·시·군선거관리위원회는 투표용지의 인쇄·납품 및 읍·면·동선거관리위원회에 송부하는 과정에, 읍·면·동선거관리위원회는 투표용지의 수령·보관 및 투표관리관에게 인계하는 과정에 당해 선거관리위원회의 정당추천위원이 각각 참여하여 입회할 수 있도록 하여야 한다.

③ 구·시·군선거관리위원회는 사전투표소에서 교부할 투표용지는 사전투표관리관이 사전투표소에서 투표용지 발급기를 이용하여 작성하게 하여야 한다. 이 경우 투표용지에 인쇄하는 일련번호는 바코드의 형태로 표시하여야 한다.

④ 투표용지를 작성하는 때에는 각 정당칸 또는 후보자간 사이에 여백을 두어야 하며, 그 구체적인 작성방법은 중앙선거관리위원회규칙으로 정한다.

<blockquote>
ADVICE ① 투표용지와 투표함은 구·시·군선거관리위원회가 작성하여 선거일 전일까지 읍·면·동선거관리위원회에 송부하며, 이를 송부받은 읍·면·동선거관리위원회위원장은 투표용지를 봉합하여 보관하였다가 투표함과 함께 투표관리관에게 인계하여야 한다(제151조 제1항).
② 제151조 제5항
③ 제151조 제6항
④ 제151조 제7항
</blockquote>

9 다음 중 공직선거법의 규정과 일치하지 않은 것은?

① 구·시·군선거관리위원회는 투표용지의 모형은 선거일전 7일까지, 투표용지를 인쇄할 인쇄소를 결정한 때에는 지체없이 그 인쇄소의 명칭과 소재지를 공고하여야 한다.

② 구·시·군선거관리위원회는 세대별로 투표안내문을 작성하여 선거인명부확정일 후 5일까지 관할구역안의 매세대에 발송하여야 한다.

③ 투표안내문의 작성은 전산조직에 의할 수 있으며, 발송을 위한 우편요금은 국가 또는 당해 지방자치단체가 부담한다.

④ 투표안내문의 서식·규격·게재사항 및 우편발송절차 기타 필요한 사항은 중앙선거관리위원회규칙으로 정한다.

10 거소투표자에 대한 투표용지의 발송에 대한 설명으로 옳지 않은 것은?

① 거소투표자에게 발송할 거소투표용지는 구·시·군선거관리위원회에서 당해 구·시·군선거관리위원회 정당추천위원의 참여하에 투표용지의 일련번호를 절취한 후 바코드가 표시된 회송용 봉투에 넣고 다시 발송용 봉투에 넣어 봉함한 후 선거일 전 10일까지 거소투표자에게 발송하여야 한다. 이 경우 정당추천위원이 그 시각까지 참석하지 아니한 때에는 참여를 포기한 것으로 본다.

② 허위로 신고한 자 및 자신의 의사에 의하여 신고된 것으로 인정되지 아니한 거소투표자에게는 당해 구·시·군선거관리위원회의 의결로 거소투표용지를 발송하지 아니할 수 있다. 이 경우 거소투표발송록에 그 사실을 기재하여야 한다.

③ 구·시·군선거관리위원회는 거소투표용지를 발송하지 아니한 거소투표자와 선거일전 2일까지 거소투표용지가 반송된 거소투표자의 명단을 작성하여 선거일전일까지 읍·면·동선거관리위원회에 통지하여야 하며, 읍·면·동선거관리위원회는 지체 없이 이를 투표관리관에게 통지하여야 한다.

④ 거소투표용지의 발송과 회송은 우편으로 하되, 그 우편요금은 국가 또는 당해 지방자치단체가 부담한다. 관할선거구선거관리위원회는 투표방법 기타 선거에 관한 안내문을 거소투표용지와 동봉하여 발송하여야 한다.

Answer 8.① 9.② 10.④

11 선상투표자에 대한 투표용지의 전송에 대한 설명으로 옳지 않은 것은?

① 구·시·군선거관리위원회는 선상투표신고인명부에 올라 있는 선거인에게 보낼 투표용지를 작성하여 해당 선상투표자가 승선하고 있는 선박의 선장에게 선거일 전 15일까지 팩시밀리를 이용하여 전송하여야 한다.

② 구·시·군선거관리위원회는 선상투표용지를 작성할 때 표지부분과 투표부분을 구분하고, 표지부분에는 선거인 확인란과 해당 선거구의 정당·후보자에 관한 정보를 열람할 수 있는 중앙선거관리위원회 인터넷 홈페이지 주소, 선상투표방법에 관한 사항 등을 게재하여야 한다.

③ 선장이 제1항에 따라 선상투표용지를 받은 때에는 즉시 해당 선상투표자에게 인계하여야 한다.

④ 선상투표용지의 규격과 게재사항, 선상투표용지 송부과정에 정당추천위원의 참여, 그 밖에 필요한 사항은 중앙선거관리위원회규칙으로 정한다.

> **ADVICE** ① 해당 선상투표자가 승선하고 있는 선박의 선장에게 선거일 전 9일까지 팩시밀리를 이용하여 전송하여야 한다(제154조의2 제1항).
> ② 제154조의2 제2항
> ③ 제154조의2 제3항
> ④ 제154조의2 제4항

12 투표시간에 대한 설명으로 옳지 않은 것은?

① 투표소는 선거일 오전 6시에 열고 오후 6시(보궐선거 등에 있어서는 오후 8시)에 닫는다. 다만, 마감할 때에 투표소에서 투표하기 위하여 대기하고 있는 선거인에게는 번호표를 부여하여 투표하게 한 후에 닫아야 한다.

② 사전투표소는 사전투표기간 중 매일 오전 6시에 열고 오후 8시에 닫는다. 다만, 마감할 때에 투표소에서 투표하기 위하여 대기하고 있는 선거인에게는 번호표를 부여하여 투표하게 한 후에 닫아야 한다.

③ 사전투표소에서 투표를 개시하는 때에는 사전투표관리관은 사전투표함 및 기표소내외의 이상유무에 관하여 검사하여야 하며, 이에는 사전투표참관인이 참관하여야 한다. 다만, 사전투표개시시가까지 사전투표참관인이 참석하지 아니한 때에는 최초로 투표하러 온 선거인으로 하여금 참관하게 하여야 한다.

④ 사전투표·거소투표 및 선상투표는 선거일 오후 6시(보궐선거등에 있어서는 오후 8시)까지 관할구·시·군선거관리위원회에 도착되어야 한다.

 ① 제155조 제1항

② 사전투표소는 사전투표기간 중 매일 오전 6시에 열고 오후 6시에 닫는다. 다만, 마감할 때에 투표소에서 투표하기 위하여 대기하고 있는 선거인에게는 번호표를 부여하여 투표하게 한 후에 닫아야 한다(제155조 제2항).

③ 제155조 제4항

④ 제155조 제5항

13 투표의 제한에 대한 공직선거법의 규정과 일치하지 않은 것은?

① 선거인명부에 올라 있지 아니한 자는 투표할 수 없다. 다만, 이의신청 · 불복신청 · 명부누락자의 구제신청에 이유 있다는 결정통지서를 가지고 온 자는 투표할 수 있다.

② 선거인명부에 올라 있더라도 선거일에 선거권이 없는 자는 투표할 수 없다.

③ 거소투표자는 제158조의2에 따라 거소투표를 하여야 하며, 선거일에 해당 투표소에서 투표할 수 없다.

④ 거소투표자가 선거일에 해당 투표소에서 투표하는 경우 투표관리관은 선거인명부 또는 통지받은 거소투표자의 명단과 대조 · 확인하고 선거인명부 비고란에 그 사실을 적어야 한다.

 ① 제156조 제1항

② 제156조 제2항

③ 거소투표자는 거소투표를 하여야 한다. 다만, 다음 각 호의 어느 하나에 해당하는 사람은 선거일에 해당 투표소에서 투표할 수 있다(제156조 제3항).

  1. 제154조 제2항에 해당하여 거소투표용지를 송부받지 못한 사람

  2. 거소투표용지가 반송되어 거소투표용지를 송부받지 못한 사람

  3. 거소투표용지를 송부받았으나 거소투표를 하지 못한 사람으로서 선거일에 해당 투표소에서 투표관리관에게 거소투표용지와 회송용 봉투를 반납한 사람

④ 제156조 제4항

Answer   11.① 12.② 13.③

14 투표용지수령 및 기표절차에 대한 설명으로 옳지 않은 것은?

① 선거인은 자신이 투표소에 가서 투표참관인의 참관하에 주민등록증(주민등록증이 없는 경우에는 여권·운전면허증·공무원증 또는 중앙선거관리위원회규칙으로 정하는 신분증명서)을 제시하고 본인임을 확인받은 후 선거인명부에 서명이나 날인 또는 무인하고 투표용지를 받아야 한다.

② 투표관리관은 선거일에 선거인에게 투표용지를 교부하는 때에는 사인날인란에 사인을 날인한 후 선거인이 보는 앞에서 일련번호지를 떼어서 교부하되, 필요하다고 인정되는 때에는 100매 이내의 범위안에서 그 사인을 미리 날인해 놓은 후 이를 교부할 수 있다.

③ 선거인은 투표용지를 받은 후 기표소에 들어가 투표용지에 1인의 후보자(비례대표국회의원선거와 비례대표지방의회의원선거에 있어서는 하나의 정당)를 선택하여 투표용지의 해당 란에 기표한 후 그 자리에서 기표내용이 다른 사람에게 보이지 아니하게 접어 투표참관인의 앞에서 투표함에 넣어야 한다.

④ 선거인은 투표소의 질서를 해하지 아니하는 범위 안에서 초등학생 이하의 어린이와 함께 투표소안에 출입할 수 있으며, 시각 또는 신체의 장애로 인하여 자신이 기표할 수 없는 선거인은 그 가족 또는 본인이 지명한 1인을 동반하여 투표를 보조하게 할 수 있다.

> **ADVICE** ① 제157조 제1항
> ② 제157조 제2항
> ③ 제157조 제4항
> ④ 선거인은 투표소의 질서를 해하지 아니하는 범위 안에서 초등학생 이하의 어린이와 함께 투표소(초등학생인 어린이의 경우에는 기표소를 제외한다)안에 출입할 수 있으며, 시각 또는 신체의 장애로 인하여 자신이 기표할 수 없는 선거인은 그 가족 또는 본인이 지명한 2인을 동반하여 투표를 보조하게 할 수 있다(제157조 제6항).

15 사전투표에 대한 설명으로 옳지 않은 것은?

① 선거인은 누구든지 사전투표기간 중에 사전투표소에 가서 투표할 수 있다.

② 사전투표를 하려는 선거인은 사전투표소에서 신분증명서를 제시하여 본인임을 확인받은 다음 전자적 방식으로 손도장을 찍거나 서명한 후 투표용지를 받아야 한다.

③ 사전투표관리관은 투표용지 발급기로 선거권이 있는 해당 선거의 투표용지를 인쇄하여 "사전투표관리관"칸에 자신의 도장을 찍은 후 일련번호를 떼지 아니하고 회송용 봉투와 함께 선거인에게 교부한다.

④ 투표용지와 회송용 봉투를 받은 선거인은 기표소에 들어가 투표용지에 1명의 후보자(비례대표국회의원선거 및 비례대표지방의회의원선거에서는 하나의 정당을 말한다)를 선택하여 투표용지의 해당 칸에 기표한 다음 그 자리에서 기표내용이 다른 사람에게 보이지 아니하게 접어 이를 회송용 봉투에 넣어 봉함한 후 사전투표함에 넣어야 한다.

> **ADVICE**
> ① 사전투표가 가능한 선거인에는 거소투표자와 선상투표자가 제외된다(제158조 제1항).
> ② 제158조 제2항
> ③ 제158조 제3항
> ④ 제158조 제4항

16 선상투표에 대한 설명으로 옳지 않은 것은?

① 선장은 선거일 전 8일부터 선거일 전 5일까지의 기간 중 해당 선박의 선상투표자의 수와 운항사정 등을 고려하여 선상투표를 할 수 있는 일시를 정하고, 해당 선박에 선상투표소를 설치하여야 한다.

② 선장은 선상투표소를 설치할 때 선상투표자가 투표의 비밀이 보장된 상태에서 투표한 후 팩시밀리로 선상투표용지를 전송할 수 있도록 설비하여야 한다.

③ 선장은 선상투표가 진행되는 동안에는 해당 선박에 승선하고 있는 선원 중 대한민국 국민으로서 공정하고 중립적인 사람 2명 이상을 입회시켜야 한다.

④ 선장은 선상투표소에서 선상투표자가 가져 온 선상투표용지의 해당 서명란에 입회인과 함께 서명한 다음 해당 선상투표자에게 교부하여야 한다. 이 경우 선상투표소에서 투표하기 전에 미리 기표하여 온 선상투표용지는 회수하여 별도의 봉투에 넣어 봉함한다.

> **ADVICE**
> ① 제158조의3 제1항
> ② 제158조의3 제2항
> ③ 선장은 선상투표가 진행되는 동안에는 해당 선박에 승선하고 있는 선원 중 대한민국 국민으로서 공정하고 중립적인 사람 1명 이상을 입회시켜야 한다. 다만, 해당 선박에 승선하고 있는 대한민국 국민이 1명뿐인 경우에는 그러하지 아니하다(제158조의3 제3항).
> ④ 제158조의3 제4항

Answer 14.④ 15.① 16.③

17 선상투표에 대한 설명으로 옳지 않은 것은?

① 선상투표용지를 교부받은 선상투표자는 선거인 확인란에 서명한 후 1명의 후보자(비례대표국회의원선거에서는 하나의 정당을 말한다)를 선택하여 선상투표용지의 해당란에 기표한 다음 선상투표소에 설치된 팩시밀리로 직접 해당 관할선거관리위원회에 전송하여야 한다.

② 전송을 마친 선상투표자는 선상투표지를 직접 봉투에 넣어 봉함한 후 선장에게 제출하여야 한다. 선장은 해당 선박의 선상투표를 마친 후 입회인의 입회 아래 제출된 선상투표지 봉투와 선상투표용지 봉투를 구분하여 함께 포장한 다음 자신과 입회인이 각각 봉인한 후 보관하여야 한다.

③ 선장은 해당 선박의 선상투표를 마친 때에는 선상투표관리기록부를 작성하여 선거일 전일까지 해당 선박의 선박원부를 관리하는 지방해양항만청의 소재지(대한민국국적 취득조건부 나용선의 경우 해당 선박회사의 등록지, 외국국적 선박은 선박관리업 등록을 한 지방해양항만청의 소재지를 말한다)를 관할하는 시·도선거관리위원회에 팩시밀리로 전송하고, 국내에 도착하는 즉시 선상투표관리기록부와 보관 중인 봉투를 해당 시·도선거관리위원회에 제출하여야 한다.

④ 시·도선거관리위원회는 수신된 선상투표지의 투표부분은 절취하여 봉투에 넣고, 표지부분은 그 봉투에 붙여서 봉함한 후 선상투표자의 주소지 관할 구·시·군선거관리위원회에 보내야 한다. 이 경우 투표한 선거인을 알 수 없는 선상투표지는 봉투에 넣어 봉함한 후 그 사유를 적은 표지를 부착하여 보관한다.

> **ADVICE** ① 선상투표용지의 해당란에 기표한 다음 선상투표소에 설치된 팩시밀리로 직접 해당 시·도선거관리위원회에 전송하여야 한다(제158조의3 제5항).
> ② 제158조의3 제6항, 제7항
> ③ 제158조의3 제8항
> ④ 제158조의3 제10항

18 투표참관에 대한 설명으로 옳지 않은 것은?

① 정당·후보자·선거사무장 또는 선거연락소장은 그가 선정한 투표참관인에 대하여는 필요한 경우에는 언제든지 읍·면·동선거관리위원회에 신고하고 교체할 수 있으며, 선거일에는 투표소에서 교체신고할 수 있다.

② 관할선거관리위원회가 선정한 투표참관인은 정당한 사유 없이 참관을 거부하거나 그 직을 사임할 수 없다.

③ 대한민국 국민이 아닌 자 · 미성년자 · 선거권이 없는 자 · 후보자 또는 후보자의 배우자는 투표참관인이 될 수 없다.

④ 투표참관인은 투표소안에서 사고가 발생한 때에는 투표상황을 촬영할 수 있다.

① 제161조 제5항
② 읍 · 면 · 동선거관리위원회가 선정한 투표참관인은 정당한 사유없이 참관을 거부하거나 그 직을 사임할 수 없다(제161조 제6항).
③ 제161조 제7항
④ 제161조 제12항

19 투표참관에 대한 설명으로 옳지 않은 것은?

① 투표관리관은 투표참관인으로 하여금 투표용지의 교부상황과 투표상황을 참관하게 하여야 한다.

② 투표참관인은 정당 · 후보자 · 선거사무장 또는 선거연락소장이 후보자마다 투표소별로 3인을 선정하여 선거일 전 3일까지 관할선거관리위원회에 서면으로 신고하여야 한다.

③ 투표참관인은 투표소마다 8명으로 하되, 제2항의 규정에 의하여 선정 · 신고한 인원수가 8명을 넘는 때에는 읍 · 면 · 동선거관리위원회가 추첨에 의하여 지정한 자를 투표참관인으로 한다.

④ 읍 · 면 · 동선거관리위원회가 투표참관인을 지정하는 경우에 후보자수가 8명을 넘는 때에는 후보자별로 1명씩 우선 선정한 후 추첨에 의하여 8명을 지정하고, 후보자수가 8명에 미달하되 후보자가 선정 · 신고한 인원수가 8명을 넘는 때에는 후보자별로 1명씩 선정한 자를 우선 지정한 후 나머지 인원은 추첨에 의하여 지정한다.

① 제161조 제1항
② 투표참관인은 정당 · 후보자 · 선거사무장 또는 선거연락소장이 후보자마다 투표소별로 2인을 선정하여 선거일 전 2일까지 읍 · 면 · 동선거관리위원회에 서면으로 신고하여야 한다(제161조 제2항).
③ 제161조 제3항
④ 제161조 제4항

20 사전투표참관에 대한 설명으로 옳지 않은 것은?

① 사전투표관리관은 사전투표참관인으로 하여금 사전투표 상황을 참관하게 하여야 한다.

② 정당·후보자·선거사무장 또는 선거연락소장은 후보자마다 사전투표소별로 3명의 사전투표참관인을 선정하여 선거일 전 10일까지 구·시·군선거관리위원회에 서면으로 신고하여야 한다.

③ 사전투표참관인의 선정이 없거나 한 후보자가 선정한 사전투표참관인밖에 없는 때에는 관할구·시·군선거관리위원회가 선거권자중에서 본인의 승낙을 얻어 4인에 달할 때까지 선정한 자를 사전투표참관인으로 한다.

④ 사전투표참관인신고서의 서식, 그 밖에 필요한 사항은 중앙선거관리위원회규칙으로 정한다.

> **ADVICE** ① 제162조 제1항
> ② 정당·후보자·선거사무장 또는 선거연락소장은 후보자마다 사전투표소별로 2명의 사전투표참관인을 선정하여 선거일 전 7일까지 구·시·군선거관리위원회에 서면으로 신고하여야 하고, 필요한 경우 언제든지 신고한 후 교체할 수 있으며 사전투표기간 중에는 사전투표소에서 교체신고를 할 수 있다(제162조 제2항).
> ③ 제162조 제3항
> ④ 제162조 제5항

21 다음 중 공직선거법 관련조항과 일치하지 않은 것은?

① 거소투표자는 관할 구·시·군선거관리위원회로부터 송부 받은 투표용지에 1명의 후보자(비례대표국회의원선거 및 비례대표지방의회의원선거에서는 하나의 정당을 말한다)를 선택하여 투표용지의 해당 칸에 기표한 다음 회송용 봉투에 넣어 봉함한 후 등기우편으로 발송하여야 한다.

② 거소투표자가 거소투표(선상투표를 포함한다)를 하는 경우에는 "O"표를 할 수 있다.

③ 투표하려는 선거인·투표참관인·투표관리관, 관할선거관리위원회의 직원 및 투표사무원을 제외하고는 누구든지 투표소에 들어갈 수 없다.

④ 선거관리위원회의 위원·직원·투표관리관·투표사무원 및 투표참관인이 투표소에 출입하는 때에는 중앙선거관리위원회규칙이 정하는 바에 따라 표지를 달거나 붙여야 한다.

22 다음 중 공직선거법에 대한 설명으로 옳지 않은 것은?

① 투표관리관은 투표소의 질서가 심히 문란하여 공정한 투표가 실시될 수 없다고 인정하는 때에는 투표소의 질서를 유지하기 위하여 정복을 한 경찰공무원 또는 경찰관서장에게 원조를 요구할 수 있다.

② 투표소로부터 100미터안에서 소란한 언동을 하거나 특정 정당이나 후보자를 지지 또는 반대하는 언동을 하는 자가 있는 때에는 투표관리관은 이를 제지하고, 그 명령에 불응하는 때에는 투표소 또는 그 제한거리 밖으로 퇴거하게 할 수 있다.

③ 투표소내외에서의 소란언동에 의하여 퇴거당한 선거인은 당해 선거에서 투표권이 제한 될 수 있다. 다만, 투표관리관은 투표소의 질서를 문란하게 할 우려가 없다고 인정하는 때에는 투표하게 할 수 있다.

④ 누구든지 기표소 안에서 투표지를 촬영하여서는 아니 된다. 투표관리관 또는 사전투표관리관은 선거인이 기표소 안에서 투표지를 촬영한 경우 해당 선거인으로부터 그 촬영물을 회수하고 투표록에 그 사유를 기록한다.

23 다음 중 공직선거법의 규정과 일치하지 않은 것은?

① 누구든지 선거일의 투표마감시각까지 이를 질문하거나 그 진술을 요구할 수 없다. 다만, 텔레비전방송국·라디오방송국· 일간신문사가 선거일에 투표소로부터 50미터 밖에서 투표의 비밀이 침해되지 않는 방법으로 질문하는 경우에는 그러하지 아니하다.

② 투표관리관은 투표소를 닫는 시각이 된 때에는 투표소의 입구를 닫아야 하며, 투표소안에 있는 선거인의 투표가 끝나면 투표참관인의 참관하에 투표함의 투입구와 그 자물쇠를 봉쇄·봉인하여야 한다.

③ 투표관리관은 투표가 끝난 후 지체 없이 투표함 및 그 열쇠와 투표록 및 잔여투표용지를 관할구·시·군선거관리위원회에 송부하여야 한다. 투표함을 송부하는 때에는 후보자별로 투표참관인 2인과 호송에 필요한 정복을 한 경찰공무원을 3인에 한하여 동반할 수 있다.

④ 투표관리관은 투표가 끝난 후 선거인명부 기타 선거에 관한 모든 서류를 관할구·시·군선거관리위원회위원장에게 인계하여야 한다.

ADVICE ① 제167조 제2항
② 제168조 제1항
③ 투표함을 송부하는 때에는 후보자별로 투표참관인 1인과 호송에 필요한 정복을 한 경찰공무원을 2인에 한하여 동반할 수 있다(제170조).
④ 제171조

24 공직선거법에 대한 판례의 견해와 일치하지 않는 것은?

① 공직선거법이 규정한 투표시간조항이 부재자투표종료시간을 오후 4시까지로 정한다고 하더라도 투표개시시간을 일과시간 이전으로 변경한다면, 부재자투표의 인계·발송 절차가 지연될 위험 등이 발생하지 않으면서도 일과시간에 학업·직장업무를 하여야 하는 부재자투표자가 현실적으로 선거권을 행사하는 데 큰 어려움이 발생하지 않을 것이다. 따라서 청구인의 선거권이나 평등권을 침해하지 않는다.

② 정당이 자치구·시·군의 장 후보자를 추천할 수 있도록 한 공직선거법 제47조 제1항 본문이 청구인의 공무담임권, 평등권 등을 침해 한다.

③ 공직선거법의 투표시간조항이 투표개시시간을 오전 10시부터로 정한 것은 일과시간에 학업이나 직장업무를 하여야 하는 부재자투표자는 투표할 수 없게 되어 사실상 선거권을 행사할 수 없게 되는 중대한 제한을 받는다. 따라서 이 사건 투표시간조항 중 투표개시시간 부분은 과잉금지원칙에 위배하여 청구인의 선거권과 평등권을 침해하는 것이다.

④ 헌법상 선거일을 유급휴일로 정하여야 할 입법의무가 인정되는 것은 아니다.

> **ADVICE** ① 헌재 2012.2.23. 2010헌마601
> ② 정당의 후보자 추천은 유권자들이 선거권을 행사함에 있어 참고할 중요한 사항을 제공하고, 국민의 정치적 의사 형성에 참여하는 정당의 활동을 효과적으로 보장하기 위한 것으로, 정당의 후보자 추천을 통해 선거권자들이 후보자의 소속 정당과 정치적 성향을 알 수 있게 된다는 점 등에서 합리적인 수단이라고 할 수 있다. 아울러 정당의 후보자 추천제는 자치구·시·군의 장 선거제도에 관한 기본틀의 하나로서 특정 후보자를 우대하거나 불리하게 하기 위한 것이 아니고, 이로 인해 정당의 추천을 받지 않는 후보자가 정당의 추천과 지지를 받는 후보자와 힘들게 경쟁하게 된다고 하더라도 정당의 후보자 추천제도의 공익적 기능은 그로 인하여 침해되는 사익보다 훨씬 크다고 할 것이므로 공직선거법 제47조 제1항 본문 중 정당의 자치구·시·군의 장 후보자 추천 부분은 청구인의 공무담임권을 부당하게 침해하는 것이라고 볼 수 없다(헌재 2011.3.31. 2009헌마286).
> ③ 헌재 2012.2.23. 2010헌마601
> ④ 헌법 제1조 제2항, 제24조, 제34조 등의 규정만으로는 헌법이 투표일을 유급의 휴일로 하는 규정을 만들어야 할 명시적인 입법의무를 부여하였다고 보기 어렵고, 나아가 선거권 행사를 용이하게 하는 다양한 수단과 방법 중에 어떠한 방법을 채택할 것인지에 관하여는 입법자에게 일정한 형성의 자유가 인정되므로, 투표일을 유급의 휴일로 하는 규정을 만들어야 할 입법의무가 헌법의 해석상 곧바로 도출된다고 보기 어렵다(헌재 2013.7.25. 2012헌마815).

개표

1 개표에 대한 공직선거법의 규정과 일치하지 않은 것은?

① 개표사무는 구·시·군선거관리위원회가 담당하며, 2개 이상의 개표소를 설치할 수 있다.

② 개표관리에 관하여 당해 구·시·군선거관리위원회의 의결을 요하는 사항은 당해 개표소에 배치된 위원수의 2/3의 의결로 결정하고, 구·시·군선거관리위원회위원장의 직무는 각각 당해 위원장과 부위원장 또는 위원장이 지명한 위원이 행한다.

③ 개표를 개시한 이후에는 개표소에 구·시·군선거관리위원회 재적위원(제173조 제2항의 규정에 의하여 2개 이상의 개표소를 설치한 때에는 당해 개표소에 배치된 위원을 말한다)의 과반수가 참석하여야 한다.

④ 구·시·군선거관리위원회는 선거일전 5일까지 그 구·시·군의 사무소 소재지 또는 당해 관할구역안에 설치할 개표소를 공고하여야 한다. 다만, 천재·지변 기타 부득이한 사유가 있는 때에는 이를 변경할 수 있으며, 이 경우에는 즉시 공고하여야 한다.

> **ADVICE**
> ① 제172조 제1항, 제173조 제2항
> ② 개표관리에 관하여 당해 구·시·군선거관리위원회의 의결을 요하는 사항은 당해 개표소에 배치된 위원수의 과반수의 의결로 결정한다(제172조 제2항).
> ③ 제172조 제3항
> ④ 제173조 제1항

2 개표에 대한 공직선거법의 규정과 일치하지 않은 것은?

① 투표함을 개함하는 때에는 구·시·군선거관리위원회위원장은 개표참관인의 참관하에 투표함의 봉쇄와 봉인을 검사한 후 이를 열어야 한다. 다만, 정당한 사유 없이 참관을 거부하는 개표참관인이 있는 때에는 그 권한을 포기한 것으로 보고, 개표록에 그 사유를 기재한다.

② 구·시·군선거관리위원회는 개표사무를 보조하기 위하여 투표지를 유·무효별 또는 후보자(비례대표국회의원선거 및 비례대표지방의회의원선거에서는 정당을 말한다)별로 구분하거나 계산에 필요한 기계장치 또는 전산조직을 이용할 수 있다.

③ 후보자별 득표수의 공표는 관할선거관리위원회위원장이 투표구별로 집계·작성된 개표상황표에 의하여 투표구 단위로 하되, 출석한 관할선거관리위원회위원 전원은 공표 전에 득표수를 검열하고 개표상황표에 서명하거나 날인하여야 한다.

④ 누구든지 후보자별 득표수의 공표전에는 이를 보도할 수 없다. 다만, 선거관리위원회가 제공하는 개표상황 자료를 보도하는 경우에는 그러하지 아니하다.

ADVICE
① 제177조 제1항
② 제178조 제2항
③ 후보자별 득표수(비례대표국회의원선거 및 비례대표지방의회의원선거에 있어서는 정당별 득표수를 말한다. 이하 이 조에서 같다)의 공표는 구·시·군선거관리위원회위원장이 투표구별로 집계·작성된 개표상황표에 의하여 투표구 단위로 하되, 출석한 구·시·군선거관리위원회위원 전원은 공표 전에 득표수를 검열하고 개표상황표에 서명하거나 날인하여야 한다. 다만, 정당한 사유없이 개표사무를 지연시키는 위원이 있는 때에는 그 권한을 포기한 것으로 보고, 개표록에 그 사유를 기재한다(제178조 제3항).
④ 제178조 제4항

3 개표에 대한 공직선거법의 규정과 일치하지 않은 것은?

① 구·시·군선거관리위원회는 개표사무를 보조하게 하기 위하여 개표사무원을 두되, 선거일전 3일까지 그 성명을 공고하여야 한다.

② 구·시·군선거관리위원회는 관할구역안에 2이상의 선거구가 있는 경우에는 선거구 단위로 개표한다.

③ 구·시·군선거관리위원회는 우편으로 송부된 사전투표·거소투표 및 선상투표를 접수한 때에는 당해 구·시·군선거관리위원회의 정당추천위원의 참여하에 이를 즉시 우편투표함에 투입·보관하여야 한다.

④ 우편투표함과 사전투표함은 개표참관인의 참관하에 선거일 오후 8시후에 개표소로 옮겨서 일반투표함의 투표지와 별도로 먼저 개표할 수 있다.

4 공직선거법상 무효투표에 대한 설명으로 옳지 않은 것은?

① 어느 란에도 표를 하지 아니하였거나, 표 외에 다른 사항을 기입하였거나, 선거관리위원회의 기표용구가 아닌 용구로 표를 한 경우에는 그 표를 무효로 한다.

② 한 후보자(비례대표국회의원선거 및 비례대표지방의회의원선거에 있어서는 정당을 말한다. 이하 이 항에서 같다)란에만 2 이상 기표된 경우에는 무효로 한다.

③ 사전투표 및 거소투표의 경우 정규의 회송용 봉투를 사용하지 아니하거나 회송용 봉투가 봉함되지 아니한 경우에는 이를 무효로 한다.

④ 선상투표의 경우 선상투표신고서에 기재된 팩시밀리 번호가 아닌 번호를 이용하여 전송되거나 전송한 팩시밀리 번호를 알 수 없거나, 선거인이나 선장 또는 입회인의 서명이 누락된 경우 무효로 한다.

 ② 투표를 무효로 하지 않는다(제179조).

※ **투표를 무효로 하는 경우**(제179조 제1항)
1. 정규의 투표용지를 사용하지 아니한 것
2. 어느 란에도 표를 하지 아니한 것
3. 2 이상의 란에 표를 한 것
4. 어느 란에 표를 한 것인지 식별할 수 없는 것
5. 표를 하지 아니하고 문자 또는 물형을 기입한 것
6. 표 외에 다른 사항을 기입한 것
7. 선거관리위원회의 기표용구가 아닌 용구로 표를 한 것

※ **투표를 무효로 하지 않는 경우**(제179조 제4항)
1. 표가 일부분 표시되거나 표안이 메워진 것으로서 선거관리위원회의 기표용구를 사용하여 기표를 한 것이 명확한 것
2. 한 후보자(비례대표국회의원선거 및 비례대표지방의회의원선거에 있어서는 정당을 말한다. 이하 이 항에서 같다)란에만 2 이상 기표된 것
3. 후보자란 외에 추가 기표되었으나 추가 기표된 것이 어느 후보자에게도 기표한 것으로 볼 수 없는 것
4. 기표한 것이 전사된 것으로서 어느 후보자에게 기표한 것인지가 명확한 것
5. 인육으로 오손되거나 훼손되었으나 정규의 투표용지임이 명백하고 어느 후보자에게 기표한 것인지가 명확한 것
6. 거소투표(선상투표를 포함한다)의 경우 이 법에 규정된 방법외의 다른 방법[인장(무인을 제외한다)의 날인 · 성명기재 등 누가 투표한 것인지 알 수 있는 것을 제외한다]으로 표를 하였으나 어느 후보자에게 기표한 것인지가 명확한 것
7. 회송용 봉투에 성명 또는 거소가 기재되거나 사인이 날인된 것
8. 거소투표자 또는 선상투표자가 투표 후 선거일의 투표개시 전에 사망한 경우 그 거소투표 또는 는 선상투표
9. 사전투표소에서 투표한 선거인이 선거일의 투표개시 전에 사망한 경우 해당 선거인의 투표

5 개표에 대한 공직선거법의 규정과 일치하지 않은 것은?

① 투표의 효력에 관하여 이의가 있는 때에는 구·시·군선거관리위원회는 재적위원 과반수의 출석과 출석위원 과반수의 의결로 결정한다.

② 개표참관인은 구·시·군선거관리위원회의 관할구역안에서 실시되는 선거에 후보자를 추천하는 정당은 5인을, 무소속후보자는 3인을 선정하여 선거일전일까지 당해 구·시·군선거관리위원회에 서면으로 신고하여 참관하게 하되, 신고후 언제든지 교체할 수 있으나 개표일 당일에는 교체 할 수 없다.

③ 개표참관인은 투표구에서 송부된 투표함의 인계·인수절차를 참관하고 투표함의 봉쇄·봉인을 검사하며 그 관리상황을 참관할 수 있다.

④ 구·시·군선거관리위원회는 개표참관인이 개표에 관한 위법사항을 발견하여 그 시정을 요구한 경우에 그 요구가 정당하다고 인정되는 때에는 이를 시정하여야 한다.

> **ADVICE** ① 제180조 제1항
> ② 개표참관인은 구·시·군선거관리위원회의 관할구역안에서 실시되는 선거에 후보자를 추천하는 정당은 6인을, 무소속후보자는 3인을 선정하여 선거일전일까지 당해 구·시·군선거관리위원회에 서면으로 신고하여 참관하게 하되, 신고후 언제든지 교체할 수 있으며 개표일에는 개표소에서 교체신고를 할 수 있다(제181조 제2항).
> ③ 제181조 제6항
> ④ 제181조 제8항

6 개표에 대한 공직선거법의 규정과 일치하지 않은 것은?

① 누구든지 구·시·군선거관리위원회가 발행하는 관람증을 받아 구획된 장소에서 개표상황을 관람할 수 있다. 관람증의 매수는 개표장소를 참작하여 적당한 수로 하되, 후보자별로 균등하게 배부되도록 하여야 한다.

② 구·시·군선거관리위원회와 그 상급선거관리위원회의 위원·직원, 개표사무원·개표사무협조요원 및 개표참관인을 제외하고는 누구든지 개표소에 들어갈 수 없다.

③ 선거관리위원회의 위원·직원, 개표사무원·개표사무협조요원 및 개표참관인이 개표소에 출입하는 때에는 중앙선거관리위원회규칙이 정하는 바에 따라 표지를 달거나 붙여야 하며, 이를 다른 사람에게 양도·양여할 수 없다.

④ 구·시·군선거관리위원회위원장이나 위원은 개표소의 질서가 심히 문란하여 공정한 개표가 진행될 수 없다고 인정하는 때에는 질서유지를 위하여 정복을 한 경찰공무원 또는 경찰관서장에게 원조를 요구할 수 있다. 개표소안에 들어간 경찰공무원 또는 경찰관서장은 구·시·군선거관리위원회위원장의 지시를 받아야 한다.

  ① 제182조 제1항, 제2항
② 관람증을 배부받은 자와 방송·신문·통신의 취재·보도요원이 일반관람인석에 들어가는 경우는 그러하지 아니하다(제183조 제1항).
③ 제183조 2항
④ 제183조 제3항, 제5항

7 개표록·집계록 및 선거록의 작성 등에 대한 설명으로 옳지 않은 것은?

① 읍·면·동 선거관리위원회는 개표결과를 즉시 공표하고 개표록을 작성하여 관할선거구선거관리위원회에 송부하여야 한다.

② 개표록을 송부받은 관할선거구선거관리위원회는 지체없이 후보자(비례대표지방의회의원선거에 있어서는 정당을 말한다)별 득표수를 계산·공표하고 선거록을 작성하여야 한다.

③ 시·도선거관리위원회가 개표록을 송부받은 때에는 대통령선거에 있어서는 후보자별 득표수를, 비례대표국회의원선거에 있어서는 정당별 득표수를 계산·공표하고 집계록을 작성하여 중앙선거관리위원회에 송부하여야 한다.

④ 중앙선거관리위원회가 제3항의 집계록을 송부받은 때에는 대통령선거에 있어서는 후보자별 득표수를, 비례대표국회의원선거에 있어서는 정당별 득표수를 계산·공표하고, 선거록을 작성하여야 한다.

  ① 구·시·군선거관리위원회는 개표결과를 즉시 공표하고 개표록을 작성하여 관할선거구선거관리위원회(대통령선거 및 비례대표국회의원선거에 있어서는 시·도선거관리위원회)에 송부하여야 한다(제185조 제1항).
② 제185조 제2항
③ 제185조 제3항
④ 제185조 제4항

8 공직선거법에 대한 판례의 견해와 일치하지 않는 것은?

① 투표소를 선거일 오후 6시에 닫도록 한 공직선거법 제155조 제1항 중 '오후 6시에' 부분이 과잉금지원칙에 반하여 선거권을 침해한다.

② 당내경선에서 투표할 의사가 없는 사람들의 동의나 승낙 없이 그들을 경선 선거인으로 등록한 행위는 '경선 선거인단에 등록되지 않을 자유'를 방해한 행위이고 경선이나 투표에 관한 행위를 직접적으로 방해하는 행위가 아니므로, 공직선거법 제237조 제5항 제2호의 당내경선의 자유를 방해하는 행위에 해당하지 않는다.

③ 배우자가 선거범죄로 300만 원 이상의 벌금형을 선고받은 경우 그 선거구 후보자의 당선을 무효로 하는 공직선거법 제265조는 헌법 제13조 제3항의 연좌제 금지 원칙에 위반되지 않는다.

④ 공직선거법 제237조 제5항 제2호에서 정한 '위계·사술 그 밖의 부정한 방법으로 당내경선의 자유를 방해'하는 행위의 의미 및 이에 단순히 '경선 선거인단에 등록되지 않을 자유'를 방해하는 행위가 포함되지 않는다.

ADVICE ① 심판대상 법률조항은 선거결과의 확정 및 선거권의 행사를 보장하면서도 투표·개표관리에 소요되는 행정자원의 배분을 적정한 수준으로 유지하기 위한 것으로서 정당한 목적 달성을 위한 적합한 수단에 해당한다. 또 심판대상 법률조항은 투표일 오전 6시에 투표소를 열도록 하여 일과 시작 전 투표를 할 수 있도록 하고 있고, 근로기준법 제10조는 근로자가 근로시간 중에 투표를 위하여 필요한 시간을 청구할 수 있도록 규정하고 있으며, 통합선거인명부제도가 시행됨에 따라 사전신고를 하지 않고도 부재자투표가 가능해진 점 등을 고려하면 위 조항은 선거권 행사의 보장과 투표시간 한정의 필요성을 조화시키는 하나의 방법으로서 합리적인 이유가 있다(헌재 2013.7.25. 2012헌마815).

② 대판 2008.07.10. 2008도2737

③ 헌재 2011.9.29. 2010헌마68

④ 공직선거법 제237조 제5항이 당내경선의 자유를 방해하는 행위로서 열거한 제1호, 제2호, 제3호는 어느 것이나 경선운동 및 투표에 관한 행위 그 자체를 직접 방해하는 행위들인 점에 비추어 보면, 같은 항 제2호에서 정한 '위계·사술 그 밖의 부정한 방법으로 당내경선의 자유를 방해하는 행위는 같은 호 전단의 경선운동 또는 교통을 방해하는 행위에 준하는 것, 즉 경선운동이나 투표에 관한 행위 그 자체를 직접 방해하는 행위를 말하고, 단순히 '경선 선거인단에 등록되지 않을 자유'를 방해할 뿐인 행위는 이에 포함되지 않는다(대판 2008.7.10. 2008도2737).

당선인

1 대통령당선인의 결정·공고·통지에 대한 설명으로 옳지 못한 것은

① 대통령선거에 있어서는 중앙선거관리위원회가 유효투표의 다수를 얻은 자를 당선인으로 결정하고, 이를 국회의장에게 통지하여야 한다. 다만, 후보자가 1인인 때에는 그 득표수가 선거권자총수의 3분의 1 이상에 달하여야 당선인으로 결정한다.

② 최고득표자가 2인 이상인 때에는 중앙선거관리위원회의 통지에 의하여 국회는 재적의원 2/3가 출석한 공개회의에서 다수표를 얻은 자를 당선인으로 결정한다.

③ 제1항의 규정에 의하여 당선인이 결정된 때에는 중앙선거관리위원회위원장이, 제2항의 규정에 의하여 당선인이 결정된 때에는 국회의장이 이를 공고하고, 지체없이 당선인에게 당선증을 교부하여야 한다.

④ 천재·지변 기타 부득이한 사유로 인하여 개표를 모두 마치지 못하였다 하더라도 개표를 마치지 못한 지역의 투표가 선거의 결과에 영향을 미칠 염려가 없다고 인정되는 때에는 중앙선거관리위원회는 우선 당선인을 결정할 수 있다.

> **ADVICE**
> ① 제187조 제1항
> ② 국회는 재적의원 과반수가 출석한 공개회의에서 다수표를 얻은 자를 당선인으로 결정한다(제187조 제2항).
> ③ 제187조 제3항
> ④ 제187조 제4항

2 지역구국회의원당선인의 결정·공고·통지에 대한 설명으로 옳지 못한 것은?

① 지역구국회의원선거에 있어서는 선거구선거관리위원회가 당해 국회의원지역구에서 유효투표의 다수를 얻은 자를 당선인으로 결정한다. 다만, 최고득표자가 2인 이상인 때에는 연장자를 당선인으로 결정한다.

② 선거일의 투표개시시각부터 투표마감시각까지 지역구국회의원후보자가 사퇴·사망하거나 등록이 무효로 되어 지역구국회의원후보자수가 1인이 된 때에는 지역구국회의원후보자에 대한 투표를 실시하지 아니하고, 선거일에 그 후보자를 당선인으로 결정한다.

③ 선거일의 투표개시시각부터 투표마감시각까지 지역구국회의원후보자가 사퇴·사망하거나 등록이 무효로 되어 지역구국회의원후보자수가 1인이 된 때에는 나머지 투표는 실시하지 아니하고 그 후보자를 당선인으로 결정한다.

④ 선거일의 투표마감시각 후 당선인결정전까지 지역구국회의원후보자가 사퇴·사망하거나 등록이 무효로 된 경우에는 개표결과 유효투표의 다수를 얻은 자를 당선인으로 결정하되, 사퇴·사망하거나 등록이 무효로 된 자가 유효투표의 다수를 얻은 때에는 그 국회의원지역구는 당선인이 없는 것으로 한다.

ADVICE ① 제188조 제1항
② 후보자등록마감시각에 지역구국회의원후보자가 1인이거나 후보자등록마감 후 선거일 투표개시시각전까지 지역구국회의원후보자가 사퇴·사망하거나 등록이 무효로 되어 지역구국회의원후보자수가 1인이 된 때에는 지역구국회의원후보자에 대한 투표를 실시하지 아니하고, 선거일에 그 후보자를 당선인으로 결정한다(제188조 제2항).
③ 제188조 제3항
④ 제188조 제4항

3 비례대표국회의원의석의 배분과 당선인의 결정 · 공고 · 통지에 대한 설명으로 옳지 않은 것은?

① 중앙선거관리위원회는 비례대표국회의원선거에서 유효투표총수의 100분의 5 이상을 득표하였거나 지역구국회의원총선거에서 5석 이상의 의석을 차지한 각 정당에 대하여 당해 의석할당정당이 비례대표국회의원선거에서 얻은 득표비율에 따라 비례대표국회의원의석을 배분한다. 득표비율은 각 의석할당정당의 득표수를 모든 의석할당정당의 득표수의 합계로 나누어 산출한다.

② 비례대표국회의원의석은 각 의석할당정당의 득표비율에 비례대표국회의원 의석정수를 곱하여 산출된 수의 정수(整數)의 의석을 당해 정당에 먼저 배분하고 잔여의석은 소수점 이하 수가 큰 순으로 각 정당에 1석씩 배분하되, 그 수가 같은 때에는 당해 정당 사이의 추첨에 의한다.

③ 정당에 배분된 비례대표국회의원의석수가 그 정당이 추천한 비례대표국회의원후보자수를 넘는 때에는 그 넘는 의석은 공석으로 한다.

④ 중앙선거관리위원회는 비례대표국회의원선거에 있어서 천재 · 지변 등으로 인한 재투표 사유가 발생한 경우에는 그 투표구의 선거인수를 전국선거인수로 나눈 수에 의석정수를 곱하여 얻은 수의 정수(1 미만의 단수는 1로 본다)를 의석정수에서 뺀 다음 제1항 내지 제4항의 규정에 따라 비례대표국회의원의석을 배분하고 당선인을 결정한다.

> **ADVICE** ① 비례대표국회의원선거에서 유효투표총수의 100분의 3 이상을 득표하였거나 지역구국회의원총선거에서 5석 이상의 의석을 차지한 각 정당에 대하여 비례대표국회의원의석을 배분한다(제189조 제1항, 제2항).
> ② 제189조 제3항
> ③ 제189조 제5항
> ④ 제189조 제6항

4 비례대표지방의회의원당선인의 결정에 대한 설명으로 옳지 않은 것은?

① 비례대표지방의회의원선거에 있어서는 당해 선거구선거관리위원회가 유효투표총수의 100분의 3 이상을 득표한 각 정당에 대하여 당해 선거에서 얻은 득표비율에 비례대표지방의회의원정수를 곱하여 산출된 수의 정수의 의석을 그 정당에 먼저 배분하고 잔여의석은 단수가 큰 순으로 각 의석할당정당에 1석씩 배분한다.

② ①항의 경우 같은 단수가 있는 때에는 그 득표수가 많은 정당에 배분하고 그 득표수가 같은 때에는 당해 정당 사이의 추첨에 의한다. 이 경우 득표비율은 각 의석할당정당의 득표수를 모든 의석할당정당의 득표수의 합계로 나누고 소수점 이하 제5위를 반올림하여 산출한다.

③ 비례대표시 · 도의원선거에 있어서 하나의 정당에 의석정수의 3분의 2 이상의 의석이 배분될 때에는 그 정당에 3분의 2에 해당하는 수의 정수(整數)의 의석을 먼저 배분하고, 잔여의석은 나머지 의석할당정당간의 득표비율에 잔여의석을 곱하여 산출된 수의 정수(整數)의 의석을 각 나머지 의석할당정당에 배분한 다음 잔여의석이 있는 때에는 그 단수가 큰 순위에 따라 각 나머지 의석할당정당에 1석씩 배분한다.

④ ③항의 경우 의석정수의 3분의 2에 해당하는 수의 정수(整數)에 해당하는 의석을 배분받는 정당 외에 의석할당정당이 없는 경우에는 의석할당정당이 아닌 정당간의 득표비율에 잔여의석을 곱하여 산출된 수의 정수(整數)의 의석을 먼저 그 정당에 배분하고 잔여의석이 있을 경우 단수가 큰 순으로 각 정당에 1석씩 배분한다. 이 경우 득표비율의 산출 및 같은 단수가 있는 경우의 의석배분은 제1항의 규정을 준용한다.

ADVICE ① 유효투표총수의 100분의 5 이상을 득표한 각 정당에 대하여 당해 선거에서 얻은 득표비율에 비례대표지방의회의원정수를 곱하여 산출된 수의 정수의 의석을 그 정당에 먼저 배분한다(제190조의2 제1항).

② 제190조의2 제1항

③ 제190조의2 제2항

④ 제190조의2 제2항

※ **공직선거법 제190조의2 제3항**

제198조(천재 · 지변 등으로 인한 재투표)의 규정에 의한 재투표 사유가 발생한 때에는 그 투표구의 선거인수를 당해 선거구의 선거인수로 나눈 수에 비례대표지방의회의원의석정수를 곱하여 얻은 수의 정수(1 미만의 단수는 1로 본다)를 비례대표지방의회의원의석정수에서 **뺀** 다음 제1항 및 제2항의 규정에 따라 비례대표지방의회의원의석을 배분하고 당선인을 결정한다. 다만, 비례대표지방의회의원의석배분이 배제된 정당 중재투표결과에 따라 의석할당정당이 추가될 것으로 예상되는 때에는 추가가 예상되는 정당마다 비례대표지방의회의원정수의 100분의 5에 해당하는 정수(1 미만의 단수는 1로 본다)의 의석을 별도로 **빼야** 한다.

5 다음 중 공직선거법의 규정과 일치하지 않은 것은?

① 지역구시·도의원 및 지역구자치구·시·군의원의 선거에 있어서는 선거구선거관리위원회가 당해 선거구에서 유효투표의 다수를 얻은 자(지역구자치구·시·군의원선거에 있어서는 유효투표의 다수를 얻은 자 순으로 의원정수에 이르는 자를 말한다.)를 당선인으로 결정한다. 다만, 최고득표자가 2인 이상인 때에는 연장자순에 의하여 당선인을 결정한다.

② 후보자등록마감시각에 후보자가 당해 선거구에서 선거할 의원정수를 넘지 아니하거나 후보자등록마감후 선거일 투표개시시각까지 후보자가 사퇴·사망하거나 등록이 무효로 되어 후보자수가 당해 선거구에서 선거할 의원정수를 넘지 아니하게 된 때에는 투표를 실시하지 아니하고, 선거일에 그 후보자를 당선인으로 결정한다.

③ 제187조(대통령당선인의 결정·공고·통지) 제4항 및 제188조(지역구국회의원당선인의 결정·공고·통지) 제3항 내지 제6항의 규정은 지역구지방의회의원의 당선인의 결정·공고·통지에 이를 준용한다.

④ 지방자치단체의 장 선거에 있어서는 선거구선거관리위원회가 유효투표의 다수를 얻은 자를 당선인으로 결정하고, 이를 당해 지방의회의장에게 통지하여야 한다. 다만, 지방의회 재적의원 과반수가 출석한 공개회의에서 다수표를 얻은 자를 당선인으로 결정한다.

> **ADVICE** ① 제190조 제1항
> ② 제190조 제2항
> ③ 제190조 제3항
> ④ 최고득표자가 2인 이상인 때에는 연장자를 당선인으로 결정한다(제191조 제1항).

6 다음 중 공직선거법의 규정과 일치하지 않은 것은?

① 선거일에 피선거권이 없는 자는 당선인이 될 수 없다.

② 당선인이 임기개시전에 피선거권이 없게 된 때에는 당선의 효력이 상실된다.

③ 당선인이 임기개시전에 등록무효사유에 해당하는 사실이 발견된 때에는 그 당선을 무효로 한다.

④ 비례대표국회의원 또는 비례대표지방의회의원이 소속정당의 합당·해산 또는 제명외의 사유로 당적을 이탈·변경하거나 2 이상의 당적을 가지고 있는 때에는 임기가 연장된다.

TIP

① 제192조 제1항

② 제192조 제2항

③ 당선인이 임기개시전에 다음 각 호의 어느 하나에 해당되는 때에는 그 당선을 무효로 한다.(제192조 제3항)

  1. 당선인이 제1항의 규정에 위반하여 당선된 것이 발견된 때

  2. 당선인이 제52조 제1항 각 호의 어느 하나 또는 같은 조 제2항·제3항의 등록무효사유에 해당하는 사실이 발견된 때

  3. 비례대표국회의원 또는 비례대표지방의회의원의 당선인이 소속정당의 합당·해산 또는 제명외의 사유로 당적을 이탈·변경하거나 2 이상의 당적을 가지고 있는 때(당선인결정시 2 이상의 당적을 가진 자를 포함한다)

④ 비례대표국회의원 또는 비례대표지방의회의원이 소속정당의 합당·해산 또는 제명외의 사유로 당적을 이탈·변경하거나 2 이상의 당적을 가지고 있는 때에는 「국회법」 제136조(退職) 또는 「지방자치법」 제78조(의원의 퇴직)의 규정에 불구하고 퇴직된다(제192조 제4항).

7 당선인의 재결정과 비례대표국회의원의석 및 비례대표지방의회의원의석의 재배분에 대한 설명으로 옳지 않은 것은?

① 당선인결정의 위법을 이유로 당선무효의 판결이나 결정이 확정된 때에는 당해 선거구선거관리위원회(제187조 제2항의 규정에 의하여 국회에서 대통령당선인을 결정한 경우에는 국회)는 지체없이 당선인을 다시 결정하여야 한다.

② 비례대표국회의원의석 또는 비례대표지방의회의원의석의 배분 및 그 당선인결정의 위법을 이유로 당선무효의 판결이나 결정이 있는 때 또는 제197조의 사유로 인한 재선거를 실시한 때에는 관할선거구선거관리위원회는 지체없이 의석을 재배분하고 다시 당선인을 결정하여야 한다.

③ 선거구선거관리위원회는 비례대표국회의원선거 또는 비례대표지방의회의원선거의 당선인이 그 임기개시전에 사퇴·사망하거나 당선의 효력이 상실되거나 당선이 무효로 된 때에는 그 선거 당시의 소속정당이 추천한 후보자를 비례대표국회의원후보자명부 또는 비례대표지방의회의원후보자명부에 기재된 순위에 따라 당선인으로 결정한다.

④ 선거구선거관리위원회는 비례대표국회의원선거에 있어서 재투표를 실시한 때에는 당초 선거에서의 득표수와 재투표에서의 득표수를 합하여 득표비율을 산출하고 그 득표비율에 당해 선거구의 의석정수를 곱하여 얻은 수에서 각 정당이 이미 배분받은 의석수를 뺀 수가 작은 순위에 따라 잔여의석을 배분하고 당선인을 결정한다.

 ① 제194조 제1항
② 제194조 제2항
③ 제194조 제3항
④ 각 정당이 이미 배분받은 의석수를 뺀 수가 큰 순위에 따라 잔여의석을 배분하고 당선인을 결정한다. 이 경우 비례대표국회의원선거에 있어서는 제189조 제1항 내지 제5항의 규정을, 비례대표지방의회의원선거에 있어서는 제190조의2의 규정을 준용한다(제194조 제4항).

재선거와 보궐선거

1 공직선거법에 규정된 재선거에 대한 설명으로 옳지 않은 것은?

① 당선인이 없거나 지역구자치구·시·군의원선거에 있어 당선인이 당해 선거구에서 선거할 지방의회의원정수에 달하지 아니한 때

② 당선인이 임기개시전에 제192조(피선거권상실로 인한 당선무효 등) 제2항의 규정에 의하여 당선의 효력이 상실되거나 같은조 제3항의 규정에 의하여 당선이 무효로 된 때에는 재선거를 실시한다.

③ 지역구국회의원·지역구지방의회의원 및 지방자치단체의 장에 궐원 또는 궐위가 생긴 때에는 재선거를 실시한다.

④ 하나의 선거의 같은 선거구에 제200조(보궐선거)의 규정에 의한 보궐선거의 실시사유가 확정된 후 재선거 실시사유가 확정된 경우로서 그 선거일이 같은 때에는 재선거로 본다.

TIP

① 제195조 제1항

② 제195조 제1항

③ 지역구국회의원·지역구지방의회의원 및 지방자치단체의 장에 궐원 또는 궐위가 생긴 때에는 보궐선거의 사유이다(제200조 제1항).

④ 제195조 제2항

※ **재선거 사유(제195조)**

1. 당해 선거구의 후보자가 없는 때

2. 당선인이 없거나 지역구자치구·시·군의원선거에 있어 당선인이 당해 선거구에서 선거할 지방의회의원정수에 달하지 아니한 때

3. 선거의 전부무효의 판결 또는 결정이 있는 때

4. 당선인이 임기개시전에 사퇴하거나 사망한 때

5. 당선인이 임기개시전에 제192조(피선거권상실로 인한 당선무효 등) 제2항의 규정에 의하여 당선의 효력이 상실되거나 같은조 제3항의 규정에 의하여 당선이 무효로 된 때

6. 제263조(선거비용의 초과지출로 인한 당선무효) 내지 제265조(선거사무장 등의 선거범죄로 인한 당선무효)의 규정에 의하여 당선이 무효로 된 때

2 보궐선거 등에 관한 특례와 일치하지 않은 것은?

① 보궐선거는 그 선거일부터 임기만료일까지의 기간이 1년 미만이거나, 지방의회의 의원정수의 4분의 1 이상이 궐원(임기만료일까지의 기간이 1년 이상인 때에 재선거·연기된 선거 또는 재투표사유로 인한 경우를 제외한다)되지 아니한 경우에는 실시하지 아니할 수 있다.

② 지방의회의원의 보궐선거를 실시하는 경우에 지방자치단체의 관할구역의 변경에 따라 그 선거구의 구역이 그 지방의회의원이 속하는 지방자치단체에 상응하는 다른 지방자치단체의 관할구역에 걸치게 된 때에는 당해 지방자치단체에 속한 구역만을 그 선거구의 구역으로 한다.

③ 보궐선거 등의 사유가 발생하였으나 제1항 전단의 규정에 해당되어 보궐선거 등을 실시하지 아니하고자 하는 때에는 보궐선거 등의 실시사유가 확정된 날부터 10일 이내에 그 뜻을 공고하고, 국회의원보궐선거 등에 있어서는 대통령이 관할선거구선거관리위원회에, 지방자치단체의 의회의원 및 장의 보궐선거 등에 있어서는 관할선거구선거관리위원회위원장이 당해 지방의회의장 및 지방자치단체의 장에게 통보하여야 한다.

④ 보궐선거등을 실시하게 된 때에는 그 실시사유가 확정된 때부터 30일 이내에 실시하여야 하며, 관할선거구선거관리위원회 위원장은 선거일 전 10일까지 선거일을 정하여 공고하여야 한다.

ADVICE ① 제201조 제1항
② 제201조 제3항
③ 제201조 제4항
④ 보궐선거등을 실시하게 된 때에는 그 실시사유가 확정된 때부터 60일 이내에 실시하여야 하며, 관할선거구선거관리위원회 위원장은 선거일 전 30일까지 선거일을 정하여 공고하여야 한다. 다만, 그 보궐선거등의 선거일이 4월 중 첫 번째 수요일에 실시되는 보궐선거등의 선거기간개시일 전 40일부터 선거일 후 30일까지의 사이에 있는 경우에는 그 보궐선거등과 함께 선거를 실시한다(제201조 제5항).

Answer 1.③ 2.④

3 선거의 일부무효로 인한 재선거에 대한 설명으로 옳지 못한 것은?

① 선거의 일부무효의 판결 또는 결정이 확정된 때에는 관할선거구선거관리위원회는 선거가 무효로 된 당해 투표구의 재선거를 실시한 후 다시 당선인을 결정하여야 한다. 이 경우 제44조 제1항에 따라서 새로 선거인명부를 작성하여야 한다.

② 재선거를 실시함에 있어서 정당이 합당한 경우 합당된 정당은 그 재선거의 선거기간 개시일부터 그 다음날까지 당해 선거구선거관리위원회에 합당 전 후보자중 1인을 후보자로 추천하고, 비례대표국회의원선거 및 비례대표지방의회의원선거에 있어서는 하나의 후보자명부를 제출하되 합당 전 각 정당이 제출한 후보자명부에 등재되지 아니한 자를 추가할 수 없다.

③ 합당된 정당의 후보자(비례대표국회의원선거 및 비례대표지방의회의원선거에 있어서는 후보자를 추천한 정당을 말한다)의 기호는 당초 선거 당시의 그 후보자의 기호로 한다.

④ 비례대표국회의원선거 및 비례대표지방의회의원선거에 있어서 재선거 사유가 확정된 경우에는 그 투표구의 선거인수를 당해 선거구의 선거인수로 나눈 수에 당해 선거구의 의석정수를 곱하여 얻은 수의 정수(1 미만의 단수는 1로 본다)를 의석정수에서 뺀 다음 제189조 제1항 내지 제4항 또는 제190조의2의 규정에 따라 의석을 재배분한다.

> **ADVICE** ① 판결 또는 결정에 특별한 명시가 없는 한 제44조 제1항에도 불구하고 당초 선거에 사용된 선거인명부를 사용한다(제197조 제2항).
> ② 제197조 제3항
> ③ 제197조 제5항
> ④ 제197조 제7항

4 천재 · 지변 등으로 인한 재투표에 대한 설명으로 옳지 않은 것은?

① 천재 · 지변 기타 부득이한 사유로 인하여 어느 투표구의 투표를 실시하지 못한 때와 투표함의 분실 · 멸실 등의 사유가 발생한 때에는 관할선거구선거관리위원회는 당해 투표구의 재투표를 실시한 후 당해 선거구의 당선인을 결정한다.

② 재투표가 당해 선거구의 선거결과에 영향을 미칠 염려가 없다고 인정되는 때에는 재투표를 실시하지 아니하고 당선인을 결정한다.

③ 재투표를 실시함에 있어서 합당된 정당이 있는 경우 제194조의 비례대표국회의원 및 비례대표지방의회의원의 의석재배분을 위한 득표수의 계산은 그 후보자의 합당전 정당의 득표수에 합산한다.

④ 재투표에 있어서의 선거운동 및 선거비용 기타 필요한 사항은 공직선거법시행규칙으로 정한다.

 ① 제198조 제1항
② 제198조 제2항
③ 제198조 제3항
④ 재투표에 있어서의 선거운동 및 선거비용 기타 필요한 사항은 이 법의 범위안에서 중앙선거관리위원회규칙으로 정한다(제198조 제5항).

5 **공직선거법상 보궐선거에 대한 설명으로 옳지 않은 것은?**

① 지역구국회의원·지역구지방의회의원 및 지방자치단체의 장에 궐원 또는 궐위가 생긴 때에는 보궐선거를 실시한다.
② 비례대표국회의원에 궐원이 생긴 때에는 선거구선거관리위원회는 궐원통지를 받은 후 20일이내에 그 궐원된 의원이 그 선거 당시에 소속한 정당의 비례대표국회의원후보자명부에 기재된 순위에 따라 궐원된 국회의원의 의석을 승계할 자를 결정하여야 한다.
③ 국회의장은 국회의원에 궐원이 생긴 때에는 대통령 및 중앙선거관리위원회에 이를 통보하여야 한다.
④ 지방의회의장은 당해 지방의회의원에 궐원이 생긴 때에는 당해 지방자치단체의 장과 관할선거구선거관리위원회에 이를 통보하여야 하며, 지방자치단체의 장이 궐위된 때에는 궐위된 지방자치단체의 장의 직무를 대행하는 자가 당해 지방의회의장과 관할선거구선거관리위원회에 이를 통보하여야 한다.

 ① 제200조 제1항
② 비례대표국회의원 및 비례대표지방의회의원에 궐원이 생긴 때에는 선거구선거관리위원회는 궐원통지를 받은 후 10일이내에 그 궐원된 의원이 그 선거 당시에 소속한 정당의 비례대표국회의원후보자명부 및 비례대표지방의회의원후보자명부에 기재된 순위에 따라 궐원된 국회의원 및 지방의회의원의 의석을 승계할 자를 결정하여야 한다. 다만, 그 정당이 해산되거나 임기만료일 전 120일 이내에 궐원이 생긴 때에는 그러하지 아니하다(제200조 제2항).
③ 제200조 제4항
④ 제200조 제5항

시·험·전·에·꼭·풀·어·봐·야·할·문·제

IV

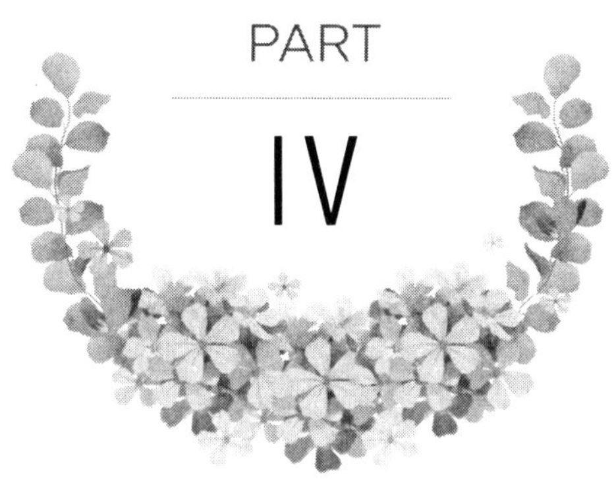

각종 특례 및 보칙

동시선거에 관한 특례

1 동시선거의 특례에 대한 설명으로 옳지 않은 것은?

① 이 법에서 동시선거라 함은 선거구의 일부 또는 전부가 서로 겹치는 구역에서 2 이상의 다른 종류의 선거를 같은 선거일에 실시하는 것을 말한다. 동시선거에 있어 선거기간 및 선거사무일정이 서로 다른 때에는 이 법의 다른 규정에 불구하고 선거기간이 긴 선거의 예에 의한다.

② 임기만료일이 같은 지방의회의원 및 지방자치단체의 장의 선거는 그 임기만료에 의한 선거의 선거일에 동시실시한다.

③ 선거를 실시할 수 있는 기간의 만료일이 임기만료에 의한 선거의 선거일 후에 해당되나 그 선거의 실시사유가 임기만료에 의한 선거의 선거일 30일전까지 확정된 지방자치단체의 장의 보궐선거는 임기만료에 의한 선거의 선거일에 동시실시한다.

④ 임기만료에 따른 국회의원선거 또는 지방의회의원 및 지방자치단체의 장의 선거가 실시되는 연도에는 제35조제2항제1호 전단에 따른 보궐선거등은 그 선거일에 동시실시한다.

> **ADVICE** ① 제202조 제1항 제2항
> ② 제203조 제1항
> ③ 제203조 제2항
> ④ 임기만료에 따른 국회의원선거 또는 지방의회의원 및 지방자치단체의 장의 선거가 실시되는 연도에는 제35조제2항제1호 전단에 따른 보궐선거등은 그 선거일에 실시하지 아니하고 임기만료에 따른 선거의 선거일에 동시 실시한다(제203조 제3항).

2 동시선거의 특례에 대한 설명으로 옳지 않은 것은?

① 동시선거를 실시하는 때의 선거벽보의 매수는 2개의 선거를 동시에 실시하는 때에는 동에 있어서는 인구 500명에 1매, 읍에 있어서는 인구 250명에 1매, 면에 있어서는 인구 100명에 1매의 비율을 한도로 작성·첩부한다. 다만, 인구밀집상태 및 첩부장소 등을 감안하여 중앙선거관리위원회규칙으로 정하는 바에 따라 인구 1천명에 1매의 비율까지 조정할 수 있다.

② 동시선거에 있어서 같은 정당의 추천을 받은 2인 이상의 후보자(대통령선거의 정당추천후보자와 비례대표국회의원선거 및 비례대표지방의회의원선거에 있어서는 후보자를 추천한 정당을 말한다)는 책자형 선거공보를 공동으로 작성할 수 있으며, 책자형 선거공보는 공동으로 작성한 때에는 후보자마다 각각 1종을 작성한 것으로 본다.

③ 관할구역이 큰 선거구의 후보자가 책자형 선거공보의 일부 지면에 작은 선거구의 후보자에 관한 내용을 선거구에 따라 달리 게재하는 방법으로 공동작성하였을 경우 큰 선거구의 후보자에 관한 내용이 동일한 책자형 선거공보는 1종으로 본다.

④ 책자형 선거공보를 공동으로 작성하는 경우에는 후보자간의 약정에 의하여 그 비용을 분담할 수 있다. 이 경우 그 분담내역을 관할구·시·군선거관리위원회에 책자형 선거공보를 제출하는 때에 각각 서면으로 신고하여야 한다.

ADVICE ① 동시선거를 실시하는 때의 선거벽보의 매수는 2개의 선거를 동시에 실시하는 때에는 제64조 제1항에 따른 기준매수의 3분의 2, 3개 이상의 선거를 동시에 실시하는 때에는 기준매수의 2분의 1에 각 상당하는 수로 한다(제206조).
② 제207조 제1항
③ 제207조 제2항
④ 제207조 제3항

3 동시선거의 특례에 대한 설명으로 옳지 않은 것은?

① 동시선거에 있어서 선거인명부와 거소ㆍ선상투표신고인명부는 선거일 전 12일에, 거소ㆍ선상투표신고인명부는 선거인명부작성기간만료일의 다음 날에 각각 확정되며 해당 선거에 한하여 효력을 가진다.

② 동시선거에 있어서 같은 정당의 추천을 받은 2인 이상의 후보자(비례대표지방의회의원선거에 있어서는 후보자를 추천한 정당을 포함한다.)는 선거사무소와 선거연락소를 공동으로 설치할 수 있다.

③ 동시선거에 있어서 같은 정당의 추천을 받은 2인 이상의 후보자는 선거사무장ㆍ선거연락소장 또는 선거사무원을 공동으로 선임할 수 있다.

④ 후보자는 다른 선거의 후보자의 선거사무장ㆍ선거연락소장ㆍ선거사무원 또는 회계책임자가 될 수 없다.

> **ADVICE** ① 동시선거에 있어서 선거인명부와 거소ㆍ선상투표신고인명부는 제44조 제1항에도 불구하고 각각 하나의 선거인명부와 거소ㆍ선상투표신고인명부로 한다(제204조 제1항).
> ② 제205조 제1항
> ③ 제205조 제2항
> ④ 제205조 제4항

4 동시선거의 특례에 대한 설명으로 옳지 않은 것은?

① 동시선거에 있어서 같은 정당의 추천을 받은 2인 이상의 후보자는 한 장소에서 제79조에 따른 공개장소에서의 연설ㆍ대담을 공동으로 할 수 있다.

② 동시선거에 있어서 선거와 관련 있는 정당활동의 규제의 적용에 있어서 기준이 되는 선거는 동시에 실시하는 선거의 수에 불구하고 하나의 선거를 기준으로 하되, 임기만료에 의한 선거와 제36조의 연기된 선거를 동시에 실시하는 경우에는 임기만료에 의한 선거를 기준으로 한다.

③ 동시선거에 있어서 투표용지는 색도 또는 지질 등을 달리하는 등 중앙선거관리위원회규칙이 정하는 바에 따라 선거별로 구분이 되도록 작성ㆍ교부할 수 있다.

④ 동시선거에 있어서 시ㆍ도지사선거 및 비례대표시ㆍ도의원선거의 투표용지는 구ㆍ시ㆍ군선거관리위원회가 작성하여 선거일 전일까지 읍ㆍ면ㆍ동선거관리위원회에 송부하며, 이를 송부받은 읍ㆍ면ㆍ동선거관리위원회위원장은 투표용지를 봉함하여 보관하였다가 투표함과 함께 투표관리관에게 인계하여야 한다.

 ① 제209조

② 제210조

③ 제211조 제1항

④ 동시선거에 있어서 시·도지사선거 및 비례대표시·도의원선거의 투표용지는 제151조(투표용지와 투표함의 작성) 제1항의 규정에 불구하고 중앙선거관리위원회규칙이 정하는 바에 따라 당해 시·도선거관리위원회가 작성한다. 이 경우 투표용지에는 당해 시·도선거관리위원회의 청인을 날인하되, 인쇄날인으로 갈음할 수 있다(제211조 제3항).

5 동시선거의 특례에 대한 설명으로 옳지 않은 것은?

① 동시선거에서 거소투표자에 대한 투표용지의 발송 및 투표지 회송 및 사전투표소에서 투표한 선거인의 투표지 회송하는 경우에는 해당 선거인마다 하나의 회송용 봉투 또는 발송용 봉투를 사용하여 행할 수 있다.

② 동시선거에 있어 투표참관인은 제161조 제2항의 규정에 의한 선정·신고인원수에 불구하고 후보자를 추천한 정당과 무소속후보자마다 2인을 선정·신고하여야 한다.

③ 동시선거에서 사전투표참관인은 제162조 제2항에 따른 선정·신고인원수에 불구하고 당해 선거에 참여한 정당마다 2인을, 무소속후보자는 1인을 선정·신고하여야 한다.

④ 동시선거에 있어서 사전투표참관인은 10명 이내로 하되, 선정·신고한 인원수가 10명을 넘는 때에는 관할선거관리위원회는 정당이 선정·신고한 자를 우선 지정하고 나머지 인원은 무소속후보자가 선정·신고한 자중에서 8명에 달할 때까지 추첨에 의하여 지정한다.

 ① 제212조

② 제213조 제1항

③ 제213조 제3항

④ 동시선거에 있어서 사전투표참관인은 8명 이내로 하되, 선정·신고한 인원수가 8명을 넘는 때에는 관할선거관리위원회는 정당이 선정·신고한 자를 우선 지정하고 나머지 인원은 무소속후보자가 선정·신고한 자중에서 8명에 달할 때까지 추첨에 의하여 지정한다. 이 경우 정당이 선정·신고한 인원수가 8명을 넘는 때에는 제150조 제3항부터 제5항까지의 규정에 따른 정당순위의 앞순위의 정당이 선정·신고한 자부터 8명에 달할 때까지 지정한다(제213조 제4항).

Answer 3.① 4.④ 5.④

6 동시선거의 특례에 대한 설명으로 옳지 않은 것은?

① 동시선거에 있어서 개표참관인은 후보자를 추천한 정당마다 5인을, 무소속후보자는 3인을 선정·신고하여야 한다. 다만, 구·시·군선거관리위원회는 거소투표·선상투표 및 사전투표의 개표를 하는 때에는 정당 또는 후보자가 선정·신고한 자중에서 정당은 2인씩을, 무소속후보자는 1인씩을 참관하게 한다.

② 동시선거에 있어서 관람증의 매수는 제182조 제2항의 규정에 불구하고 정당별로 균등하게 우선 배부한 후 무소속후보자별로 균등하게 배부하되, 후보자마다 1매 이상 배부하여야 한다.

③ 4개 이상 동시선거에 있어 지역구자치구·시·군의원선거의 후보자는 연설·대담을 위하여 자동차 1대와 휴대용 확성장치 1조를 사용할 수 있다.

④ 임기만료에 의한 지방자치단체의 의회의원 및 장의 선거를 동시에 실시하는 경우 개표진행 및 결과공표는 제178조 제1항·제3항에도 불구하고 읍·면·동을 단위로 할 수 있다.

> **ADVICE** ① 동시선거에 있어서 개표참관인은 제181조 제2항의 규정에 의한 선정·신고인원수에 불구하고 후보자를 추천한 정당마다 8인을, 무소속후보자는 2인을 선정·신고하여야 한다. 다만, 구·시·군선거관리위원회는 거소투표·선상투표 및 사전투표의 개표를 하는 때에는 정당 또는 후보자가 선정·신고한 자중에서 정당은 4인씩을, 무소속후보자는 1인씩을 참관하게 한다(제215조 제1항).
> ② 제215조 제2항
> ③ 제216조 제1항
> ④ 제216조 제2항

재외선거에 관한 특례

1 재외선거관리위원회 설치·운영에 대한 설명으로 옳지 않은 것은?

① 중앙선거관리위원회는 대통령선거와 임기만료에 따른 국회의원선거를 실시하는 때마다 선거일 전 150일부터 선거일 후 30일까지 대한민국재외공관 설치법 제2조에 따른 공관마다 재외선거의 공정한 관리를 위하여 재외선거관리위원회를 설치·운영하여야 한다.

② 재외선거관리위원회는 중앙선거관리위원회가 지명하는 2명 이내의 위원과 국회에 교섭단체를 구성한 정당이 추천하는 각 1명, 공관의 장 또는 공관의 장이 공관원 중에서 추천하는 1명을 중앙선거관리위원회가 위원으로 위촉하여 구성하되, 그 위원 정수는 홀수로 한다.

③ 국회의원의 선거권이 없는 사람, 정당의 당원인 사람, 재외투표관리관은 재외선거관리위원회의 위원이 될 수 없다.

④ 재외선거관리위원회의 관할 구역은 해당 공관의 영사관할구역(공관의 장이 다른 대사관의 장을 겸하는 경우에는 그 다른 대사관의 영사관할구역을 포함한다)으로 하고, 그 명칭은 해당 공관명을 붙여 표시하되 약칭을 사용할 수 있다.

> **ADVICE** ① 중앙선거관리위원회는 대통령선거와 임기만료에 따른 국회의원선거를 실시하는 때마다 선거일 전 180일부터 선거일 후 30일까지 「대한민국재외공관 설치법」 제2조에 따른 공관(같은 법 제3조에 따른 분관 또는 출장소를 포함하고, 영사사무를 수행하지 아니하거나 영사관할구역이 없는 공관 및 영사관할구역 안에 공관사무소가 설치되지 아니한 공관은 제외한다. 이하 이 장에서 "공관"이라 한다)마다 재외선거의 공정한 관리를 위하여 재외선거관리위원회를 설치·운영하여야 한다. 다만, 대통령의 궐위(闕位)로 인한 선거 또는 재선거는 그 선거의 실시사유가 확정된 날부터 10일 이내에 재외선거관리위원회를 설치하여야 한다(제218조 제1항).
> ② 제218조 제2항
> ③ 제218조 제3항
> ④ 제218조 제8항

2 재외선거관리위원회와 재외투표관리관에 대한 설명으로 옳지 못한 것은?

① 재외선거에 관한 사무를 처리하기 위하여 공관마다 재외투표관리관을 둔다.

② 재외투표관리관은 공관의 장으로 한다. 다만, 공관의 장과 총영사를 함께 두고 있는 공관의 경우 그 공관의 장이 총영사를 재외투표관리관으로 지정할 수 있다.

③ 재외선거관리위원회는 재외투표소 설치장소와 운영기간 등의 결정·공고 및 재외국민의 선거권 행사에 필요한 사항의 홍보·지원을 위한 사무를 처리한다.

④ 재외투표관리관은 재외선거인 등록신청과 국외부재자 신고의 접수 및 처리 및 재외투표소 설비 사무를 처리한다.

ADVICE
① 제218조의2 제1항
② 제218조의2 제2항
③ 재외국민의 선거권 행사에 필요한 사항의 홍보·지원은 재외투표관리관이 담당하는 업무이다(제218조의3 제1항).
④ 제218조의3 제2항
※ **재외선거관리위원회와 재외투표관리관의 직무**(제218조의3)
　① 재외선거관리위원회는 재외선거에 관한 다음 각 호의 사무를 처리한다.
　　1. 재외투표소 설치장소와 운영기간 등의 결정·공고
　　2. 재외투표소의 투표관리
　　3. 재외투표소 투표사무원 위촉 및 투표참관인 선정
　　4. 재외투표관리관이 행하는 선거관리사무 감독
　　5. 선거범죄 예방 및 단속에 관한 사무
　　6. 그 밖에 재외투표관리관이 필요하다고 인정하여 재외선거관리위원회에 부의하는 사항
　② 재외투표관리관은 다음 각 호의 사무를 처리한다.
　　1. 재외선거인 등록신청과 국외부재자 신고의 접수 및 처리
　　2. 재외국민의 선거권 행사에 필요한 사항의 홍보·지원
　　3. 재외투표소 설비
　　4. 재외투표 국내 회송 등 재외선거사무(국외부재자투표사무를 포함한다. 이하 같다) 총괄 관리
　　5. 재외선거관리위원회 운영 지원

3 국외부재자 신고에 대한 설명으로 옳지 않은 것은?

① 주민등록 한 사람으로서 사전투표기간 개시일 전 출국하여 선거일 후에 귀국이 예정된 사람으로 외국에서 투표하려는 선거권자는 대통령선거 선거일 전 100일부터 선거일 전 50일까지 서면 또는 전자우편으로 관할 구·시·군의 장에게 국외부재자 신고를 하여야 한다.

② 국외부재자 신고를 하려는 사람은 그 신고서에 성명 주민등록번호. 주소. 거소를 적고 여권사본을 덧붙여야 한다.

③ 전자우편을 이용하여 국외부재자 신고를 하려는 때에는 재외투표관리관 또는 구·시·군의 장이 공고하는 전자우편 주소로 국외부재자신고서를 전송하는 방법으로 하여야 한다.

④ 재외투표관리관 또는 구·시·군의 장은 전자우편을 이용한 국외부재자 신고를 접수하기 위하여 전자우편 계정을 별도로 개설하는 등 필요한 조치를 하여야 한다.

ADVICE ① 주민등록이 되어있는 한 사람으로서 사전투표기간 개시일 전 출국하여 선거일 후에 귀국이 예정된 사람, 외국에 머물거나 거주하여 선거일까지 귀국하지 아니할 사람으로서 외국에서 투표하려는 선거권자(지역구국회의원선거에서는 주민등록이 되어 있는 선거권자는 제외한다)는 대통령선거와 임기만료에 따른 국회의원선거를 실시하는 때마다 선거일 전 150일부터 선거일 전 60일까지 서면 또는 전자우편으로 관할 구·시·군의 장에게 국외부재자 신고를 하여야 한다. 이 경우 외국에 머물거나 거주하는 사람은 공관을 경유하여 신고하여야 한다(제218조의4 제1항).
② 제218조의4 제2항
③ 제218조의4 제3항
④ 제218조의4 제4항

4 재외선거인 등록신청에 대한 설명으로 옳지 않은 것은?

① 주민등록이 되어 있지 아니한 사람으로서 외국에서 투표하려는 선거권자는 대통령선거와 임기만료에 따른 지역구국회의원선거를 실시하는 때마다 선거일 전 100일부터 선거일 전 50일까지 중앙선거관리위원회에 재외선거인 등록신청을 하여야 한다.

② 공관을 직접 방문하여 서면으로 재외선거인 등록신청을 하려는 사람은 그 신청서에 성명, 여권번호·생년월일 및 성별, 국내의 최종주소지, 거소를 적고 여권사본과 자신이 거주하는 지역을 관할하는 공관의 재외투표관리관이 공고한 서류의 사본을 덧붙여야 한다.

③ 재외선거인명부에 올라 있는 선거인은 그 기재사항의 변경이 있는 경우에는 해당 선거의 선거일 전 60일까지 재외선거인 변경등록신청을 하여야 한다.

④ 전자우편을 이용하여 재외선거인 등록신청을 하려는 사람은 그 신청서에 성명, 여권번호·생년월일 및 성별, 국내의 최종주소지, 거소를 적고 자신의 여권사본 및 자신이 거주하는 지역을 관할하는 공관의 재외투표관리관이 공고한 서류의 사본을 덧붙여야 한다.

> **ADVICE** ① 주민등록이 되어 있지 아니한 사람으로서 외국에서 투표하려는 선거권자는 대통령선거와 임기만료에 따른 비례대표국회의원선거를 실시하는 때마다 선거일 전 150일부터 선거일 전 60일까지 다음 각 호의 어느 하나에 해당하는 방법으로 중앙선거관리위원회에 재외선거인 등록신청을 하여야 한다.
> 1. 공관을 직접 방문하여 서면으로 신청하는 방법. 이 경우 대한민국 국민은 가족(본인의 배우자와 본인·배우자의 직계존비속을 말한다)의 재외선거인 등록신청서를 대리하여 제출할 수 있다.
> 2. 관할구역을 순회하는 공관에 근무하는 직원에게 직접 서면으로 신청하는 방법. 이 경우 제1호 후단을 준용한다.
> 3. 우편 또는 전자우편을 이용하여 신청하는 방법
> ② 제218조의5 제2항
> ③ 제218조의5 제3항
> ④ 제218조의5 제4항

5 공관부재자신고인명부의 작성과 송부에 대한 설명으로 옳지 않은 것은?

① 재외투표관리관이 국외부재자신고서 또는 재외선거인 등록신청서를 접수하면 기재사항의 적정 여부, 덧붙여야 할 서류, 정당한 신고·신청 여부를 확인한 다음 제218조의4 제1항 각 호의 어느 하나에 해당하는 사람을 대상으로는 공관부재자신고인명부를, 제218조의5 제1항에 해당하는 사람을 대상으로는 재외선거인 등록신청자명부를 각각 작성하여야 한다.

② 재외투표관리관은 기재사항의 적정여부를 확인하기 위해 필요한 경우에는 주민등록 전산정보자료 또는 가족관계 등록전산정보자료, 그 밖에 국가가 관리하는 전산정보자료를 이용할 수 있다.

③ 재외투표관리관이 공관부재자신고인명부와 재외선거인 등록신청자명부를 작성하면 이를 즉시 구·시·군별로 분류하여 국외부재자신고서 및 재외선거인 등록신청서와 함께 해당 구·시·군의 장에게 보낸다.

④ 공관부재자신고인명부, 재외선거인 등록신청자명부, 국외부재자신고서 및 재외선거인 등록신청서의 송부는 전산조직을 이용한 전산정보자료의 전송으로 갈음할 수 있다. 이 경우 해당 서류 원본의 보관, 그 밖에 필요한 사항은 중앙선거관리위원회규칙으로 정한다.

> **ADVICE** ① 제218조의6 제1항
> ② 제218조의6 제2항
> ③ 외교부장관을 경유하여 중앙선거관리위원회에 보낸다. 중앙선거관리위원회는 이를 해당 구·시·군의 장에게 보낸다(제218조의7 제1항, 제2항).
> ④ 제218조의7 제3항

6 재외선거인명부의 작성에 대한 설명으로 옳지 않은 것은?

① 중앙선거관리위원회는 재외선거인 해당 선거의 선거일 전 60일 현재의 최종주소지 또는 등록기준지를 기준으로 선거일 전 50일부터 선거일 전 41일까지 10일간 재외투표관리관이 송부한 재외선거인 등록신청서에 따라 재외선거인명부를 작성한다.

② 중앙선거관리위원회는 해당 선거의 선거일 전 60일까지 재외선거인명부를 정비하여야 한다.

③ 주민등록법 제30조에 따른 주민등록에 관한 정보를 관리하는 기관의 장은 중앙선거관리위원회가 재외선거인명부를 작성하기 위하여 필요한 범위에서 해당 정보에 대하여 전산조직으로 조회할 수 있도록 필요한 조치를 하여야 한다.

④ 중앙선거관리위원회는 재외선거인 등록을 신청한 사람이 정당한 신청인인지를 확인하기 위하여 관계 행정기관에 필요한 지시를 할 수 있다.

> **ADVICE** ① 중앙선거관리위원회는 해당 선거의 선거일 전 60일 현재의 최종주소지 또는 등록기준지를 기준으로 선거일 전 49일부터 선거일 전 40일까지 10일간 재외투표관리관이 송부한 재외선거인 등록신청서에 따라 재외선거인명부를 작성한다. 이 경우 같은 사람이 2 이상의 재외선거인 등록신청을 한 사실이 발견된 때에는 그 중 가장 나중에 접수된 재외선거인 등록신청서에 따라 재외선거인명부를 작성한다(제218조의8 제1항).
> ② 제218조의8 제2항
> ③ 제218조의8 제4항
> ④ 제218조의8 제5항

7 국외부재자신고인명부의 작성에 대한 설명으로 옳지 않은 것은?

① 구·시·군의 장은 국외부재자 신고기간만료일 현재의 주소지를 기준으로 선거일 전 45일부터 선거일 전 41일까지 5일간 중앙선거관리위원회가 송부한 국외부재자신고서와 해당 구·시·군의 장이 직접 접수한 국외부재자신고서에 따라 국외부재자신고인명부를 작성한다.

② ①항의 경우 같은 사람이 2 이상의 국외부재자신고를 한 사실이 발견된 때에는 그 중 가장 나중에 접수된 국외부재자신고서에 따라 국외부재자신고인명부를 작성한다.

③ 거짓으로 국외부재자 신고를 한 사람이나 자신의 의사에 따라 신고한 것으로 인정되지 아니하는 사람은 국외부재자신고인명부에 올릴 수 없다.

④ 국외부재자신고인명부 작성의 감독 등에 관하여는 제39조를 준용한다. 이 경우 "선거인명부"는 "국외부재자신고인명부"로, "선거인명부작성기간"은 "국외부재자신고인명부 작성기간"으로 본다.

8 재외선거인명부등의 열람에 대한 설명으로 옳지 않은 것은?

① 구·시·군의 장은 재외선거인명부 및 국외부재자신고인명부의 작성기간 만료일의 다음 날부터 7일간 장소를 정하여 재외선거인명부등을 열람할 수 있도록 하여야 한다.

② 선거권자는 누구든지 재외선거인명부등의 열람기간 중 자유로이 재외선거인명부등을 열람할 수 있다.

③ 명부작성권자는 재외선거인명부등의 열람기간 동안 자신이 개설·운영하는 인터넷 홈페이지에서 국외부재자 신고를 한 사람이나 재외선거인등록을 신청한 사람이 자신의 정보에 한하여 재외선거인명부등을 열람할 수 있도록 하는 기술적 조치를 하여야 한다.

④ 재외투표관리관은 재외선거인명부등의 열람기간 동안 중앙선거관리위원회가 전송하는 재외선거인명부등을 이용하여 재외선거인등이 재외선거인명부등에 올라 있는지 여부를 확인할 수 있도록 하여야 한다.

Answer 6.① 7.① 8.①

9 재외선거인명부등에 대한 이의 및 불복신청에 대한 설명으로 옳지 않은 것은?

① 선거권자는 재외선거인명부 등의 열람기간 중 재외선거인명부 등에 정당한 선거권자가 빠져 있거나 잘못 써진 내용이 있거나 자격이 없는 사람이 올라 있으면 말 또는 서면으로 명부작성권자에게 이의를 신청할 수 있고, 해당 명부작성권자는 그 신청이 있는 날의 다음 날까지 심사 · 결정하여야 한다.

② 이의신청에 따른 구 · 시 · 군의 장의 결정에 대하여 불복이 있는 이의신청인이나 관계인은 그 통지를 받은 날의 3일 이내로 관할선거관리위원회에 서면 또는 구술로 불복을 신청할 수 있다.

③ 이의신청기간 만료일의 다음 날부터 재외선거인명부 등의 확정일 전일까지 명부작성권자의 착오나 그 밖의 사유로 재외선거인 등록신청 또는 국외부재자 신고를 한 사람 중 정당한 선거권자가 재외선거인명부등에 빠진 것이 발견된 경우 해당 선거권자는 명부작성권자에게 소명자료를 붙여 서면으로 등재신청을 할 수 있다.

④ 이의신청 · 불복신청 또는 재외선거인명부등 등재신청에 대한 결정 내용의 통지는 명부작성권자가 개설 · 운영하는 인터넷 홈페이지에 게시하거나 전자우편을 전송하는 방법으로 갈음할 수 있다.

> **ADVICE** ① 제218조의11 제1항
> ② 그 통지를 받은 날의 다음 날까지 관할 구 · 시 · 군선거관리위원회에 서면으로 불복을 신청할 수 있다(제218조의11 제2항).
> ③ 제218조의11 제3항
> ④ 제218조의11 제5항

10 다음 중 공직선거법의 규정과 일치하지 않은 것은?

① 대통령의 궐위로 인한 선거 또는 재선거를 실시하는 경우에 재외선거인 등록신청기간과 국외부재자 신고기간 은 선거일전 150일 전부터 선거일 전 60일까지로 한다.

② 명부작성권자는 재외선거인명부등이 확정되면 즉시 그 명부 사본 1부를 관할 구·시·군선거관리위원회에 보내야 한다. 이 경우 구·시·군의 장은 국외부재자신고서를 함께 보내야 한다.

③ 중앙선거관리위원회는 투표용지를 작성·교부하는 경우에는 확정된 재외선거인명부등을 하나로 합하여 재외선거관리위원회에 송부하여야 하며, 그 절차와 방법, 그 밖에 필요한 사항은 중앙선거관리위원회규칙으로 정한다.

④ 재외선거인명부등은 선거일 전 30일에 확정되며, 국외부재자신고인명부는 해당 선거에 한하여 효력을 가진다. 누구든지 재외선거인등이 투표한 후에는 그 재외선거인등의 해당 선거의 선거권 유무에 대하여 대한민국 국민이 아니라는 이유로 법적·행정적 이의를 제기할 수 없다.

> **ADVICE** ① **공직선거법 제218조의12 제1항**: 제218조의4부터 제218조의11까지의 규정에도 불구하고 대통령의 궐위로 인한 선거 또는 재선거를 실시하는 경우에 재외선거인 등록신청기한과 국외부재자 신고기간 등은 다음 각 호에 따른다. 이 경우 재외선거인명부등에 대한 열람과 이의신청을 위한 기간은 따로 두지 아니한다.
> 1. 재외선거인 등록신청기한 및 국외부재자 신고기간 : 선거의 실시사유가 확정된 때부터 선거일 전 40일까지
> 2. 재외선거인명부등의 작성기간 : 선거일 전 34일부터 선거일 전 30일까지
> ② 제218조의13 제2항
> ③ 제218조의13 제3항
> ④ 제218조의13 제1항 제4항

11 국외선거운동 방법에 관한 특례에 대한 설명으로 옳지 않은 것은?

① 재외선거권자를 대상으로 하는 선거운동에는 위성방송시설을 이용한 방송광고, 위성 방송시설을 이용한 방송연설, 전화를 이용하거나 말로 하는 선거운동 등이 있다.

② 대통령선거의 방송광고 횟수는 텔레비전 및 라디오 방송시설별로 각 10회 이내, 비례대표국회의원선거의 방송광고 횟수는 텔레비전 및 라디오 방송시설별로 각 5회 이내로 한다.

③ 대통령선거의 방송연설의 횟수는 후보자와 그가 지명한 연설원이 각각 텔레비전 및 라디오 방송시설별로 각 6회 이내, 비례대표국회의원선거의 방송연설의 횟수는 정당별로 정당의 대표자가 선임한 2명이 각각 텔레비전 및 라디오 방송시설별로 각 2회로 한다.

④ 한국국제협력단법에 따라 설립된 한국국제협력단, 한국국제교류재단법에 따라 설립된 한국국제교류재단의 상근 임직원 및 대표자는 재외선거권자를 대상으로 선거운동을 할 수 없다.

> **ADVICE** ① 제218조의14 제1항
> ② 제218조의14 제2항
> ③ 방송연설의 횟수는 대통령선거의 경우 후보자와 그가 지명한 연설원이 각각 텔레비전 및 라디오 방송시설별로 각 5회 이내, 비례대표국회의원선거의 경우 정당별로 정당의 대표자가 선임한 2명이 각각 텔레비전 및 라디오 방송시설별로 각 1회로 한다(제218조의14 제3항).
> ④ 제218조의14 제6항

12 공직선거법에 대한 설명으로 옳지 않은 것은?

① 재외선거권자를 대상으로 하는 선거운동을 위하여 국외에서 지출한 비용은 선거비용으로 보지 아니한다.

② 재외선거의 투표는 선거인이 투표용지에 기표용구를 사용하여 투표하여야 한다.

③ 재외투표는 선거일 오후 8시(대통령의 궐위로 인한 선거 또는 재선거 포함)까지 관할 구·시·군선거관리위원회에 도착되어야 한다.

④ 신고에 관한 구체적인 절차 및 그 밖에 필요한 사항은 중앙선거관리위원회규칙으로 정한다.

② 제218조의16 제1항
③ 재외투표는 선거일 오후 6시(대통령의 궐위로 인한 선거 또는 재선거는 오후 8시를 말한다)까지 관할 구·시·군선거관리위원회에 도착되어야 한다(제218조의16 제2항).
④ 제218조의16 제4항

13 재외투표소의 설치·운영에 대한 설명으로 옳지 않은 것은?

① 재외선거관리위원회는 선거일 전 14일부터 선거일 전 9일까지의 기간 중 6일 이내의 기간을 정하여 공관에 재외투표소를 설치·운영하여야 한다.

② 재외선거관리위원회는 관할구역의 재외국민수가 4만명 이상인 것으로 추정되는 경우에는 재외투표기간 중 기간을 정하여 공관 또는 공관의 대체시설 외에 재외투표소를 추가로 설치·운영할 수 있다.

③ 재외선거관리위원회는 정당추천위원이 아닌 1명의 위원을 책임위원으로 지정하여 재외투표소의 투표관리를 행하게 한다. 다만, 책임위원으로 지정되지 아니한 위원도 본인의 의사에 따라 투표관리에 참여할 수 있다.

④ 재외투표소는 재외투표기간 중 공휴일을 제외하고 매일 오전 9시에 열고 오후 6시에 닫는다.

ADVICE ① 제218조의17 제1항
② 제218조의17 제2항
③ 제218조의17 제5항
④ 재외투표소는 재외투표기간 중 공휴일에도 불구하고 매일 오전 8시에 열고 오후 5시에 닫는다(제218조의17 제7항).

Answer 11.③ 12.③ 13.④

14 투표용지 작성 및 송부에 대한 설명으로 옳지 않은 것은?

① 읍·면·동선거관리위원회는 투표용지를 작성하여 선거일 전 30일까지 재외선거인명부등에 올라 있는 재외선거인등에게 해당 투표용지·재외선거안내문 및 회송용 봉투를 배달확인이 가능한 국제우편으로 발송하여야 한다. 이 경우 우편요금은 국가가 부담한다.

② 중앙선거관리위원회는 투표용지의 작성을 위하여 작성한 투표용지원고를 재외투표기간 개시일 전 2일까지 전산조직을 이용하여 재외투표관리관에게 보내야 한다.

③ 중앙선거관리위원회는 투표용지의 작성 및 투표용지원고의 송부에 필요한 기술적 조치를 하여야 한다.

④ 재외투표소의 책임위원은 투표용지 발급기의 장애 등으로 인하여 제3항에 따른 방법으로 투표용지를 작성·교부할 수 없는 때에는 중앙선거관리위원회가 전산조직으로 송부한 투표용지원고를 이용하여 투표용지를 작성·교부한다.

 ① 중앙선거관리위원회는 재외투표소의 책임위원으로 하여금 재외투표소에서 투표용지 발급기를 이용하여 투표용지를 작성·교부하게 한다. 이 경우 투표용지에 인쇄하는 일련번호에 관하여는 제151조제6항 후단을 준용한다(제218조의18 제1항).
② 제218조의18 제2항
③ 제218조의18 제3항
④ 제218조의18 제4항

15 재외선거의 투표 절차에 대한 설명으로 옳지 않은 것은?

① 재외선거인등은 신분증명서를 제시하여 본인임을 확인받은 다음 전자적 방식으로 손도장을 찍거나 서명한 후 투표용지를 받아야한다.

② 재외투표소의 책임위원은 투표용지 발급기로 투표용지를 인쇄하여 "책임위원" 칸에 자신의 도장을 찍거나 서명한 후 일련번호를 떼지 아니하고 회송용 봉투와 함께 교부한다.

③ 투표용지와 회송용 봉투를 받은 재외선거인등은 기표소에 들어가 투표용지에 2명의 후보자를 선택하여 투표용지의 해당 칸에 기표한 다음 그 자리에서 기표내용이 다른 사람에게 보이지 아니하게 접어 이를 회송용 봉투에 넣어 봉함한 후 투표함에 넣어야 한다.

④ 투표용지 발급기의 봉함·봉인, 그 밖에 필요한 사항은 중앙선거관리위원회규칙으로 정한다.

ADVICE ① 제218조의19 제1항
② 제218조의19 제2항
③ 투표용지와 회송용 봉투를 받은 재외선거인등은 기표소에 들어가 투표용지에 1명의 후보자를 선택하여 투표용지의 해당 칸에 기표한 다음 그 자리에서 기표내용이 다른 사람에게 보이지 아니하게 접어 이를 회송용 봉투에 넣어 봉함한 후 투표함에 넣어야 한다.
④ 제218조의19 제4항

Answer 14.① 15.③

16 재외투표소의 투표참관에 대한 설명으로 옳지 않은 것은?

① 대통령선거의 경우 후보자가, 국회의원선거의 경우 정당이 선거일 전 15일까지 재외선거관리위원회에 재외투표소별로 재외선거인등 중 2명을 투표참관인으로 신고할 수 있다.

② 제2항에 따라 신고한 투표참관인은 언제든지 교체할 수 있으며, 재외투표기간에는 그 재외투표소에서 교체신고를 할 수 있다.

③ 제2항에 따른 투표참관인의 선정이 없거나 한 후보자 또는 한 정당이 선정한 투표참관인밖에 없는 경우에는 재외선거관리위원회가 재외선거인 등 중 2명을 본인의 승낙을 얻어 투표참관인으로 선정한다.

④ 재외투표소의 책임위원은 원활한 투표관리를 위하여 필요한 때에는 투표참관인을 교대로 참관하게 할 수 있다. 이 경우 정당·후보자별로 투표참관인 수의 2분의 1씩 교대하여 참관하게 하여야 한다.

> **ADVICE** ① 대통령선거의 경우 후보자(정당추천후보자의 경우에는 후보자를 추천한 정당을 말한다)가, 국회의원선거의 경우 보조금의 배분 대상이 되는 정당이 선거일 전 17일까지 재외선거관리위원회에 재외투표소별로 재외선거인 등 중 2명을 투표참관인으로 신고할 수 있다(제218조의20 제2항).
> ② 제218조의20 제3항
> ③ 제218조의20 제4항
> ④ 제218조의20 제6항

17 재외투표의 회송에 대한 설명으로 옳지 않은 것은?

① 재외투표소의 책임위원은 매일의 재외투표 마감 후 투표참관인의 참관 아래 투표함을 열고 투표자수를 계산한 다음 재외투표를 포장·봉인(封印)하여 재외투표관리관에게 인계하여야 한다.

② 재외투표관리관은 제1항에 따른 재외투표를 재외투표기간 만료일 후 지체 없이 국내로 회송하고, 외교부장관은 외교행낭의 봉함·봉인 상태를 확인한 후 중앙선거관리위원회에 보내야 한다. 이 경우 재외투표의 수가 많은 때에는 재외투표기간 중 그 일부를 먼저 보낼 수 있다.

③ 중앙선거관리위원회는 제2항에 따라 인수한 재외투표를 관할 읍·면·동선거관리위원회에 등기우편으로 보내야 한다.

④ 제2항에 따른 재외투표의 국내 회송방법, 그 밖에 필요한 사항은 중앙선거관리위원회규칙으로 정한다.

 ① 제218조의21 제1항
② 제218조의21 제2항
③ 중앙선거관리위원회는 제2항에 따라 인수한 재외투표를 관할 구·시·군선거관리위원회에 등기우편으로 보내야 한다(제218조의21 제3항).
④ 제218조의21 제4항

18 재외투표에 대한 설명으로 옳지 않은 것은?

① 재외투표소의 책임위원은 재외투표소에 재외투표소투표록을 비치하고 매일의 투표자 수, 재외투표관리관에 대한 재외투표의 인계, 그 밖에 재외투표소의 투표관리에 관한 사항을 기록하여야 한다.

② 재외투표관리관은 재외선거관리록을 비치하고 재외선거인 등록신청과 국외부재자 신고의 접수 및 처리, 재외투표소 설치·운영, 그 밖에 재외선거 및 국외부재자투표의 관리에 관한 사항을 적어야 한다.

③ 재외투표관리관이 제218조의21제2항 전단에 따라 재외투표를 중앙선거관리위원회에 보내는 때에는 재외투표소투표록을 함께 보내야 한다.

④ 관할선거관리위원회는 선거일 전 7일부터 재외투표의 투입과 보관을 위하여 국외부재자 투표함과 재외선거인 투표함을 각각 갖추어 놓아야 한다.

 ① 제218조의22 제1항
② 제218조의22 제3항
③ 제218조의22 제4항
④ 구·시·군선거관리위원회는 선거일 전 10일부터 재외투표의 투입과 보관을 위하여 국외부재자 투표함과 재외선거인 투표함을 각각 갖추어 놓아야 한다(제218조의23 제1항).

19 재외투표의 개표에 대한 설명으로 옳지 않은 것은?

① 재외투표는 구·시·군선거관리위원회가 개표한다.

② 재외투표함은 개표참관인의 참관 아래 선거일 오후 7시후에 개표소로 옮겨서 다른 투표함의 투표지와 별도로 먼저 개표할 수 있다.

③ 재외선거관리위원회가 제3항에 따라 개표하는 때에는 선거일 오후 6시 이후에 개표참관인의 참관 아래 공관에서 개표하고, 그 결과를 중앙선거관리위원회에 보고하며, 중앙선거관리위원회는 관할 선거구선거관리위원회에 그 결과를 통지한다.

④ 재외선거관리위원회가 재외투표를 개표하는 경우 재외투표의 보관, 개표의 진행 및 절차, 개표결과의 보고·통지, 그 밖에 필요한 사항은 중앙선거관리위원회규칙으로 정한다.

> **ADVICE** ① 제218조의24 제1항
> ② 재외투표함은 개표참관인의 참관 아래 선거일 오후 6시(대통령의 궐위로 인한 선거 또는 재선거는 오후 8시를 말한다) 후에 개표소로 옮겨서 다른 투표함의 투표지와 별도로 먼저 개표할 수 있다(제218조의24 제2항).
> ③ 제218조의24 제4항
> ④ 제218조의24 제6항

20 재외투표의 효력에 대한 설명으로 옳지 않은 것은?

① 후보자의 성명이나 정당의 명칭 또는 기호를 모두 한글 또는 아라비아숫자가 아닌 그 밖의 문자로 적는 경우는 무효로 한다.

② 비례대표국회의원선거에서 후보자의 성명을 적은 경우는 무효로 한다.

③ 같은 후보자의 성명이나 정당의 명칭 또는 기호를 2회 이상 적은 것은 무효로 한다.

④ 같은 선거에서 한 사람이 2회 이상 투표를 한 경우는 무효로 한다.

> **ADVICE** ③ 같은 후보자의 성명이나 정당의 명칭 또는 기호를 2회 이상 적은 것은 무효로 하지 않는다(제218조의25 제2항).
> ※ **재외투표의 효력**(제218조의25)
>   ㉠ **재외투표의 무효사유**
>   • 후보자의 성명이나 정당의 명칭 또는 기호를 모두 한글 또는 아라비아숫자가 아닌 그 밖의 문자로 적는 경우
>   • 비례대표국회의원선거에서 후보자의 성명을 적은 경우(정당의 명칭 또는 기호를 함께 적은 것을 포함한다)
>   • 같은 선거에서 한 사람이 2회 이상 투표를 한 경우

ⓛ 재외투표가 무효로 되지 않는 경우
  • 같은 후보자의 성명이나 정당의 명칭 또는 기호를 2회 이상 적은 것
  • 후보자의 성명이나 정당의 명칭 또는 기호가 일부 틀리게 적혀 있으나 어느 후보자 또는 정당
    에게 투표하였는지 명확한 것

21 다음 중 공직선거법에 대한 설명으로 옳지 않은 것은?

① 국외에서 범한 이 법에 규정된 죄의 공소시효는 해당 선거일 후 3년을 경과함으로써
   완성한다.
② 중앙선거관리위원회와 재외투표관리관은 재외선거인 등록신청, 재외투표의 방법, 그
   밖에 재외선거인의 선거권 행사를 위한 사항을 홍보하는 등 재외선거인의 투표참여
   와 재외선거의 공정성을 확보하기 위하여 노력하여야 한다.
③ 중앙선거관리위원회는 재외선거인이 전화 또는 인터넷을 통하여 후보자를 추천한 정
   당의 명칭, 후보자의 성명, 기호 및 선거공약 등을 알 수 있도록 필요한 조치를 하
   여야 한다.
④ 중앙선거관리위원회, 법무부, 경찰청 등은 재외선거관리위원회 또는 재외투표관리관
   이 행하는 재외선거사무를 지원하고 위법행위 예방 및 자료수집 등을 위하여 필요한
   경우에는 공관에 소속 직원을 파견할 수 있다.

> **ADVICE** ① 국외에서 범한 이 법에 규정된 죄의 공소시효는 해당 선거일 후 5년을 경과함으로써 완성한다(제
> 218조의26 제1항).
> ② 제218조의27 제1항
> ③ 제218조의27 제2항
> ④ 제218조의28 제1항

22 공직선거법에 대한 설명으로 옳지 않은 것은?

① 중앙선거관리위원회는 천재지변 또는 전쟁·폭동, 그 밖에 부득이한 사유로 해당 공관 관할구역에서 재외선거를 실시할 수 없다고 인정하는 때에는 해당 공관에 재외선거관리위원회를 설치하지 아니하거나 설치·운영 중인 재외선거관리위원회 및 재외투표관리관의 재외선거사무를 중지할 것을 결정할 수 있다.

② 중앙선거관리위원회는 재외선거관리위원회 및 재외투표관리관의 재외선거사무를 중지결정 후 재외투표기간 전에 사정 변경으로 재외선거를 실시할 수 있다고 인정하는 때에는 지체 없이 재외선거관리위원회를 설치하거나 재외선거사무가 중지된 해당 재외선거관리위원회 및 재외투표관리관으로 하여금 재외선거사무를 재개하도록 하여야 한다.

③ 외교부장관은 국외에서 이 법에 따른 장기 3년 이상의 형에 해당하는 죄를 범하여 기소중지된 사람에 대하여 재외선거관리위원회의 요청이 있는 때에는 여권의 발급을 제한하거나 반납을 명하여야 한다.

④ 중앙선거관리위원회 또는 검사가 여권발급의 제한을 요청할 때에는 그 요청사유, 제한기간 또는 반납 후의 보관기간 등을 적은 서면으로 하여야 한다.

> **ADVICE** ① 제218조의29 제1항
> ② 제218조의29 제3항
> ③ 국외선거범에 대한 여권발급 제한 등(제218조의30 제1항)
> 　외교부장관은 다음 각 호의 어느 하나에 해당하는 사람에 대하여 중앙선거관리위원회 또는 검사의 요청이 있는 때에는 「여권법」에 따른 여권의 발급·재발급을 제한하거나 반납을 명하여야 한다.
> 　1. 국외에서 이 법에 따른 장기 3년 이상의 형에 해당하는 죄를 범한 혐의를 인정할 만한 상당한 이유가 있으나 중앙선거관리위원회의 조사에 불응하거나 소재가 불명하여 조사를 종결할 수 없는 사람
> 　2. 국외에서 이 법에 따른 장기 3년 이상의 형에 해당하는 죄를 범하여 기소중지된 사람
> ④ 제218조의30 제2항

23 공직선거법에 대한 설명으로 옳지 않은 것은?

① 법무부장관은 국외에서 이 법에서 금지하는 행위를 하였다고 인정할 만한 상당한 이유가 있을지라도 외국인의 입국을 금지할 수 없다.

② 중앙선거관리위원회는 입국금지대상에 해당하는 외국인을 법무부장관에게 통보할 수 있다. 입국 금지기간은 해당 선거 당선인의 임기만료일까지로 한다.

③ 영사는 법원 또는 검사의 의뢰를 받아 대한민국 재외공관 등에서 「형사소송법」 제200조, 제221조에 따라 이 법의 위반행위와 관련된 피의자 또는 피의자 아닌 자의 출석을 요구하여 진술을 들을 수 있다.

④ 영사는 제1항에 따라 진술을 들을 경우 그 진술 내용을 기재한 조서를 작성하거나 진술서를 제출받을 수 있고, 그 과정을 영상녹화 할 수 있다. 다만, 피의자 아닌 자의 경우에는 동의를 받아야 영상녹화할 수 있다.

> **ADVICE** ① 법무부장관은 국외에서 이 법에서 금지하는 행위를 하였다고 인정할 만한 상당한 이유가 있는 외국인에 대하여 입국을 금지할 수 있다. 다만, 수사에 응하기 위하여 입국하려는 때에는 그러하지 아니하다(제218조의31 제1항).
> ② 제218조의31 제2항, 제3항
> ③ 제218조의32 제1항
> ④ 제218조의32 제3항

24 공직선거법에 대한 설명으로 옳지 않은 것은?

① 검사 또는 사법경찰관은 「형사소송법」 제200조, 제221조에 따라 재외공관에 출석한 이 법의 위반행위와 관련된 피의자 또는 피의자 아닌 자를 상대로 인터넷 화상장치를 이용하여 진술을 들을 수 있다.

② 제1항에 따라 진술을 들을 경우 검사 또는 사법경찰관은 해당 재외공관의 장에게 조사할 사건에 관하여 통보하여야 하고, 진술을 들을 때에는 영사가 참여하여야 한다.

③ 검사 또는 사법경찰관은 제1항에 따라 진술을 들을 경우 그 진술 내용을 기재한 조서를 작성할 수 있고, 그 과정을 영상 녹화하여야 한다. 다만, 피의자가 아닌 자의 경우에는 동의를 받아야 영상녹화할 수 있다.

⑥ 영사는 완성된 조서를 외교부 및 법무부를 경유하여 검사 또는 사법경찰관에게 송부하여야 한다.

> **ADVICE** ① 제218조의33 제1항
> ② 진술을 들을 경우 검사 또는 사법경찰관은 법무부 및 외교부를 경유하여 해당 재외공관의 장에게 조사할 사건에 관하여 통보하여 한다(제218조의33 제2항).
> ③ 제218조의33 제3항
> ④ 제218조의33 제6항

선거에 관한 쟁송

1 선거소청에 대한 설명으로 옳지 않은 것은?

① 지방자치단체의 장의 선거에 있어서 선거의 효력에 관하여 이의가 있는 선거인은 선거일부터 14일 이내에 당해 선거구선거관리위원회위원장을 피소청인으로 하여 중앙선거관리위원회에 소청할 수 있다.

② 지방의회의원 선거에 있어서 당선의 효력에 관하여 이의가 있는 후보자는 당선인결정일부터 14일 이내에 제190조(지역구지방의회의원당선인의 결정·공고·통지) 규정에 의한 결정의 위법을 이유로 하는 때에는 당해 선거구선거관리위원회위원장을 각각 피소청인으로 하여 중앙선거관리위원회에 소청할 수 있다.

③ 피소청인으로 될 당선인이 사퇴 또는 사망하거나, 당선의 효력이 상실되거나, 당선이 무효로 된 때에는 당해 선거구선거관리위원회위원장을, 당해 선거구선거관리위원회위원장이 궐위된 때에는 당해 선거구선거관리위원회위원 1인을 피소청인으로 한다.

④ 선거소청은 서면으로 하여야 하되, 소청인·피소청인의 성명과 주소 등을 기재한 후 기명하고 날인하여야 한다. 이 경우 소청장에는 당사자수에 해당하는 부본을 첨부하여야 한다.

> **ADVICE** ① 제219조 제1항
> ② 제219조 제2항
> ③ 당해 선거구선거관리위원회위원장이 궐위된 때에는 당해 선거구선거관리위원회위원 전원을 피소청인으로 한다(제219조 제4항).
> ④ 제219조 제5항

2 선거소송과 당선소송에 대한 설명으로 옳지 않은 것은?

① 대통령선거 및 국회의원선거에 있어서 선거의 효력에 관하여 이의가 있는 선거인 · 정당(후보자를 추천한 정당에 한한다) 또는 후보자는 선거일부터 30일 이내에 당해 선거구선거관리위원회위원장을 피고로 하여 대법원에 소를 제기할 수 있다.

② 지방자치단체의 장 선거의 효력에 관한 결정에 불복이 있는 소청인은 해당 소청에 대하여 기각 또는 각하 결정이 있는 경우에는 해당 선거구선거관리위원회 위원장을, 피고로 하여 그 결정서를 받은 날부터 10일 이내에 고등법원에 소를 제기할 수 있다.

③ 국회의원선거에 있어서 당선의 효력에 이의가 있는 후보자는 당선인결정일부터 30일 이내에 제188조(지역구국회의원당선인의 결정 · 공고 · 통지) 제1항 결정의 위법을 이유로 하는 때에는 당해 선거구선거관리위원회위원장을 각각 피고로 하여 대법원에 소를 제기할 수 있다.

④ 지방자치단체의 장의 선거에 있어서 당선의 효력에 관한 제220조의 결정에 불복이 있는 소청인은 해당 소청에 대하여 기각 또는 각하 결정이 있는 경우에는 당선인을 피고로 하여 그 결정서를 받은 날 부터 10일 이내에 자치구 · 시 · 군의 장 선거에 있어서는 그 선거구를 관할하는 고등법원에 소를 제기할 수 있다.

ADVICE ① 제222조 제1항
② 결정서를 받은 날부터 10일 이내에 비례대표 시 · 도지사선거에 있어서는 대법원에, 자치구 · 시 · 군의 장 선거에 있어서는 그 선거구를 관할하는 고등법원에 소를 제기할 수 있다(제222조 제2항).
③ 제223조 제1항
④ 제223조 제2항

Answer 1.③ 2.②

3 소청에 대한 결정과 관련해서 옳지 않은 것은?

① 제219조(選擧訴請) 제1항 또는 같은조 제2항의 소청을 접수한 중앙선거관리위원회 또는 시·도선거관리위원회는 소청을 접수한 날부터 50일 이내에 그 소청에 대한 결정을 하여야 한다.

② 선거소청에 대한 결정은 사건번호와 사건명, 당사자·참가인 및 대리인의 성명과 주소 등을 기재한 서면으로 하여야 하며, 결정에 참여한 위원이 기명하고 서명 또는 날인하여야 한다.

③ 중앙선거관리위원회 또는 시·도선거관리위원회는 지체없이 제2항의 결정서의 정본을 소청인·피소청인 및 참가인에게 송달하여야 하며, 그 결정요지를 공고하여야 한다.

④ 소청의 결정은 소청인에게 제3항의 규정에 의한 송달이 있는 때에 그 효력이 생긴다.

> **ADVICE** ① 소청을 접수한 날부터 60일 이내에 그 소청에 대한 결정을 하여야 한다(제220조 제1항).
> ② 제220조 제2항
> ③ 제220조 제3항
> ④ 제220조 제4항

4 공직선거법의 규정과 일치하지 않은 것은?

① 소청이나 소장을 접수한 선거관리위원회 또는 대법원이나 고등법원은 선거쟁송에 있어 선거에 관한 규정에 위반된 사실이 있는 때라도 선거의 결과에 영향을 미쳤다고 인정하는 때에 한하여 선거의 전부나 일부의 무효 또는 당선의 무효를 결정하거나 판결한다.

② 선거에 관한 소청이나 소송은 다른 쟁송에 우선하여 신속히 결정 또는 재판하여야 하며, 소송에 있어서는 수소법원은 소가 제기된 날 부터 90일 이내에 처리하여야 한다.

③ 이 장의 규정에 의하여 소청이 제기된 때 또는 소청이 계속되지 아니하게 되거나 결정된 때에는 중앙선거관리위원회 또는 시·도선거관리위원회는 당해 지방자치단체와 지방의회 및 관할선거구선거관리위원회에 통지하여야 한다.

④ 이 장의 규정에 의하여 소가 제기된 때 또는 소송이 계속되지 아니하게 되거나 판결이 확정된 때에는 대법원장 또는 고등법원장은 대통령선거 및 국회의원선거에 있어서는 국회와 중앙선거관리위원회 및 관할선거구선거관리위원회에, 지방의회의원 및 지방자치단체의 장의 선거에 있어서는 당해 지방자치단체와 지방의회 및 관할선거구선거관리위원회에 통지하여야 한다.

 ① 제224조
② 소송에 있어서는 수소법원은 소가 제기된 날 부터 180일 이내에 처리하여야 한다(제225조).
③ 제226조 제1항
④ 제226조 제2항

5 증거조사에 대한 설명으로 옳지 않은 것은?

① 정당 또는 후보자는 개표완료후에 선거쟁송을 제기하는 때의 증거를 보전하기 위하여 그 구역을 관할하는 지방법원 또는 그 지원에 투표함·투표지 및 투표록 등의 보전신청을 할 수 있다.

② 법관은 제1항의 신청이 있는 때에는 현장에 출장하여 조서를 작성하고 적절한 보관방법을 취하여야 한다. 다만, 소청심사에 필요한 경우 중앙선거관리위원회 또는 시·도선거관리위원회는 증거보전신청자의 신청에 의하여 관여법관의 입회하에 증거보전물품에 대한 검증을 할 수 있다.

③ 제2항의 처분은 제219조(選擧訴請)의 규정에 의한 소청의 제기가 없거나 제222조(選擧訴訟) 및 제223조(當選訴訟)의 규정에 의한 소의 제기가 없는 때에는 그 효력을 상실한다.

④ 선거에 관한 소송에 있어서는 대법원 및 고등법원은 고등법원·지방법원 또는 그 지원에 증거조사를 촉탁할 수 있다.

 ① 투표함·투표지 및 투표록 등의 보전신청을 할 수 있는 정당은 후보자를 추천한 정당에 한한다(제228조 제1항).
② 제228조 제2항
③ 제228조 제3항
④ 제228조 제4항

Answer 3.① 4.② 5.①

04 보칙

1 다음 중 공직선거법에 대한 설명으로 옳지 않은 것은?

① 제122조의 규정에 의하여 공고된 선거비용제한액의 200분의 1이상을 초과지출한 이유로 선거사무장이 징역형 또는 300만 원 이상의 벌금형의 선고를 받은 때에는 그 후보자의 당선은 무효로 한다.

② 「정치자금법」 제49조(선거비용관련 위반행위에 관한 벌칙) 제1항의 죄를 범함으로 인하여 선거사무소의 회계책임자가 징역형 또는 300만원 이상의 벌금형의 선고를 받은 때에는 그 후보자(대통령후보자, 비례대표국회의원후보자 및 비례대표지방의회의원후보자를 제외한다)의 당선은 무효로 한다.

③ 당선인이 당해 선거에 있어 이 법에 규정된 죄 또는 정치자금법 제49조의 죄를 범함으로 인하여 징역 또는 200만원 이상의 벌금형의 선고를 받은 때에는 그 당선은 무효로 한다.

④ 선거사무장 또는 후보자의 직계존비속 및 배우자가 해당 선거에 있어서 정치자금법 제45조 제1항의 정치자금 부정수수죄를 범함으로 인하여 징역형 또는 300만원 이상의 벌금형의 선고를 받은 때에는 그 선거구 후보자의 당선은 무효로 한다.

ADVICE ① 제263조 제1항
② 제263조 제2항
③ 100만원이상의 벌금형의 선고를 받은 때에는 그 당선은 무효로 한다(제264조).
④ 제265조

2 당선무효된 자 등의 비용반환에 대한 설명으로 옳지 않은 것은?

① 제263조 규정에 따라 당선이 무효로 된 사람으로서 제263조 부터 제265조까지에 규정된 자신 또는 선거사무장 등의 죄로 당선무효에 해당하는 형이 확정된 사람은 제57조와 제122조의2에 따라 반환·보전받은 금액을 반환하여야 한다.

② 관할선거구선거관리위원회는 제1항의 규정에 의한 반환사유가 발생한 때에는 지체없이 당해 정당·후보자에게 반환하여야 할 금액을 고지하여야 하고, 당해 정당·후보자는 그 고지를 받은 날부터 50일 이내에 선거구선거관리위원회에 이를 납부하여야 한다.

③ 관할선거구선거관리위원회는 제2항의 납부기한까지 당해 정당·후보자가 납부하지 아니한 때에는 당해 후보자의 주소지(정당에 있어서는 중앙당의 사무소 소재지를 말한다)를 관할하는 세무서장에게 징수를 위탁하고 관할세무서장이 국세체납처분의 예에 따라 이를 징수한다.

④ 제2항 또는 제3항의 규정에 의하여 납부 또는 징수된 금액은 국가 또는 지방자치단체에 귀속된다.

3 선거범죄로 인한 공무담임 등의 제한에 대한 설명으로 옳지 않은 것은?

① 「정치자금법」 제49조의 죄를 범함으로 인하여 징역형의 선고를 받은 자는 그 집행을 받지 아니하기로 확정된 후 또는 그 형의 집행이 종료되거나 면제된 후 10년간, 형의 집행유예의 선고를 받은 자는 그 형이 확정된 후 10년간, 100만원이상의 벌금형의 선고를 받은 자는 그 형이 확정된 후 4년간 다음 각 호의 어느 하나에 해당하는 직에 취임하거나 임용될 수 없으며, 이미 취임 또는 임용된 자의 경우에는 그 직에서 퇴직된다.

② 제263조 또는 제265조에 따라 당선이 무효로 된 사람(그 기소 후 확정판결 전에 사직한 사람을 포함한다)은 당선인의 당선무효로 실시사유가 확정된 재선거(당선인이 그 기소 후 확정판결 전에 사직함으로 인하여 실시사유가 확정된 보궐선거를 포함한다)의 후보자가 될 수 없다.

③ 당선되지 아니한 사람(후보자가 되려던 사람을 포함한다)으로서 제263조 또는 제265조에 규정된 선거사무장 등의 죄로 당선무효에 해당하는 형이 확정된 사람은 당선인의 당선무효로 실시사유가 확정된 재선거(당선인이 그 기소 후 확정판결 전에 사직함으로 인하여 실시사유가 확정된 보궐선거를 포함한다)의 후보자가 될 수 없다.

④ 다른 공직선거(교육의원선거 및 교육감선거를 포함한다)에 입후보하기 위하여 임기 중 그 직을 그만 둔 국회의원·지방의회의원 및 지방자치단체의 장은 그 사직으로 인하여 실시사유가 확정된 보궐선거의 후보자가 될 수 없다.

ADVICE ① 100만원이상의 벌금형의 선고를 받은 자는 그 형이 확정된 후 5년간 취임하거나 임용될 수 없으며, 이미 취임 또는 임용된 자의 경우에는 그 직에서 퇴직된다(제266조 제1항).
② 제266조 제2항
③ 제266조 제2항
④ 제266조 제3항

4 **공직선거법에 대한 설명으로 옳지 않은 것은?**

① 이 법에 규정한 죄의 공소시효는 당해 선거일후 6개월(선거일후에 행하여진 범죄는 그 행위가 있는 날부터 6개월)을 경과함으로써 완성한다. 다만, 범인이 도피한 때나 범인이 공범 또는 범죄의 증명에 필요한 참고인을 도피시킨 때에는 그 기간은 3년으로 한다.

② 선상투표와 관련하여 선박에서 범한 이 법에 규정된 죄의 공소시효는 범인이 국내에 들어온 날부터 3개월을 경과함으로써 완성된다.

③ 공무원(제60조 제1항 제4호 단서에 따라 선거운동을 할 수 있는 사람은 제외한다)이 직무와 관련하여 또는 지위를 이용하여 범한 이 법에 규정된 죄의 공소시효는 해당 선거일 후 10년(선거일 후에 행하여진 범죄는 그 행위가 있는 날부터 10년)을 경과함으로써 완성된다.

④ 선거범과 그 공범에 관한 재판은 다른 재판에 우선하여 신속히 하여야 하며, 그 판결의 선고는 제1심에서는 공소가 제기된 날부터 6월 이내에, 제2심 및 제3심에서는 전심의 판결의 선고가 있은 날부터 각각 3월 이내에 반드시 하여야 한다.

> **ADVICE** ① 제268조 제1항
> ② 선상투표와 관련하여 선박에서 범한 이 법에 규정된 죄의 공소시효는 범인이 국내에 들어온 날부터 6개월을 경과함으로써 완성된다(제268조 제2항).
> ③ 제268조 제3항
> ④ 제270조

Answer 3.① 4.②

5 공직선거법에 대한 설명으로 옳지 않은 것은?

① 각급선거관리위원회는 이 법의 규정에 위반되는 선거에 관한 벽보·인쇄물·현수막 기타 선전물이나 유사기관·사조직 또는 시설 등을 발견한 때에는 지체없이 그 첩부 등의 중지 또는 철거·수거 ·폐쇄 등을 명하고, 이에 불응하는 때에는 대집행을 할 수 있다.

② 선거관리위원회는 방송·신문·잡지 기타 간행물에 방영·게재하고자 하는 광고내용이 이 법에 위반된다고 인정되는 때에는 당해 방송사 또는 일간신문사 등을 경영·관리하는 자와 광고주에게 광고중지를 요청할 수 있다.

③ 각급선거관리위원회(읍·면·동선거관리위원회를 제외한다. 이하 이 條에서 같다)는 직권 또는 정당·후보자의 요청에 의하여 이 법에 규정된 죄에 해당하는 범죄의 혐의가 있는 선전물을 우송하려 하거나 우송중임을 발견한 때에는 선거사무장에게 그 선전물에 대한 우송의 금지 또는 중지를 요청할 수 있다.

④ 우체국장이 제1항의 우송금지 또는 중지를 요청받은 때에는 그 우편물의 우송을 즉시 중지하고, 발송인에 대하여 그 사실을 통보하여야 한다. 다만, 발송인의 주소가 기재되지 아니한 때에는 발송우체국 게시판에 우송중지의 사실을 공고하여야 한다.

ADVICE ① 제271조 제1항
② 제271조의2 제1항
③ 각급선거관리위원회(읍·면·동선거관리위원회를 제외한다.)는 직권 또는 정당·후보자의 요청에 의하여 이 법에 규정된 죄에 해당하는 범죄의 혐의가 있는 선전물을 우송하려 하거나 우송중임을 발견한 때에는 당해 우체국장에게 그 선전물에 대한 우송의 금지 또는 중지를 요청할 수 있다(제272조 제1항).
④ 제272조 제2항

6 선거범죄의 조사 등에 대한 설명으로 옳지 않은 것은?

① 각급선거관리위원회(읍·면·동선거관리위원회를 제외)위원·직원은 선거범죄에 관하여 그 범죄의 혐의가 있다고 인정되거나, 현행범의 신고를 받은 경우에는 그 장소에 출입하여 관계인에 대하여 질문·조사를 하거나 관련서류 기타 조사에 필요한 자료의 제출을 요구할 수 있다.

② 각급선거관리위원회 위원·직원은 선거범죄 현장에서 선거범죄에 사용된 증거물품으로서 증거인멸의 우려가 있다고 인정되는 때에는 조사에 필요한 범위 안에서 현장에서 이를 수거할 수 있다. 이 경우 당해 선기관리위원회위원·직원은 수거한 증거물품을 그 관련된 선거범죄에 대하여 고발 또는 수사의뢰한 때에는 관계수사기관에 송부하여야 한다.

③ 각급선거관리위원회위원·직원은 선거범죄 조사와 관련하여 관계자에게 질문·조사하기 위하여 필요하다고 인정되는 때에는 선거관리위원회에 동행 또는 출석할 것을 요구할 수 있다. 다만, 선거기간중 후보자에 대하여는 동행 또는 출석을 요구할 수 없다.

④ 각급선거관리위원회 위원·직원은 피조사자가 변호인의 조력을 받으려는 의사를 밝힌 경우 지체 없이 변호인(변호인이 되려는 자는 제외한다)으로 하여금 조사에 참여하게 하거나 의견을 진술하게 하여야 한다.

> **ADVICE** ① 제272조의2 제1항
> ② 제272조의2 제2항
> ③ 제272조의2 제4항
> ④ 변호인이 되려는 자를 포함한다(제272조의2 제8항).

7 통신관련 선거범죄의 조사에 대한 설명으로 옳지 않은 것은?

① 각급선거관리위원회(읍·면·동선거관리위원회를 포함한다. 이하 이 조에서 같다) 직원은 정보통신망을 이용한 이 법 위반행위의 혐의가 있다고 인정되는 상당한 이유가 있는 때에는 당해 선거관리위원회의 소재지를 관할하는 고등법원 수석부장판사 또는 이에 상당하는 부장판사의 승인을 얻어 정보통신서비스제공자에게 당해 정보통신서비스 이용자의 성명·주민등록번호·주소·이용기간·이용요금에 대한 자료의 열람이나 제출을 요청할 수 있다.

② 각급선거관리위원회 직원은 전화를 이용한 이 법 위반행위의 혐의가 있다고 인정되는 상당한 이유가 있는 때에는 당해 선거관리위원회의 소재지를 관할하는 고등법원 (구·시·군선거관리위원회의 경우에는 지방법원) 수석부장판사의 승인을 얻어 정보통신서비스제공자에게 이용자의 성명·주민등록번호·주소·이용기간·이용요금, 송화자 또는 수화자의 전화번호, 설치장소·설치대수에 대한 자료의 열람이나 제출을 요청할 수 있다.

③ 인터넷 홈페이지 게시판·대화방 등에 글이나 동영상 등을 게시하거나 전자우편을 전송한 사람의 성명·주민등록번호·주소 등 인적사항에 해당하는 자료의 열람이나 제출을 요청하는 때에는 제1항 또는 제2항에 따른 승인이 필요하지 아니다.

④ 각급선거관리위원회 직원은 정보통신서비스제공자로부터 제출받은 자료를 이 법 위반행위에 대한 조사목적외의 용도로 사용하여서는 아니되며, 관계 수사기관에 고발 또는 수사의뢰하는 경우를 제외하고는 이를 공개하여서는 아니된다.

ADVICE ① 읍·면·동선거관리위원회는 제외된다(제272조의3 제1항).
② 제272조의3 제2항
③ 제272조의3 제3항
④ 제272조의3 제5항

8 공직선거법에 대한 설명으로 옳지 않은 것은?

① 이 법 또는 이 법의 시행을 위한 중앙선거관리위원회규칙에 의하여 선거기간 중 각급행정기관과 각급선거관리위원회에 대하여 행하는 신고·신청·제출·보고 등은 공휴일을 제외하고 매일 오전 9시부터 오후 6시까지 하여야 한다.

② 각급선거관리위원회는 이 법 또는 이 법의 시행을 위한 중앙선거관리위원회규칙에 따른 신고·신청·제출·보고 등을 당해 선거관리위원회가 제공하는 서식에 따라 컴퓨터의 자기디스크 그 밖에 이와 유사한 매체에 기록하여 제출하게 할 수 있다.

③ 지역구국회의원선거, 지방의회의원선거 및 지방자치단체의 장선거에서 후보자등록마감후 후보자가 사퇴·사망하거나 등록이 무효로 된 경우 해당 선거구의 후보자가 그 선거구에서 선거할 정수범위를 넘지 아니하게 되어 투표를 하지 아니하게 된 때에는 그 사유가 확정된 때부터 이 법에 의한 해당 지역구국회의원선거, 해당 지방의회의원선거 및 지방자치단체의 장선거의 선거운동은 이를 중지한다.

④ 선거운동을 위하여 선전물이나 시설물을 첩부·게시 또는 설치한 자는 선거일후 지체없이 이를 철거하여야 한다.

> **ADVICE** ① 이 법에 특별한 규정이 있는 경우를 제외하고 공휴일에도 불구하고 매일 오전 9시부터 오후 6시까지 하여야 한다(제274조 제1항).
> ② 제274조 제2항
> ③ 제275조
> ④ 제276조

9 선거관리경비에 대한 설명으로 옳지 않은 것은?

① 대통령선거 및 국회의원 선거에 관한 계도·홍보 및 단속사무에 필요한 경비 및 선거에 관한 소송의 결과로 부담하여야 할 경비는 국가가 부담한다.

② ①항의 경우 임기만료에 의한 선거에 있어서는 당해 선거의 선거기간개시일이 속하는 연도의 본예산에 편성하여야 하되 늦어도 선거기간개시일전 60일까지 중앙선거관리위원회에 배정하여야 한다.

③ 지방의회의원 및 지방자치단체의 장의 선거결과에 대한 자료의 정리에 필요한 경비 및 선거관리를 위한 선거관리위원회의 운영 및 사무처리에 필요한 경비는 당해 지방자치단체가 부담한다.

④ 선거에 관한 소청에 필요한 경비, 선거에 관한 소청의 결과로 부담하여야 할 경비, 선거에 관한 소송에 필요한 경비는 국가가 부담한다.

ADVICE ④ 선거에 관한 소청에 필요한 경비, 선거에 관한 소청의 결과로 부담하여야 할 경비는 해당 지방자치단체가 부담한다(제277조).

※ 선거 경비의 부담(제277조)

구분	국가 부담	해당 지방자치단체 부담
	대통령 선거와 국회의원선거의 관리준비와 실시에 필요한 아래의 경비	지방의회의원 및 지방자치단체의 장의 선거의 관리준비와 실시에 필요한 아래의 경비
공통점	1. 이 법의 규정에 의한 선거의 관리준비와 실시에 필요한 경비 2. 선거에 관한 계도·홍보 및 단속사무에 필요한 경비 3. 선거에 관한 소송에 필요한 경비 4. 선거에 관한 소송의 결과로 부담하여야 할 경비 5. 선거결과에 대한 자료의 정리에 필요한 경비 6. 선거관리를 위한 선거관리위원회의 운영 및 사무처리에 필요한 경비 7. 예측할 수 없는 경비 또는 예산초과지출에 충당하기 위한 경비로서 제1호 및 제2호의 규정에 의한 경비의 합계금액의 100분의 1에 상당하는 금액	
차이점	지방선거에 관한 사무 중 통일적 사무 수행을 위하여 중앙 및 시·도위원회가 집행하는 경비	1. 선거에 관한 소청에 필요한 경비 2. 선거에 관한 소청의 결과로 부담하여야 할 경비

10 전산조직에 의한 투표·개표에 대한 설명으로 옳지 않은 것은?

① 중앙선거관리위원회는 투표 및 개표 기타 선거사무의 정확하고 신속한 관리를 위하여 사무전산화를 추진하여야 한다.

② 투표사무관리의 전산화에 있어서는 투표의 비밀이 보장되고 선거인의 투표가 용이하여야 하며, 정당 또는 후보자의 참관이 보장되어야 하고, 기표착오의 시정, 무효표의 방지 기타 투표의 정확을 기할 수 있도록 하여야 한다.

③ 중앙선거관리위원회는 투표 및 개표 사무관리를 전산화하여 실시하고자 하는 때에는 이를 선거인이 알 수 있도록 안내문 배부·언론매체를 이용한 광고 기타의 방법으로 홍보하여야 한다.

④ 중앙선거관리위원회는 공정한 전산조직에 의한 투표·개표를 위해 정당이 참여하는 전자선거추진협의회를 설치·운영하여야 한다.

> **ADVICE** ① 제278조 제1항
> ② 제278조 제2항
> ③ 제278조 제4항
> ④ 국회에 교섭단체를 구성한 정당이 참여하는 전자선거추진협의회를 설치·운영할 수 있다(제278조 제5항).

시·험·전·에·꼭·풀·어·봐·야·할·문·제

PART

부록 |

실력평가모의고사

실력평가모의고사

정답 및 해설 P. 304

1 다음 중 선거보도에 대한 설명 중 옳은 것은?

① 선거방송심의위원회, 선거기사심의위원회, 인터넷 선거보도심의위원회는 9인 이내의 위원으로 구성된다.

② 선거방송기사심의위원회는 정당에 가입할 수 없으며, 정당이 위원추천권을 가지지 아니한다.

③ 공직선거법상 선거인이란 선거권이 있는 사람으로서 선거인 명부 또는 재외선거인명부에 올라 있는 사람을 말한다.

④ 선거방송심의위원회는 선거방송내용이 공정하지 아니하다고 인정되는 경우 방송사에 대한 제재조치를 한다.

2 방송사·언론사에 대한 반론보도와 인터넷언론사에 대한 반론보도와 관련된 설명으로 옳은 것은?

① 방송사·언론사에 대한 반론보도의 청구권자와 인터넷언론사에 대한 반론보도의 청구권자는 정당, 후보자(후보자가 되려는 자 포함)로 같다.

② 방송사·언론사에 대한 반론보도 제기 사유는 왜곡된 선거보도로 인한 피해이며, 인터넷언론사에 대한 반론보도의 제기사유는 인신공격, 정책의 왜곡선전으로 인한 피해이다.

③ 방송사·언론사 및 인터넷언론사에 대한 반론보도의 협의가 성립한 경우 48시간 이내에 무료로 반론보도의 방송을 하여야 한다.

④ 방송사·언론사에 대한 반론보도의 청구기간과 인터넷언론사에 대한 반론보도의 청구기간은 같다.

3 선거권에 대한 설명으로 옳은 것은?(다툼이 있는 경우 판례의 견해에 의함)

① 지역구국회의원과 지방자치단체의 의회의원 및 장의 선거권과 관련하여 주민등록이 되어 있을 요건은 선거일 현재를 기준으로 한다.

② 19세 이상으로서 선거인명부작성기준일 현재 영주의 체류자격 취득하고 해당 지방자치단체의 외국인등록대장에 올라 있는 외국인은 그 구역에서 선거하는 지방자치단체의 의회의원 및 장의 선거권이 있다.

③ 선거권 연령을 정함에 있어 다른 나라의 선거권 연령도 중요한 판단 근거가 될 수 있다.

④ 선거권 연령을 정함에 있어서 민법상 행위능력의 유무는 중요한 기준이 될 수 있다.

4 공직선거법상 선거제도에 대한 설명으로 옳지 못한 것은?

① 비례대표시 · 도의원정수는 지역구시 · 도의원정수의 100분의 15로 한다. 다만, 산정된 비례대표시 · 도의원정수가 3인 미만인 때에는 3인으로 한다.

② 시 · 도별 지역구시 · 도의원의 관할구역이란 하나의 자치구 · 시 · 군이 2 이상의 국회의원지역선거구로 된 경우에는 국회의원지역구를 말하며, 행정구역의 변경으로 국회의원지역선거구와 행정구역이 합치되지 아니하게 된 때에는 행정구역을 말한다.

③ 기초의회의원선거 후보자가 특정 정당으로부터 지지 또는 추천 받은 것을 표방할 수 없게 한 것은 정치적 표현의 자유를 과도하게 침해한다.

④ 국회의 의원정수는 공직선거법에서 정하고 있다.

5 선거제도에 관한 설명으로 옳지 않은 것은?

① 지역구국회의원은 소선거구제에 따라 선출한다.

② 시·도별 지역구시·도의원의 총 정수는 그 관할구역 안의 자치구·시·군(하나의 자치구·시·군이 2 이상의 국회의원지역구로 된 경우에는 국회의원지역구를 말하며, 행정구역의 변경으로 국회의원지역구와 행정구역이 합치되지 아니하게 된 때에는 행정구역을 말한다)수의 2배수로 하되, 인구·행정구역·지세·교통, 그 밖의 조건을 고려하여 100분의 14의 범위에서 조정할 수 있다.

③ 비례대표국회의원후보자에게 공개장소에서의 연설이나 대담을 금지하고 있더라도 이것이 선거운동의 자유를 침해하는 것이라고 볼 수 없다.

④ 국회의원선거구획정위원회는 중앙선거관리위원회에 두되, 직무에 관하여 독립의 지위를 가진다.

6 공직선거법에 대한 설명으로 옳지 않은 것은?

① 공직선거법에 위반되는 선거운동을 위하여 지출된 비용을 보전대상에서 제외하는 공직선거법 제122조의2 제2항 제3호 중 '이 법에 위반되는 선거운동을 위하여 지출된 비용'부분은 청구인의 재산권 내지 평등권을 침해하지 않는다.

② 여러 사람이 식사를 함께 한 경우 찻값을 내겠다고 말하였다면 이는 공직선거법이 규제하는 기부행위를 하였다고 볼 것이다.

③ 국회의원선거와 지방자치단체의 의회의원 및 장의 선거의 선거기간은 14일 이다.

④ 국회의원선거와 지방자치단체의 의회의원선거의 선거기간은 후보자등록마감일 후 6일부터 선거일까지이다.

7 공직선거법에 대한 설명으로 옳지 않은 것은?

① 공직선거법 제112조 제1항의 기부행위 중 금품이나 이익제공의 의사표시는 사회통념상 쉽게 철회하기 어려울 정도로 진정한 의지가 담긴 것으로 외부적·객관적으로 나타나는 정도에 이르러야 한다.

② 대통령의 궐위로 인한 선거는 사유가 확정된 때부터 60일 이내에 실시하며, 선거일은 선거일 전 50일까지 대통령 또는 대통령권한대행자가 공고하여야 한다.

③ 지방자치단체의 설치·폐지·분할에 의한 지방자치단체의 장 선거는 관할선거구선거관리위원회위원장이 공고하여야한다.

④ 선거의 일부무효로 인한 재선거는 관할선거구선거관리위원회가 공고하여야 한다.

8 공직선거법에 대한 설명으로 옳지 않은 것은?

① 공직선거법 제57조의3 제1항의 당내경선운동방법 제한의 취지 및 당내경선기간 이전에 한 경선운동이 공직선거법의 허용 범위를 넘은 경우에도 당내경선운동 위반행위에 해당한다.

② 대통령선거에서의 선거인 명부 작성기준일은 선거일 전 30일이고, 국회의원선거에서 선거인 명부 작성기준일은 선거일 전 28일이다.

③ 하나의 투표구의 선거권자의 수가 1천인을 넘는 때에는 그 선거인명부를 선거인수가 서로 엇비슷하게 분철할 수 있다.

④ 지방자치단체의 의회의원 및 장의 선거에서는 선거인 명부 작성기준일은 선거일 전 22일이다.

9 공직선거법에 대한 설명으로 옳지 않은 것은?

① 구·시·군의 장은 후보자·비례대표선거의 후보자·선거사무장·또는 선거연락소장의 신청이 있는 경우 작성된 선거인명부 사본을 교부하여야 한다.

② 선거인명부의 사본이나 전산자료복사본의 교부신청을 하는 자는 그 사본작성비용을 교부신청과 함께 납부하여야 한다.

③ 선거인명부에는 선거권자의 성명·주소·성별 및 생년월일 기타 필요한 사항을 기재하여야 한다.

④ 선거인명부에 대한 이의신청 결정에 대하여 불복이 있는 이의신청인이나 관계인은 그 통지를 받은 날의 다음 날까지 관할구·시·군선거관리위원회에 서면으로 불복을 신청할 수 있다.

10 공직선거법상의 무소속 후보자 추천에 대한 설명으로 옳지 않은 것은?

① 대통령 선거에 무소속후보자가 되고자 하는 자는 관할선거구선거관리위원회가 검인하여 교부하는 추천장을 사용하여 5 이상의 시·도에 나누어 하나의 시·도에 주민등록이 되어 있는 선거권자의 수를 700인 이상으로 한 3천500인 이상 6천인 이하 선거권자의 추천을 받아야 한다.

② 지역구자치구·시·군의원선거에서 무소속후보자가 되고자 하는 자는 관할선거구선거관리위원회가 검인하여 교부하는 추천장을 사용하여 100인 이상 150인 이하. 다만, 인구 1천인 미만의 선거구에 있어서는 50인 이상 100인 이하의 추천을 받아야 한다.

③ 자치구·시·군의 장 선거에서 무소속후보자가 되고자 하는 자는 관할선거구선거관리위원회가 검인하여 교부하는 추천장을 사용하여 300인 이상 500인 이하의 추천을 받아야 한다.

④ 선거권자의 추천장의 서식·교부신청 및 교부 기타 필요한 사항은 중앙선거관리위원회규칙으로 정한다.

11 공직선거법이 규정하고 있는 선거운동을 할 수 없는 자가 아닌 것은?

① 정당의 당원이 될 수 있는 공무원과 예비후보자 · 후보자의 배우자이거나 후보자의 직계존비속인 경우
② 각급선거관리위원회위원 또는 교육위원회의 교육위원
③ 한국은행의 상근 임원과 상근직원
④ 예비군 중대장급 이상의 간부

12 예비후보자 등록에 대한 설명으로 옳지 않은 것은?

① 지역구국회의원선거 및 시 · 도지사선거의 예비후보자가 되려는 사람은 선거일 전 120일부터 관할선거구선거관리위원회에 예비후보자등록을 서면으로 신청하여야 한다.
② 예비후보자등록을 신청하는 사람은 해당 선거 기탁금의 100분의 20에 해당하는 금액을 중앙선거관리위원회규칙으로 정하는 바에 따라 관할선거구선거관리위원회에 기탁금으로 납부하여야 한다.
③ 예비후보자가 당적을 변경하거나 이탈한 경우 예비후보자의 등록이 무효가 된다.
④ 엽연초생산협동조합법에 의하여 설립된 조합의 상근 임원과 이들 조합의 중앙회장이 그 직을 가지고 입후보한 사실이 발견된 경우 예비후보자의 등록이 무효가 된다.

13 다음 중 공직선거법 규정과 일치하지 않는 것은?

① 후보자가 제출마감일까지 선거벽보를 제출하지 아니한 때와 규격을 넘거나 미달하는 선거벽보를 제출한 때에는 그 선거벽보는 첩부하지 아니한다.
② 후보자는 선거벽보에 게재된 후보자의 성명 · 기호 · 소속 정당명과 경력 등이 거짓으로 게재되어 있거나 이 법에 위반되는 내용이 게재되어 있음을 이유로 해당 선거구선거관리위원회에 서면 또는 구술로 정정 또는 삭제를 요청할 수 있다.
③ 후보자는 관할구 · 시 · 군선거관리위원회가 첩부한 선거벽보가 오손되거나 훼손되어 보완첩부하고자 하는 때에는 제64조 제3항에 따라 공고된 수량의 범위에서 그 선거벽보 위에 덧붙여야 한다.
④ 선거벽보를 첩부하는 경우에 첩부장소가 있는 토지 · 건물 그 밖의 시설물의 소유자 또는 관리자는 특별한 사유가 없는 한 선거벽보의 첩부에 협조하여야 한다.

14 공직선거법에 대한 설명으로 옳지 않은 것은?

① 방송시설을 경영 또는 관리하는 자는 방송광고를 함에 있어서 방송시간대와 방송권역 등을 고려하여 모든 후보자에게 공평하게 하여야 하며, 후보자가 신청한 방송시설의 이용일시가 서로 중첩되는 경우에 방송일시의 조정은 관할선거관리위원회규칙이 정하는 바에 의한다.

② 방송광고를 행하는 방송시설을 경영 · 관리하는 자는 그 광고비용을 산정함에 있어 선거기간중 같은 방송시간대에 광고하는 상업 · 문화 기타 각종 광고의 요금중 최저요금을 초과하여 후보자에게 청구하거나 받을 수 없다.

③ 대통령선거에서 후보자와 후보자가 지명한 연설원은 소속정당의 정강 · 정책이나 후보자의 정견 기타 홍보에 필요한 사항을 발표하기 위하여 각각 1회 20분 이내에서 텔레비전 및 라디오 방송별 각 11회 이내의 연설을 할 수 있다.

④ 시 · 도지사선거에서 후보자는 정견 기타 홍보에 필요한 사항을 발표하기 위하여 1회 10분 이내에서 지역방송시설을 이용하여 텔레비전 및 라디오 방송별 각 5회 이내로 연설을 할 수 있다.

15 다음 중 공직선거법 규정과 일치하지 않는 것은?

① 국회의원 또는 지방의회의원은 대통령선거 · 국회의원선거 · 지방의회의원선거 및 지방자치단체의 장선거의 선거일전 90일부터 선거일까지 직무상의 행위인 경우 보고회 등 집회, 보고서 인터넷, 문자메시지 등을 통하여 의정활동을 선거구민에게 보고할 수 있다.

② 누구든지 선거일전 60일(선거일전 60일 후에 실시사유가 확정된 보궐선거등에서는 그 선거의 실시사유가 확정된 때)부터 선거일까지 선거에 관한 여론조사를 투표용지와 유사한 모형에 의한 방법을 사용하거나 후보자 또는 정당의 명의로 선거에 관한 여론조사를 할 수 없다. 다만, 제57조의2 제2항에 따른 여론조사는 그러하지 아니하다.

③ 전년도 말 기준 직전 3개월 간의 일일 평균 이용자 수 10만명인 인터넷언론사가 선거일전 180일부터 선거일의 투표마감시각까지 선거에 관하여 여론조사를 실시하려면 공직선거법이 규정하고 있는 사항을 여론조사 개시일 전 2일까지 관할 선거관리위원회에 서면으로 신고하여야 한다.

④ 선거에 관하여 정당에 대한 지지도를 실시한 기관이 해당 여론조사 결과를 보도하려는 때에는 그 전에 선거여론조사기준으로 정하는 사항을 중앙선거여론조사공정심의위원회 홈페이지에 등록하여야 한다.

16 다음 중 공직선거법 규정과 일치하지 않는 것은?

① 선거비용제한액을 산정하는 때에는 당해 선거의 직전 임기만료에 의한 선거의 선거일이 속하는 달의 말일부터 제122조의 규정에 의한 공고일이 속하는 달의 전전달 말일까지의 전국소비자물가변동률을 감안하여 정한 비율을 적용하여 증감할 수 있다. 이 경우 그 제한액 산정비율은 관할선거구선거관리위원회가 해당 선거 때마다 정한다.

② 지역구국회의원선거에서의 선거비용제한액은 1억원+(인구수×200원)+(읍·면·동수×200만원)으로 한다. 이 경우 100만원 미만의 단수는 100만원으로 한다.

③ 비례대표국회의원선거 및 비례대표지방의회의원선거에서 후보자명부에 올라 있는 후보자중 당선인이 있는 경우에 당해 정당이 지출한 선거비용의 전액을 보전한다.

④ 선거벽보와 선거공보를 관할 구·시·군선거관리위원회에 제출한 후 그 내용을 정정하는데 소요되는 비용은 대통령선거 및 국회의원선거에 있어서는 국가의 부담으로, 지방자치단체의 의회의원 및 장의 선거에 있어서는 당해 지방자치단체의 부담으로 선거일후 보전한다.

17 다음 중 공직선거법 규정과 일치하지 않는 것은?

① 투표소를 설치하는 때에는 읍·면·동선거관리위원회는 선거일전 10일까지 그 명칭과 소재지를 공고하여야 한다. 다만, 천재·지변 기타 부득이한 사유가 있는 때에는 이를 변경할 수 있으며, 이 경우에는 즉시 공고하여 선거인에게 알려야 한다.

② 읍·면·동선거관리위원회가 투표사무를 보조하게 하기 위하여 교정직 공무원중에서 투표사무원을 위촉한 경우 선거일전 3일까지 그 성명을 공고하여야 한다.

③ 구·시·군선거관리위원회는 제1항에 따라 사전투표소를 설치할 때에는 선거일 전 9일까지 그 명칭·소재지 및 설치·운영기간을 공고하고, 선거사무장 또는 선거연락소장에게 이를 통지하여야 하며, 관할구역 안의 투표구마다 5개소에 공고문을 첩부하여야 한다. 사전투표소의 설치장소를 변경한 때에도 또한 같다.

④ 장애인복지법에 따른 장애인 거주시설로 거소투표신고인을 수용하고 있는 시설의 장은 그 명칭과 소재지 및 거소투표신고인수 등을 선거인명부작성기간만료일 후 3일까지 관할 구·시·군선거관리위원회에 신고하여야 한다.

18 다음 중 공직선거법 규정과 일치하지 않는 것은?

① 투표참관인은 정당·후보자·선거사무장 또는 선거연락소장이 후보자마다 투표소별로 3인을 선정하여 선거일 전 3일까지 관할선거관리위원회에 서면으로 신고하여야 한다.

② 읍·면·동선거관리위원회가 투표참관인을 지정하는 경우에 후보자수가 8명을 넘는 때에는 후보자별로 1명씩 우선 선정한 후 추첨에 의하여 8명을 지정하고, 후보자수가 8명에 미달하되 후보자가 선정·신고한 인원수가 8명을 넘는 때에는 후보자별로 1명씩 선정한 자를 우선 지정한 후 나머지 인원은 추첨에 의하여 지정한다.

③ 정당·후보자·선거사무장 또는 선거연락소장은 그가 선정한 투표참관인에 대하여는 필요한 경우에는 언제든지 읍·면·동선거관리위원회에 신고하고 교체할 수 있으며, 선거일에는 투표소에서 교체신고할 수 있다.

④ 사전투표관리관은 사전투표참관인으로 하여금 사전투표 상황을 참관하게 하여야 한다.

19 동시선거의 특례에 대한 설명으로 옳지 않은 것은?

① 동시선거에 있어서 선거와 관련 있는 정당활동의 규제의 적용에 있어서 기준이 되는 선거는 동시에 실시하는 선거의 수에 불구하고 하나의 선거를 기준으로 하되, 임기만료에 의한 선거와 제36조의 연기된 선거를 동시에 실시하는 경우에는 임기만료에 의한 선거를 기준으로 한다.

② 동시선거에 있어서 시·도지사선거 및 비례대표시·도의원선거의 투표용지는 구·시·군선거관리위원회가 작성하여 선거일 전일까지 읍·면·동선거관리위원회에 송부하며, 이를 송부받은 읍·면·동선거관리위원회위원장은 투표용지를 봉함하여 보관하였다가 투표함과 함께 투표관리관에게 인계하여야 한다.

③ 4개 이상 동시선거에 있어 지역구자치구·시·군의원선거의 후보자는 연설·대담을 위하여 자동차 1대와 휴대용 확성장치 1조를 사용할 수 있다.

④ 임기만료에 의한 지방자치단체의 의회의원 및 장의 선거를 동시에 실시하는 경우 개표진행 및 결과공표는 제178조 제1항·제3항에도 불구하고 읍·면·동을 단위로 할 수 있다.

20 공직선거법에 대한 설명으로 옳지 않은 것은?

① 재외선거권자를 대상으로 하는 선거운동을 위하여 국외에서 지출한 비용은 선거비용으로 보지 아니한다.

② 재외투표는 선거일 오후 8시(대통령의 궐위로 인한 선거 또는 재선거 포함)까지 관할 구·시·군선거관리위원회에 도착되어야 한다.

③ 재외선거관리위원회는 제1항에도 불구하고 공관의 협소 등의 사유로 부득이 공관에 재외투표소를 설치할 수 없는 경우에는 공관의 대체시설에 재외투표소를 설치할 수 있다.

④ 중앙선거관리위원회는 투표용지의 작성을 위하여 작성한 투표용지원고를 재외투표기간 개시일 전 2일까지 전산조직을 이용하여 재외투표관리관에게 보내야 한다.

실력평가모의고사

정답 및 해설 P. 309

1 다음 중 선거방송심의위원회, 선거기사심의위원회 및 인터넷선거보도심의위원회에 대한 설명으로 옳은 것은?

① 인터넷선거보도심의위원회는 국회에 교섭단체를 구성한 정당이 추천하는 각 1인과 방송통신심의위원회, 언론중재위원회, 학계, 법조계, 인터넷 언론단체 및 시민단체 등이 추천하는 자를 포함하여 중앙선거관리위원회가 위촉하는 11인 이내의 위원으로 구성하며, 위원의 임기는 3년으로 한다.

② 각 위원회의 설치주체는 중앙선거관리위원회이다.

③ 위원회를 구성할 경우 중앙선거관리위원회가 추천하는 1인의 위원을 포함하여야 한다.

④ 정당의 당원은 인터넷선거보도심의위원회의 위원이 될 수 있다.

2 다음 중 공직선거법 규정과 일치하지 않는 것은?

① 대통령선거의 후보자는 후보자등록이 끝난 때부터 개표종료시까지 사형·무기 또는 장기 7년 이상의 징역이나 금고에 해당하는 죄를 범한 경우를 제외하고는 현행범인이 아니면 체포 또는 구속되지 않는다.

② 예비후보자 예비후보자가 선임한 선거사무장·선거사무원 및 회계책임자는 현행범인이 아니면 체포 또는 구속되지 않는다.

③ 선거여론조사공정심의위원회에 위원장 1명을 두되, 위원장은 위원 중에서 호선한다.

④ 중앙선거여론조사공정심의위원회에 상임위원 1명을 두되, 중앙선거관리위원회가 중앙선거여론조사공정심의위원회의 위원 중에서 지명한다.

3 선거제도에 관한 설명으로 옳은 것은?(다툼이 있는 경우 헌법재판소의 판례에 따름)

① 특정 지역의 선거인들이 자의적인 선거구획정으로 인하여 정치과정에 참여할 기회를 잃게 되었거나, 그들이 지지하는 후보가 당선될 가능성을 의도적으로 박탈당하고 있음이 입증되어 특정 지역의 선거인들에 대하여 차별하고자 하는 국가권력의 의도와 그 집단에 대한 실질적인 차별효과가 명백히 드러난 경우, 이는 게리맨더링에 해당하며, 그 선거구획정은 입법재량의 한계를 벗어난 것이다.

② 미성년자에게는 헌법상 선거권을 부여할 수 없으므로 보통선거원칙은 당연히 민법상의 성년규정에 따라 제한된다.

③ 선거일 180일 부터 선거일까지 인터넷상 선거와 관련한 정치적 표현 및 선거운동을 금지하고 처벌하는 것은 후보자 간 경제력 차이에 따른 불균형 및 흑색선전을 통한 부당한 경쟁을 막고 선거의 평온과 공정을 해하는 결과를 방지한다는 입법목적을 달성하기 위한 적합한 수단이다.

④ 정당명부식 비례대표제 하에서 지역구에서 획득한 유효투표의 비율에 따라 비례투표의석을 할당하는 것은 입법재량에 속한다.

4 선거구획정위원회에 대한 설명으로 옳지 않은 것은?

① 국회의원지역구의 공정한 획정을 위하여 임기만료에 따른 국회의원선거의 선거일 전 18개월부터 해당 국회의원선거에 적용되는 국회의원지역구의 명칭과 그 구역이 확정되어 효력을 발생하는 날까지 국회의원선거구획정위원회를 설치·운영한다.

② 국회의원선거구획정위원회는 중앙선거관리위원회위원장이 위촉하는 9명의 위원으로 구성하되, 위원장은 위원 중에서 호선한다.

③ 위원은 명예직으로 하되, 위원에게 일비·여비 그 밖의 실비를 지급할 수 없다.

④ 국회의원선거구획정위원회로부터 선거구획정업무에 필요한 자료의 요청을 받은 국가기관 및 지방자치단체는 지체 없이 이에 따라야 한다.

5 다음 중 공직선거법 규정과 일치하지 않은 것은?

① 하나의 지방자치단체가 분할되어 2 이상의 같은 종류의 지방자치단체로 된 때에는 종전의 지방자치단체의 장은 그 지방자치단체의 사무소가 위치한 지역을 관할하는 지방자치단체의 장으로 되며, 그 다른 지방자치단체의 장은 새로 선거를 실시한다.

② 시가 광역시로 된 때에는 종전의 시의회의원과 당해 지역에서 선출된 도의회의원은 종전의 지방의회의원의 자격을 각각 상실하고 광역시의회의원의 자격을 취득하되, 그 임기는 종전의 도의회의원의 잔임기간으로 한다.

③ 지방자치단체의 명칭이 변경된 경우에는 종전의 지방자치단체의 장은 그 직을 상실하고 새로 선거를 실시한다.

④ 선거인명부작성기준일부터 선거일까지의 사이에 선거구의 구역·행정구역 또는 투표구의 구역이 변경된 경우에도 당해 선거에 관한 한 그 구역은 변경되지 아니한 것으로 본다.

6 공직선거법에 대한 판례의 견해로 옳지 않은 것은?

① 공직선거법 제112조 제1항에서 규정한 '기부행위'란 원칙적으로 당사자의 일방이 상대방에게 무상으로 금품이나 재산상 이익 등을 제공하는 것을 말하고, 기부행위의 상대방은 '당해 선거구 안에 있는 자나 기관·단체·시설 및 선거구민의 모임이나 행사 또는 당해 선거구의 밖에 있더라도 그 선거구민과 연고가 있는 자'이면 족하며, 그 상대방이 선거운동원이든, 정당원이든 묻지 않는다.

② 관할선거구선거관리위원회가 당내경선사무 중 경선운동, 투표 및 개표에 관한 사무의 관리를 위탁받아 시행한 당내경선이나 후보자 선출 과정에 어떠한 하자가 있다면 그 경선을 통해 정당의 추천을 받은 후보자가 입후보하여 당선된 선거가 무효라고 할 것이다.

③ 1인 1표제 하의 비례대표의석배분방식은 민주주의 원리에 부합하지 않으며, 직접·평등선거의 원칙에 위배된다.

④ 어떤 단체 등이 공직선거법 제89조 제1항 본문의 '유사기관'에 해당하는지는 선거운동 목적 유무에 의하여 결정되므로, 후보자가 되고자 하는 자가 내부적 선거 준비행위의 차원을 넘어 선거인에게 영향을 미칠 목적으로 단체 등을 설립하였다면 이는 위 조항에서 정한 유사기관에 해당한다.

7 정당의 후보자 추천에 대한 설명으로 옳지 않은 것은?

① 정당은 선거에 있어 선거구별로 선거할 정수범위안에서 그 소속당원을 후보자로 추천할 수 있다.

② 정당이 비례대표국회의원선거 및 비례대표지방의회의원선거에 후보자를 추천하는 때에는 그 후보자 중 100분의 50 이상을 여성으로 추천하여야 한다.

③ 누구든지 정당이 특정인을 후보자로 추천하는 일과 관련하여 금품이나 그 밖의 재산상의 이익 또는 공사의 직을 제공하거나 그 제공의 의사표시를 승낙할 수 없다.

④ 정당이 임기만료에 따른 지역구지방의회의원선거에 후보자를 추천하는 경우 자치구의 일부 지역이 다른 자치구 또는 군지역과 합하여 하나의 국회의원지역구로 된 때에도 1명 이상을 여성으로 추천하여야 한다.

8 기탁금에 대한 설명으로 옳지 않은 것은?

① 국회의원선거에서 후보자등록을 신청하는 자는 등록신청 시에 후보자 1명마다 1천500만원의 기탁금을 중앙선거관리위원회규칙으로 정하는 바에 따라 관할선거구선거관리위원회에 납부하여야 한다.

② 비례대표국회의원과 비례대표지방의회의원의 경우 해당 후보자명부에 올라 있는 후보자 중 당선인에게만 기탁금을 반환한다.

③ 후보자의 난립을 방지하기 위해 기탁금제도를 두더라도 그 금액이 현저하게 과다하거나 불합리하게 책정된 것이라면 허용될 수 없다. 5억 원의 기탁금은 대통령선거 입후보예정자가 조달하기에 매우 높은 금액임이 명백하다.

④ 과태료 및 불법시설물 등에 대한 대집행비용은 기탁금에서 부담한다.

9 공직선거법이 규정한 선거운동기구에 대한 설명으로 옳지 않은 것은?

① 대통령선거의 경우 정당 또는 후보자가 선거사무소 1개소와 시·도 및 구·시·군마다 선거연락소 1개소를 설치할 수 있다.

② 선거운동 및 그 밖의 선거에 관한 사무를 처리하기 위하여 예비후보자는 선거사무소와 선거연락소를 정당은 중앙당 및 시·도당의 사무소에 선거대책기구 각 1개씩을 설치할 수 있다.

③ 정당·정당추천후보자 또는 정당소속 예비후보자의 선거사무소와 선거연락소는 그에 대응하는 정당의 사무소가 있는 때에는 그 사무소에 둘 수 있다

④ 선거사무소와 선거연락소는 고정된 장소 또는 시설에 두어야 하며, 「식품위생법」에 의한 식품접객영업소 또는 「공중위생관리법」에 의한 공중위생영업소안에 둘 수 없다.

10 다음 중 공직선거법 규정과 일치하지 않은 것은?

① 텔레비전 및 라디오 방송시설이 후보자의 연설을 방송하는 경우 내용을 편집하지 아니한 상태에서 방송하여야 하며, 선거구단위로 모든 정당 또는 후보자에게 공평하게 하여야 한다.

② 방송시설을 경영 또는 관리하는 자가 후보자의 연설을 방송하고자 하는 때에는 그 방송일 전 2일까지 방송시설명·방송일시·소요시간 등을 중앙선거관리위원회규칙이 정하는 바에 따라 관할선거구선거관리위원회에 통보하여야 한다.

③ 비례대표국회의원후보자는 선거운동기간 중에 소속 정당의 정강·정책이나 후보자의 정견, 그 밖에 필요한 사항을 홍보하기 위하여 공개장소에서의 연설·대담을 할 수 있다.

④ 확성장치는 연설·대담을 하는 경우에만 사용할 수 있으며, 휴대용 확성장치는 연설·대담용 차량이 정차한 외의 다른 지역에서 사용할 수 없다. 이 경우 차량 부착용 확성장치와 동시에 사용할 수 없다.

11 다음 중 공직선거법에 의해 선거운동이 금지된 단체가 아닌 것은?

① 지방공기업법 제2조에 규정된 지방공사와 지방공단

② 건강보험관리공단

③ 한국은행

④ 종친회, 산악회

12 공직선거법에 대한 판례의 견해와 일치하지 않는 것은?

① 비록 회원들이 자발적으로 모여 만든 사조직이라도, 조직이 설립된 후에 특정 후보자가 여러 차례 모임에 참석하였다면 공직선거법 제87조 제2항이 규제하는 사조직의 설립 또는 설치 행위에 해당한다.

② 공직선거법 제87조 제2항에서 설립 내지 설치를 금지하는 사조직은 선거에 있어서 후보자나 후보자가 되고자 하는 자를 위하여 법정 선거운동기구 이외에 설립하거나 설치하는 일체의 사조직을 의미하므로, 설사 회칙이 없고 조직과 임원 및 재정 등에 관하여 구체적으로 정한 바가 없더라도 위 조항에서 말하는 사조직에 해당한다.

③ 1인 1표제 하의 비례대표의석배분방식은 민주주의 원리에 부합하지 않으며, 직접·평등선거의 원칙에 위배된다.

④ 공직선거법 제113조 제1항은 '당해 선거구 안에 있는 자'와 '당해 선거구의 밖에 있더라도 그 선거구민과 연고가 있는 자'에 대한 기부행위를 금지하고 있는바, 여기서 '당해 선거구 안에 있는 자'란 선거구 내에 주소나 거소를 갖는 사람은 물론 선거구 안에 일시적으로 머무르는 사람도 포함되고, '선거구민과 연고가 있는 자'란 당해 선거구민의 가족·친지·친구·직장동료·상하급자나 향우회·동창회·친목회 등 일정한 혈연적·인간적 관계를 가지고 있어 그 선거구민의 의사결정에 직접적 또는 간접적으로 어떠한 영향을 미칠 수 있는 가능성이 있는 사람을 말하며 그 연고를 맺게 된 사유는 불문한다.

13 다음 중 공직선거법 규정과 일치하지 않는 것은?

① 투표를 함에 있어서는 선거인의 성명 기타 선거인을 추정할 수 있는 표시를 하여서는 아니 된다.

② 구·시·군선거관리위원회는 투표에 관한 사무를 관리하게 하기 위하여 투표구마다 투표관리관 2명을, 사전투표소마다 사전투표관리관 2명을 각각 둔다.

③ 투표소는 투표구안의 학교, 읍·면·동사무소 등 관공서, 공공기관·단체의 사무소, 주민회관 기타 선거인이 투표하기 편리한 곳에 설치한다. 다만, 당해 투표구안에 투표소를 설치할 적당한 장소가 없는 경우에는 인접한 다른 투표구안에 설치할 수 있다.

④ 학교·관공서 및 공공기관·단체의 장은 선거관리위원회로부터 투표소 설치를 위한 장소사용 협조요구를 받은 때에는 우선적으로 이에 응하여야 한다.

14 다음 중 공직선거법 규정과 일치하지 않는 것은?

① 선거인명부에 올라 있지 아니한 자는 투표할 수 없다. 다만, 이의신청·불복신청·명부누락자의 구제신청에 이유 있다는 결정통지서를 가지고 온 자는 투표할 수 있다.

② 거소투표자는 제158조의2에 따라 거소투표를 하여야 하며, 선거일에 해당 투표소에서 투표할 수 없다.

③ 선거인은 자신이 투표소에 가서 투표참관인의 참관하에 주민등록증(주민등록증이 없는 경우에는 여권·운전면허증·공무원증 또는 중앙선거관리위원회규칙으로 정하는 신분증명서)을 제시하고 본인임을 확인받은 후 선거인명부에 서명이나 날인 또는 무인하고 투표용지를 받아야 한다.

④ 선거인은 투표용지를 받은 후 기표소에 들어가 투표용지에 1인의 후보자(비례대표국회의원선거와 비례대표지방의회의원선거에 있어서는 하나의 정당)를 선택하여 투표용지의 해당란에 기표한 후 그 자리에서 기표내용이 다른 사람에게 보이지 아니하게 접어 투표참관인의 앞에서 투표함에 넣어야 한다.

15 다음 중 후보자등록 신청 전까지 사직하여야 하는 자가 아닌 것은?

① 지방의회의원선거와 지방자치단체의 장 선거에 있어서 해당 지방자치단체의 의회의원이나 장이 그 직을 가지고 입후보하는 경우

② 비례대표국회의원선거나 비례대표지방의회의원선거에 입후보하는 경우

③ 지방의회의원이 다른 지방자치단체의 의회의원이나 장의 선거에 입후보하는 경우

④ 비례대표국회의원선거나 비례대표지방의회의원선거에 입후보하는 경우

16 후보자등록에 대한 설명으로 옳지 않은 것은?

① 대통령선거의 후보자등록서류에는 추천정당의 당인(黨印) 및 그 대표자의 직인이 날인된 추천서와 본인승낙서를 등록신청서에 첨부하여야 한다.

② 후보자등록을 신청하는 자는 예비후보자등록을 신청하는 때에 제출한 서류는 제출하지 아니할 수 있다. 다만, 그 서류 중 변경사항이 있는 경우에는 후보자등록을 신청하는 때까지 추가하거나 보완하여야 한다.

③ 정당의 당원인 자는 무소속후보자로 등록할 수 없으며, 후보자등록기간 중 당적을 이탈·변경한 때에는 당해 선거에 후보자로 등록될 수 없다. 그러나 소속정당의 해산으로 당원자격이 상실된 경우에는 무소속후보자로 등록할 수 있다.

④ 후보자가 되고자 하는 자 또는 정당은 선거기간개시일 전 150일부터 본인 또는 후보자가 되고자 하는 소속 당원의 전과기록을 국가경찰관서의 장에게 조회할 수 있으며, 그 요청을 받은 국가경찰관서의 장은 지체없이 그 전과기록을 회보(回報)하여야 한다.

17 다음 중 공직선거법 규정과 일치하지 않는 것은?

① 거소투표자는 관할 구·시·군선거관리위원회로부터 송부 받은 투표용지에 1명의 후보자(비례대표국회의원선거 및 비례대표지방의회의원선거에서는 하나의 정당을 말한다)를 선택하여 투표용지의 해당 칸에 기표한 다음 회송용 봉투에 넣어 봉함한 후 등기우편으로 발송하여야 한다.

② 선거관리위원회의 위원·직원·투표관리관·투표사무원 및 투표참관인이 투표소에 출입하는 때에는 중앙선거관리위원회규칙이 정하는 바에 따라 표지를 달거나 붙여야 한다.

③ 투표소로부터 100미터안에서 소란한 언동을 하거나 특정 정당이나 후보자를 지지 또는 반대하는 언동을 하는 자가 있는 때에는 투표관리관은 이를 제지하고, 그 명령에 불응하는 때에는 투표소 또는 그 제한거리 밖으로 퇴거하게 할 수 있다.

④ 투표소내외에서의 소란언동에 의하여 퇴거당한 선거인은 당해 선거에서 투표권이 제한 될 수 있다. 다만, 투표관리관은 투표소의 질서를 문란하게 할 우려가 없다고 인정하는 때에는 투표하게 할 수 있다.

18 다음 중 공직선거법 규정과 일치하지 않는 것은?

① 어느 란에도 표를 하지 아니하였거나, 표 외에 다른 사항을 기입하였거나, 선거관리위원회의 기표용구가 아닌 용구로 표를 한 경우에는 그 표를 무효로 한다.

② 투표의 효력에 관하여 이의가 있는 때에는 구·시·군선거관리위원회는 재적위원 과반수의 출석과 출석위원 과반수의 의결로 결정한다.

③ 후보자별 득표수의 공표는 중앙선거관리위원회위원장이 투표구별로 집계·작성된 개표상황표에 의하여 투표구 단위로 하되, 출석한 중앙선거관리위원회위원 전원은 공표 전에 득표수를 검열하고 개표상황표에 서명하거나 날인하여야 한다.

④ 국회의원선거구획정위원회로부터 선거구획정업무에 필요한 자료의 요청을 받은 국가기관 및 지방자치단체는 지체 없이 이에 따라야 한다.

19 공직선거법에 대한 설명으로 옳지 않은 것은?

① 지역구국회의원·지역구지방의회의원의 보궐선거는 그 선거일부터 임기만료일까지의 기간이 1년 미만이거나, 지방의회의 의원정수의 4분의 1 이상이 궐원(임기만료일까지의 기간이 1년 이상인 때에 재선거·연기된 선거 또는 재투표사유로 인한 경우를 제외한다)되지 아니한 경우에는 실시하지 아니할 수 있다.

② 선거를 실시할 수 있는 기간의 만료일이 임기만료에 의한 선거의 선거일후에 해당되나 그 선거의 실시사유가 임기만료에 의한 선거의 선거일 30일전까지 확정된 지방자치단체의 장의 보궐선거는 임기만료에 의한 선거의 선거일에 동시실시한다.

③ 동시선거에 있어서 선거인명부와 거소·선상투표신고인명부는 선거일 전 12일에, 거소·선상투표신고인명부는 선거인명부작성기간만료일의 다음 날에 각각 확정되며 해당 선거에 한하여 효력을 가진다.

④ 동시선거에 있어서 같은 정당의 추천을 받은 2인 이상의 후보자(대통령선거의 정당추천후보자와 비례대표국회의원선거 및 비례대표지방의회의원선거에 있어서는 후보자를 추천한 정당을 말한다)는 책자형 선거공보를 공동으로 작성할 수 있으며, 책자형 선거공보는 공동으로 작성한 때에는 후보자마다 각각 1종을 작성한 것으로 본다.

20 재외선거에 관한 특례에 대한 설명으로 옳지 않은 것은?

① 중앙선거관리위원회는 재외선거인 해당 선거의 선거일 전 60일 현재의 최종주소지 또는 등록기준지를 기준으로 선거일 전 50일부터 선거일 전 41일까지 10일간 재외투표관리관이 송부한 재외선거인 등록신청서에 따라 재외선거인명부를 작성한다.

② 선거권자는 누구든지 재외선거인명부등의 열람기간 중 자유로이 재외선거인명부등을 열람할 수 있다.

③ 선거권자는 재외선거인명부등의 열람기간 중 재외선거인명부등에 정당한 선거권자가 빠져 있거나 잘못 써진 내용이 있거나 자격이 없는 사람이 올라 있으면 말 또는 서면으로 명부작성권자에게 이의를 신청할 수 있고, 해당 명부작성권자는 그 신청이 있는 날의 다음 날까지 심사·결정하여야 한다.

④ 재외선거인명부등은 선거일 전 30일에 확정되며, 국외부재자신고인명부는 해당 선거에 한하여 효력을 가진다. 누구든지 재외선거인등이 투표한 후에는 그 재외선거인등의 해당 선거의 선거권 유무에 대하여 대한민국 국민이 아니라는 이유로 법적·행정적 이의를 제기할 수 없다.

정답 및 해설 P. 314

1 다음 중 선거보도에 대한 설명 중 옳은 것은?

① 선거방송심의위원회를 구성한 후 국회에 교섭단체를 구성한 정당의 수가 증가하는 경우에도 그 증가한 위원은 위촉하지 않는다.

② 각급선거관리위원회는 인터넷언론사의 인터넷홈페이지에 게재된 선거보도의 공정성을 유지하기 위하여 인터넷선거보도심의위원회를 설치·운영하여야 한다.

③ 선거방송심의위원회는 임기만료에 의한 선거의 경우 예비후보자등록신청개시일 전일부터 선거일 후 30일까지 설치하지만 보궐선거 등이 실시되는 경우에는 선거방송심의위원회를 설치하지 않는다.

④ 인터넷선거보도심의위원회에 위원장 1인과 상임위원 1인을 두되, 위원장은 위원중에서 호선하며, 상임위원은 중앙선거관리위원회가 인터넷선거보도심의위원회의 위원중에서 지명한다.

2 다음 중 선거와 관련된 헌법재판소의 견해와 다른 것은?

① 선거운동의 선전벽보에 비정규학력의 게재를 금지하는 것은 선거운동의 자유를 침해하지 않는다.

② 지역구지방의회의원선거에서도 대통령선거나 지역구국회의원선거와 마찬가지로 유효투표총수의 100분의 15 이상의 득표를 기탁금 및 선거비용 전액의 반환 또는 보전의 기준으로 정한 공직선거법은 청구인들의 평등권을 침해한다.

③ 선거운동의 기회균등원칙이란 것도 일반적 평등원칙과 마찬가지로 절대적이고도 획일적인 평등 내지 기회균등을 요구하는 것이 아니라 합리적 근거 없는 자의적 차별 내지 차등만을 금지하는 것으로 이해하여야 한다.

④ 선거운동기간 중 공개 장소에서 비례대표국회의원후보자의 연설·대담을 금지하는 것은 비례대표국회의원후보자의 선거운동의 자유 및 정당 활동의 자유를 침해하지 않는다.

3 다음 중 피선거권에 관한 설명으로 옳지 않은 것은?

① 선거일 현재 5년 이상 국내에 거주하고 있는 40세 이상의 국민은 대통령의 피선거권이 있다.

② 선거일 현재 5년 이상 국내에 거주하고 있는 25세 이상의 국민은 국회의원의 피선거권이 있다.

③ 공무로 외국에 파견되어 선거일전 60일후에 귀국한 주민이라도 선거인명부작성기준일부터 계속하여 선거일까지 당해 지방자치단체의 관할구역 안에 주민등록이 되어 있다면, 지방자치단체의 장의 피선거권이 있다.

④ 선거일 현재 계속하여 60일 이상 당해 지방자치단체의 관할구역 안에 주민등록이 되어 있는 주민으로서 25세 이상의 국민은 그 지방의회의원 및 지방자치단체의 장의 피선거권이 있다.

4 선거구획정위원회에 대한 설명으로 옳지 않은 것은?

① 국회의원선거구획정위원회는 중앙선거관리위원회에 두되, 직무에 관하여 독립의 지위를 가진다.

② 국회의원선거구획정위원회는 중앙선거관리위원회위원장이 위촉하는 9명의 위원으로 구성하되, 위원장은 위원 중에서 호선한다.

③ 국회의원 · 지방의회의원 및 정당의 당원은 국회의원선거구획정위원회 및 자치구 · 시 · 군의원선거구획정위원회의 위원이 될 수 없다.

④ 자치구 · 시 · 군의원선거구획정위원회는 선거구획정안을 마련함에 있어서 정당과 당해 자치구 · 시 · 군의 의회 및 장에 대하여 의견진술의 기회를 부여하여야 한다.

5 공직선거법에 대한 설명으로 옳지 않은 것은?

① 공직선거법이 당내경선운동방법을 제한하는 취지 및 당내경선의 실시 여부가 확정되지 않았거나 예비후보자로 등록하기 이전이라 할지라도 당내경선에 참여하려고 하는 사람이 당내경선에 대비하여 공직선거법이 허용하는 범위를 넘어서 경선운동을 한 경우, 당내경선운동 위반행위에 해당한다.

② 선거운동기간 전에 '시장 예비후보'의 문구가 기재된 어깨띠를 두르고 지나가는 사람들에게 명함을 배부하면서 지지를 부탁한 행위는 공직선거법 제68조 제2항에 위배되는 것은 아니다.

③ 지역구국회의원선거에서 구·시·군선거방송토론위원회가 개최하는 대담·토론회의 초청자격을 제한하고 있는 공직선거법 제82조의2 제4항 제3호 중 '지역구국회의원선거'에 관한 부분이 공무담임권을 제한하는 것은 아니다.

④ 대통령의 선거기간은 23일이고, 국회의원선거와 지방자치단체의 의회의원 및 장의 선거의 선거기간은 14일이며, 대통령 선거의 선거기간이라 함은 후보자등록마감일의 다음날부터 선거일까지를 말한다.

6 공직선거법에 대한 설명으로 옳지 않은 것은?

① 임기만료에 의한 대통령선거는 그 임기만료일전 70일 이후 첫번째 수요일에 실시한다.

② 대통령의 선거기간은 23일이고, 국회의원선거와 지방자치단체의 의회의원 및 장의 선거의 선거기간은 14일이며, 대통령 선거의 선거기간이라 함은 후보자등록마감일의 다음날부터 선거일까지를 말한다.

③ 당내경선의 실시 여부가 확정되지 아니하였다거나 예비후보자로 등록하기 이전이라 할지라도, 당내경선에 참여하려고 하는 사람이 당내경선에 대비하여 공직선거법이 허용하는 범위를 넘어서 경선운동을 한 경우에는 당내경선운동 위반행위에 해당한다.

④ 선거일이 국민생활과 밀접한 관련이 있는 민속절 또는 공휴일인 때와 선거일전일이나 그 다음날이 공휴일인 때에는 그 다음주의 수요일로 한다.

7 공직선거법상 거소 · 선상투표신고에 대한 설명으로 옳지 못한 것은?

① 장애인복지법 제32조에 따라 등록된 장애인은 통 · 리 · 반의 장의 확인 없이 거소투표를 할 수 있는 자로 인정된다.

② 선상투표 사유, 성명, 성별, 생년월일, 주소, 거소, 선박의 명칭과 팩시밀리 번호는 신고서의 필요적 기재사항이다.

③ 우편에 의한 거소투표신고는 등기우편으로 처리하되, 그 우편요금은 해당 지방자치단체가 부담한다.

④ 선상투표신고를 하려는 사람은 해당 신고서에 일정한 사항을 적어야 하고, 해당 선박 선장의 확인을 받아야 한다.

8 선거인명부에 대한 설명으로 옳지 않은 것은?

① 선거인명부는 선거일 전 15일에, 거소 · 선상투표신고인명부는 선거인명부작성기간만료일의 다음 날에 각각 확정된다.

② 중앙선거관리위원회는 사전투표소에서 사용하기 위하여 확정된 선거인명부의 전산자료 복사본을 이용하여 하나의 선거인명부를 작성한다.

③ 구 · 시 · 군의 장은 선거권자가 선거인명부확정일의 다음 날부터 선거일의 투표마감시각까지 해당 구 · 시 · 군이 개설 · 운영하는 인터넷 홈페이지에서 자신이 선거인명부에 올라 있는지 여부, 선거인명부 등재번호 및 투표소의 위치를 확인할 수 있도록 기술적 조치를 하여야 한다.

④ 천재지변, 그 밖의 사고로 인하여 선거인명부가 멸실 · 훼손된 경우 선거의 실시를 위하여 필요한 때에는 구 · 시 · 군의 장은 다시 선거인명부를 작성하여야 한다.

9 공직선거법에 대한 판례의 견해와 일치하지 않는 것은?

① 예비후보자의 선거운동에서 예비후보자 외에 독자적으로 명함을 교부하거나 지지를 호소할 수 있는 주체를 예비후보자의 배우자와 직계존·비속으로 제한한 공직선거법 제60조의3 제2항 제1호 배우자나 직계존·비속이 없는 청구인들의 평등권을 침해한다.

② 자치구·시·군의원선거의 후보자가 후보자 등록을 위하여 납부한 기탁금을 후보자의 득표율에 따라 반환하도록 하는 공직선거법 제57조 제1항 제1호의 '지역구지방의회의원선거'중 자치구·시·군의원선거에 관한 부분이 청구인의 평등권을 침해하는 것은 아니다.

③ 선거운동과 관련하여 선거운동원 등에게 일체의 금품제공을 금지하고 이를 위반하는 경우 처벌하는 공직선거법 제135조 제3항 중 "금품의 제공"에 관한 부분이 당원이 당비를 납부하여 정당선거사무소의 운영비 등으로 사용하는 것을 제한하는 것이 아니며, 정당 활동의 자유를 침해하는 것은 아니다.

④ 공직선거법 제60조의3 제1항 제6호에서 예비후보자가 할 수 있는 선거운동으로 규정하고 있는 '전화를 이용하여 송·수화자 간 직접 통화하는 방식으로 지지를 호소하는 행위가 예비후보자 본인이 직접 하는 경우에만 적용되는 것이다.

10 공직선거법에 규정된 후보자 등록무효사유가 아닌 것은?

① 비례대표지방의원선거에 여성후보자 추천 비율과 순위를 위반하거나 선거권자의 추천인 수가 규정에 미달한 것이 발견된 때

② 지역구국회의원선거에 있어서 관할구역이 겹치는 지방자치단체의 장이 선거일 전 120일까지 사직하지 않고 등록된 것이 발견된 때

③ 다른 법률에 따라 공무담임이 제한되는 사람이나 후보자가 될 수 없는 사람에 해당하는 것이 발견된 때

④ 정당의 당내경선에서 낙선한 자가 해당 선거의 다른 선거구에 무소속 후보자로 등록한 것이 발견된 때

11 공직선거법 제53조에 규정된 공무원 등의 입후보에 대한 설명으로 옳지 못한 것은?

① 농업조합 수산업협동조합 엽연초생산협동조합의 상근 임원과 중앙회장이 임기만료에 의한 지역구국회의원선거에 입후보하려는 경우 선거일 전 90일까지 그 직을 그만두어야 한다.

② 정당법 규정에 의하여 정당의 당원이 될 수 없는 사립학교교원이 지방자치단체의 장의 선거에 후보자가 되려는 경우 선거일 전 90일까지 그 직을 그만두어야 한다.

③ 한국은행의 상근 임원이 공직선거에 입후보 하려는 경우 선거일 전 90일까지 그 직을 그만두어야 한다.

④ 지방의회의원이 다른 지방자치단체의 의회의원이나 장의 선거에 입후보하는 경우 선거일 전 90일까지 그 직을 그만두어야 한다.

12 공직선거법에 대한 판례의 견해와 일치하지 않는 것은?

① 공직선거 후보자의 투표용지 게재순위에 관하여 규정하고 있는 공직선거법 제150조 제3항은 청구인의 평등권을 침해한다.

② 공직선거법 제64조 제1항 및 동법 제250조 제1항에 의하여 게재가 허용되는 '정규학력'이란 초·중등교육법 및 고등교육법에서 학교의 종류, 설립, 경영, 교원, 교과과정, 학력평가 및 능력인증 등에 관하여 엄격히 관리·통제되고 있는 학교교육제도상의 학력만을 의미한다.

③ 시장선거 출마예비자가 출판기념회를 빙자하여 초청장 발송, 벽보 부착, 방송자막광고, 문자메시지 발송 등 행위를 한 것이 사전선거운동에 해당한다.

④ 후보자가 자기 선거운동을 위해 작성·제출하는 선거공보를 후보자등록마감일 후 일정기한까지 관할 선거관리위원회에 제출하도록 하고 이를 선거관리위원회가 부재자투표용지나 투표안내문을 발송하는 때에 동봉하여 발송하도록 하는 구 공직선거법 제65조 제5항 제2호와 제216조 제2항 제7호 중 각 '지방자치단체의 의회의원선거'에 관한부분이 청구인의 선거운동의 자유 등을 침해하는 것은 아니다.

13 다음 중 예비후보자에 대한 설명으로 옳지 않은 것은?

① 예비후보자라도 자신의 성명 · 사진 · 전화번호 · 학력 · 경력, 그 밖에 홍보에 필요한 사항을 게재한 길이 9센티미터 너비 5센티미터 이내의 명함을 직접 주거나 지지를 호소하는 행위는 할 수 있다.

② 예비후보자와 함께 다니는 선거사무장 · 선거사무원 및 제62조 제4항에 따른 활동보조인은 예비후보자의 명함을 직접 주거나 예비후보자에 대한 지지를 호소할 수 있다.

③ 예비후보자가 예비후보자공약집을 발간하여 판매하려는 때에는 발간 즉시 관할 선거구선거관리위원회에 2권을 제출하여야 한다.

④ 대통령선거의 예비후보자는 선거공약 및 이에 대한 추진계획을 게재한 공약집 1종을 발간 · 배부 · 판매 할 수 있으며, 방문판매도 가능하다.

14 선거벽보에 대한 공직선거법의 내용과 일치하지 않는 것은?

① 제49조 제4항 제6호에 따라 학력증명서를 제출한 정규학력과 이에 준하는 외국의 교육과정을 이수한 학력 외에는 게재할 수 없다.

② 동에 있어서는 인구 1000명에 1매, 읍에 있어서는 인구 500명에 1매, 면에 있어서는 인구 100명에 1매의 비율을 한도로 작성 · 첩부한다.

③ 국회의원선거와 지방자치단체의 의회의원 및 장의 선거는 후보자등록마감일 후 5일까지 첩부할 지역을 관할하는 구 · 시 · 군선거관리위원회에 제출하고, 해당 구 · 시 · 군선거관리위원회가 이를 확인하여 선거벽보 제출마감일후 2일까지 첩부한다.

④ 선거벽보의 일부를 제출하지 아니할 때에는 선거벽보를 첩부하지 아니할 지역을 지정하여 선거벽보의 제출시에 서면으로 신고하여야 하고, 선거벽보를 첩부하지 아니할 지역을 신고하지 아니한 때에는 해당 구 · 시 · 군선거관리위원회가 그 지역을 지정한다.

15 선거공보에 대한 공직선거법 규정과 일치하지 않은 것은?

① 후보자는 선거운동을 위하여 책자형 선거공보 1종(대통령선거에서는 전단형 선거공보 1종을 포함한다)을 작성할 수 있다. 이 경우 비례대표국회의원선거 및 비례대표지방의회의원선거에서는 해당 정당이 추천한 후보자 모두의 사진·성명·학력·경력을 게재하여야 한다.

② 대통령선거에서 책자형 선거공보는 후보자가 후보자등록마감일 후 6일(추가등록의 경우에는 추가등록마감일 후 2일)까지 배부할 지역을 관할하는 구·시·군선거관리위원회에 제출하고 당해 선거관리위원회가 이를 확인하여 관할구역 안의 매세대에는 제출마감일 후 3일까지 우편으로 발송한다.

③ 국회의원선거에서 후보자가 후보자등록마감일 후 10일까지 배부할 지역을 관할하는 읍·면·동선거관리위원회에 제출하고 해당 선거관리위원회가 이를 확인하여 매세대에는 투표안내문을 발송하는 때에, 거소투표신고인명부에 올라 있는 선거인에게는 거소투표용지를 발송하는 때에 각각 동봉하여 발송한다.

④ 후보자가 책자형 선거공보 제출수량의 전부 또는 일부를 제출하지 아니하는 때에는 후보자정보공개자료를 별도로 작성하여 책자형 선거공보의 제출마감일까지 제출하여야 하며, 제출받은 후보자정보공개자료는 책자형 선거공보를 발송하는 때에 함께 발송한다.

16 공직선거법 규정에 대한 설명으로 옳지 않은 것은?

① 비례대표국회의원선거에서 후보자는 선거기간개시일부터 선거일전 2일까지 총 20회 이내의 범위에서 일간신문에 선거운동을 위한 신문광고를 게재할 수 있다.

② 신문광고를 게재하는 일간신문을 경영·관리하는 자는 그 광고비용을 산정함에 있어 선거기간중에 같은 지면에 같은 규격으로 게재하는 상업·문화 기타 각종 광고의 요금중 최저요금을 초과하여 후보자에게 청구하거나 받을 수 없다.

③ 비례대표국회의원선거의 경우에는 후보자를 추천한 정당은 선거운동기간중 소속정당의 정강·정책이나 후보자의 정견을 홍보하기위해서 텔레비전 및 라디오 방송별로 각 15회 이내로 방송광고를 할 수 있다.

④ 대통령선거에서 정당추천후보자는 선거운동기간중 소속정당의 정강·정책이나 후보자의 정견을 홍보하기위해서 텔레비전 및 라디오 방송별로 각 30회 이내로 방송광고를 할 수 있다.

17 선거방송토론위원회 주관 대담·토론회의 초청대상 후보자에 대한 설명으로 옳지 않은 것은?

① 대통령선거 : 직전 대통령선거, 비례대표국회의원선거, 비례대표시·도의원선거 또는 비례대표자치구·시·군의원선거에서 전국 유효투표총수의 100분의 3 이상을 득표한 정당이 추천한 후보자

② 비례대표국회의원선거 및 비례대표시·도의원선거 : 중앙선거관리위원회규칙이 정하는 바에 따라 언론기관이 선거기간개시일전 30일부터 선거기간개시일전일까지의 사이에 실시하여 공표한 여론조사결과를 평균하여 100분의 5 이상의 지지를 얻은 정당의 대표자가 지정한 후보자

③ 지역구국회의원선거 : 최근 4년 이내에 해당 선거구(선거구의 구역이 변경되어 변경된 구역이 직전 선거의 구역과 겹치는 경우를 포함한다)에서 실시된 대통령선거, 지역구국회의원선거 또는 지방자치단체의 장선거(그 보궐선거등을 포함한다)에 입후보하여 유효투표총수의 100분의 10 이상을 득표한 후보자

④ 지방자치단체의 장 선거 : 중앙선거관리위원회규칙이 정하는 바에 따라 언론기관이 선거기간개시일전 50일부터 선거기간개시일전일까지의 사이에 실시하여 공표한 여론조사결과를 평균한 지지율이 100분의 3 이상인 후보자

18 다음 중 공직선거법 규정과 일치하지 않은 것은?

① 선거에 있어서 한국철도공사사장은 선거운동용으로 계속하여 사용할 수 있는 전국용 무료승차권 30매를 각 후보자에게 발급할 수 있다. 전국용 무료승차권을 발급받은 후보자가 사퇴·사망하거나 등록이 무효로 된 때에는 그 후 이를 사용할 수 없으며, 한국철도공사사장에게 지체 없이 반환하여야 한다.

② 특별법에 의하여 설립된 국민운동단체로서 국가나 지방자치단체의 출연 또는 보조를 받는 단체(바르게살기운동협의회·새마을운동협의회·한국자유총연맹을 말한다)의 상근 임·직원은 정당 또는 후보자에 대한 선거권자의 지지도를 조사하거나 이를 발표하는 행위가 금지된다.

③ 당해 지방자치단체의 장의 선거에 예비후보자 또는 후보자가 되지 않은 지방자치단체의 장은 선거일전 60일부터 선서일까지 정당의 징강·징책을 신거구민을 대상으로 홍보·선전하는 행위를 하여서는 아니 된다.

④ 지방자치단체의 장은 소관 사무나 그 밖의 명목 여하를 불문하고 방송·신문·잡지나 그 밖의 광고에 출연할 수 없다.

19 다음 중 공직선거법 규정과 일치하지 않는 것은?

① 선거에 관한 여론조사를 실시한 기관 · 단체는 조사설계서 · 피조사자선정 · 표본추출 · 질문
   지작성 · 결과분석 자료와 수집된 설문지 및 결과분석자료 등 해당 여론조사와 관련 있는
   자료일체를 해당 선거의 선거일 후 6개월까지 보관하여야 한다.

② 선거에 관한 여론조사 결과를 공표 · 보도하려는 때에는 그 결과의 공표 · 보도 전에 해당
   여론조사를 실시한 기관 · 단체가 선거여론조사기준으로 정한 사항을 중앙선거여론조사공
   정심의위원회 홈페이지에 등록하여야 한다.

③ 방송 · 신문 · 통신 · 잡지 기타 간행물을 경영 · 관리하거나 편집 · 취재 · 집필 · 보도하는 자
   또는 그 보조자는 선거일 전 6일부터 선거일의 투표마감시각까지 선거에 관하여 여론조사
   의 경위와 그 결과를 공표하거나 인용하여 보도할 수 없다.

④ 언론기관등이 후보자의 공약에 관한 비교평가의 결과를 공표하는 때에는 평가의 신뢰성 ·
   객관성을 입증할 수 있는 내용을 공표하여야 하며, 비교평가와 관련있는 자료 일체를 해당
   선거의 선거일 후 6개월까지 보관하여야 한다.

20 다음 중 공직선거법 규정과 일치하지 않는 것은?

① 국회의원 · 지방자치단체의 장 · 정당의 대표자는 당해 선거구안에 있는 자나 기관 · 단체 ·
   시설 또는 당해 선거구의 밖에 있더라도 그 선거구민과 연고가 있는 자나 기관 · 단체 · 시
   설에 기부행위(결혼식에서의 주례행위를 포함한다)를 할 수 없다.

② 누구든지 선거에 관하여 후보자 또는 그 소속정당을 위하여 기부행위를 하거나 하게 할 수
   없다. 이 경우 후보자 또는 그 소속정당의 명의를 밝혀 기부행위를 하거나 후보자 또는 그
   소속정당이 기부하는 것으로 추정할 수 있는 방법으로 기부행위를 하는 것은 당해 선거에
   관하여 후보자 또는 정당을 위한 기부행위로 본다.

③ 정당, 당원협의회, 창당준비위원회, 정당선거사무소의 소장, 후보자(예비후보자 포함)나 그
   배우자는 선거에 관하여 정치자금법의 규정에 따라 정치자금을 기부할 수 없는 자에게 기
   부를 요구하거나 그로부터 기부를 받을 수 없다.

④ 후보자와 후보자의 가족 또는 정당의 당직자가 선거일의 다음 날부터 13일 동안 해당 선거
   구 안의 읍 · 면 · 동마다 1매의 현수막을 게시하는 행위는 선거일후 답례금지조항에 위배
   되지 않는다.

정답 및 해설 P. 320

1 다음 중 공직선거법 규정과 일치하지 않는 것은?

① 공직선거법은 대통령 선거, 국회의원 선거, 지방의회의원 및 지방자치단체의 장 선거, 교육감 선거에 적용된다.

② 인구의 기준일은 예비후보자등록신청개시일이 속하는 달의 전전달 말일로 한다.

③ 고용주는 고용된 사람이 사전투표기간 및 선거일에 모두 근무를 하는 경우 투표하기 위하여 필요한 시간을 청구한 경우 투표에 필요한 시간을 보장해 줄 수 있다.

④ 각급선거관리위원회(읍·면·동선거관리위원회는 제외한다)는 투표를 마친 선거인에게 국공립 유료시설의 이용요금을 면제·할인하는 등의 필요한 대책을 수립·시행할 수 있다. 이 경우 공정한 실시방법 등을 정당·후보자와 미리 협의하여야 한다.

2 다음 중 선거와 관련된 헌법재판소의 견해와 다른 것은?

① 선거운동의 기회균등원칙이란 것도 일반적 평등원칙과 마찬가지로 절대적이고도 획일적인 평등 내지 기회균등을 요구하는 것이 아니라 합리적 근거 없는 자의적 차별 내지 차등만을 금지하는 것으로 이해하여야 한다.

② 선거운동의 선전벽보에 비정규학력의 게재를 금지하는 것은 선거운동의 자유를 침해하지 않는다.

③ 예비후보자의 선거운동에서 예비후보자 외에 독자적으로 명함을 교부하거나 지지를 호소할 수 있는 주체를 예비후보자의 배우자와 직계존·비속으로 제한한 공직선거법 제60조의3 제2항 제1호는 선거운동의 자유를 침해하지 않는다.

④ 비록 공직선거법이 해상에 장기 기거하는 선원들을 부재자투표 대상자로 규정하지 않고, 이들이 투표할 수 있는 방법을 정하지 않고 있다 하더라도 이는 선거권의 본질적인 내용을 침해하는 것은 아니다.

3 다음 중 공직선거법의 규정에 의할 때 피선거권이 있는 자는?

① 금치산선고를 받은 자

② 금고 이상의 형의 선고를 받고 그 형이 실효되지 아니한 자

③ 가석방된 사람으로서 잔여형기가 경과하지 않은 경우

④ 지방자치단체의 부단체장으로서 공직을 수행하던 중에 뇌물수수혐의로 징역 2년, 집행유예 3년을 선고받고 집행유예기간이 경과한 자

4 선거구획정에 대한 설명으로 옳지 않은 것은? (다툼이 있는 경우 판례에 의함)

① 국회의원선거구획정위원회는 재적위원 3분의 1 이상의 찬성으로 의결한 선거구획정안과 그 이유 및 그 밖에 필요한 사항을 기재한 보고서를 임기만료에 따른 국회의원선거의 선거일 전 13개월까지 국회의장에게 제출하여야 한다.

② 선거구획정에 있어서 인구비례원칙에 의한 투표가치의 평등은 헌법적 요청으로서 다른 요소에 비하여 기본적이고 일차적인 기준이다.

③ 국회의원지역구를 획정함에 있어 투표가치의 평등을 완벽하게 실현할 수 있는 가장 이상적인 방법이 인구편차 상하0%, 인구비례 1:1을 기준으로 하는 것임은 자명하다.

④ 현행 공직선거법에 의하면 복수인 시·도의 관할구역에 걸쳐 지역구를 획정할 수 없기 때문에, 인구편차의 허용기준을 완화하면 할수록 시·도별 지역구 의석수와 시·도별 인구가 비례하지 아니할 가능성이 높아져 상대적으로 과대대표되는 지역과 과소대표되는 지역이 생길 수 밖에 없다.

5 다음 중 선거에 관한 설명으로 옳은 것은?

① 국회의원선거에 있어서 선거의 효력에 관하여 이의가 있는 선거인·정당 또는 후보자는 당해 선거구선거관리위원회위원장을 피소청인으로 하여 중앙선거관리위원회에 소청할 수 있다.

② 국회의원선거구획정위원회 위원의 임기는 국회의원선거구획정위원회의 존속기간으로 한다.

③ 국회의원 및 정당의 당원(제1항에 따른 국회의원선거구획정위원회의 설치일부터 과거 1년 동안 정당의 당원이었던 사람을 포함한다)은 국회의원선거구획정위원회 위원이 될 수 있다.

④ 기초의회의원선거 후보자에 대해서 특정 정당으로부터 추천 받은 것을 표방할 수 없게 하였다고 하더라도 이것이 후보자의 정치적 표현의 자유를 과도하게 침해하는 것은 아니다.

6 공직선거법에 대한 설명으로 옳지 않은 것은?

① 교원의 선거운동을 금지하고 있는 구 공직선거법 제60조 제1항 제4호는 교육공무원 선거운동 금지조항은 교육의 정치적 중립성을 보장하고 선거의 형평성, 공정성을 기하기 위한 것으로서 과잉금지원칙을 위배하여 선거운동의 자유를 침해한다고 볼 수 없다.

② 선거의 일부무효로 인한 재선거는 확정판결 또는 결정의 통지를 받은 날부터 60일 이내에 실시한다.

③ 대통령의 궐위로 인한 선거는 대통령 또는 대통령권한대행자가 공고하여야한다.

④ 구청 공무원인 피고인이 현직 구청장으로 차기 구청장 선거에 출마할 가능성이 있는 甲의 구정활동을 홍보하는 내용이 담긴 잡지를 관내 동장들에게 교부한 것은 제3자 기부행위 및 탈법방법에 의한 인쇄물 배부행위에 해당한다.

7 **공직선거법에 대한 설명으로 옳지 않은 것은?**

① 선거인명부의 작성에 관하여는 관할구·시·군선거관리위원회 및 읍·면·동선거관리위원회가 이를 감독한다.

② 선거인명부작성에 종사하는 공무원이 정당한 사유 없이 선거인명부작성에 관하여 그 직무를 태만히 한 때에는 직근 상급선거관리위원회는 임면권자에게 그 교체를 요구할 수 있다.

③ 선거인명부 작성에 종사하는 공무원에 대한 교체 요구는 선거인명부 작성기간 중에만 가능하다.

④ 선거인명부 작성 공무원에 대한 교체요구가 있는 경우 임면권자는 정당한 사유가 없는 한 이에 따라야 한다.

8 **공직선거 후보자추천을 위한 정당의 당내경선에 대한 설명으로 옳지 않은 것은?**

① 정당은 공직선거후보자를 추천하기 위하여 경선(이하 "당내경선"이라 한다)을 실시할 수 있다.

② 정당이 당내경선을 실시하는 경우 경선후보자로서 당해 정당의 후보자로 선출되지 아니한 자는 당해 선거의 같은 선거구에서는 후보자로 등록될 수 없다.

③ 정치자금법의 규정에 따라 보조금의 배분대상이 되는 정당은 당내경선사무 중 경선운동, 투표 및 개표에 관한 사무의 관리를 당해 선거의 관할선거구선거관리위원회에 위탁할 수 있다.

④ 정당이 당내경선을 위탁하여 실시하는 경우에는 그 경선 및 선출의 효력에 대한 이의제기는 당해 정당이나 관할 선거구선거관리위원회에 하여야 한다.

9 **다음 중 선거일 전 90일까지 그 직을 그만두어야 하는 사람은? (다른 결격사유는 없음)**

① 교육위원회의 교육위원

② 산림협동조합의 상근 임원과 조합의 중앙회장

③ 다른 법령의 규정에 의하여 공무원의 신분을 가진 자

④ 국립대학교 총장

10 공직선거법에 대한 설명으로 옳지 않은 것은?

① 수당을 지급받을 수 없는 정당의 유급사무직원, 국회의원과 그 보좌관·비서관·비서 또는 지방의회의원은 선거사무원이 된 경우에도 선거사무원수에는 산입하지 아니한다.

② 선거사무장등(회계책임자를 포함한다)은 해당 선거관리위원회가 교부하는 표지를 패용하고 선거운동을 하여야 한다.

③ 장애인 예비후보자·후보자는 그의 활동을 보조하기 위하여 1명의 활동보조인을 둘 수 있으며, 활동보조인은 선거사무원수에 산입한다.

④ 같은 선거에 있어서는 2 이상의 정당·예비후보자 또는 후보자가 동일인을 함께 선거사무장·선거연락소장 또는 선거사무원으로 선임할 수 없다.

11 선거공약서에 대한 설명으로 옳지 않은 것은?

① 대통령선거 및 지방자치단체의 장선거의 후보자는 선거운동을 위하여 선거공약 및 그 추진계획을 게재한 인쇄물 1종을 작성할 수 있다.

② 선거공약서는 대통령선거에 있어서는 32면 이내로, 시·도지사선거에 있어서는 16면 이내로, 자치구·시·군의 장선거에 있어서는 12면 이내로 작성한다.

③ 후보자와 그 가족, 선거사무장, 선거연락소장, 선거사무원, 회계책임자 및 후보자와 함께 다니는 활동보조인은 선거공약서를 배부할 수 있다. 다만, 우편발송(점자형 선거공약서는 제외한다)·호별방문의 방법으로 선거공약서를 배부할 수 없다.

④ 후보자가 선거공약서를 배부하고자 하는 때에는 배부일 전일까지 2부를 첨부하여 작성수량·작성비용 및 배부방법 등을 관할선거구선거관리위원회에 서면으로 신고하여야 하며, 배부 전까지 배부할 지역을 관할하는 읍·면·동선거관리위원회에 각 2부를 제출하여야 한다.

12 다음 중 공직선거법 규정과 일치하지 않은 것은?

① 대담·토론회를 개최하는 단체는 그 비용을 후보자에게 부담시킬 수 없다. 대담·토론회의 개최신고서와 표지의 서식 기타 필요한 사항은 중앙선거관리위원회규칙으로 정한다.

② 신문 등의 진흥에 관한 법률 제2조 제3호에 따른 신문사업자는 대통령선거·국회의원선거에서는 선거일 전 180일부터, 지방자치단체의 장 선거에 있어서는 선거일전 60일부터 선거기간개시일전일까지 후보자가 되고자 하는 자를 초청하여 대담·토론회를 개최하고 이를 보도할 수 있다.

③ 중앙선거방송토론위원회는 대통령선거에 있어서 선거운동기간 중 후보자 중에서 1인 또는 수인을 초청하여 3회 이상 대담·토론회를 개최하여야 한다.

④ 시·도선거방송토론위원회는 비례대표시·도의원선거에 있어서 선거운동기간 중 해당 정당의 대표자가 비례대표시·도의원후보자 또는 선거운동을 할 수 있는 사람(지역구시·도의원후보자는 제외한다) 중에서 지정하는 1명 또는 여러 명을 초청하여 1회 이상 대담·토론회를 개최하여야 한다.

13 다음 중 공직선거법 규정과 일치하지 않는 것은?

① 누구든지 정보통신망 이용촉진 및 정보보호 등에 관한 법률 제2조 제1항 제1호에 따른 정보통신망을 이용하여 후보자, 그의 배우자 또는 직계존·비속이나 형제자매에 관하여 허위의 사실을 유포하여서는 안되며, 공연히 사실을 적시하여 이들을 비방하여서는 안 된다.

② 예비후보자가 선거운동 목적의 정보를 문자메시지로 전송하는 때에는 선거운동정보에 해당하는 사실 및 수신거부의 의사표시를 쉽게 할 수 있는 방법에 관한 사항을 명시하여야 한다.

③ 인터넷언론사는 당해 인터넷홈페이지의 게시판·대화방 등에 "실명인증"의 표시가 없는 정당이나 후보자에 대한 지지·반대의 정보 등이 게시된 경우에는 2일 이내에 이를 삭제하여야 한다.

④ 같은 정당의 추천을 받은 2인 이상의 후보자는 합동으로 제1항의 규정에 따른 인터넷광고를 할 수 있다. 이 경우 그 비용은 당해 후보자간의 약정에 따라 분담하되, 그 분담내역을 광고계약서에 명시하여야 한다.

14 다음 중 공직선거법 규정과 일치하지 않은 것은?

① 누구든지 자동차를 사용하여 선거운동을 할 수 없다. 다만, 제79조에 따른 연설·대담장소에서 자동차에 승차하여 선거운동을 하는 경우와 같은 조 제6항에 따른 선거벽보 등을 자동차에 부착하여 사용하는 경우에는 그러하지 아니하다.

② 선거운동기간 중 후보자, 제60조의3 제2항 각 호의 어느 하나에 해당하는 사람이 후보자의 명함을 직접 주는 행위와 선거기간이 아닌 때에 행하는 「정당법」 제37조 제2항에 따른 통상적인 정당활동은 탈법방법에 의한 문서·도화의 배부·게시 등 금지의 적용을 받지 않는다.

③ 누구든지 이 법의 규정에 의한 경우를 제외하고는 선거에 관한 기사를 게재한 신문·통신·잡지 또는 기관·단체·시설의 기관지 기타 간행물을 통상방법외의 방법으로 배부·살포·게시·첩부하거나 그 기사를 복사하여 배부·살포·게시·첩부할 수 없다.

④ 대통령선거에서 정당·후보자·예비후보자는 제79조에 따른 연설·대담장소에서 자동차에 선거벽보 등을 부착하여 사용하는 경우 외에 선거사무소와 선거연락소마다 각 10대 이내에서 관할선거관리위원회가 교부한 표지를 부착한 자동차에 선거벽보, 선거공보 및 선거공약서를 부착하여 운행하거나 운행하게 할 수 있다.

15 선거비용에 대한 설명으로 옳지 않은 것은?

① 정당, 정당선거사무소의 소장, 후보자의 배우자 및 직계존비속, 선거사무장·선거연락소장·회계책임자가 해당 후보자의 선거운동(위법선거운동을 포함한다)을 위하여 지출한 비용과 기부행위제한규정을 위반하여 지출한 비용은 선거비용으로 본다.

② 선거사무소와 선거연락소의 전화료·전기료 및 수도료 기타의 유지비로서 선거기간전부터 정당 또는 후보자가 지출하여 온 경비는 선거비용으로 보지 않는다.

③ 선거사무장·선거연락소장·회계책임자로 선임된 사람이 선임·신고되기 전까지 해당 후보자의 선거운동을 위하여 지출한 비용과 기부행위제한규정을 위반하여 지출한 비용은 선거비용으로 본다

④ 정당, 후보자, 선거사무장, 선거연락소장, 선거사무원, 회계책임자, 연설원 및 대담·토론자가 승용하는 자동차[제91조(확성장치와 자동차 등의 사용제한) 제4항의 규정에 의한 자동차와 선박을 포함한다]의 운영비용은 선거비용으로 본다.

16 공직선거법 규정과 일치하지 않은 것은?

① 대통령의 궐위로 인한 선거 및 재선거에서 정치자금모금을 위한 광고는 그 선거의 실시사유가 확정된 때부터 선거기간개시일전일까지 선거정당의 중앙당이 행하되, 그 횟수는 총 20회 이내로 제한된다.

② 임기만료에 의한 선거에서 정당의 중앙당 대표자가 하는 방송연설은 선거일전 90일이 속하는 달의 초일부터 선거기간개시일전일까지, 1회 10분 이내에서 텔레비전 및 라디오방송별로 각5회 이내로 하여야 한다.

③ 방송연설의 비용은 당해 정당이 부담하되, 국회에 교섭단체를 구성한 정당이 공영방송사를 이용하여 방송연설을 하는 때에는 각 공영방송사마다 텔레비전 및 라디오 방송별로 행하는 월 1회의 방송연설비용(제작비용을 제외한다)은 당해 공영방송사가 이를 부담하여야 한다.

④ 공영방송사가 비용을 부담하는 방송연설을 하고자 하는 경우 그 방송연설의 일시·시간대 기타 필요한 사항은 당해 공영방송사와 당해 정당이 협의하여 정한다.

17 다음 중 공직선거법 규정과 일치하지 않는 것은?

① 거소투표자에게 발송할 거소투표용지는 구·시·군선거관리위원회에서 당해 구·시·군선거관리위원회 정당추천위원의 참여하에 투표용지의 일련번호를 절취한 후 바코드가 표시된 회송용 봉투에 넣고 다시 발송용 봉투에 넣어 봉함한 후 선거일 전 10일까지 거소투표자에게 발송하여야 한다. 이 경우 정당추천위원이 그 시각까지 참석하지 아니한 때에는 참여를 포기한 것으로 본다.

② 투표소는 선거일 오전 6시에 열고 오후 6시(보궐선거 등에 있어서는 오후 8시)에 닫는다. 다만, 마감할 때에 투표소에서 투표하기 위하여 대기하고 있는 선거인에게는 번호표를 부여하여 투표하게 한 후에 닫아야 한다.

③ 사전투표·거소투표 및 선상투표는 선거일 오후 6시(보궐선거등에 있어서는 오후 8시)까지 관할구·시·군선거관리위원회에 도착되어야 한다.

④ 구·시·군선거관리위원회는 선상투표신고인명부에 올라 있는 선거인에게 보낼 투표용지를 작성하여 해당 선상투표자가 승선하고 있는 선박의 선장에게 선거일 전 15일까지 팩시밀리를 이용하여 전송하여야 한다.

18 다음 중 공직선거법 규정과 일치하지 않는 것은?

① 누구든지 선거일의 투표마감시각까지 투표에 대해 질문하거나 그 진술을 요구할 수 없다. 다만, 텔레비전방송국·라디오방송국· 일간신문사가 선거일에 투표소로부터 50미터 밖에서 투표의 비밀이 침해되지 않는 방법으로 질문하는 경우에는 그러하지 아니하다.

② 투표관리관은 투표가 끝난 후 지체 없이 투표함 및 그 열쇠와 투표록 및 잔여투표용지를 관할구·시·군선거관리위원회에 송부하여야 한다. 투표함을 송부하는 때에는 후보자별로 투표참관인 2인과 호송에 필요한 정복을 한 경찰공무원을 3인에 한하여 동반할 수 있다.

③ 개표사무는 구·시·군선거관리위원회가 담당하며, 2개 이상의 개표소를 설치할 수 있다.

④ 구·시·군선거관리위원회는 선거일전 5일까지 그 구·시·군의 사무소 소재지 또는 당해 관할구역안에 설치할 개표소를 공고하여야 한다. 다만, 천재·지변 기타 부득이한 사유가 있는 때에는 이를 변경할 수 있으며, 이 경우에는 즉시 공고하여야 한다.

19 공직선거법에 대한 설명으로 옳지 않은 것은?

① 대통령선거에 있어서는 중앙선거관리위원회가 유효투표의 다수를 얻은 자를 당선인으로 결정하고, 이를 국회의장에게 통지하여야 한다. 다만, 후보자가 1인인 때에는 그 득표수가 선거권자총수의 3분의 1 이상에 달하여야 당선인으로 결정한다.

② 지역구국회의원선거에 있어서는 선거구선거관리위원회가 당해 국회의원지역구에서 유효투표의 다수를 얻은 자를 당선인으로 결정한다. 다만, 최고득표자가 2인 이상인 때에는 연장자를 당선인으로 결정한다.

③ 선거일의 투표마감시각후 당선인결정전까지 지역구국회의원후보자가 사퇴·사망하거나 등록이 무효로 된 경우에는 개표결과 유효투표의 다수를 얻은 자를 당선인으로 결정하되, 사퇴·사망하거나 등록이 무효로 된 자가 유효투표의 다수를 얻은 때에는 그 국회의원지역구는 당선인이 없는 것으로 한다.

④ 중앙선거관리위원회는 비례대표국회의원선거에서 유효투표총수의 100분의 5 이상을 득표하였거나 지역구국회의원총선거에서 5석 이상의 의석을 차지한 각 정당에 대하여 당해 의석할당정당이 비례대표국회의원선거에서 얻은 득표비율에 따라 비례대표국회의원의석을 배분한다. 득표비율은 각 의석할낭정당의 득표수를 모든 의식할당정당의 득표수의 합계로 나누어 산출한다.

20 재외선거에 관한 특례에 대한 설명으로 옳지 않은 것은?

① 재외선거관리위원회는 중앙선거관리위원회가 지명하는 2명 이내의 위원과 국회에 교섭단체를 구성한 정당이 추천하는 각 1명, 공관의 장 또는 공관의 장이 공관원 중에서 추천하는 1명을 중앙선거관리위원회가 위원으로 위촉하여 구성하되, 그 위원 정수는 홀수로 한다.

② 재외투표관리관은 공관의 장으로 한다. 다만, 공관의 장과 총영사를 함께 두고 있는 공관의 경우 그 공관의 장이 총영사를 재외투표관리관으로 지정할 수 있다.

③ 국외부재자 신고를 하려는 사람은 그 신고서에 성명 주민등록번호. 주소. 거소를 적고 여권사본을 덧붙여야 한다.

④ 재외투표관리관이 공관부재자신고인명부와 재외선거인 등록신청자명부를 작성하면 이를 즉시 구·시·군별로 분류하여 국외부재자신고서 및 재외선거인 등록신청서와 함께 해당 구·시·군의 장에게 보낸다.

실력평가모의고사

정답 및 해설 P. 325

1　공무원의 중립의무에 대한 설명 중 옳지 않은 것은?

① 국회의원은 공직선거법 제9조의 중립의무를 부담하지 않는다.

② 대통령과 지방자치단체장은 선거에서 중립의무를 진다.

③ 대통령이 기자회견과정에서 여당을 지지하는 발언을 한 것은 중립의무위반은 아니다.

④ 대통령의 선거에서의 중립의무는 표현의 자유보다 우선되어야 한다.

2　다음 중 선거와 관련된 헌법재판소의 견해와 다른 것은?

① 정당의 후보자추천과 관련하여 금품수수금지를 규정한 공직선거법 제47조의2 제1항에서 '후보자로 추천하는 일과 관련하여'란, 금품의 제공이 후보자 추천의 대가 또는 사례에 해당하거나 그렇지 않다 하더라도 후보자 추천에 있어서 그러한 금품의 제공이 어떠한 형태로든 영향을 미칠 수 있는 경우에 해당하여야 함을 의미한다.

② 정당 소속 예비후보자가 경선에서 후보자로 선출되지 않아 공직선거법 제57조의2 제2항에 따라 후보자로 등록될 수 없는 경우에는 기탁금을 반환하는 것과 달리 무소속 예비후보자가 후보자로 등록하지 않는 경우에는 기탁금을 반환하지 않도록 하는 위 공직선거법조항들이 불합리한 차별이라고 보기 어려우므로 청구인의 평등권을 침해하지 아니한다.

③ 선거범죄로 당선이 무효로 된 자에게 이미 반환받은 기탁금과 보전 받은 선거비용을 다시 반환하도록 한 구 공직선거법 제265조의2 제1항이 낙선자를 제외하고 당선자만을 제재대상으로 규정한 것은 당선자의 평등권을 침해한다.

④ 비례대표시·도의회의원후보자에게 사전선거운동, 선거벽보 및 선거공보 작성, 공개 대담연설을 허용하지 않는 공직선거법 제60조의2 제1항이 비례대표시·도의회의원후보자의 선거운동의 자유를 침해하지 않는다.

3 공직선거법에 대한 설명으로 옳지 않은 것은?

① 공직선거법 제115조에 정한 같은 조에 정한 '후보자가 되고자 하는 자'에는 선거에 출마할 예정인 사람으로서 정당에 공천신청을 하거나 일반 선거권자로부터 후보자추천을 받기 위한 활동을 벌이는 등 입후보의사가 확정적으로 외부에 표출된 사람을 말한다.

② 지방자치단체의 설치 · 폐지 · 분할에 의한 지방자치단체의 장 선거는 관할선거구선거관리위원회위원장이 공고하여야 한다.

③ 당내경선기간 중 특정후보자를 홍보하는 내용의 문자메시지를 발송한 행위가 공직선거법 제57조의3 제1항의 '경선운동'에 해당한다.

④ 국회의원 · 지방의회의원 및 지방자치단체의 장의 보궐선거 · 재선거, 지방의회의원의 증원선거는 4월 중 첫 번째 수요일. 이 경우 선거일에 관하여는 제34조제2항을 준용하고, 선거일 전 30일 후에 실시사유가 확정된 선거는 그 다음 보궐선거등의 선거일에 실시한다.

4 선거인명부 열람 및 이의신청에 대한 설명으로 옳지 못한 것은?

① 구 · 시 · 군의 장은 선거인명부작성기간 만료일의 다음 날부터 3일간 장소를 정하여 선거인명부를 열람할 수 있도록 하여야 한다.

② 선거권자는 누구든지 선거인명부를 자유로이 열람할 수 있다. 다만, 인터넷홈페이지에서의 열람은 선거권자 자신의 정보에 한한다.

③ 이의신청이나 불복신청, 선거인명부등재신청은 모두 그 신청이 있는 날의 다음날까지 처리해야 한다.

④ 선거권자는 누구든지 선거인명부에 누락 또는 오기가 있거나 자격이 없는 선거인이 올라있다고 인정되는 때에는 열람기간내에 구술 또는 서면으로 당해 관할선거구선거관리위원회에 이의를 신청할 수 있다.

5 공직선거법에 규정된 후보자 등록무효사유가 아닌 것은?

① 비례대표지방의원선거에 여성후보자 추천 비율과 순위를 위반하거나 선거권자의 추천인 수가 규정에 미달한 것이 발견된 때

② 지역구국회의원선거에 있어서 관할구역이 겹치는 지방자치단체의 장이 선거일 전 120일까지 사직하지 않고 등록된 것이 발견된 때

③ 다른 법률에 따라 공무담임이 제한되는 사람이나 후보자가 될 수 없는 사람에 해당하는 것이 발견된 때

④ 정당의 당내경선에서 낙선한 자가 해당 선거의 다른 선거구에 무소속 후보자로 등록한 것이 발견된 때

6 공직선거법에 대한 설명으로 옳지 않은 것은?

① 특정 정당 또는 후보자(후보자가 되려는 사람을 포함)를 지지·추천하거나 반대하는 내용을 포함한 투표참여 권유활동은 공직선거법이 금지하고 있다.

② 특정 정당 또는 후보자를 지지·추천하거나 반대하는 내용이 없다면 사전투표소로부터 100m안에서 투표참여 권유활동을 하는 것도 가능하다.

③ 확성장치·녹음기·녹화기(비디오 및 오디오 기기를 포함한다), 어깨띠, 표찰, 그 밖의 표시물을 사용하여 하는 투표참여 권유행위는 금지된다.

④ 선거에 관한 단순한 의견개진 및 의사표시는 공직선거법이 선거운동으로 보지 않는다.

7 정당선거사무소에 대한 공직선거법의 규정으로 옳지 않은 것은?

① 정당은 당해 국회의원선거에 관한 정당의 사무를 처리하기 위하여 선거일 전 60일부터 1개소의 정당선거사무소를 설치할 수 있다.

② 정당은 당해 대통령선거에 관한 정당의 사무를 처리하기 위하여 선거일 전 240일부터 1개소의 정당선거사무소를 설치할 수 있다.

③ 정당선거사무소에는 당원 중에서 소장 1인을 두어야 하며, 2인 이내의 유급사무직원을 둘 수 있다.

④ 정당선거사무소에는 중앙선거관리위원회규칙으로 정하는 바에 따라 정당의 홍보에 필요한 사항을 게재한 간판·현판·현수막을 설치·게시할 수 있다.

8 공직선거법 규정에 대한 설명으로 옳지 않은 것은?

① 후보자(비례대표국회의원후보자 및 비례대표지방의회의원후보자를 제외)는 선거운동을 위하여 당해 선거구안의 읍·면·동마다 1매의 현수막을 게시할 수 있다.

② 후보자와 그 배우자는 선거운동기간 중 후보자의 사진·성명·기호 및 소속 정당명을 게재한 어깨띠나 관할선거관리위원회규칙으로 정하는 금액 범위의 윗옷(上衣)·표찰(標札)·마스코트를 붙이거나 입거나 지니고 선거운동을 할 수 있다.

③ 비례대표국회의원선거에서 후보자를 추천한 정당은 선거기간개시일부터 선거일전 2일까지 총 20회 이내의 범위에서 일간신문에 선거운동을 위한 신문광고를 게재할 수 있다.

④ 시·도지사선거에 있어서 같은 정당의 추천을 받은 2인 이상의 후보자는 합동으로 광고를 할 수 있다. 이 경우 광고회수는 해당 후보자가 각각 1회의 광고를 한 것으로 보며, 그 비용은 해당 후보자간의 약정에 의하여 분담한다.

9 다음 중 공직선거법 규정과 일치하지 않은 것은?

① 각급선거방송토론위원회위원장 또는 그가 미리 지명한 위원은 대담·토론회에서 후보자가 이 법에 위반되는 내용을 발표하거나 배정된 시간을 초과하여 발언하는 때에는 이를 제지하거나 자막안내하는 등 필요한 조치를 할 수 있다.

② 구·시·군선거방송토론위원회는 지역구국회의원선거 및 자치구·시·군의 장선거에 있어서 공영방송사가 중계방송을 할 수 없는 때에는 다른 지상파방송사업자나 종합유선방송사업자의 방송시설을 이용하여 대담·토론회를 중계방송하게 할 수 있다. 이 경우 그 방송시설이용료는 지상파방송사업자나 종합유선방송사업자가 부담한다.

③ 중앙선거방송토론위원회는 임기만료에 의한 선거의 선거일전 90일부터 후보자등록신청개시일전일까지 정당(선거에 참여하지 아니할 것을 공표한 정당을 제외한다)의 대표자 또는 그가 지정하는 자를 초청하여 정책토론회를 월 1회 이상 개최하여야 한다.

④ 중앙선거방송토론위원회가 주관하는 정책토론회의 초청대상이 되는 정당은 국회에 5인 이상의 소속의원을 가진 정당 및 직전 대통령선거, 비례대표국회의원선거 또는 비례대표시·도의원선거에서 전국 유효투표총수의 100분의 3 이상을 득표한 정당이다.

10 다음 중 공직선거법 규정과 일치하지 않는 것은?

① 연설·대담과 대담·토론회는 오후 10시부터 다음날 오전 6시까지는 개최할 수 없으며, 공개장소에서의 연설·대담은 오후 10시부터 다음날 오전 6시까지는 할 수 없다. 다만, 공개장소에서의 연설·대담에 있어서 휴대용 확성장치만을 사용하는 경우에는 오전 7시부터 오후 9시까지 할 수 있다.

② 누구든지 선거기간중 이 법의 규정에 의하지 아니하고는 녹음기나 녹화기(비디오 및 오디오기기를 포함한다)를 사용하여 선거운동을 할 수 없다.

③ 누구든지 선거기간 중 선거에 영향을 미치게 하기 위하여 향우회·종친회·동창회·단합대회 또는 야유회, 그 밖의 집회나 모임을 개최할 수 없으며, 선거기간중에는 특별한 사유가 없는 한 반상회를 개최할 수 없다.

④ 선거운동을 할 수 있는 자는 관혼상제의 의식이 거행되는 장소와 도로·시장·점포·다방·대합실 기타 다수인이 왕래하는 공개된 장소에서 정당 또는 후보자에 대한 지지를 호소할 수 있다.

11 다음 중 공직선거법이 기부행위로 보지 않는 구호적·자선적 행위가 아닌 것은?

① 법령에 의하여 설치된 사회보호시설중 수용보호시설에 의연금품을 제공하는 행위

② 물품구매·공사·역무의 제공 등에 대한 대가의 제공 또는 부담금의 납부 등 채무를 이행하는 행위

③ 자선·구호사업을 주관·시행하는 국가·지방자치단체, 그 밖의 공공기관·법인을 통하여 소년·소녀가장과 후원인으로 결연을 맺고 정기적으로 제공하여 온 자선·구호금품을 제공하는 행위

④ 근로청소년을 대상으로 무료학교(야학을 포함한다)를 운영하거나 그 학교에서 학생들을 가르치는 행위

12 다음 중 공직선거법 규정과 일치하지 않는 것은?

① 정당이 그 명의로 재해구호·장애인돕기·농촌일손돕기 등 대민 자원봉사활동을 하거나 그 자원봉사활동에 참석한 당원에게 정당의 경비로 교통편의(여비는 제외한다)와 통상적인 범위에서 식사류의 음식물을 제공하는 행위는 기부행위로 보지 않는 의례적 행위이다.

② 선거운동을 위하여 후보자와 함께 다니는 자나 국회의원·후보자·예비후보자가 관할구역 안의 지역을 방문하는 때에 함께 다니는 자에게 통상적인 범위에서 식사류의 음식물을 제공하는 행위는 기부행위로 보지 않는 의례적 행위이다.

③ 의정활동보고회, 정책토론회, 출판기념회, 그 밖의 각종 행사에 참석한 사람에게 통상적인 범위에서 차·커피 등 음료(주류는 제외한다)를 제공하는 행위는 기부행위로 보지 않는 의례적 행위이다.

④ 제113조 및 제114조에 따른 기부행위를 할 수 없는 자의 관혼상제에 참석한 하객이나 조객 등에게 통상적인 범위에서 음식물 또는 답례품을 제공하는 행위는 기부행위로 보지 않는 의례적 행위이다.

13 다음 중 공직선거법 규정과 일치하지 않는 것은?

① 선거사무장·선거연락소장·선거사무원·활동보조인 및 회계책임자에 대하여는 수당과 실비를 지급할 수 있다.

② 이 법의 규정에 의하여 수당·실비 기타 이익을 제공하는 경우를 제외하고는 수당·실비 기타 자원봉사에 대한 보상 등 명목여하를 불문하고 누구든지 선거운동과 관련하여 금품 기타 이익의 제공 또는 그 제공의 의사를 표시하거나 그 제공의 약속·지시·권유·알선·요구 또는 수령할 수 없다.

③ 선거구선거관리위원회는 정당, 후보자, 선거사무장이 제261조 제9항에 따른 과태료를 부과받은 경우 이 법에 따라 보전할 비용 중 그 기부행위에 사용된 비용의 3배에 해당하는 금액을 보전하지 아니한다.

④ 선거구선거관리위원회는 정당 또는 후보자가 제5항 후단의 기한 안에 해당금액을 반환하지 아니한 때에는 대통령선거와 국회의원선거에 있어서는 관할세무서장에게 징수를 위탁하고 관할세무서장이 국세체납처분의 예에 따라 이를 징수하여 국가에 납입하여야 한다.

14 다음 중 공직선거법의 규정과 일치하지 않은 것은?

① 정당이 자당의 정책과 선거에 있어서 공약을 게재한 정책공약집을 배부하고자 하는 때에는 통상적인 방법(방문판매 포함)으로 판매하여야 한다.

② 정책공약집에는 후보자의 기호·성명·사진·학력·경력 등 후보자와 관련된 사항 및 다른 정당에 관한 사항을 게재할 수 없다.

③ 정당의 중앙당이 선거기간중에 발행하는 기관지에는 당해 정당이 추천한 후보자의 기호·성명·사진·학력·경력 등외에 후보자의 홍보에 관한 사항을 게재할 수 없으며, 발행 즉시 2부를 중앙선거관리위원회에 제출하여야 하되, 전자적 파일로 대신 제출할 수 있다.

④ 정당이 선거일전 120일부터 선거일까지 창당대회를 개최하는 때에는 다수인이 왕래하는 공개된 장소가 아닌 장소에서 소속당원만을 대상으로 개최하여야 하되, 사회통념상 인정되는 범위안에서 당원이 아닌 자를 초청할 수 있다.

15 다음 중 공직선거법의 규정과 일치하지 않은 것은?

① 정치자금법에 의하여 보조금의 배분대상이 되는 정당은 중앙선거관리위원회규칙이 정하는 바에 따라 국가 또는 지방자치단체가 소유하거나 관리하는 주민회관·체육관 또는 문화원 기타 다수인이 모일 수 있는 시설을 당원집회의 장소로써 무료로 사용할 수 있다.

② 정당은 선거기간 중 당원을 모집하거나 입당원서를 배부할 수 없다. 다만, 시·도당의 창당 또는 개편을 위하여 창당대회·개편대회를 개최하는 경우에는 그 집회일까지는 그러하지 아니하다.

③ 정당(당원협의회는 제외)은 선거일전 50일부터 선거일까지 선거가 실시중인 선거구안이나 선거구민인 당원을 대상으로 당원수련회 등을 개최할 수 없다.

④ 정당은 선거기간 정당의 홍보에 필요한 사항과 해당 정당이 추천한 후보자의 기호·성명·사진·경력등에 관한 사항을 게재한 간판·현판 또는 현수막을 중앙선거관리위원회규칙으로 정하는 바에 따라 당해 당사의 외벽면 또는 옥상에 설치·게시할 수 있다.

16 다음 중 공직선거법 규정과 일치하지 않는 것은?

① 투표용지에는 후보자의 기호·정당추천후보자의 소속정당명 및 성명을 표시하여야 한다. 다만, 무소속후보자는 후보자의 정당추천후보자의 소속정당명의 난에 "무소속"으로 표시하고, 비례대표국회의원선거 및 비례대표지방의회의원선거에 있어서는 후보자를 추천한 정당의 기호와 정당명을 표시하여야 한다.

② 지역구자치구·시·군의원선거에서 정당이 같은 선거구에 2명 이상의 후보자를 추천한 경우 그 정당이 추천한 후보자 사이의 투표용지 게재순위는 해당 정당이 정한 순위에 따르되, 정당이 정하지 아니한 경우에는 관할선거구선거관리위원회에서 추첨하여 결정한다. 이 경우 그 게재순위는 "1-가, 1-나, 1-다" 등으로 표시한다.

③ 국회에서 의석을 가지고 있는 정당의 게재순위를 정함에 있어 직전 대통령선거, 비례대표국회의원선거에서 전국 유효투표총수의 100분의 5 이상을 득표한 정당은 전국적으로 통일된 기호를 우선하여 부여한다.

④ 구·시·군선거관리위원회는 사전투표소에서 교부할 투표용지는 사전투표관리관이 사전투표소에서 투표용지 발급기를 이용하여 작성하게 하여야 한다. 이 경우 투표용지에 인쇄하는 일련번호는 바코드의 형태로 표시하여야 한다.

17 다음 중 공직선거법 규정과 일치하지 않는 것은?

① 전송을 마친 선상투표자는 선상투표지를 직접 봉투에 넣어 봉함한 후 선장에게 제출하여야 한다. 선장은 해당 선박의 선상투표를 마친 후 입회인의 입회 아래 제출된 선상투표지 봉투와 선상투표용지 봉투를 구분하여 함께 포장한 다음 자신과 입회인이 각각 봉인한 후 보관하여야 한다.

② 투표용지와 회송용 봉투를 받은 선거인은 기표소에 들어가 투표용지에 1명의 후보자(비례대표국회의원선거 및 비례대표지방의회의원선거에서는 하나의 정당을 말한다)를 선택하여 투표용지의 해당 칸에 기표한 다음 그 자리에서 기표내용이 다른 사람에게 보이지 아니하게 접어 이를 회송용 봉투에 넣어 봉함한 후 사전투표함에 넣어야 한다.

③ 선거인은 누구든지 사전투표기간 중에 사전투표소에 가서 투표할 수 있다.

④ 선장은 선거일 전 8일부터 선거일 전 5일까지의 기간 중 해당 선박의 선상투표자의 수와 운항사정 등을 고려하여 선상투표를 할 수 있는 일시를 정하고, 해당 선박에 선상투표소를 설치하여야 한다.

18 공직선거법에 대한 설명으로 옳지 않은 것은?

① 읍·면·동 선거관리위원회는 개표결과를 즉시 공표하고 개표록을 작성하여 관할선거구선거관리위원회에 송부하여야 한다.

② 중앙선거관리위원회가 집계록을 송부받은 때에는 대통령선거에 있어서는 후보자별 득표수를, 비례대표국회의원선거에 있어서는 정당별 득표수를 계산·공표하고, 선거록을 작성하여야 한다.

③ 구·시·군선거관리위원회위원장이나 위원은 개표소의 질서가 심히 문란하여 공정한 개표가 진행될 수 없다고 인정하는 때에는 질서유지를 위하여 정복을 한 경찰공무원 또는 경찰관서장에게 원조를 요구할 수 있다. 개표소안에 들어간 경찰공무원 또는 경찰관서장은 구·시·군선거관리위원회위원장의 지시를 받아야 한다.

④ 개표참관인은 개표소안에서 개표상황을 언제든지 순회·감시 또는 촬영할 수 있으며, 당해 구·시·군선거관리위원회위원장이 개표소안 또는 일반관람인석에 지정한 장소에 전화·컴퓨터 기타의 통신설비를 설치하고, 이를 이용하여 개표상황을 후보자 또는 정당에 통보할 수 있다.

19 공직선거법에 대한 설명으로 옳지 않은 것은?

① 당선인이 임기개시전에 제192조(피선거권상실로 인한 당선무효 등) 제2항의 규정에 의하여 당선의 효력이 상실되거나 같은조 제3항의 규정에 의하여 당선이 무효로 된 때에는 재선거를 실시한다.

② 선거의 일부무효의 판결 또는 결정이 확정된 때에는 관할선거구선거관리위원회는 선거가 무효로 된 당해 투표구의 재선거를 실시한 후 다시 당선인을 결정하여야 한다. 이 경우 제44조 제1항에 따라서 새로 선거인명부를 작성하여야 한다.

③ 천재·지변 기타 부득이한 사유로 인하여 어느 투표구의 투표를 실시하지 못한 때와 투표함의 분실·멸실 등의 사유가 발생한 때에는 관할선거구선거관리위원회는 당해 투표구의 재투표를 실시한 후 당해 선거구의 당선인을 결정한다.

④ 재투표를 실시함에 있어서 합당된 정당이 있는 경우 제194조의 비례대표국회의원 및 비례대표지방의회의원의 의석재배분을 위한 득표수의 계산은 그 후보자의 합당전 정당의 득표수에 합산한다.

20 공직선거법에 대한 설명으로 옳지 않은 것은?

① 비례대표지방의회의원선거에 있어서는 당해 선거구선거관리위원회가 유효투표총수의 100분의 3 이상을 득표한 각 정당에 대하여 당해 선거에서 얻은 득표비율에 비례대표지방의회의원정수를 곱하여 산출된 수의 정수의 의석을 그 정당에 먼저 배분하고 잔여의석은 단수가 큰 순으로 각 의석할당정당에 1석씩 배분한다.

② 비례대표시·도의원선거에 있어서 하나의 정당에 의석정수의 3분의 2 이상의 의석이 배분될 때에는 그 정당에 3분의 2에 해당하는 수의 정수(整數)의 의석을 먼저 배분하고, 잔여의석은 나머지 의석할당정당간의 득표비율에 잔여의석을 곱하여 산출된 수의 정수(整數)의 의석을 각 나머지 의석할당정당에 배분한 다음 잔여의석이 있는 때에는 그 단수가 큰 순위에 따라 각 나머지 의석할당정당에 1석씩 배분한다.

③ 비례대표국회의원의석 또는 비례대표지방의회의원의석의 배분 및 그 당선인결정의 위법을 이유로 당선무효의 판결이나 결정이 있는 때 또는 제197조의 사유로 인한 재선거를 실시한 때에는 관할선거구선거관리위원회는 지체없이 의석을 재배분하고 다시 당선인을 결정하여야 한다.

④ 선거구선거관리위원회는 비례대표국회의원선거 또는 비례대표지방의회의원선거의 당선인이 그 임기개시전에 사퇴·사망하거나 당선의 효력이 상실되거나 당선이 무효로 된 때에는 그 선거 당시의 소속정당이 추천한 후보자를 비례대표국회의원후보자명부 또는 비례대표지방의회의원후보자명부에 기재된 순위에 따라 당선인으로 결정한다.

정답 및 해설

1. ③	2. ④	3. ④	4. ①	5. ④	6. ②	7. ①	8. ②	9. ①	10. ②
11. ①	12. ③	13. ②	14. ①	15. ①	16. ④	17. ②	18. ①	19. ②	20. ②

1 ① 선거방송심의위원회와 선거기사심의위원회는 9인 이내, 인터넷선거보도심의위원회는 11인 이내의 위원을 구성한다(제8조의2 제8조의3 제8조의5 참조).
② 선거방송심의위원회는 국회에 교섭단체를 구성한 정당과 중앙선거관리위원회가 추천하는 각 1명, 방송사·방송학계·대한변호사협회·언론인단체 및 시민단체 등이 추천하는 사람을 포함하여 9명 이내의 위원으로 구성한다(제8조의2).
③ 제3조
④ 선거방송심의위원회는 방송통신위원회에 통보하며, 방송통신위원회는 불공정한 선거방송을 한 방송사에 대하여 통보받은 제재조치 등을 지체없이 명하여야 한다(제8조의2).

2 ① 방송사·언론사에 대한 반론보도의 청구권자는 중앙당·후보자 및 후보자가 되려는 자(제8조의4 제1항)이고, 인터넷언론사에 대한 반론보도의 청구권자는 정당, 후보자 및 후보자가 되려는 자이다(제8조의6 제2항).
② 방송사·언론사에 대한 반론보도 제기 사유는 인신공격, 정책의 왜곡선전으로 인한 피해이며(제8조의4 제1항), 인터넷언론사에 대한 반론보도의 제기사유는 왜곡된 선거보도로 인한 피해이다(제8조의6 제4항).
③ 방송사 또는 언론사는 협의가 성립한 경우 48시간 이내에 무료로 반론보도의 방송을 하여야 하며, 인터넷언론사는 12시간 이내에 인터넷언론사의 부담으로 반론보도를 하여야 한다(제8조의4 제2항, 제8조의6 제5항 참조).
④ 방송사·언론사 및 인터넷언론사에 대한 반론보도의 청구기간은 사유 있음을 안 날로부터 10일, 있은 날로부터 30일 이내로 같다(제8조의4 제1항, 제8조의6 제4항 참조).

3 ① 주민등록이 되어 있을 요건은 선거일이 아닌 선거인명부작성기준일 현재를 기준으로 한다(제15조 제1항 제2항).
② 지방자치단체의 의회의원 및 장의 선거권이 인정되기 위해서는 19세 이상으로서 선거인명부작성기준일 현재 영주의 체류자격 취득일 후 3년이 경과하고 외국인등록대장에 올라 있어야 한다(제15조 제2항).
③ 선거권 연령을 정하는 문제는 입법자가 정치적·사회적 영향 등 여러 가지 사항을 종합하여 독자적으로 입법재량에 따라 결정해야 할 문제이므로, 다른나라의 선거권 연령과 단순하게 비교하여서는 안 된다(헌재 2013.7.25. 2012헌마174).

④ 선거권 연령을 정함에 있어서 민법상 성년 연령과 반드시 일치시킬 필요는 없지만 민법상 행위능력의 유무는 국민
이 정치적인 판단을 할 수 있는 능력이 있는지 여부를 판단할 때 중요한 기준이 될 수 있다. 19세 미만인 미성년자
는 정신적·신체적 자율성이 아직 충분하지 않은 것으로 볼 수 있다. 입법자는 위와 같이 미성년자의 정신적·신체
적 자율성의 불충분성 외에도 교육적인 측면에서 예견되는 부작용과 일상생활 여건상 독자적인 정치적 판단을 할
수 있는 능력에 대한 의문 등을 종합적으로 고려하여 선거권 연령을 19세 이상으로 정한 것이 반드시 불합리하다고
볼 수 없다(헌재 2013. 7.25. 12헌마174).

4 ① 비례대표시·도의원정수는 제1항 내지 제3항의 규정에 의하여 산정된 지역구시·도의원정수의 100분의 10으로 한
다(제22조 제4항).

② 제22조 제1항

③ 헌재 2003.1.30. 2001헌가4

④ 공직선거법 제21조에서는 300인으로 정하고 있다.

5 ① 공직선거법 제21조는 "하나의 국회의원지역구에서 선출할 국회의원의 정수는 1인으로 한다."라고 규정하여 소선거
구제를 채택하고 있다.

② 제22조 제1항

③ 헌재 2006.7.27.2004헌마217

④ 제24조 제2항

6 ① 헌재 2012.2.23. 2010헌바485

② 여러 사람이 식사를 함께 한 경우 참석자 중 한 사람 또는 그 일부가 식사대금 전부를 지급하는 우리 사회의 관행
등에 비추어 볼 때, 찻값을 내겠다고 말하였다는 사정만 가지고 실제로 찻값을 내지 아니한 사람이 기부행위를 하
였다고 단정할 수 없다(대판 2007.3.15. 2006도8869).

③ 제33조 제1항

④ 제33조 제3항

7 ① 공직선거법 제112조 제1항의 기부행위 중 금품이나 이익제공의 의사표시는 사회통념상 쉽게 철회하기 어려울 정도
로 진정한 의지가 담긴 것으로 외부적·객관적으로 나타나는 정도에 이르러야 하고, 금품이나 이익제공과 관련하여
어떤 대화가 있었다고 하더라도 그것이 단지 의례적이나 사교적인 인사치레 표현에 불과하다면 금품이나 이익제공
의 의사표시라고 볼 수 없다(대판 2007.3.15. 2006도8869).

② 제35조 제1항

③ 제35조 제2항

④ 제35조 제3항

8 ① 대판 2008.9.25. 2008도6232

② 대통령선거에서의 선거인 명부 작성기준일은 선거일 전 28일이고, 국회의원선거와 지방자치단체의 의회의원 및 장의 선거에서 선거인 명부 작성기준일은 선거일 전 22일이다(제37조 제1항).

③ 제37조 제5항

④ 제37조 제1항

9 ① 비례대표선거의 후보자는 선거인명부 사본의 교부를 신청할 수 없다(제46조).

② 제46조 제3항

③ 제37조 제2항

④ 제42조 제1항

10 ① 제48조 제2항

② 지역구자치구·시·군의원선거에서 무소속후보자가 되고자 하는 자는 관할선거구선거관리위원회가 검인하여 교부하는 추천장을 사용하여 50인 이상 100인 이하. 다만, 인구 1천인 미만의 선거구에 있어서는 30인 이상 50인 이하의 추천을 받아야 한다(제48조 제2항).

③ 제48조 제2항

④ 제48조 제5항

11 공직선거법 제60조상 선거운동을 할 수 없는 자

1. 대한민국 국민이 아닌 자. 다만, 제15조 제2항 제3호에 따른 외국인이 해당 선거에서 선거운동을 하는 경우와 예비후보자·후보자의 배우자인 경우에는 그러하지 아니하다.

2. 미성년자(19세 미만의 자)

3. 제18조 제1항의 규정에 의하여 선거권이 없는 자

4. 「국가공무원법」 제2조에 규정된 국가공무원과 「지방공무원법」 제2조에 규정된 지방공무원. 다만, 「정당법」 제22조(발기인 및 당원의 자격) 제1항 제1호 단서의 규정에 의하여 정당의 당원이 될 수 있는 공무원(국회의원과 지방의회의원외의 정무직공무원을 제외한다)과 예비후보자·후보자의 배우자이거나 후보자의 직계존비속인 경우는 그러하지 아니하다.

5. 각급선거관리위원회위원 또는 교육위원회의 교육위원. 다만, 예비후보자·후보자의 배우자이거나 후보자의 직계존비속인 경우에는 그러하지 아니하다.

6. 다른 법령의 규정에 의하여 공무원의 신분을 가진 자. 다만, 예비후보자·후보자의 배우자이거나 후보자의 직계존비속인 경우에는 그러하지 아니하다.

7. 공공기관의 운영에 관한 법률 제4조 제1항 제3호에 해당하는 기관 중 정부가 100분의 50 이상의 지분을 가지고 있는 기관(한국은행을 포함한다)의 상근 임원과 상근직원. 다만, 예비후보자·후보자의 배우자이거나 후보자의 직계존비속인 경우에는 그러하지 아니하다.

8. 농업협동조합법·수산업협동조합법·산림조합법·엽연초생산협동조합법에 의하여 설립된 조합의 상근 임원과 이들 조합의 중앙회장과 상근직원. 다만, 예비후보자·후보자의 배우자이거나 후보자의 직계존비속인 경우에는 그러하지 아니하다.

9. 지방공기업법 제2조(적용범위)에 규정된 지방공사와 지방공단의 상근 임원과 상근직원. 다만, 예비후보자·후보자의 배우자이거나 후보자의 직계존비속인 경우에는 그러하지 아니하다.

10. 정당법 제22조 제1항 제2호의 규정에 의하여 정당의 당원이 될 수 없는 사립학교교원. 다만, 예비후보자·후보자의 배우자이거나 후보자의 직계존비속인 경우에는 그러하지 아니하다.

11. 대통령령으로 정하는 언론인. 다만, 예비후보자·후보자의 배우자이거나 후보자의 직계존비속인 경우에는 그러하지 아니하다.

12. 예비군 중대장급 이상의 간부. 다만, 예비후보자·후보자의 배우자이거나 후보자의 직계존비속인 경우에는 그러하지 아니하다.

13. 통·리·반의 장 및 읍·면·동주민자치센터(그 명칭에 관계없이 읍·면·동사무소 기능전환의 일환으로 조례에 의하여 설치된 각종 문화·복지·편익시설을 총칭한다. 이하 같다)에 설치된 주민자치위원회(주민 자치센터의 운영을 위하여 조례에 의하여 읍·면·동사무소의 관할구역별로 두는 위원회를 말한다. 이하 같다)위원. 다만, 예비후보자·후보자의 배우자이거나 후보자의 직계존비속인 경우에는 그러하지 아니하다.

14. 특별법에 의하여 설립된 국민운동단체로서 국가 또는 지방자치단체의 출연 또는 보조를 받는 단체 (바르게살기운동협의회·새마을운동협의회·한국자유총연맹을 말한다)의 상근 임·직원 및 이들 단체 등 (시·도조직 및 구·시·군조직을 포함한다)의 대표자. 다만, 예비후보자·후보자의 배우자이거나 후보자의 직계존비속인 경우에는 그러하지 아니하다.

15. 선상투표신고를 한 선원이 승선하고 있는 선박의 선장

12 ① 제60조의2 제1항
② 제60조의2 제2항
③ 예비후보자의 등록에는 정당의 추천을 요하지 아니하므로, 예비후보자가 당적을 변경·이탈하더라도 등록이 무효가 되는 것은 아니다.
④ 제60조의2 제4항

13 ① 제64조 제4항
② 제출된 선거벽보는 정정 또는 철회할 수 없다. 다만, 일정한 경우 해당 선거구선거관리위원회에 서면으로 정정 또는 삭제를 요청할 수 있다(제64조 제5항).
③ 제64조 제9항
④ 제64조 제10항

14 ① 후보자가 신청한 방송시설의 이용일시가 서로 중첩되는 경우에 방송일시의 조정은 중앙선거관리위원회규칙이 정하는 바에 의한다(제70조 제5항).
② 제70조 제8항
③④ 제71조 제1항

15 ① 다만, 대통령선거 · 국회의원선거 · 지방의회의원선거 및 지방자치단체의 장선거의 선거일전 90일부터 선거일까지 직무상의 행위 그 밖에 명목여하를 불문하고 의정활동을 인터넷 홈페이지 또는 그 게시판 · 대화방 등에 게시하거나 전자우편 · 문자메시지로 전송하는 외의 방법으로 의정활동을 보고할 수 없다(제111조 제1항).
② 제108조 제2항
③ 제108조 제3항
④ 제108조 제7항

16 ① 제121조 제2항
② 제121조 제1항
③ 제122조의2 제1항
④ 선거비용보전의 예외에 해당한다.
※ 선거비용의 보전의 예외(제122조의2 제2항)
　1. 예비후보자의 선거비용
　2. 「정치자금법」 제40조(회계보고)의 규정에 따라 제출한 회계보고서에 보고되지 아니하거나 허위로 보고된 비용
　3. 이 법에 위반되는 선거운동을 위하여 또는 기부행위제한규정을 위반하여 지출된 비용
　4. 제64조 또는 제65조에 따라 선거벽보와 선거공보를 관할 구 · 시 · 군선거관리위원회에 제출한 후 그 내용을 정정하거나 삭제하는데 소요되는 비용
　5. 이 법에 따라 제공하는 경우 외에 선거운동과 관련하여 지출된 수당 · 실비 그 밖의 비용
　6. 정당한 사유 없이 지출을 증빙하는 적법한 영수증 그 밖의 증빙서류가 첨부되지 아니한 비용
　7. 후보자가 자신의 차량 · 장비 · 물품 등을 사용하거나 후보자의 가족 · 소속 정당 또는 제3자의 차량 · 장비 · 물품 등을 무상으로 제공 또는 대여받는 등 정당 또는 후보자가 실제로 지출하지 아니한 비용
　8. 청구금액이 중앙선거관리위원회규칙으로 정하는 기준에 따라 산정한 통상적인 거래가격 또는 임차가격과 비교하여 정당한 사유 없이 현저하게 비싸다고 인정되는 경우 그 초과하는 가액의 비용
　9. 선거운동에 사용하지 아니한 차량 · 장비 · 물품 등의 임차 · 구입 · 제작비용
　10. 휴대전화 통화료와 정보이용요금. 다만, 후보자와 그 배우자, 선거사무장, 선거연락소장 및 회계책임자가 선거운동기간 중 선거운동을 위하여 사용한 휴대전화 통화료 중 후보자가 부담하는 통화료는 보전한다.
　11. 그 밖에 위 각 호의 어느 하나에 준하는 비용으로서 중앙선거관리위원회규칙으로 정하는 비용

17 ① 제147조 제8항
② 교정직 공무원은 투표사무원으로 위촉할 수 없다(제147조 제9항 참조).
③ 제148조 제2항
④ 제149조 제1항

18 ① 투표참관인은 정당 · 후보자 · 선거사무장 또는 선거연락소장이 후보자마다 투표소별로 2인을 선정하여 선거일 전 2일까지 읍 · 면 · 동선거관리위원회에 서면으로 신고하여야 한다(제161조 제2항).
② 제161조 제4항
③ 제161조 제5항
④ 제162조 제1항

19 ① 제210조

② 동시선거에 있어서 시·도지사선거 및 비례대표시·도의원선거의 투표용지는 제151조(투표용지와 투표함의 작성) 제1항의 규정에 불구하고 중앙선거관리위원회규칙이 정하는 바에 따라 당해 시·도선거관리위원회가 작성한다. 이 경우 투표용지에는 당해 시·도선거관리위원회의 청인을 날인하되, 인쇄날인으로 갈음할 수 있다(제211조 제3항).

③ 제216조 제1항

④ 제216조 제2항

20 ① 제218조의15

② 재외투표는 선거일 오후 6시(대통령의 궐위로 인한 선거 또는 재선거는 오후 8시를 말한다)까지 관할 구·시·군선 거관리위원회에 도착되어야 한다(제218조의16 제2항).

③ 제218조의17 제2항

④ 제218조의18 제2항

✿ answer 제2회

1. ①	2. ②	3. ①	4. ③	5. ③	6. ②	7. ④	8. ②	9. ②	10. ③
11. ②	12. ①	13. ②	14. ②	15. ①	16. ③	17. ④	18. ③	19. ③	20. ①

1 ① 제8조의5 제2항

② 각 위원회의 설치주체는 선거방송심의위원회의 경우 방송통신심의위원회(제8조의2 제1항)이며, 선거기사심의위원 회는 언론중재위원회(제8조의3 제1항), 인터넷선거보도심의위원회는 중앙선거관리위원회(제8조5 제1항)이다.

③ 선거방송심의위원회와 선거기사심의위원회는 중앙선거관리위원회가 추천하는 1인을 포함하나, 인터넷선거보도심 의위원회는 중앙선거관리위원회가 직접 설치하므로 위원을 추천하지 않는다(제8조의2, 제8조의3).

④ 정당의 당원은 인터넷선거보도심의위원회의 위원이 될 수 없다(제8조의5 제5항).

2 ① 제11조 제1항

② 예비후보자 예비후보자가 선임한 선거사무장·선거사무원 및 회계책임자는 공직선거법 제11조가 규정한 신분보장 의 대상이 아니다(제11조 제3항 참조).

③ 제8조의8 제3항

④ 제8조의8 제4항

3 ① 헌재 2001.10.25. 2000헌마92
② 선거권과 공무담임권의 연령을 어떻게 규정할 것인가는 입법자가 입법목적 달성을 위한 재량에 속하는 것으로, 선거권 연령을 공무담임권의 연령인 18세와 달리 규정하더라도 이는 입법부에게 주어진 합리적인 재량의 범위를 벗어난 것이라고 할 수 없다(헌재 2003.1.27. 2002헌마787).
③ 이 사건 법률조항에서 선거일 180일 부터 선거일까지 인터넷상 선거와 관련한 정치적 표현 및 선거운동을 금지하고 처벌하는 것은 후보자 간 경제력 차이에 따른 불균형 및 흑색선전을 통한 부당한 경쟁을 막고 선거의 평온과 공정을 해하는 결과를 방지한다는 입법목적을 달성하기 위한 적합한 수단이라고 할 수 없다(헌재 2011.12.29. 2007헌마1001).
④ 1인 1표제 하의 비례대표의석배분방식은 민주주의 원리에 부합하지 않으며, 직접·평등선거의 원칙에 위배된다(헌재 2001.7.19. 2000헌마91).

4 ① 제24조 제1항
② 제24조 제3항
③ 위원은 명예직으로 하되, 위원에게 일비·여비 그 밖의 실비를 지급할 수 있다(제24조 제8항).
④ 제24조 제9항

5 ① 제30조 제1항
② 제28조
③ 지방자치단체의 명칭만 변경된 경우에는 종전의 지방자치단체의 장은 변경된 지방자치단체의 장이 되며, 변경 당시의 잔임기간 재임한다(제30조 제2항).
④ 제32조

6 ① 대판 2002.2.21. 2001도2819 전합
② 관할선거구선거관리위원회가 당내경선사무 중 경선운동, 투표 및 개표에 관한 사무의 관리를 위탁받아 시행한 당내경선이나 후보자 선출 과정에 어떠한 하자가 있다고 하여 특별한 사정이 없는 이상 곧바로 그 경선을 통해 정당의 추천을 받은 후보자가 입후보하여 당선된 선거가 무효라고 할 수 없다(대판 2013.3.28. 2012수59).
③ 헌재 2001.7.19. 2000헌마91
④ 대판 2013.2.28. 2012도15689

7 ① 제47조 제1항
② 제47조 제3항
③ 세47조의2 제1항
④ 정당이 임기만료에 따른 지역구지방의회의원선거에 여성후보 추천에 관한 규정은 자치구의 일부지역이 다른 자치구 또는 군지역과 합하여 하나의 국회의원지역구로 된 경우에는 적용하지 않는다(제47조 제5항).

8 ① 제56조 제1항

② 비례대표국회의원선거 및 비례대표지방의회의원선거의 경우 당해 후보자명부에 올라 있는 후보자중 당선인이 있는 때에는 기탁금 전액을 반환한다(제57조 제1항).

③ 헌재 2008.11.27. 2007헌마1024

④ 제56조 제3항

※ **기탁금의 반환요건(공직선거법 제57조)**

전액 반환	• 후보자가 당선 · 사망한 경우. • 유효투표총수의 100분의 15 이상을 득표한 경우 • 예비후보자가 사망하거나 당내경선후보자로서 해당 정당의 후보자로 선출되지 않아 후보자로 등록될 수 없는 경우 • 비례대표국회의원선거 및 비례대표지방의회의원선거에서 당해 후보자명부에 올라 있는 후보자중 당선인이 있는 때(다만 당선인 결정 전에 사퇴하거나 등록이 무효로 된 후보자의 기탁금은 제외한다).
반액 반환	유효투표총수의 100분의 10 이상 100분의 15 미만을 득표한 경우
국가 또는 지방자치단체에 귀속	• 후보자가 사퇴한 경우 • 유효투표총수의 100분의 10 미만을 득표한 경우 • 비례대표국회의원선거 및 비례대표지방의회의원선거에서 당해 후보자명부에 올라 있는 후보자중 당선인이 없는 때

9 ① 제61조 제1항

② 예비후보자는 선거사무소만 설치할 수 있다(제61조 제1항).

③ 제61조 제3항

④ 제61조 제5항

10 ① 제72조 제1항

② 제72조 제3항

③ 비례대표국회의원후보자 및 비례대표지방의회의원후보자는 공개장소에서의 연설 · 대담을 할 수 없다(제79조 제1항).

④ 제79조 제4항

11 ② 건강보험관리공단은 선거운동이 금지되는 단체가 아니다.

※ 선거운동이 금지되는 단체(제87조)
    ㉠ 국가 · 지방자치단체
    ㉡ 공공기관의 운영에 관한 법률 제4조 제1항 제3호에 해당하는 기관 중 정부가 100분의 50 이상의 지분을 가지고 있는 기관(한국은행 포함)
    ㉢ 농업협동조합법 · 수산업협동조합법 · 산림조합법 · 엽연초생산협동조합법에 의하여 설립된 조합
    ㉣ 지방공기업법 제2조(適用範圍)에 규정된 지방공사와 지방공단
    ㉤ 향우회 · 종친회 · 동창회, 산악회 등 동호인회, 계모임 등 개인간의 사적모임
    ㉥ 바르게살기운동협의회 · 새마을운동협의회 · 한국자유총연맹
    ㉦ 법령에 의하여 정치활동이나 공직선거에의 관여가 금지된 단체
    ㉧ 후보자 또는 후보자의 가족이 임원으로 있거나, 후보자등의 재산을 출연하여 설립하거나, 후보자등이 운영경비를 부담하거나 관계법규나 규약에 의하여 의사결정에 실질적으로 영향력을 행사하는 기관 · 단체
    ㉨ 구성원의 과반수가 선거운동을 할 수 없는 자로 이루어진 기관 · 단체

12 ① 공직선거법 제87조 제2항에서는 사조직의 설립 또는 설치 행위만을 금지하고 있을 뿐 이미 설립된 사조직을 이용하는 행위에 대해서는 금지하고 있지 않으므로, 특정 선거 후보자의 지시나 공모 없이 회원들이 자발적으로 모여 사조직을 만들었다면, 그 조직의 설립 후에 특정 후보자가 여러 차례 모임에 참석하였다는 사실만으로는 그 후보자가 사조직을 설립 또는 설치하였다거나 그에 공모하였다고 인정할 수 없다(대판 2008.3.13. 2007도7902).

② 대판 2008.3.13. 2007도7902
③ 헌재 2001.7.19. 2000헌마91
④ 대판 2007.03.30. 2006도9043

13 ① 제146조 제3항
② 구 · 시 · 군선거관리위원회는 투표에 관한 사무를 관리하게 하기 위하여 투표구마다 투표관리관 1명을, 사전투표소마다 사전투표관리관 1명을 각각 둔다(제146조의2 제1항).
③ 제147조 제2항
④ 제147조 제3항

14 ① 제156조 제1항
② 거소투표자는 거소투표를 하여야 한다. 다만, 다음 각 호의 어느 하나에 해당하는 사람은 선거일에 해당 투표소에서 투표할 수 있다(제156조 제3항).
    1. 제154조 제2항에 해당하여 거소투표용지를 송부받지 못한 사람
    2. 거소투표용지가 반송되어 거소투표용지를 송부받지 못한 사람
    3. 거소투표용지를 송부받았으나 거소투표를 하지 못한 사람으로서 선거일에 해당 투표소에서 투표관리관에게 거소투표용지와 회송용 봉투를 반납한 사람
③ 제157조 제1항
④ 제157조 제4항

15 ① 현직을 가지고 입후보 하는 경우이다.

※ 선거일 전 30일까지 사직해야 하는 경우(제53조 제2항)

1. 비례대표국회의원선거나 비례대표지방의회의원선거에 입후보하는 경우
2. 보궐선거 등에 입후보하는 경우
3. 국회의원이 지방자치단체의 장의 선거에 입후보하는 경우
4. 지방의회의원이 다른 지방자치단체의 의회의원이나 장의 선거에 입후보하는 경우

16 ① 제49조 제2항

② 제49조 제5항

③ 정당의 당원인 자는 무소속후보자로 등록할 수 없으며, 후보자등록기간중 당적을 이탈·변경하거나 2 이상의 당적을 가지고 있는 때에는 당해 선거에 후보자로 등록될 수 없다. 소속정당의 해산이나 그 등록의 취소 또는 중앙당의 시·도당창당승인취소로 인하여 당원자격이 상실된 경우에도 또한 같다(제49조 제6항).

④ 제49조 제10항

17 ① 제158조의2

② 제163조 제2항

③ 제166조 제1항

④ 투표소내외에서의 소란언동에 의하여 퇴거당한 선거인은 최후에 투표하게 한다. 다만, 투표관리관은 투표소의 질서를 문란하게 할 우려가 없다고 인정하는 때에는 그 전에라도 투표하게 할 수 있다(제166조 제2항).

18 ① 투표를 무효로 하는 경우(제179조)

1. 정규의 투표용지를 사용하지 아니한 것
2. 어느 란에도 표를 하지 아니한 것
3. 2 이상의 란에 표를 한 것
4. 어느 란에 표를 한 것인지 식별할 수 없는 것
5. 표를 하지 아니하고 문자 또는 물형을 기입한 것
6. 표 외에 다른 사항을 기입한 것
7. 선거관리위원회의 기표용구가 아닌 용구로 표를 한 것

② 제180조 제1항

③ 후보자별 득표수(비례대표국회의원선거 및 비례대표지방의회의원선거에 있어서는 정당별 득표수를 말한다)의 공표는 구·시·군선거관리위원회위원장이 투표구별로 집계·작성된 개표상황표에 의하여 투표구 단위로 하되, 출석한 구·시·군선거관리위원회위원 전원은 공표 전에 득표수를 검열하고 개표상황표에 서명하거나 날인하여야 한다. 다만, 정당한 사유없이 개표사무를 지연시키는 위원이 있는 때에는 그 권한을 포기한 것으로 보고, 개표록에 그 사유를 기재한다(제178조 제3항).

④ 제181조 제8항

19 ① 제201조 제1항

② 제203조 제2항

③ 동시선거에 있어서 선거인명부와 거소·선상투표신고인명부는 제44조 제1항에도 불구하고 각각 하나의 선거인명부와 거소·선상투표신고인명부로 한다(제204조 제1항).

④ 제207조 제1항

20 ① 중앙선거관리위원회는 재외선거인 해당 선거의 선거일 전 60일 현재의 최종주소지 또는 등록기준지를 기준으로 선거일 전 49일부터 선거일 전 40일까지 10일간 재외투표관리관이 송부한 재외선거인 등록신청서에 따라 재외선거인명부를 작성한다. 이 경우 같은 사람이 2 이상의 재외선거인 등록신청을 한 사실이 발견된 때에는 그 중 가장 나중에 접수된 재외선거인 등록신청서에 따라 재외선거인명부를 작성한다(제218조의8 제1항).

② 제218조의10 제2항

③ 제218조의11 제1항

④ 제218조의13 제1항 제4항

✿ answer 제3회

1. ④	2. ②	3. ②	4. ②	5. ②	6. ③	7. ③	8. ①	9. ①	10. ③
11. ④	12. ①	13. ④	14. ②	15. ③	16. ①	17. ④	18. ①	19. ③	20. ③

1 ① 선거방송심의위원회를 구성한 후 국회에 교섭단체를 구성한 정당의 수가 증가하여 위원정수를 초과하게 되는 경우에는 현원을 위원 정수로 본다(제8조의2 제2항).

② 인터넷선거보도심의위원회의 설치주체는 중앙선거관리위원회이다(제8조의5 제1항).

③ 보궐선거 등의 경우에도 선거일 전 60일(선거일 전 60일 후에 실시사유가 확정된 보궐선거 등의 경우에는 그 선거의 실시사유가 확정된 후 10일)부터 선거일 후 30일까지 선거방송심의위원회를 설치한다(제8조의2 제1항).

④ 제8조의5 제3항, 제4항 참조

2 ① 헌재 1999.9.16, 99헌바5

② 지역구지방의회의원선거에서도 대통령선거나 지역구국회의원선거와 마찬가지로 유효투표 총수의 100분의 15 이상의 득표를 기탁금 및 선거비용 전액의 반환 또는 보전의 기준으로, 유효투표 총수의 100분의 10 이상 100분의 15 미만의 득표를 기탁금 및 선거비용 반액의 반환 또는 보전의 기준으로 규정한 공직선거법이 필요한 범위를 넘어 자의적으로 과도한 내용을 정한 것이라고 보기 어려우므로 청구인들의 평등권을 침해하는 것은 아니다(헌재 2011. 6. 30. 자 2010헌마542).

③ 헌재 1997.10.30, 96헌마94

④ 헌재 2013.10.24., 2012헌마311

3　① 제16조 제1항

② 국회의원의 피선거권의 경우 국내 거주 요건이 없다(제16조 제2항).

③ 제16조 제3항

④ 제16조 제3항

4　① 제24조 제2항

② 국회의원선거구획정위원회는 중앙선거관리위원회위원장이 위촉하는 9명의 위원으로 구성하되, 위원장은 위원 중에서 호선한다(제24조 제3항).

③ 제24조 제4항

④ 제24조 제9항

5　① 대판 2007.3.15. 2006도8869

② 선거운동기간 전에 '시장 예비후보' 등의 문구가 기재된 어깨띠를 두르고 지나가는 사람들에게 명함을 배부하면서 지지를 부탁한 행위가, 일정한 경우 외에는 선거운동을 위하여 어깨띠를 착용하는 것을 금지하는 공직선거법 제68조 제2항에 위배된다(대판 2007.8.23. 2007도3940).

③ 헌재 2011.5.26. 2010헌마451

④ 제33조

6　① 제34조 제1항

② 제33조

③ 공직선거법 제57조의3에 따라, 당원과 당원이 아닌 자에게 투표권을 부여하여 실시하는 당내경선에 나서는 후보자는 제57조의3 제1항 각 호에서 규정하는 방법 이외의 방법으로 경선운동을 할 수 없는데, 공직선거법이 이와 같이 당내경선운동방법을 제한하는 취지는 당내경선운동의 과열을 막아 질서 있는 경선을 도모함과 아울러 당내경선운동이 선거운동으로 변질되어 실질적으로 사전선거운동 금지규정 등을 회피하는 탈법적 수단으로 악용되는 것을 막기 위한 것이다. 따라서 위와 같은 당내경선의 실시 여부가 확정되지 아니하였다거나 예비후보자로 등록하기 이전이라 할지라도, 당내경선에 참여하려고 하는 사람이 당내경선에 대비하여 공직선거법이 허용하는 범위를 넘어서 경선운동을 한 경우에는 당내경선운동 위반행위에 해당한다(대판 2007.3.15. 2006도8869).

④ 제34조 제2항

7　① 제38조 제3항

② 제38조 제3항

③ 그 우편요금은 국가 또는 해당 지방자치단체가 부담한다(제38조 제1항).

④ 제38조 제3항

8 ① 선거인명부는 선거일 전 12일에, 거소·선상투표신고인명부는 선거인명부작성기간만료일의 다음 날에 각각 확정되며 해당 선거에 한하여 효력을 가진다(제44조 제1항).

② 제44조의2 제1항

③ 제44조 제2항

④ 제45조 제1항

9 ① 이 사건 법률조항이 배우자나 직계존·비속이 있는 예비후보자와 그렇지 않은 예비후보자를 달리 취급하고 있다고 할 수 있으나, 이 사건 법률조항에서 예비후보자의 정치력, 경제력과는 무관하게 존재가능하고 예비후보자와 동일시할 수 있는 배우자나 직계존·비속에 한정하여 명함을 교부하거나 지지를 호소할 수 있도록 한 것에는 합리적 이유가 있다 할 것이고, 숫자만을 한정하여 예비후보자가 명함교부, 지지호소를 할 수 있는 사람을 지정하도록 하거나, 배우자나 직계존·비속이 없는 경우 이를 대체할 사람을 지정할 수 있도록 하는 방안은 오히려 예비후보자간의 기회불균등을 심화시킬 가능성이 있어 쉽게 채택하기 어려운 면이 있으므로, 선거운동을 할 배우자나 직계존·비속이 없는 예외적인 경우까지 고려하지 않았다고 하여 청구인들의 평등권을 침해한 것이라고 볼 수는 없다(헌재 2011.8.30. 2010헌마259).

② 헌재 2012.3.29. 2010헌마673

③ 헌재 2011.4.28. 2010헌바473

④ 대판 2013.7.25. 2013도1793

10 ④ 당내경선에서 낙선한 자가 다른 선거구에 등록하는 것은 가능하다. 공직선거법이 규정한 등록무효사유는 당해 선거의 같은 선거구에 후보자로 등록하는 것이다(제52조 제1항 제8호).

※ **후보자의 등록무효사유(제52조)**

1. 후보자의 피선거권이 없는 것이 발견된 때

2. 제47조(정당의 후보자추천) 제1항 본문의 규정에 위반하여 선거구별로 선거할 정수범위를 넘어 추천하거나, 비례대표지방의회의원선거에 있어 같은 조 제3항의 규정에 의한 여성후보자 추천의 비율과 순위를 위반하거나, 제48조(선거권자의 후보자추천) 제2항의 규정에 의한 추천인수에 미달한 것이 발견된 때

3. 제49조 제4항 제2호부터 제5호까지의 규정에 따른 서류를 제출하지 아니한 것이 발견된 때

4. 제49조 제6항의 규정에 위반하여 등록된 것이 발견된 때

5. 제53조 제1항부터 제3항까지 또는 제5항을 위반하여 등록된 것이 발견된 때

6. 정당추천후보자가 당적을 이탈·변경하거나 2 이상의 당적을 가지고 있는 때(후보자등록신청시에 2 이상의 당적을 가진 경우를 포함한다), 소속정당의 해산이나 그 등록의 취소 또는 중앙당의 시·도당창당승인취소가 있는 때

7. 무소속후보자가 정당의 당원이 된 때

8. 제57조의2 제2항 또는 제266조 제2항·제3항을 위반하여 등록된 것이 발견된 때

9. 정당이 그 소속 당원이 아닌 사람이나 「정당법」제22조에 따라 당원이 될 수 없는 사람을 추천한 것이 발견된 때

10. 다른 법률에 따라 공무담임이 제한되는 사람이나 후보자가 될 수 없는 사람에 해당하는 것이 발견된 때

11. 정당 또는 후보자가 정당한 사유 없이 제65조 제9항을 위반하여 후보자정보공개자료(점자형 후보자정보공개자료는 제외한다)를 제출하지 아니한 것이 발견된 때

11 ①②③ 제53조 제1항

④ 지방의회의원이 다른 지방자치단체의 의회의원이나 장의 선거에 입후보하는 경우 선거일 전 30일까지 그 직을 그 만두어야 한다(제53조 제2항).

12 ① 헌재는 기존의 판례에서 후보자등록 마감일 현재 국회에 의석을 갖고 있는 정당 추천 후보자, 국회에 의석이 없는 정당 추천 후보자, 무소속 후보자의 순으로 정하도록 하는 공직선거 후보자의 투표용지 게재순위 내지 기호배정방법이 무소속 후보자 등의 평등권을 침해하지 않는다고 판시하였는바, 이와 같은 선례의 판시 취지는 이 사건과 같은 자치구·시·군의원선거의 경우에도 그대로 타당하므로 공직선거법 제150조 제3항은 청구인의 평등권을 침해한다고 볼 수 없다(헌재 2012.3.29. 2010헌마673).

② 대판 2006.3.10. 2005도6316

③ 대판 2007.8.23. 2007도3940

④ 헌재 2012.3.29. 2010헌마673

13 ① 제60조의3 제1항

② 제60조의3 제2항

③ 제60조의4 제3항

④ 공직선거법은 예비후보자공약집의 방문판매를 금지하고 있다(제60조의4 제1항).

※ 예비후보자가 할 수 있는 선거운동(제60조의3 제1항)

1. 선거사무소를 설치하거나 그 선거사무소에 간판·현판 또는 현수막을 설치·게시하는 행위

2. 자신의 성명·사진·전화번호·학력(정규학력과 이에 준하는 외국의 교육과정을 이수한 학력)·경력, 그 밖에 홍보에 필요한 사항을 게재한 길이 9센티미터 너비 5센티미터 이내의 명함을 직접 주거나 지지를 호소하는 행위. 다만, 지하철역구내 그 밖에 중앙선거관리위원회규칙으로 정하는 다수인이 왕래하거나 집합하는 공개된 장소에서 주거나 지지를 호소하는 행위는 그러하지 아니하다.

3. 선거구안에 있는 세대수의 100분의 10에 해당하는 수 이내에서 자신의 사진·성명·전화번호·학력·경력, 그 밖에 홍보에 필요한 사항을 게재한 인쇄물을 작성하여 관할 선거관리위원회로부터 발송대상·매수 등을 확인받은 후 선거기간개시일 전 3일까지 중앙선거관리위원회규칙이 정하는 바에 따라 우편발송하는 행위. 이 경우 대통령선거 및 지방자치단체의 장선거의 예비후보자는 표지를 포함한 전체면수의 100분의 50 이상의 면수에 선거공약 및 이에 대한 추진계획으로 각 사업의 목표·우선순위·이행절차·이행기한·재원조달방안을 게재하여야 하며, 이를 게재한 면에는 다른 정당이나 후보자가 되려는 자에 관한 사항을 게재할 수 없다.

4. 선거운동을 위하여 어깨띠 또는 예비후보자임을 나타내는 표지물을 착용하는 행위

5. 전화를 이용하여 송·수화자 간 직접 통화하는 방식으로 지지를 호소하는 행위

14 ① 제64조 제1항

② 동에 있어서는 인구 500명에 1매, 읍에 있어서는 인구 250명에 1매, 면에 있어서는 인구 100명에 1매의 비율을 한도로 작성·첨부한다. 다만, 인구밀집상태 및 첨부장소 등을 감안하여 중앙선거관리위원회규칙으로 정하는 바에 따라 인구 1천명에 1매의 비율까지 조정할 수 있다(제64조 제1항).

③ 제64조 제2항

④ 제64조 제2항

15 ① 제65조 제1항

② 제65조 제6항

③ 후보자가 후보자등록마감일 후 7일까지 배부할 지역을 관할하는 구·시·군선거관리위원회에 제출하고 해당 선거
관리위원회가 이를 확인하여 매세대에는 투표안내문을 발송하는 때에, 거소투표신고인명부에 올라 있는 선거인에
게는 거소투표용지를 발송하는 때에 각각 동봉하여 발송한다(제65조 제6항).

④ 제65조 제9항

16 ① 비례대표국회의원선거에서 일간신문에 선거운동을 위한 신문광고를 게재할 수 있는 주체는 후보자를 추천한 정당
이다(제69조 제1항).

② 제69조 제8항

③ 제70조 제1항

④ 제70조 제1항

17 ④ 중앙선거관리위원회규칙이 정하는 바에 따라 언론기관이 선거기간개시일전 30일부터 선거기간개시일전일까지의
사이에 실시하여 공표한 여론조사결과를 평균한 지지율이 100분의 5 이상인 후보자

※ **선거방송토론위원회 주관 대담·토론회의 초청대상 후보자(제82조의2 제4항)**

1. **대통령선거**

가. 국회에 5인 이상의 소속의원을 가진 정당이 추천한 후보자

나. 직전 대통령선거, 비례대표국회의원선거, 비례대표시·도의원선거 또는 비례대표자치구·시·군의원선거
에서 전국 유효투표총수의 100분의 3 이상을 득표한 정당이 추천한 후보자

다. 중앙선거관리위원회규칙이 정하는 바에 따라 언론기관이 선거기간개시일전 30일부터 선거기간개시일전일
까지의 사이에 실시하여 공표한 여론조사결과를 평균한 지지율이 100분의 5 이상인 후보자

2. **비례대표국회의원선거 및 비례대표시·도의원선거**

가. 국회에 5인 이상의 소속의원을 가진 정당의 대표자가 지정한 후보자

나. 직전 대통령선거, 비례대표국회의원선거, 비례대표시·도의원선거 또는 비례대표자치구·시·군의원선거
에서 전국 유효투표총수의 100분의 3 이상을 득표한 정당의 대표자가 지정한 후보자

다. 중앙선거관리위원회규칙이 정하는 바에 따라 언론기관이 선거기간개시일전 30일부터 선거기간개시일전일
까지의 사이에 실시하여 공표한 여론조사결과를 평균하여 100분의 5 이상의 지지를 얻은 정당의 대표자가
지정한 후보자

3. **지역구국회의원선거**

가. 국회에 5인 이상의 소속의원을 가진 정당이 추천한 후보자

나. 직전 대통령선거, 비례대표국회의원선거, 비례대표시·도의원선거 또는 비례대표자치구·시·군의원선거
에서 전국 유효투표총수의 100분의 3 이상을 득표한 정당이 추천한 후보자

다. 최근 4년 이내에 해당 선거구(선거구의 구역이 변경되어 변경된 구역이 직전 선거의 구역과 겹치는 경우를
포함한다)에서 실시된 대통령선거, 지역구국회의원선거 또는 지방자치단체의 장선거(그 보궐선거등을 포함
한다)에 입후보하여 유효투표총수의 100분의 10 이상을 득표한 후보자

라. 중앙선거관리위원회규칙이 정하는 바에 따라 언론기관이 선거기간개시일전 30일부터 선거기간개시일전일
까지의 사이에 실시하여 공표한 여론조사결과를 평균한 지지율이 100분의 5 이상인 후보자

4. 지방자치단체의 장선거

　가. 국회에 5인 이상의 소속의원을 가진 정당이 추천한 후보자

　나. 직전 대통령선거, 비례대표국회의원선거, 비례대표시·도의원선거 또는 비례대표자치구·시·군의원선거에서 전국 유효투표총수의 100분의 3 이상을 득표한 정당이 추천한 후보자

　다. 최근 4년 이내에 해당 선거구(선거구의 구역이 변경되어 변경된 구역이 직전 선거의 구역과 겹치는 경우를 포함한다)에서 실시된 대통령선거, 지역구국회의원선거 또는 지방자치단체의 장선거(그 보궐선거등을 포함한다)에 입후보하여 유효투표총수의 100분의 10 이상을 득표한 후보자

　라. 중앙선거관리위원회규칙이 정하는 바에 따라 언론기관이 선거기간개시일전 30일부터 선거기간개시일전일까지의 사이에 실시하여 공표한 여론조사결과를 평균한 지지율이 100분의 5 이상인 후보자

18 ① 대통령선거에 있어서 한국철도공사사장은 선거운동기간중에 선거운동용으로 계속하여 사용할 수 있는 전국용 무료 승차권 50매를 각 후보자에게 발급하여야 한다. 전국용 무료승차권을 발급받은 후보자가 사퇴·사망하거나 등록이 무효로 된 때에는 그 후 이를 사용할 수 없으며, 한국철도공사사장에게 지체없이 반환하여야 한다(제83조 제1항, 제2항).

　② 제86조 제1항

　③ 제86조 제2항

　④ 제86조 제7항

19 ① 제108조 제6항

　② 제108조 제7항

　③ 누구든지 선거일 전 6일부터 선거일의 투표마감시각까지 선거에 관하여 여론조사(모의투표나 인기투표에 의한 경우 포함)의 경위와 그 결과를 공표하거나 인용하여 보도할 수 없다(제108조 제1항).

　④ 제108조의2 제3항

20 ① 제113조 제1항

　② 제115조

　③ 공직선거법상 기부 받는 행위가 금지되는 사람에는 제한이 없다. 즉 누구든지 선거에 관하여 「정치자금법」 제31조의 규정에 따라 정치자금을 기부할 수 없는 자에게 기부를 요구하거나 그로부터 기부를 받을 수 없다(제117조).

　④ 제118조

| 1. ④ | 2. ④ | 3. ④ | 4. ① | 5. ② | 6. ② | 7. ③ | 8. ④ | 9. ④ | 10. ③ |
| 11. ④ | 12. ② | 13. ③ | 14. ④ | 15. ④ | 16. ② | 17. ④ | 18. ② | 19. ④ | 20. ④ |

1 ① 공직선거법은 교육감선거, 정당의 대표자선거에는 직접 적용되지 않는다(제2조 참조).

② 인구의 기준일은 예비후보자등록신청개시일이 속하는 달의 전전달 말일로 한다(규칙 제2조 제1항).

③ 공직선거법 제6조의2의 투표시간 청구에 대한 고용주의 보장은 의무 규정이다.

④ 공직선거법 제6조 제2항

2 ① 헌재 1997.10.30, 96헌마94

② 헌재 1999.9.16, 99헌바5

③ 헌재 2011.8.30, 2010헌마259

④ 공직선거법이 부재자투표를 할 수 있는 사람과 부재자투표 방법을 규정하면서, 해상에 장기 기거하는 선원들을 부재자투표 대상자로 규정하지 않고 있으며, 이들이 투표할 수 있는 방법을 정하지 않고 있는 것은 합리적인 이유 없이 그들의 선거권을 침해하는 것이다(헌재 2007.6.28. 2005헌마772).

3 ③ 가석방된 사람이 잔여형기가 경과하지 않은 경우 아직 형의 집행이 종료되지 않았으므로 선거권과 피선거권이 모두 없다.

④ 정당법 위반은 일반범에 속하므로 벌금형을 선고 받아도 피선거권이 있다.

※ **공직선거법 제19조(피선거권이 없는 자)**

1. 제18조(선거권이 없는 자) 제1항 제1호·제3호 또는 제4호에 해당하는 자

2. 금고 이상의 형의 선고를 받고 그 형이 실효되지 아니한 자

3. 법원의 판결 또는 다른 법률에 의하여 피선거권이 정지되거나 상실된 자

4. 「국회법」 제166조(국회 회의 방해죄)의 죄를 범한 자로서 다음 각 목의 어느 하나에 해당하는 자(형이 실효된 자를 포함한다)

   가. 500만원 이상의 벌금형의 선고를 받고 그 형이 확정된 후 5년이 경과되지 아니한 자

   나. 형의 집행유예의 선고를 받고 그 형이 확정된 후 10년이 경과되지 아니한 자

   다. 징역형의 선고를 받고 그 집행을 받지 아니하기로 확정된 후 또는 그 형의 집행이 종료되거나 면제된 후 10년이 경과되지 아니한 자

5. 제230조 제6항의 죄를 범한 자로서 벌금형의 선고를 받고 그 형이 확정된 후 10년을 경과하지 아니한 자(형이 실효된 자도 포함한다)

4 ① 국회의원선거구획정위원회는 규정된 기준에 따라 작성되고 재적위원 3분의 2 이상의 찬성으로 의결한 선거구획정
안과 그 이유 및 그 밖에 필요한 사항을 기재한 보고서를 임기만료에 따른 국회의원선거의 선거일 전 13개월까지
국회의장에게 제출하여야 한다(제24조 제11항).
② 헌재 2001.12.25. 2000헌마92
③④ 헌재 2014.10.30. 2012헌마192

5 ① 대통령선거와 국회의원선거에서는 선거소청을 제기할 수 없다.
② 제24조 제6항
③ 국회의원 및 정당의 당원(제1항에 따른 국회의원선거구획정위원회의 설치일부터 과거 1년 동안 정당의 당원이었던
사람을 포함한다)은 위원이 될 수 없다(제24조 제7항).
④ 헌재는 기초의회의원선거 후보자가 특정 정당으로부터 지지 또는 추천 받은 것을 표방할 수 없게 한 것은 정치적
표현의 자유를 과도하게 침해한다고 판시하였다(헌재 2003.1.30. 2001헌가4).

6 ① 헌재 2010. 12. 28. 자 2010헌마79
② 선거의 일부무효로 인한 재선거는 확정판결 또는 결정의 통지를 받은 날부터 30일 이내에 실시한다(제35조 제3항).
③ 제35조 제1항
④ 대판 2011.7.14. 2011도3862

7 ① 제39조 제1항
② 제39조 제4항
③ 공직선거법에는 선거인명부 작성에 종사하는 공무원에 대한 교체 요구를 명부작성기간 중으로 제한한다는 명문규
정은 없다(제39조 제4항).
④ 제39조 제5항

8 ① 제57조의2 제1항
② 제57조의2 제2항
③ 제57조의4 제1항
④ 정당이 당내경선을 위탁하여 실시하는 경우에는 그 경선 및 선출의 효력에 대한 이의제기는 당해 정당에 하여야 하며,
관할 선거구선거관리위원회에는 할 수 없다(제57조의7).

9 ④ 대학교 총장, 교수 등은 국공립 및 사립을 불문하고 사직의 대상이 아니다.

※ **90일 사직 대상자**(제53조)
1. 「국가공무원법」 제2조에 규정된 국가공무원과 「지방공무원법」 제2조에 규정된 지방공무원. 다만, 「정당법」 제22조(발기인 및 당원의 자격) 제1항 제1호 단서의 규정에 의하여 정당의 당원이 될 수 있는 공무원(정무직공무원을 제외한다)은 그러하지 아니하다.
2. 각급선거관리위원회위원 또는 교육위원회의 교육위원
3. 다른 법령의 규정에 의하여 공무원의 신분을 가진 자
4. 「공공기관의 운영에 관한 법률」 제4조 제1항 제3호에 해당하는 기관 중 정부가 100분의 50 이상의 지분을 가지고 있는 기관(한국은행을 포함한다)의 상근 임원
5. 「농업협동조합법」·「수산업협동조합법」·「산림조합법」·「엽연초생산협동조합법」에 의하여 설립된 조합의 상근 임원과 이들 조합의 중앙회장
6. 「지방공기업법」 제2조(適用範圍)에 규정된 지방공사와 지방공단의 상근 임원
7. 「정당법」 제22조 제1항 제2호의 규정에 의하여 정당의 당원이 될 수 없는 사립학교교원
8. 중앙선거관리위원회규칙으로 정하는 언론인
9. 특별법에 의하여 설립된 국민운동단체로서 국가 또는 지방자치단체의 출연 또는 보조를 받는 단체(바르게살기운동협의회·새마을운동협의회·한국자유총연맹을 말하며, 시·도조직 및 구·시·군조직을 포함한다)의 대표자

10 ① 제62조 제5항
② 제63조 제2항
③ 중앙선거관리위원회규칙으로 정하는 장애인 예비후보자·후보자는 선거운동을 할 수 있는 사람 중에서 1명의 활동보조인을 둘 수 있다. 활동보조인은 선거사무원수에 산입하지 아니한다(제62조 제4항).
④ 제62조 제7항

11 ① 제66조 제1항
② 제66조 제3항
③ 제66조 제5항
④ 배부할 지역을 관할하는 구·시·군선거관리위원회에 각 2부를 제출하여야 한다(제66조 제6항).

12 ① 제81조 제7항 제9항
② 후보자가 되고자 하는 자에 대한 대담·토론회는 대통령선거에서는 선거일 전 1년부터, 국회의원선거 또는 지방자치단체의장선거에 있어서는 선거일전 60일부터 선거기간개시일전일까지이다(제82조 제1항).
③ 제82조의2 제1항
④ 제82조의2 제2항

13 ① 제82조의4 제2항

② 제82조의5 제2항

③ 인터넷언론사는 "실명인증"의 표시가 없는 정당이나 후보자에 대한 지지·반대의 정보 등이 게시된 경우에는 지체 없이 이를 삭제하여야 한다(제82조의6 제6항).

④ 제82조의7 제3항

14 ① 제91조 제3항

② 제93조 제1항

③ 제95조 제1항

④ 자동차와 선박의 운행주체는 정당·후보자·선거사무장 또는 선거연락소장이며, 그 수는 다음과 같다(제91조 제4항).

   1. 대통령선거와 시·도지사선거 : 선거사무소와 선거연락소마다 각 5대·5척 이내

   2. 지역구국회의원선거와 자치구·시·군의 장 선거 : 후보자마다 각 5대·5척 이내

   3. 지역구시·도의원선거 : 후보자마다 각 2대·2척 이내

   4. 지역구자치구·시·군의원선거 : 후보자마다 각 1대·1척

15 ①③ 제119조

② 제120조

④ 선거비용으로 보지 않는다.

※ 선거비용으로 보지 않는 것(제120조)

   1. 선거권자의 추천을 받는데 소요된 비용 등 선거운동을 위한 준비행위에 소요되는 비용

   2. 정당의 후보자선출대회비용 기타 선거와 관련한 정당활동에 소요되는 정당비용

   3. 선거에 관하여 국가·지방자치단체 또는 선거관리위원회에 납부하거나 지급하는 기탁금과 모든 납부금 및 수수료

   4. 선거사무소와 선거연락소의 전화료·전기료 및 수도료 기타의 유지비로서 선거기간전부터 정당 또는 후보자가 지출하여 온 경비

   5. 선거사무소와 선거연락소의 설치 및 유지비용

   6. 정당, 후보자, 선거사무장, 선거연락소장, 선거사무원, 회계책임자, 연설원 및 대담·토론자가 승용하는 자동차[제91조(확성장치와 자동차 등의 사용제한) 제4항의 규정에 의한 자동차와 선박을 포함한다]의 운영비용

   7. 제삼자가 정당·후보자·선거사무장·선거연락소장 또는 회계책임자와 통모함이 없이 특정 후보자의 선거운동을 위하여 지출한 전신료 등의 비용

   8. 제112조 제2항에 따라 기부행위로 보지 아니하는 행위에 소요되는 비용. 다만, 같은 항 제1호마목(정당의 사무소를 방문하는 사람에게 제공하는 경우는 제외한다) 및 제2호사목(후보자·예비후보자가 아닌 국회의원이 제공하는 경우는 제외한다)의 행위에 소요되는 비용은 선거비용으로 본다.

   9. 선거일후에 지출원인이 발생한 잔무정리비용

16 ① 정강·정책의 신문광고 등의 제한(제137조)

    1. 임기만료에 의한 선거 : 정당의 중앙당이 행하되, 선거일전 90일부터 선거기간개시일전일까지 일간신문 등에 총 70회 이내

    2. 대통령의 궐위로 인한 선거·재선거 [제197조(선거의 일부무효로 인한 재선거)의 규정에 의한 재선거를 제외한다,] 및 연기된 선거 : 정당의 중앙당이 행하되, 그 선거의 실시사유가 확정된 때부터 선거기간개시일전일까지 일간신문 등에 총 20회 이내

    3. 제2호외의 보궐선거·재선거 및 연기된 선거 : 정당의 중앙당이 행하되, 그 선거의 실시사유가 확정된 때부터 선거기간개시일전일까지 일간신문 등에 총 10회 이내

② 선거일전 90일이 속하는 달의 초일부터 선거기간개시일전일까지, 1회 20분 이내에서 텔레비전 및 라디오방송별로 월 2회의 범위 안에서 하여야 한다(제137조의2 제1항).

③ 제137조의2 제4항

④ 제137조의2 제5항

17 ① 제154조 제1항

② 제155조 제1항

③ 제155조 제5항

④ 해당 선상투표자가 승선하고 있는 선박의 선장에게 선거일 전 9일까지 팩시밀리를 이용하여 전송하여야 한다(제154조의2 제1항).

18 ① 제167조 제2항

② 투표함을 송부하는 때에는 후보자별로 투표참관인 1인과 호송에 필요한 정복을 한 경찰공무원을 2인에 한하여 동반할 수 있다(제170조).

③ 제172조 제1항, 제173조 제2항

④ 제173조 제1항

19 ① 제187조 제1항

② 제188조 제1항

③ 제188조 제4항

④ 비례대표국회의원선거에서 유효투표총수의 100분의 3 이상을 득표하였거나 지역구국회의원총선거에서 5석 이상의 의석을 차지한 각 정당에 대하여 비례대표국회의원의석을 배분한다(제189조 제1항, 제2항).

20 ① 제218조 제2항

② 제218조의2 제2항

③ 제218조의4 제2항

④ 외교부장관을 경유하여 중앙선거관리위원회에 보낸다. 중앙선거관리위원회는 이를 해당 구·시·군의 장에게 보낸다(제218조의7 제1항, 제2항).

1. ③	2. ③	3. ①	4. ④	5. ④	6. ②	7. ①	8. ②	9. ②	10. ①
11. ②	12. ①	13. ③	14. ①	15. ③	16. ③	17. ③	18. ①	19. ②	20. ①

1 ①②③ 공직선거법 제9조의 '공무원'이란 원칙적으로 국가와 지방자치단체의 모든 공무원 즉, 좁은 의미의 직업공무원은 물론이고, 적극적인 정치활동을 통하여 국가에 봉사하는 정치적 공무원을 포함한다. 다만 국회의원과 지방의회 의원은 선거운동의 주체로서의 지위로 말미암아 선거에서의 정치적 중립성이 요구될 수 없으므로 공직선거법 제9조의 '공무원'에 해당하지 않는다. 대통령이 기자회견에서 전 국민을 상대로, 대통령직의 정치적 비중과 영향력을 이용하여 특정 정당을 지지하는 발언을 한 것은 대통령의 지위를 이용하여 선거에 대한 부당한 영향력을 행사하고 이로써 선거의 결과에 영향을 미치는 행위를 한 것이므로, 선거에서의 중립의무를 위반하였다(헌재 2004.5.14. 2004헌나1).

④ 선거활동에 관하여 대통령의 정치활동의 자유와 선거중립의무가 충돌하는 경우에는 후자가 강조되고 우선되어야 한다(헌재 2008.1.17. 2007헌마700).

2 ① 대판 2009.4.23. 선고 2009도834

② 헌재 2010.12.28. 2010헌마79

③ 공직선거의 후보자들은 모두 당선을 목적으로 하는 이상, 당선자에게만 제재를 부과하는 규정을 두더라도 후보자들은 모두 이를 자신의 제재로 받아들일 것이라서 굳이 낙선자를 제재대상에 포함하지 않더라도 입법목적의 달성의 효과는 동일할 것이므로 낙선자를 제외하고 당선자만 제재대상으로 규정한 이 사건 법률조항이 자의적인 입법으로서 청구인의 평등권을 침해한다고 볼 수 없다(헌재 2011.4.28. 2010헌바232).

④ 헌재 2011.3.31. 자 2010헌마314

3 ① 공직선거법 제115조에 정한 같은 조에 정한 '후보자가 되고자 하는 자'에는 선거에 출마할 예정인 사람으로서 정당에 공천신청을 하거나 일반 선거권자로부터 후보자추천을 받기 위한 활동을 벌이는 등 입후보의사가 확정적으로 외부에 표출된 사람뿐만 아니라 그 신분·접촉대상·언행 등에 비추어 선거에 입후보할 의사를 가진 것을 객관적으로 인식할 수 있을 정도에 이른 사람도 포함된다(대판 2005.1.13. 2004도7360).

② 제35조 제2항

③ 대판 2008.9.25. 2008도6232

④ 제35조 제2항

4 ① 제40조 제1항

② 제40조 제2항

③ 제42조 제1항

④ 선거인명부에 누락 또는 오기가 있거나 자격이 없는 선거인이 올라 있다고 인정되는 때에는 열람기간 내에 구술 또는 서면으로 당해 구·시·군의 장에게 이의를 신청할 수 있다(제41조 제1항).

5 ④ 당내경선에서 낙선한 자가 다른 선거구에 등록하는 것은 가능하다. 공직선거법이 규정한 등록무효사유는 당해 선거의 같은 선거구에 후보자로 등록하는 것이다(제52조 제1항 제8호).

※ **후보자의 등록무효사유(제52조)**

1. 후보자의 피선거권이 없는 것이 발견된 때
2. 제47조(정당의 후보자추천) 제1항 본문의 규정에 위반하여 선거구별로 선거할 정수범위를 넘어 추천하거나, 비례대표지방의회의원선거에 있어 같은 조 제3항의 규정에 의한 여성후보자 추천의 비율과 순위를 위반하거나, 제48조(선거권자의 후보자추천) 제2항의 규정에 의한 추천인수에 미달한 것이 발견된 때
3. 제49조 제4항 제2호부터 제5호까지의 규정에 따른 서류를 제출하지 아니한 것이 발견된 때
4. 제49조 제6항의 규정에 위반하여 등록된 것이 발견된 때
5. 제53조 제1항부터 제3항까지 또는 제5항을 위반하여 등록된 것이 발견된 때
6. 정당추천후보자가 당적을 이탈·변경하거나 2 이상의 당적을 가지고 있는 때(후보자등록신청시에 2 이상의 당적을 가진 경우를 포함한다), 소속정당의 해산이나 그 등록의 취소 또는 중앙당의 시·도당창당승인취소가 있는 때
7. 무소속후보자가 정당의 당원이 된 때
8. 제57조의2 제2항 또는 제266조 제2항·제3항을 위반하여 등록된 것이 발견된 때
9. 정당이 그 소속 당원이 아닌 사람이나 「정당법」 제22조에 따라 당원이 될 수 없는 사람을 추천한 것이 발견된 때
10. 다른 법률에 따라 공무담임이 제한되는 사람이나 후보자가 될 수 없는 사람에 해당하는 것이 발견된 때
11. 정당 또는 후보자가 정당한 사유 없이 제65조 제9항을 위반하여 후보자정보공개자료(점자형 후보자정보공개자료는 제외한다)를 제출하지 아니한 것이 발견된 때

6 ① 제58조의2
② 사전투표소로부터 100m안에서 투표참여 권유활동을 할 수 없다(제58조의2).
③ 제58조의2
④ 공직선거법이 선거운동으로 보지 않는 경우(제58조)

1. 선거에 관한 단순한 의견개진 및 의사표시
2. 입후보와 선거운동을 위한 준비행위
3. 정당의 후보자 추천에 관한 단순한 지지·반대의 의견개진 및 의사표시
4. 통상적인 정당활동
5. 설날·추석 등 명절 및 석가탄신일·기독탄신일 등에 하는 의례적인 인사말을 문자메시지로 전송하는 행위

7 ① 국회의원선거에서 정당은 선거일 전 120일 부터 정당선거사무소를 설치할 수 있다(제61조의2 제1항).
② 제61조의2
③ 제61조의2 제2항
④ 제61조의2 제4항

8 ① 제67조 제1항

② 중앙선거관리위원회규칙으로 정하는 규격 또는 금액 범위의 윗옷(上衣) · 표찰(標札) · 수기(手旗) · 마스코트, 그 밖의 소품을 붙이거나 입거나 지니고 선거운동을 할 수 있다(제68조 제1항).

③ 제69조 제1항

④ 제69조 제3항

9 ① 제82조의2 제8항

② 그 방송시설이용료는 국가 또는 당해 지방자치단체가 부담한다(제82조의2 제11항).

③④ 제82조의3 제1항

10 ① 연설 · 대담과 대담 · 토론회는 오후 11시부터 다음날 오전 6시까지는 개최할 수 없으며, 공개장소에서의 연설 · 대담은 오후 10시부터 다음날 오전 7시까지는 이를 할 수 없다. 다만, 공개장소에서의 연설 · 대담에 있어서 휴대용 확성장치만을 사용하는 경우에는 오전 6시부터 오후 11시까지 할 수 있다(제102조 제1항).

② 제100조

③ 제103조 제3항, 제4항

④ 제106조 제2항

11 ② 직무상의 행위이다.

※ **기부행위로 보지 않는 구호적 · 자선적 행위(제112조 제2항)**

　가. 법령에 의하여 설치된 사회보호시설중 수용보호시설에 의연금품을 제공하는 행위

　나. 「재해구호법」의 규정에 의한 구호기관(전국재해구호협회를 포함한다) 및 「대한적십자사 조직법」에 의한 대한적십자사에 천재 · 지변으로 인한 재해의 구호를 위하여 금품을 제공하는 행위

　다. 「장애인복지법」 제58조에 따른 장애인복지시설(유료복지시설을 제외한다)에 의연금품 · 구호금품을 제공하는 행위

　라. 「국민기초생활 보장법」에 의한 수급권자인 중증장애인에게 자선 · 구호금품을 제공하는 행위

　마. 자선사업을 주관 · 시행하는 국가 · 지방자치단체 · 언론기관 · 사회단체 또는 종교단체 그 밖에 국가기관이나 지방자치단체의 허가를 받아 설립된 법인 또는 단체에 의연금품 · 구호금품을 제공하는 행위. 다만, 광범위한 선거구민을 대상으로 하는 경우 제공하는 개별 물품 또는 그 포장지에 직명 · 성명 또는 그 소속 정당의 명칭을 표시하여 제공하는 행위는 제외한다.

　바. 자선 · 구호사업을 주관 · 시행하는 국가 · 지방자치단체, 그 밖의 공공기관 · 법인을 통하여 소년 · 소녀가장과 후원인으로 결연을 맺고 정기적으로 제공하여 온 자선 · 구호금품을 제공하는 행위

　사. 국가기관 · 지방자치단체 또는 구호 · 자선단체가 개최하는 소년 · 소녀가장, 장애인, 국가유공자, 무의탁노인, 결식자, 이재민, 「국민기초생활 보장법」에 따른 수급자 등을 돕기 위한 후원회 등의 행사에 금품을 제공하는 행위. 다만, 개별 물품 또는 그 포장지에 직명 · 성명 또는 그 소속 정당의 명칭을 표시하여 제공하는 행위는 제외한다.

　아. 근로청소년을 대상으로 무료학교(야학을 포함한다)를 운영하거나 그 학교에서 학생들을 가르치는 행위

12 ① 통상의 정당활동과 관련된 행위이다.
②③④ 제112조 제2항

13 ① 제135조 제1항
② 제135조 제3항
③ 선거구선거관리위원회는 정당, 후보자(예비후보자를 포함한다) 및 그 가족, 선거사무장, 선거연락소장, 선거사무원, 회계책임자 또는 연설원으로부터 기부를 받은 자가 제261조 제9항에 따른 과태료를 부과받은 경우 이 법에 따라 보전할 비용 중 그 기부행위에 사용된 비용의 5배에 해당하는 금액을 보전하지 아니한다(제135조의2 제3항).
④ 제135조의2 제6항

14 ① 정당이 자당의 정책과 선거에 있어서 공약을 게재한 정책공약집(도서의 형태로 발간된 것을 말하며, 이하 "정책공약집"이라 한다)을 배부하고자 하는 때에는 통상적인 방법으로 판매하여야 한다. 다만, 방문판매의 방법으로 정책공약집을 판매할 수 없다(제138조의2 제1항).
② 제138조의2 제4항
③ 제139조 제2항, 제3항
④ 제140조 제1항

15 ① 제141조 제3항
② 제144조 제1항
③ 정당(당원협의회를 포함한다)은 선거일전 30일부터 선거일까지 소속당원의 단합·수련·연수·교육 그 밖에 명목 여하를 불문하고 선거가 실시중인 선거구안이나 선거구민인 당원을 대상으로 당원수련회 등(이하 이 조에서 "당원집회"라 한다)을 개최할 수 없다. 다만, 당무에 관한 연락·지시 등을 위하여 일시적으로 이루어지는 당원간의 면접은 당원집회로 보지 아니한다(제141조 제1항).
④ 제145조 제1항

16 ① 제150조 제1항

② 제150조 제7항

③ 국회에서 의석을 가지고 있는 정당의 게재순위를 정함에 있어 국회에 5명 이상의 소속 지역구국회의원을 가진 정당, 직전 대통령선거, 비례대표국회의원선거 또는 비례대표지방의회의원선거에서 전국 유효투표총수의 100분의 3 이상을 득표한 정당은 전국적으로 통일된 기호를 우선하여 부여한다(제150조 제4항).

④ 제151조 제6항

17 ① 제158조의3 제6항, 제7항

② 제158조 제4항

③ 사전투표가 가능한 선거인에는 거소투표자와 선상투표자가 제외된다(제158조 제1항).

④ 제158조의3 제1항

18 ① 구ㆍ시ㆍ군선거관리위원회는 개표결과를 즉시 공표하고 개표록을 작성하여 관할선거구선거관리위원회(대통령선거 및 비례대표국회의원선거에 있어서는 시ㆍ도선거관리위원회)에 송부하여야 한다(제185조 제1항).

② 제185조 제3항

③ 제183조 제3항, 제5항

④ 제181조 제9항

19 ① 제195조 제1항

② 판결 또는 결정에 특별한 명시가 없는 한 제44조 제1항에도 불구하고 당초 선거에 사용된 선거인명부를 사용한다 (제197조 제1항, 제2항).

③ 제198조 제1항

④ 제198조 제3항

20 ① 유효투표총수의 100분의 5 이상을 득표한 각 정당에 대하여 당해 선거에서 얻은 득표비율에 비례대표지방의회의원 정수를 곱하여 산출된 수의 정수의 의석을 그 정당에 먼저 배분한다(제190조의2 제1항).

② 제190조의2 제2항

③ 제194조 제2항

④ 제194조 제3항

시·험·전·에·꼭·풀·어·봐·야·할·문·제

부록 II

최근기출문제분석

2016년 국가직 9급
2016년 국가직 7급

2016년 국가직 9급

1   선거여론조사공정심의위원회에 대한 설명으로 옳은 것은?

① 중앙선거관리위원회에 설치하는 선거여론조사공정심의위원회는 총 9명 이내의 위원으로 구성하며 위원 중에는 국회에 교섭단체를 구성한 정당이 추천하는 각 1명이 포함되어야 하므로, 정당의 당원도 위원이 될 수 있다.

② 선거여론조사공정심의위원회는 전국 일간지에 게재된 선거기사의 공정여부를 조사하고 보도된 선거에 관한 여론조사가 선거여론조사기준을 위반하였는지 심의한다.

③ 시 · 도선거관리위원회가 설치하는 선거여론조사공정심의위원회는 선거에 관한 여론조사가 「공직선거법」을 위반한 혐의가 있다고 인정되는 경우에는 중앙선거관리위원회에 통보하여야 한다.

④ 선거여론조사공정심의위원회에 그 사무를 처리하기 위하여 선거관리위원회 소속 공무원으로 구성하는 사무국을 둘 수 있다.

> **ADVICE** ① 정당의 당원은 선거여론조사공정심의위원회의 위원이 될 수 없다(제8조의8 제5항).
> ② 선거여론조사공정심의위원회가 심의하는 관할 여론조사(제8조의8 제8항)
>   1. 중앙선거여론조사공정심의위원회 : 전국 또는 2 이상 시 · 도의 선거구민을 대상으로 하는 여론조사
>   2. 시 · 도선거여론조사공정심의위원회 : 해당 시 · 도의 선거구민을 대상으로 하는 여론조사
> ③ 선거여론조사공정심의위원회는 선거에 관한 여론조사가 이 법 또는 선거여론조사기준을 위반하였다고 인정되는 때에는 그 위반행위를 한 자에게 시정명령 · 경고 · 정정보도문의 게재명령 등 필요한 조치를 하되, 그 위반행위가 선거의 공정성을 현저하게 해치는 것으로 인정되거나 시정명령 · 정정보도문의 게재명령을 불이행한 때에는 관할 선거구선거관리위원회에 통보하여야 한다(제8조의8 제9항).
> ④ 제8조의8 제11항

2 자치구 · 시 · 군의원지역선거구의 획정에 대한 설명으로 옳지 않은 것은? (세종특별자치시와 제주특별자치도는 제외하며, 다툼이 있는 경우 헌법재판소 판례에 의함)

① 헌법재판소는 자치구 · 시 · 군의원지역선거구의 획정에 있어서 자치구 · 시 · 군의회의원 1인 당 평균인구수 대비 상하 60%의 인구편차를 헌법상 허용되는 기준으로 삼고 있다.

② 자치구 · 시 · 군의원선거구획정위원회는 11인 이내의 위원으로 구성하되, 학계 · 법조계 · 언론계 · 시민단체와 시 · 도의회 및 시 · 도선거관리위원회가 추천하는 자 중에서 시 · 도지사 가 위촉하여야 한다.

③ 자치구 · 시 · 군의원선거구획정위원회는 선거구획정안을 마련함에 있어서 시 · 도의회에 의 석을 가진 정당과 해당 자치구 · 시 · 군의 의회 및 장에 대하여 의견진술의 기회를 부여하 여야 한다.

④ 자치구 · 시 · 군의원지역구는 인구 · 행정구역 · 지세 · 교통 그 밖의 조건을 고려하여 획정하되, 하나의 자치구 · 시 · 군의원지역구에서 선출할 지역구자치구 · 시 · 군의원정수는 2인 이상 4인 이하로 하며, 그 자치구 · 시 · 군의원지역구의 명칭 · 구역 및 의원정수는 시 · 도조례로 정한다.

ADVICE ① 헌재 2012. 2. 23. 2010헌마282
② 제24조의3 제2항
③ 자치구 · 시 · 군의원선거구획정위원회는 선거구획정안을 마련함에 있어서 국회에 의석을 가진 정 당과 해당 자치구 · 시 · 군의 의회 및 장에 대하여 의견진술의 기회를 부여하여야 한다(제24조의3 제4항).
④ 제26조 제2항

Answer 1.④ 2.③

3 「공직선거법」상 사전투표에 대한 설명으로 옳지 않은 것은?

① 구·시·군선거관리위원회는 사전투표소를 설치할 때에는 선거일 전 9일까지 그 명칭·소재지 및 설치·운영기간을 공고하고, 선거사무장 또는 선거연락소장에게 이를 통지하여야 하며, 관할구역 안의 투표구마다 5개소에 공고문을 첨부하여야 한다.

② 읍·면·동 관할구역에 군부대 밀집지역이 있는 경우에는 해당 지역에 사전투표소를 추가로 설치·운영할 수 있으며, 이 경우 구·시·군선거관리위원회는 선거일 전 6일부터 2일 동안 사전투표소를 설치·운영하여야한다.

③ 사전투표를 하려는 선거인은 사전투표소에서 신분증명서를 제시하여 본인임을 확인받은 다음 전자적 방식으로 손도장을 찍거나 서명한 후 투표용지를 받아야 하며, 이 경우 중앙선거관리위원회는 해당 선거인에게 투표용지가 교부된 사실을 확인할 수 있도록 신분증명서의 일부를 전자적 이미지 형태로 저장하여 선거일의 투표마감시각까지 보관하여야 한다.

④ 사전투표함과 우편투표함은 따로 작성하며, 그 수는 예상 사전투표자수 등을 감안하여 당해 구·시·군선거관리위원회가 정한다.

ADVICE
① 제148조 제2항
② 구·시·군선거관리위원회는 선거일 전 5일부터 2일 동안(이하 "사전투표기간"이라 한다) 관할구역(선거구가 해당 구·시·군의 관할구역보다 작은 경우에는 해당 선거구를 말한다)의 읍·면·동마다 1개소씩 사전투표소를 설치·운영하여야 한다. 다만, 읍·면·동 관할구역에 군부대 밀집지역 등이 있는 경우에는 해당 지역에 사전투표소를 추가로 설치·운영할 수 있다(제148조 제1항).
③ 제158조 제2항
④ 제176조

4 후보자 등록이 무효로 되는 경우만을 모두 고른 것은?

> ㉠ A정당은 비례대표지방의회의원선거에 후보자를 추천하면서 1번에 남성후보자를, 2번에 여성후보자를 추천하였다.
> ㉡ 후보자 甲은 국회의원선거에서 무소속으로 등록한 후 B정당에 당원으로 등록하였다.
> ㉢ C정당은 비례대표국회의원선거에 후보자를 추천하면서 1번에 남성후보자를, 2번에 여성후보자를 추천하였다.
> ㉣ D정당의 당원인 乙은 무소속으로 국회의원선거에 입후보하였다.

① ㉠, ㉡

② ㉠, ㉡, ㉣

③ ㉠, ㉢, ㉣

④ ㉡, ㉢, ㉣

ADVICE ▌ 등록무효(제52조)

① 후보자등록후에 다음 각 호의 어느 하나에 해당하는 사유가 있는 때에는 그 후보자의 등록은 무효로 한다.

1. 후보자의 피선거권이 없는 것이 발견된 때
2. 제47조 제1항 본문의 규정에 위반하여 선거구별로 선거할 정수범위를 넘어 추천하거나, 비례대표지방의회의원선거에 있어 같은 조 제3항의 규정에 의한 여성후보 추천의 비율과 순위를 위반하거나, 제48조 제2항의 규정에 의한 추천인수에 미달한 것이 발견된 때
3. 제49조제4항제2호부터 제5호까지의 규정에 따른 서류를 제출하지 아니한 것이 발견된 때
4. 제49조제6항의 규정에 위반하여 등록된 것이 발견된 때
5. 제53조제1항부터 제3항까지 또는 제5항을 위반하여 등록된 것이 발견된 때
6. 정당추천후보자가 당적을 이탈·변경하거나 2 이상의 당적을 가지고 있는 때, 소속정당의 해산이나 그 등록의 취소 또는 중앙당의 시·도당창당승인취소가 있는 때
7. 무소속후보자가 정당의 당원이 된 때
8. 제57조의2제2항 또는 제266조제2항·제3항을 위반하여 등록된 것이 발견된 때
9. 정당이 그 소속 당원이 아닌 사람이나 「정당법」 제22조에 따라 당원이 될 수 없는 사람을 추천한 것이 발견된 때
10. 다른 법률에 따라 공무담임이 제한되는 사람이나 후보자가 될 수 없는 사람에 해당하는 것이 발견된 때
11. 정당 또는 후보자가 정당한 사유 없이 제65조제9항을 위반하여 후보자정보공개자료를 제출하지 아니한 것이 발견된 때

② 제47조제5항을 위반하여 등록된 것이 발견된 때에는 그 정당이 추천한 해당 국회의원지역구의 지역구시·도의원후보자 및 지역구자치구·시·군의원후보자의 등록은 모두 무효로 한다. 다만, 제47조제5항에 따라 여성후보자를 추천하여야 하는 지역에서 해당 정당이 추천한 지역구시·도의원후보자의 수와 지역구자치구·시·군의원후보자의 수를 합한 수가 그 지역구시·도의원 정수와 지역구자치구·시·군의원 정수를 합한 수의 100분의 50에 해당하는 수(1 미만의 단수는 1로 본다)에 미달하는 경우와 그 여성후보자의 등록이 무효로 된 경우에는 그러하지 아니하다.

③ 후보자가 같은 선거의 다른 선거구나 다른 선거의 후보자로 등록된 때에는 그 등록은 모두 무효로 한다.

④ 후보자의 등록이 무효로 된 때에는 관할선거구선거관리위원회는 지체없이 그 후보자와 그를 추천한 정당에 등록무효의 사유를 명시하여 이를 통지하여야 한다.

5 ○○지역구 국회의원선거에 甲, 乙, 丙, 丁 네 명의 후보가 출마하였다. 유효투표총수가 100,000표이고, 네 후보가 각각 62,128표, 17,543표, 12,589표, 7,740표를 얻어 甲이 당선인으로 결정되었다. 이때 네 후보가 선거관리위원회에 납부한 기탁금 중에서 반환받는 총 액수는? (단, 선거는 유효하며, 다른 조건은 고려하지 않는다)

① 2,250만원

② 3,000만원

③ 3,750만원

④ 4,500만원

> **ADVICE** 국회의원선거의 기탁금은 1,500만원이고, 제57조에 따라 甲, 乙, 丙, 丁의 반환금은 각각 1,500만원, 1,500만원, 750만원, 0원이다.
>
> ※ 기탁금과 반환
> 　㉠ 기탁금(제56조)
> 　　• 대통령선거는 3억원
> 　　• 국회의원선거는 1천 500만원
> 　　• 시·도의회의원선거는 300만원
> 　　• 시·도지사선거는 5천만원
> 　　• 자치구·시·군의 장 선거는 1천만원
> 　　• 자치구·시·군의원선거는 200만원
> 　㉡ 기탁금의 반환(제57조)
> 　　• 대통령선거, 지역구국회의원선거, 지역구지방의회의원선거 및 지방자치단체의 장선거
> 　　　– 후보자가 당선되거나 사망한 경우와 유효투표총수의 100분의 15 이상을 득표한 경우에는 기탁금 전액
> 　　　– 후보자가 유효투표총수의 100분의 10 이상 100분의 15 미만을 득표한 경우에는 기탁금의 100분의 50에 해당하는 금액
> 　　　– 예비후보자가 사망하거나 제57조의2제2항 본문에 따라 후보자로 등록될 수 없는 경우에는 제60조의2제2항에 따라 납부한 기탁금 전액

6 선거기간과 선거일에 대한 설명으로 옳지 않은 것은?

① 대통령선거의 선거기간은 23일이며, 국회의원선거의 선거기간은 14일이다.

② 선거의 일부무효로 인한 재선거는 확정판결 또는 결정의 통지를 받은 날부터 30일 이내에 실시하되, 관할선거구선거관리위원회가 그 재선거일을 정하여 공고하여야 한다.

③ 지방자치단체의 설치·폐지·분할 또는 합병에 의한 지방자치단체의 장 선거는 그 선거의 실시사유가 확정된 때부터 60일 이내에 실시하되, 선거일은 관할선거구선거관리위원회위원장이 해당 지방자치단체의 장과 협의하여 선거일 전 20일까지 공고하여야 한다.

④ 천재·지변 기타 부득이한 사유로 인하여 선거를 실시할 수 없거나 실시하지 못한 때에는 대통령선거와 국회의원선거에 있어서는 대통령이, 지방의회의원 및 지방자치단체의 장의 선거에 있어서는 관할선거구선거관리위원회위원장이 당해 지방자치단체의 장과 협의하여 선거를 연기하여야 한다.

 ① 제33조 제1항

② 제35조 제3항

③ 지방자치단체의 설치·폐지·분할 또는 합병에 따른 지방자치단체의 장 선거는 그 선거의 실시사유가 확정된 때부터 60일 이내의 기간 중 관할선거구선거관리위원회 위원장이 해당 지방자치단체의 장(직무대행자를 포함한다)과 협의하여 정하는 날. 이 경우 관할선거구선거관리위원회 위원장은 선거일 전 30일까지 그 선거일을 공고하여야 한다(제35조 제2항).

④ 제196조 제1항

7 투표에 대한 설명으로 옳은 것은? (다툼이 있는 경우 판례에 의함)

① 투표소를 설치할 적합한 장소가 없는 부득이한 경우에는 병영 안과 종교시설 안에 투표소를 설치할 수 있다.

② 헌법재판소는 투표용지의 후보자 게재순위를 정함에 있어서 정당·의석수를 기준으로 한 기호배정 방법이 위헌이라고 결정하였다.

③ 투표일을 유급의 휴일로 정하는 것은 선거권을 규정한 헌법에 의해 직접 도출되는 의무이므로, 투표일을 유급휴일로 정하지 않은 것은 진정입법부작위로서 위헌이다.

④ 텔레비전방송국이 선거의 결과를 예상하기 위하여 선거일에 투표소로부터 50미터 밖에서 투표의 비밀이 침해되지 않는 방법으로 선거인에게 질문할 수 있으나 투표마감시각까지 그 경위와 결과를 공표할 수 없다.

 ① 병영 안과 종교시설 안에는 투표소를 설치하지 못한다(제147조 제4항).

② 종전에 헌법재판소는 1996. 3. 28. 96헌마9등 결정에서 투표용지의 후보자 게재순위를 정함에 있어 정당·의석수를 기준으로 한 기호배정 방법이 무소속 후보자 등에게 상대적으로 불리하여 차별을 두었다고 할 수 있으나, 이는 정당제도의 존재의의 등에 비추어 그 목적이 정당할 뿐만 아니라 정당·의석을 우선함에 있어서도 당적 유무, 의석순, 정당명 또는 후보자 성명의 가, 나, 다 순 등 합리적 기준에 의하고 있으므로, 공직선거법 제150조 제3항이 청구인의 평등권을 침해한다고 볼 수 없고, 이 규정은 단지 후보자에 대한 투표용지 게재순위를 결정하는 방법에 관한 규정일 뿐, 공무담임권과는 직접 관련이 없다 할 것이므로, 이를 침해하는 것이라고 볼 수 없다(헌재 2011. 3. 31. 2009헌마286).

③ 헌법 제1조 제2항, 제24조, 제34조 등의 규정만으로는 헌법이 투표일을 유급의 휴일로 하는 규정을 만들어야 할 명시적인 입법의무를 부여하였다고 보기 어렵고, 나아가 선거권 행사를 용이하게 하는 다양한 수단과 방법 중에 어떠한 방법을 채택할 것인지에 관하여는 입법자에게 일정한 형성의 자유가 인정되므로, 투표일을 유급의 휴일로 하는 규정을 만들어야 할 입법의무가 헌법의 해석상 곧바로 도출된다고 보기도 어렵다(헌재 2013. 7. 25. 2012헌마815).

④ 제167조 제2항

8 ㉠~㉣에 들어갈 숫자를 모두 합한 것은?

> - 정기간행물 등에 의한 정강·정책의 홍보 등의 광고는 임기만료에 의한 선거에서 정당의 중앙당이 선거일 전 90일부터 선거기간 개시일 전일까지 일간신문 등에 총 (㉠)회 이내로 하여야 한다.
> - 지방자치단체 의회의원 선거의 선거기간은 (㉡)일이다.
> - 선거구선거관리위원회가 당선인 결정에 명백한 착오가 있는 것을 발견한 때에는 선거일 후 (㉢)일 이내에 당선인의 결정을 시정하여야 한다.
> - 임기만료에 따른 국회의원선거의 선거일 전 (㉣)개월부터 해당 국회의원선거에 적용되는 국회의원지역구의 명칭과 그 구역이 확정되어 효력을 발생하는 날까지 국회의원선거구획정위원회를 설치·운영한다.

① 86

② 96

③ 112

④ 114

> **ADVICE** ㉠ 70
> ㉡ 14
> ㉢ 10
> ㉣ 18

9 공무원 관련 규정에 대한 설명으로 옳지 않은 것은? (다툼이 있는 경우 판례에 의함)

① 「공직선거법」 제9조(공무원의 중립의무등)의 공무원은 모든 공무원을 포함하는 포괄적인 개념이나, 국회의원과 지방의회의원은 이에 포함되지 않는다.

② 지방자치단체 소속 일반직공무원이 그 지위를 이용하지 않고 사적인 지위에서 선거운동의 기획에 참여하는 것은 「공직선거법」상 제한되지 않는다.

③ 국립대학의 교수가 「정치자금법」 제49조(선거비용관련 위반행위에 관한 벌칙)에 규정된 죄를 범하여 100만 원 이상의 벌금형이 확정되면 당연퇴직된다.

④ 시·도지사는 해당 시·도지사선거의 선거일 전 180일의 근무시간 중에 공공기관이 아닌 단체가 주최하는 행사에는 연가를 낸 경우라도 참석할 수 없다.

> **ADVICE** ① 헌재 2004. 5. 14. 2004헌나1
> ② 제86조 제1항
> ③ 제18조 제1항
> ④ 지방자치단체의 장은 당해 지방자치단체의 장의 선거의 선거일전 180일부터 선거일까지 주민자치센터가 개최하는 교양강좌에 참석할 수 없으며, 근무시간중에 공공기관이 아닌 단체 등이 주최하는 행사(해당 지방자치단체의 청사에서 개최하는 행사를 포함한다)에는 참석할 수 없다. 다만, 제2항제3호에 따라 참석 또는 방문할 수 있는 행사의 경우에는 그러하지 아니하다(제86조 제6항).

10 「공직선거법」상 선거비용에 대한 설명으로 옳지 않은 것은?

① 선거권자의 추천을 받는 데 소요된 비용 등 선거운동을 위한 준비행위에 소요되는 비용은 선거비용으로 인정된다.

② 당해 후보자가 「공직선거법」에 위반되는 선거운동을 위하여 지출한 비용과 기부행위제한규정을 위반하여 지출한 비용은 선거비용으로 인정된다.

③ 선거에 관하여 국가·지방자치단체 또는 선거관리위원회에 납부하거나 지급하는 기탁금과 모든 납부금 및 수수료는 선거비용으로 보지 아니한다.

④ 제3자가 정당·후보자·선거사무장·선거연락소장 또는 회계책임자와 통모함이 없이 특정 후보자의 선거운동을 위하여 지출한 전신료는 선거비용으로 보지 아니한다.

> **ADVICE** ①은 선거비용으로 인정되지 않는다.
>
> ※ 선거비용으로 인정되지 아니하는 비용
>
> ㉠ 선거권자의 추천을 받는데 소요된 비용 등 선거운동을 위한 준비행위에 소요되는 비용
> ㉡ 정당의 후보자선출대회비용 기타 선거와 관련한 정당활동에 소요되는 정당비용
> ㉢ 선거에 관하여 국가·지방자치단체 또는 선거관리위원회에 납부하거나 지급하는 기탁금과 모든 납부금 및 수수료
> ㉣ 선거사무소와 선거연락소의 전화료·전기료 및 수도료 기타의 유지비로서 선거기간전부터 정당 또는 후보자가 지출하여 온 경비
> ㉤ 선거사무소와 선거연락소의 설치 및 유지비용
> ㉥ 정당, 후보자, 선거사무장, 선거연락소장, 선거사무원, 회계책임자, 연설원 및 대담·토론자가 승용하는 자동차[제91조 제4항의 규정에 의한 자동차와 선박을 포함한다]의 운영비용
> ㉦ 제삼자가 정당·후보자·선거사무장·선거연락소장 또는 회계책임자와 통모함이 없이 특정 후보자의 선거운동을 위하여 지출한 전신료 등의 비용
> ㉧ 제112조제2항에 따라 기부행위로 보지 아니하는 행위에 소요되는 비용. 다만, 같은 항 제1호마목(정당의 사무소를 방문하는 사람에게 제공하는 경우는 제외한다) 및 제2호사목(후보자·예비후보자가 아닌 국회의원이 제공하는 경우는 제외한다)의 행위에 소요되는 비용은 선거비용으로 본다.
> ㉨ 선거일후에 지출원인이 발생한 잔무정리비용

11 「공직선거법」상 주민등록이 되어 있지 아니하고 재외선거인명부에 올라 있지 아니한 사람으로서 외국에서 투표하려는 선거권자에게 요구되는 재외선거인 등록신청 방법으로 옳지 않은 것은?

① 공관을 직접 방문하여 서면으로 신청하는 방법

② 관할구역을 순회하는 공관에 근무하는 직원에게 직접 서면으로 신청하는 방법

③ 공관을 경유하여 전자우편을 이용하여 신청하는 방법

④ 재외선거관리위원회의 홈페이지를 통하여 신청하는 방법

> **ADVICE** ①②③ 제218조의5 제1항
> ※ 재외선거인 등록신청(제218조의5)
> ㉠ 공관을 직접 방문하여 서면으로 신청하는 방법. 이 경우 대한민국 국민은 가족(본인의 배우자와 본인·배우자의 직계존비속을 말한다)의 재외선거인 등록신청서를 대리하여 제출할 수 있다.
> ㉡ 관할구역을 순회하는 공관에 근무하는 직원에게 직접 서면으로 신청하는 방법. 이 경우 제1호 후단을 준용한다.
> ㉢ 우편 또는 전자우편을 이용하거나 중앙선거관리위원회 홈페이지를 통하여 신청하는 방법. 이 경우 외국에 머물거나 거주하는 사람은 공관을 경유하여 신고하여야 한다.

12 대통령선거와 관련한 재외선거에 대한 설명으로 옳은 것은?

① 중앙선거관리위원회는 임기만료로 인한 대통령선거를 실시하는 경우, 선거일 전 150일부터 선거일 후 30일까지 공관마다 재외선거관리위원회를 설치·운영하여야 한다.

② 대통령의 궐위로 인한 대통령선거를 실시하는 경우, 외국에서 투표하려는 선거권자는 선거의 실시사유가 확정된 때부터 선거일 전 60일까지 중앙선거관리위원회에 재외선거인 등록신청을 하여야 한다.

③ 대통령의 궐위로 인한 대통령선거를 실시하는 경우, 후보자는 재외선거권자를 대상으로 위성방송시설을 이용한 방송광고 선거운동을 텔레비전 및 라디오 방송시설별로 각 10회 이내에서 할 수 있다.

④ 임기만료로 인한 대통령선거를 실시하는 경우, 재외투표는 선거일 오후 8시까지 관할 구·시·군선거관리위원회에 도착되어야 한다.

> **ADVICE** ① 중앙선거관리위원회는 대통령선거와 임기만료에 따른 국회의원선거를 실시하는 때마다 선거일 전 180일부터 선거일 후 30일까지 공관마다 재외선거의 공정한 관리를 위하여 재외선거관리위원회를 설치·운영하여야 한다(제218조 제1항).
> ② 대통령의 궐위로 인한 선거 또는 재선거를 실시하는 경우에 재외선거인 등록신청기한과 국외부재자 신고는 선거의 실시사유가 확정된 때부터 선거일 전 40일까지이다(제218조의12).
> ③ 제218조의14 제2항
> ④ 재외투표는 선거일 오후 6시(대통령의 궐위로 인한 선거 또는 재선거는 오후 8시를 말한다)까지 관할 구·시·군선거관리위원회에 도착되어야 한다(제218조의16 제2항).

13 「공직선거법」상 인터넷언론사 게시판·대화방 등의 실명확인에 대한 설명으로 옳지 않은 것은?

① 정당이나 후보자는 자신의 명의로 개설·운영하는 인터넷홈페이지의 게시판·대화방 등에 정당·후보자에 대한 지지·반대의 정보 등을 게시할 수 있도록 하는 경우에는 행정자치부장관 등이 제공하는 실명인증의 방법으로 실명확인을 받도록 하는 기술적 조치를 할 수 있다.

② 인터넷언론사는 선거운동기간 중 당해 인터넷홈페이지의 게시판·대화방 등에 정당·후보자에 대한 지지·반대의 정보를 게시할 수 있도록 하는 경우에는 행정자치부장관 등이 제공하는 실명인증의 방법으로 실명을 확인받도록 하는 기술적 조치를 하여야 한다.

③ 실명인증의 표시가 없는 후보자에 대한 지지·반대의 정보가 게시된 인터넷언론사에 대하여 삭제요구를 할 수 있는 권한은 각급 선거관리위원회에 있으며, 후보자는 인터넷언론사에 삭제요구를 할 수 없다.

④ 인터넷언론사는 당해 인터넷홈페이지의 게시판·대화방 등에 실명인증의 표시가 없는 후보자에 대한 지지·반대의 정보 등이 게시된 경우에는 지체 없이 이를 삭제하여야 한다.

> **ADVICE**　① 제82조의6 제2항
> ② 제82조의6 제1항
> ③ 인터넷언론사는 정당·후보자 및 각급선거관리위원회가 제6항의 규정에 따른 정보등을 삭제하도록 요구한 경우에는 지체 없이 이에 따라야 한다(제82조의6 제7항).
> ④ 제82조의6 제6항

---

14 재외선거에 관한 헌법재판소의 결정에 대한 설명으로 옳지 않은 것은?

① 국회의원은 전체 국민의 이익을 위하여 직무를 수행하는 자이므로, 재외선거인에게 임기만료 지역구 국회의원선거권을 인정하지 않은 것은 보통선거원칙에 위배된다.

② 재외선거권자로 하여금 선거를 실시할 때마다 재외선거인 등록신청을 하도록 규정한 조항은 재외선거인의 선거권을 침해하지 않는다.

③ 입법자가 재외선거에서 우편투표방법을 채택하지 아니하고 원칙적으로 공관에 설치된 재외투표소에 직접 방문하여 투표하는 방법을 채택한 것은 재외선거인의 선거권을 침해하지 않는다.

④ 재외선거인은 대의기관을 선출할 권리가 있는 국민으로서 대의기관의 의사결정에 대해 승인할 권리가 있으므로, 국민투표권자에는 재외선거인이 포함된다.

> **ADVICE** ① 선거권조항과 재외선거인 등록신청조항이 재외선거인의 임기만료지역구국회의원선거권을 인정하지 않은 것이 재외선거인의 선거권을 침해하거나 보통선거원칙에 위배된다고 볼 수 없다(헌재 2014. 7. 24. 2009헌마256).
> ②③④ 헌재 2014. 7. 24. 2009헌마256

15 선거에 있어서 정당활동의 제한으로 옳은 것만을 모두 고른 것은?

> ㉠ 정당은 선거일 전 30일부터 선거일까지 당무에 관한 연락·지시 등을 위하여 일시적으로 이루어지는 당원 간의 면접을 제외하고는, 소속당원의 단합·수련·연수·교육 그 밖에 명목여하를 불문하고 선거가 실시 중인 선거구 안이나 선거구민인 당원을 대상으로 당원수련회 등을 개최할 수 없다.
> ㉡ 정당은 선거기간 중 당원을 모집하거나 입당원서를 배부할 수 없지만, 시·도당의 창당 또는 개편을 위하여 창당대회·개편대회를 개최하는 경우에는 그 집회일까지는 그러하지 아니하다.
> ㉢ 정당이 선거기간 중에 후보자를 추천한 선거구의 소속당원에게 배부할 수 있는 정강·정책홍보물은 정당의 중앙당이 제작한 책자형 정강·정책홍보물 1종으로 한다.
> ㉣ 정당이 자당의 정책과 선거에 있어서 공약을 게재한 도서형태의 정책공약집을 배부하고자 하는 때에는 통상적인 방법으로 판매하여야 하며, 방문판매의 방법으로 정책공약집을 판매할 수는 없다.

① ㉠, ㉢

② ㉠, ㉡, ㉣

③ ㉡, ㉢, ㉣

④ ㉠, ㉡, ㉢, ㉣

> **ADVICE** ㉠ 제141조
> ㉡ 제144조
> ㉢ 제138조
> ㉣ 제138조의2

16 「공직선거법」상 여론조사의 결과공표금지 등에 대한 설명으로 옳은 것은?

① 당내경선을 대체하는 여론조사를 제외하고, 누구든지 선거일 전 90일부터 선거일까지 투표용지와 유사한 모형에 의한 방법을 사용하거나 후보자 또는 정당의 명의로 선거에 관한 여론조사를 할 수 없다.

② 누구든지 선거일 전 6일부터 선거일의 투표마감시각까지 선거에 관하여 정당에 대한 지지도나 당선인을 예상하게 하는 여론조사의 경위와 그 결과를 공표하거나 인용하여 보도할 수 없다.

③ 누구든지 선거에 관한 여론조사를 실시하려면 여론조사의 목적, 표본의 크기, 조사지역·일시·방법, 전체 설문내용 등 선거여론조사기준으로 정한 사항을 여론조사 개시일 전 7일까지 관할 선거관리위원회에 서면으로 신고하여야 한다.

④ 누구든지 선거에 관한 여론조사의 결과를 공표 또는 보도하는 때에는 선거여론조사기준으로 정한 사항을 함께 공표 또는 보도하여야 하며, 여론조사 실시기관·단체는 조사의 신뢰성과 객관성의 입증에 필요한 자료와 결과분석자료 등을 해당 선거일 후 12개월까지 보관하여야 한다.

> **ADVICE**　① 누구든지 선거일전 60일부터 선거일까지 선거에 관한 여론조사를 투표용지와 유사한 모형에 의한 방법을 사용하거나 후보자 또는 정당의 명의로 선거에 관한 여론조사를 할 수 없다(제108조 제2항).
> ② 제108조 제1항
> ③ 누구든지 선거에 관한 여론조사(공표·보도를 목적으로 하지 아니하는 여론조사를 포함한다)를 실시하려면 여론조사의 목적, 표본의 크기, 조사지역·일시·방법, 전체 설문내용 등 선거여론조사기준으로 정한 사항을 여론조사 개시일 전 2일까지 관할 선거관리위원회에 서면으로 신고하여야 한다(제108조 제3항).
> ④ 누구든지 선거에 관한 여론조사의 결과를 공표 또는 보도하는 때에는 선거여론조사기준으로 정한 사항을 함께 공표 또는 보도하여야 하며, 선거에 관한 여론조사를 실시한 기관·단체는 조사설계서·피조사자선정·표본추출·질문지작성·결과분석 등 조사의 신뢰성과 객관성의 입증에 필요한 자료와 수집된 설문지 및 결과분석자료 등 해당 여론조사와 관련있는 자료일체를 해당 선거의 선거일 후 6개월까지 보관하여야 한다(제108조 제6항).

17 「공직선거법」상 공무원 등의 선거에 영향을 미치는 행위로서 금지되는 것만을 모두 고른 것은?

> ㉠ 종전과 동일한 장소, 동일한 수강인원의 범위에서 주민자치센터가 개최하는 종래의 교양강좌를 후원하는 지방자치단체장의 행위
> ㉡ 집단민원 또는 긴급한 민원이 발생하였을 때 이를 해결하기 위한 지방자치단체장의 행위
> ㉢ 소속직원에게 교육 기타 명목여하를 불문하고 특정 정당이나 후보자의 업적을 홍보하는 한국은행 ○○국 부국장의 행위
> ㉣ 선거기간 중 국가 또는 지방자치단체의 예산으로 시행하는 사업 중 즉시 공사를 진행하지 아니할 사업의 기공식을 거행하는 주민자치위원회위원의 행위

① ㉠, ㉡

② ㉠, ㉣

③ ㉡, ㉢

④ ㉢, ㉣

ADVICE 공무원 등의 선거에 영향을 미치는 행위 금지(제86조)

㉠ 소속직원 또는 선거구민에게 교육 기타 명목여하를 불문하고 특정 정당이나 후보자의 업적을 홍보하는 행위
㉡ 지위를 이용하여 선거운동의 기획에 참여하거나 그 기획의 실시에 관여하는 행위
㉢ 정당 또는 후보자에 대한 선거권자의 지지도를 조사하거나 이를 발표하는 행위
㉣ 선거기간중 국가 또는 지방자치단체의 예산으로 시행하는 사업중 즉시 공사를 진행하지 아니할 사업의 기공식을 거행하는 행위
㉤ 선거기간중 정상적 업무외의 출장을 하는 행위
㉥ 선거기간중 휴가기간에 그 업무와 관련된 기관이나 시설을 방문하는 행위

18 다음 사례에 대한 설명으로 옳은 것은? (단, 주어진 조건 외에 다른 것은 고려하지 않는다)

> 「정치자금법」제45조의 정치자금부정수수죄로 1천만원 벌금형의 선고를 받고 2010년 1월 19일에 그 형이 확정되었던 A는 2015년 4월 29일에 실시되는 국회의원 재보궐선거에 무소속후보자로 출마하고자 한다. A는 2015년 1월 1일 신년을 맞아 체계적인 선거운동을 위하여 선거사무소 설치와 향토예비군 중대장인 친구 B를 선거사무장으로 선임하는 계획을 세웠다. 또한 현수막, 어깨띠 등 다양한 선거운동 소품을 준비하고 있다.

① 국회의원 재보궐선거일을 기준으로 A는 벌금형이 확정된 후 10년이 경과되지 않았으므로 피선거권이 없다.

② A는 관할선거구 안에 주민등록이 되어 있는 300인 이상 500인 이하의 선거권자의 추천을 받아야 한다.

③ B는 2015년 1월 19일에 향토예비군 중대장을 그만두더라도 선거사무장이 될 수 없다.

④ 선거운동 기간 중 A는 당해 선거구역 내에서 수량 제한 없이 선거운동 용품인 현수막을 게시할 수 있다.

> **ADVICE** 무소속후보자가 되고자 하는 자는 관할선거구선거관리위원회가 후보자등록신청개시일전 5일부터 검인하여 교부하는 추천장을 사용하여 지역구국회의원선거의 경우 300인 이상 500인 이하의 선거권자의 추천을 받아야 한다.

19 선거운동기구에 대한 설명으로 옳지 않은 것은? (다툼이 있는 경우 판례에 의함)

① 지역구국회의원선거에 있어 하나의 국회의원지역구가 2 이상의 구·시·군으로 된 경우에 후보자는 선거사무소를 두지 아니하는 구·시·군마다 선거연락소 1개소를 설치할 수 있다.

② 후보자 또는 예비후보자의 선거사무소에 설치되는 1개의 선거대책기구 및 「정치자금법」에 의한 후원회의 경우를 제외하고는, 누구든지 「공직선거법」에 따라 설치된 선거사무소, 선거연락소 및 선거대책기구 외에는 후보자 또는 후보자가 되려는 사람을 위하여 명칭 여하를 불문하고 유사기관을 새로이 설립 또는 설치할 수 없다.

③ 어떠한 기관·단체·조직 또는 시설이 설치가 금지된 선거운동기구인지 여부는 그것이 선거운동을 목적으로 설치된 것으로서 적법한 선거사무소나 선거연락소와 유사한 활동이나 기능을 하는 것에 해당하는지 여부에 의하여 결정된다.

④ 어떠한 기관·단체·조직 또는 시설이 설치가 금지된 선거운동기구와 유사한 기관에 해당하기 위해서는 반드시 그 유사기관의 '선거운동'이 「공직선거법」상 허용되지 않는 선거운동이어야 한다.

> **ADVICE**　① 제61조
> ② 제89조
> ③ 대판 2013. 12. 26. 선고 2013도10896

20 정당추천에 의해 대통령선거에 출마한 甲, 乙, 丙, 丁의 상황이 다음과 같을 때, 중앙선거방송 토론위원회에서 주관하는 대담·토론회의 대상 후보자만을 모두 고른 것은?

> 甲 : 추천정당 A의 국회의석수는 3석이며 직전 비례대표자치구·시·군의원선거에서 전국 유효투표총수의 100분의 3을 득표함
> 乙 : 추천정당 B 소속 국회의원은 없으며 직전 비례대표시·도의원선거에서 전국 유효투표총수의 100분의 4를 득표함
> 丙 : 추천정당 C의 국회의석수는 3석이며 중앙선거관리위원회규칙이 정하는 바에 따라 언론기관이 선거기간개시일 전 30일부터 선거기간개시일 전일까지의 사이에 실시하여 공표한 여론조사결과를 평균한 지지율이 100분의 5임
> 丁 : 추천정당 D의 국회의석수는 5석이며 중앙선거관리위원회규칙이 정하는 바에 따라 언론기관이 선거기간개시일 전 30일부터 선거기간개시일 전일까지의 사이에 실시하여 공표한 여론조사결과를 평균한 지지율이 100분의 3임

① 甲, 乙

② 丙, 丁

③ 甲, 丙, 丁

④ 甲, 乙, 丙, 丁

ADVICE 대담·토론회의 대통령선거 후보자(제82조의2 제4항)

㉠ 국회에 5인 이상의 소속의원을 가진 정당이 추천한 후보자

㉡ 직전 대통령선거, 비례대표국회의원선거, 비례대표시·도의원선거 또는 비례대표자치구·시·군의원선거에서 전국 유효투표총수의 100분의 3 이상을 득표한 정당이 추천한 후보자

㉢ 중앙선거관리위원회규칙이 정하는 바에 따라 언론기관이 선거기간개시일전 30일부터 선거기간개시일전일까지의 사이에 실시하여 공표한 여론조사결과를 평균한 지지율이 100분의 5 이상인 후보자

2016년 국가직 7급

1 「공직선거법」상 선거기사심의위원회에 대한 설명으로 옳지 않은 것은?

① 중앙선거관리위원회는 사설·논평·광고 그 밖에 선거에 관한 내용을 포함하는 선거기사의 공정성을 유지하기 위하여 선거기사심의위원회를 설치·운영하여야 한다.

② 임기만료에 의한 대통령선거의 경우, 선거기사심의위원회는 선거일 전 240일의 전일부터 선거일 후 30일까지 설치·운영되어야 한다.

③ 선거기사심의위원회는 9명 이내의 위원으로 구성하되, 선거기사심의위원회를 구성한 후에 국회에 교섭단체를 구성하는 정당의 수가 증가하여 위원정수를 초과하게 되는 경우에는 현원을 위원정수로 본다.

④ 선거기사심의위원회는 조사결과 선거기사의 내용이 공정하지 아니하다고 인정되는 경우에는 해당 기사의 내용에 관한 사과문 또는 정정보도문의 게재를 결정하여 이를 언론중재위원회에 통보하여야 한다.

> **ADVICE** ① 언론중재위원회는 선거기사의 공정성을 유지하기 위하여 제8조의2제1항 각 호의 구분에 따른 기간 동안 선거기사심의위원회를 설치·운영하여야 한다(제8조의3 제1항).
> ② 제8조의3 제1항
> ③ 제8조의3 제2항
> ④ 위헌으로 인한 복수정답 인정. 제8조의3 제3항 중 '사과문 게재 부분, 구 공직선거법(2005. 8. 4. 법률 제7681호로 개정되고, 2014. 2. 13. 법률 제12393호로 개정되기 전의 것) 제256조 제2항 제3호 나목 중 '제8조의3 제3항에 의한 사과문 게재' 부분, 공직선거법(2014. 2. 13. 법률 제12393호로 개정된 것) 제256조 제2항 제2호 중 '제8조의3 제3항에 따른 사과문 게재' 부분은 모두 헌법에 위반된다(헌재 2015. 7. 30. 2013헌가8).

2 선거의 기본원칙에 대한 설명으로 옳지 않은 것은? (다툼이 있는 경우 판례에 의함)

① 평등선거의 원칙은 투표의 수적인 평등뿐만 아니라 투표의 성과가치의 평등도 의미한다.

② 보통선거란 제한선거에 대응하는 것으로 사회적 신분, 인종, 성별, 종교, 교육 등을 요건으로 하지 않고 일정한 연령에 달한 모든 국민에게 선거권을 인정하는 제도를 말한다.

③ 국회의원선거의 경우에 지역선거구에서 얻은 득표율로 비례대표의석을 할당하는 것은 평등선거원칙에 위배되지만 직접선거원칙에 위배되는 것은 아니다.

④ 선거인은 자신이 기표한 투표지를 공개할 수 없으며, 공개된 투표지는 무효로 한다.

> **ADVICE** ① 헌재 1995. 12. 27. 95헌마224
> ② 헌재 1997. 6. 26. 96헌마89
> ③ 비례대표의석배분방식은 선거권자들의 투표행위로써 정당의 의석배분, 즉 비례대표국회의원의 선출을 직접, 결정적으로 좌우할 수 없으므로 직접선거의 원칙에 위배된다(헌재 2001. 7. 19. 2000헌마9).
> ④ 제167조 제3항

3 「공직선거법」상 입후보에 대한 설명으로 옳지 않은 것은?

① 엽연초생산협동조합중앙회 중앙회장이 광주광역시장선거에서 후보자가 되려면 선거일 전 90일까지 그 직을 그만두어야 한다.

② 바르게살기운동협의회 대표자가 서울특별시 송파구 국회의원 보궐선거에서 후보자가 되려면 선거일 전 30일까지 그 직을 그만두어야 한다.

③ 비례대표국회의원이 지역구국회의원 보궐선거에 입후보하는 경우에는 그 직을 그만두지 아니하여도 된다.

④ 서울특별시 강남구청장이 자신의 임기 중 실시되는 강남구 국회의원선거에 입후보하고자 하는 때에는 당해 선거의 선거일 전 120일까지 그 직을 그만두어야 한다.

> **ADVICE** ① 제53조 제1항
> ② 제53조 제2항
> ③ 비례대표국회의원이 지역구국회의원 보궐선거등에 입후보하는 경우 및 비례대표지방의회의원이 해당 지방자치단체의 지역구지방의회의원 보궐선거등에 입후보하는 경우에는 후보자등록신청 전까지 그 직을 그만두어야 한다(제53조 제3항).
> ④ 제53조 제5항

4 선거소청에 대한 설명으로 옳지 않은 것은?

① 대통령선거와 지역구국회의원선거 및 지방선거에서 인정된다.

② 당해 선거에 후보자를 추천하지 않은 정당은 소청을 제기할 수 없다.

③ 선거인은 당선의 효력에 관하여 이의가 있는 경우 소청을 제기할 수 없다.

④ 피소청인으로 될 당해 선거구선거관리위원회위원장이 궐위된 때에는 당해 선거구선거관리
위원회위원 전원을 피소청인으로 한다.

> **ADVICE** ① 지방의회의원 및 지방자치단체의 장의 선거에 있어서 선거의 효력에 관하여 이의가 있는 선거
> 인·정당 또는 후보자는 선거일부터 14일 이내에 당해 선거구선거관리위원회위원장을 피소청인으
> 로 하여 지역구시·도의원선거(지역구세종특별자치시의회의원선거는 제외한다), 자치구·시·군의원선
> 거 및 자치구·시·군의 장 선거에 있어서는 시·도선거관리위원회에, 비례대표시·도의원선거,
> 지역구세종특별자치시의회의원선거 및 시·도지사선거에 있어서는 중앙선거관리위원회에 소청할
> 수 있다(제219조 제1항).
> ② 제219조 제1항
> ③ 제219조 제2항
> ④ 제219조 제3항

5 선거비용에 대한 설명으로 옳은 것은?

① 후보자가 「공직선거법」에 위반되는 선거운동을 위하여 지출한 비용과 기부행위제한규정을
위반하여 지출한 비용은 「공직선거법」상 선거비용에 해당한다.

② 정당의 후보자선출대회비용 기타 선거와 관련한 정당활동에 소요되는 정당비용은 「공직선
거법」상 선거비용에 해당한다.

③ 대통령선거에 있어서는 후보자의 득표수가 유효투표총수의 100분의 10 이상 100분의 15
미만인 경우 후보자가 지출한 선거비용의 100분의 30에 해당하는 금액을 보전한다.

④ 정당의 유급사무직원, 국회의원과 그 보좌관·비서관·비서 또는 지방의회의원이 선거사무
장등을 겸한 때에는 수당과 실비를 지급할 수 있다.

> **ADVICE** ① 제119조 제1항
> ※ 선거비용으로 인정되지 아니하는 비용(제120조)
> ㉠ 선거권자의 추천을 받는데 소요된 비용 등 선거운동을 위한 준비행위에 소요되는 비용
> ㉡ 정당의 후보자선출대회비용 기타 선거와 관련한 정당활동에 소요되는 정당비용
> ㉢ 선거에 관하여 국가·지방자치단체 또는 선거관리위원회에 납부하거나 지급하는 기탁금과 모
> 는 납부금 및 수수료
> ㉣ 선거사무소와 선거연락소의 전화료·전기료 및 수도료 기타의 유지비로서 선거기간전부터 정
> 당 또는 후보자가 지출하여 온 경비
> ㉤ 선거사무소와 선거연락소의 설치 및 유지비용
> ㉥ 정당, 후보자, 선거사무장, 선거연락소장, 선거사무원, 회계책임자, 연설원 및 대담·토론자가
> 승용하는 자동차[제91조 제4항의 규정에 의한 자동차와 선박을 포함한다]의 운영비용

ⓐ 제삼자가 정당·후보자·선거사무장·선거연락소장 또는 회계책임자와 통모함이 없이 특정 후보자의 선거운동을 위하여 지출한 전신료 등의 비용
ⓑ 제112조제2항에 따라 기부행위로 보지 아니하는 행위에 소요되는 비용. 다만, 같은 항 제1호마목(정당의 사무소를 방문하는 사람에게 제공하는 경우는 제외한다) 및 제2호사목(후보자·예비후보자가 아닌 국회의원이 제공하는 경우는 제외한다)의 행위에 소요되는 비용은 선거비용으로 본다.
ⓒ 선거일후에 지출원인이 발생한 잔무정리비용

6 「공직선거법」상 의원정수에 대한 설명으로 옳은 것은?

① 시·도별 지역구시·도의원의 총 정수는 그 관할구역 안의 자치구·시·군(하나의 자치구·시·군이 2 이상의 국회의원지역구로 된 경우에는 국회의원지역구를 말하며, 행정구역의 변경으로 국회의원지역구와 행정구역이 합치되지 아니하게 된 때에는 행정구역을 말한다) 수의 2배수로 하되, 100분의 14의 범위에서만 조정할 수 있으므로, 의원정수는 19명 미만이 될 수 있다.

② 비례대표시·도의원정수는 지역구시·도의원정수의 100분의 10으로 하기 때문에 비례대표시·도의원정수가 3인 미만일 수 있다.

③ 하나의 지방자치단체가 분할되어 2 이상의 지방자치단체가 설치된 때에는 종전의 지방의회의원은 후보자등록 당시의 선거구를 관할하게 되는 지방자치단체의 지방의회의원으로 되어 잔임기간 그 재직의원수를 각각 의원정수로 한다.

④ 읍 또는 면이 시로 된 때에는 시의회를 새로 구성하되, 최초로 선거하는 의원의 수는 당해 시·도의 자치구·시·군의원선거구획정위원회가 새로 정한 의원정수로부터 당해 지역에서 이미 선출된 군의회의원정수를 뺀 수로 하되, 증원선거는 실시하지 않는다.

ADVICE ① 시·도별 지역구시·도의원의 총 정수는 그 관할구역 안의 자치구·시·군(하나의 자치구·시·군이 2 이상의 국회의원지역구로 된 경우에는 국회의원지역구를 말하며, 행정구역의 변경으로 국회의원지역구와 행정구역이 합치되지 아니하게 된 때에는 행정구역을 말한다)수의 2배수로 하되, 인구·행정구역·지세·교통, 그 밖의 조건을 고려하여 100분의 14의 범위에서 조정할 수 있다. 다만, 자치구·시·군의 지역구시·도의원정수는 최소 1명으로 한다(제22조 제1항).
② 비례대표시·도의원정수는 제1항 내지 제3항의 규정에 의하여 산정된 지역구시·도의원정수의 100분의 10으로 한다. 이 경우 단수는 1로 본다. 다만, 산정된 비례대표시·도의원정수가 3인 미만인 때에는 3인으로 한다(제22조 제4항).
③ 제28조
④ 읍 또는 면이 시로 된 때에는 시의회를 새로 구성하되, 최초로 선거하는 의원의 수는 당해 시·도의 자치구·시·군의원선거구획정위원회가 새로 정한 의원정수로부터 당해 지역에서 이미 선출된 군의회의원정수를 뺀 수로 하고, 종전의 당해 지역에서 선출된 군의회의원은 시의회의원이 된다. 이 경우 새로 선출된 의원정수를 합한 수를 제23조의 규정에 따른 시·도별 자치구·시·군의회의원의 총정수로 한다(제28조).

Answer 4.① 5.① 6.③

7 투표용지의 정당·후보자의 게재순위에 대한 설명으로 옳은 것은?

① 투표용지에는 후보자의 기호·정당추천후보자의 소속정당명 및 성명을 표시하여야 하되, 무소속후보자는 후보자의 정당추천후보자의 소속정당명의 난에 "무소속"으로 표시하고, 비례대표국회의원선거 및 비례대표지방의회의원선거에 있어서는 후보자를 추천한 정당의 기호와 정당명을 표시하여야 한다.

② 후보자의 게재순위를 정함에 있어서는 무소속후보자, 후보자등록마감일 현재 국회에서 의석을 갖고 있지 아니한 정당의 추천을 받은 후보자, 국회에서 의석을 갖고 있는 정당의 추천을 받은 후보자의 순으로 한다.

③ 후보자등록마감일 현재 국회에서 의석을 가지고 있지 아니한 정당이나 그 정당의 추천을 받은 후보자 사이의 게재순위는 관할선거구선거관리위원회에서 추첨하여 결정한다.

④ 후보자등록기간이 지난 후에 후보자가 사퇴·사망하거나 등록이 무효로 된 때라도 투표용지에서 그 기호·정당명 및 성명을 말소한다.

> **ADVICE** ① 제150조 제1항
> ② 후보자의 게재순위를 정함에 있어서는 후보자등록마감일 현재 국회에서 의석을 갖고 있는 정당의 추천을 받은 후보자, 국회에서 의석을 갖고 있지 아니한 정당의 추천을 받은 후보자, 무소속후보자의 순으로 하고, 정당의 게재순위를 정함에 있어서는 후보자등록마감일 현재 국회에서 의석을 가지고 있는 정당, 국회에서 의석을 가지고 있지 아니한 정당의 순으로 한다(제150조 제3항).
> ③ 후보자등록마감일 현재 국회에서 의석을 가지고 있지 아니한 정당이나 그 정당의 추천을 받은 후보자 사이의 게재순위는 그 정당의 명칭의 가나다순으로 정한다(제150조 제5항).
> ④ 후보자등록기간이 지난 후에 후보자가 사퇴·사망하거나 등록이 무효로 된 때라도 투표용지에서 그 기호·정당명 및 성명을 말소하지 아니한다(제150조 제8항).

8 공무원 등의 선거운동에 대한 설명으로 옳은 것은?

① 새마을운동협의회 상근 임·직원은 선거기간 중에라도 휴가기간인 경우에는 그 업무와 관련된 기관이나 시설을 방문할 수 있다.

② 부산광역시장은 부산광역시장 선거일 전 150일이라도 근무시간 이후에는 공공기관이 아닌 단체가 부산광역시 청사에서 주최하는 행사에 참석할 수 있다.

③ 서울특별시 강남구청 공무원은 보궐선거의 실시사유가 확정된 때라 하더라도 직업지원교육을 개최하는 행위를 할 수 없다.

④ 세종특별자치시장은 외국인 근로자들의 국내생활 적응을 장려하는 공익광고에는 출연할 수 있다.

9 「공직선거법」상 선거에 대한 설명으로 옳지 않은 것은?

① 정당이 당내경선을 실시하는 경우 경선후보자가 당해 정당의 후보자로 선출되지 못하였더 라도 후보자로 선출된 자가 당적의 이탈로 그 자격을 상실한 때에는 당해 선거구의 후보 자로 등록될 수 있다.

② 무소속후보자는 해당 선거구에 후보자를 추천하지 아니한 정당이 자신을 지지하거나 지원 하는 경우에도 그 사실을 표방하는 행위를 할 수 없다.

③ 기표소는 그 안을 다른 사람이 엿볼 수 없도록 설비하여야 하며 어떠한 표지도 하여서는 아니 된다.

④ 선상투표의 경우, 선장은 선거일 전 8일부터 선거일 전 5일까지의 기간 중 해당 선박의 선 상투표자의 수와 운항사정 등을 고려하여 선상투표를 할 수 있는 일시를 정하고, 해당 선 박에 선상투표소를 설치하여야 한다.

Answer 7.① 8.② 9.②

10 「공직선거법」상 기부행위에 대한 설명으로 옳은 것은?

① 정당의 당헌·당규 기타 정당의 내부규약에 의하여 정당의 당원이 부담금을 납부하는 행위는 기부행위에 해당한다.

② 이익제공의 상대방이 선거구민이 아니라면 기부행위는 성립되지 아니한다.

③ 기부행위란 실제 재산상 이익이 제공된 경우에만 성립할 뿐, 이익제공의 의사표시나 그 제공을 약속하는 행위는 기부행위로 보지 아니한다.

④ 후보자가 되고자 하는 자와 그 배우자는 당해 선거구민의 결혼식에서 주례행위를 할 수 없다.

> **ADVICE** ① 정당의 당헌·당규 기타 정당의 내부규약에 의하여 정당의 당원이 당비 기타 부담금을 납부하는 행위는 기부행위로 보지 아니한다(제112조 제2항).
> ② "기부행위"라 함은 당해 선거구안에 있는 자나 기관·단체·시설 및 선거구민의 모임이나 행사 또는 당해 선거구의 밖에 있더라도 그 선거구민과 연고가 있는 자나 기관·단체·시설에 대하여 금전·물품 기타 재산상 이익의 제공, 이익제공의 의사표시 또는 그 제공을 약속하는 행위를 말한다(제112조 제1항).
> ③ 제112조 제1항
> ④ 제113조 제1항

11 「공직선거법」상 기탁금에 대한 설명으로 옳지 않은 것은?

① 납부된 기탁금은 다른 법률에 의한 체납처분이나 강제집행의 대상이 되지 아니한다.

② 자치구·시·군의 장선거에 출마한 후보자가 당선되지 않고 유효투표총수의 100분의 13을 득표한 경우에 반환받는 기탁금은 100만원이다.

③ 대통령선거의 예비후보자가 후보자등록을 신청하는 때에는 예비후보자등록 시 이미 납부한 기탁금을 제외한 2억 4천만원을 기탁금으로 납부하면 된다.

④ 후보자가 「공직선거법」을 위반하여 과태료를 부과받은 경우, 과태료가 반환해야 할 기탁금을 넘지 않는다면 관할 선거구선거관리위원회는 반환해야 할 기탁금에서 과태료를 공제하고 반환한다.

> **ADVICE** ① 제56조 제2항
> ② 자치구·시·군의 장 선거의 기탁금은 1천만원이고, 후보자가 유효투표총수의 100분의 10 이상 100분의 15 미만을 득표한 경우에는 기탁금의 100분의 50에 해당하는 금액을 반환한다(제56조 제1항 및 제57조 제1항).
> ③ 제56조 제1항 및 제60조의2 제2항
> ④ 제56조 제3항

12 「공직선거법」상 예비후보자 제도에 대한 설명으로 옳지 않은 것은? (다툼이 있는 경우 판례에 의함)

① 대통령선거의 예비후보자등록을 신청하는 사람에게 대통령선거 기탁금의 100분의 20에 해당하는 금액을 기탁금으로 납부하도록 하는 것은 과잉금지원칙에 위배되어 경제적 약자의 공무담임권을 침해한다.

② 예비후보자의 기탁금 반환 사유를 예비후보자의 사망, 당내경선 탈락으로 한정하는 것은 지역구국회의원선거 예비후보자의 재산권을 침해하지 않는다.

③ 대통령선거 및 지방자치단체의 장선거의 예비후보자는 선거공약 및 이에 대한 추진계획으로 공약집 1종을 발간·배부할 수 있으며, 이를 배부하려는 때에는 통상적인 방법으로 판매하여야 하지만 방문판매의 방법으로는 판매할 수 없다.

④ 예비후보자의 배우자와 직계존비속은 예비후보자의 선거운동을 위하여 「공직선거법」에 따른 예비후보자의 명함을 직접 주거나 예비후보자에 대한 지지를 호소할 수 있다.

> **ADVICE** ① 대통령선거는 가장 중요한 국가권력담당자를 선출하는 선거로서 후보난립의 유인이 다른 선거에 비해 훨씬 더 많으며, 본선거의 후보자로 등록하고자 하는 예비후보자에게 예비후보자 기탁금은 본선거 기탁금의 일부를 미리 납부하는 것에 불과하다는 점 등을 고려하면 기탁금 액수가 과다하다고도 할 수 없으므로 심판대상조항이 과잉금지원칙에 위배되어 공무담임권을 침해한다고 볼 수 없다(헌재 2015. 7. 30. 2012헌마402).
> ② 헌재 2016. 9. 29. 2015헌마548
> ③ 제60조의4 제1항
> ④ 제60조의3 제2항

13 「공직선거법」상 당내경선 등을 위한 안심번호의 제공에 대한 설명으로 옳지 않은 것은?

① 관할 선거관리위원회는 제출된 안심번호 제공 요청서에 기재사항이 누락되었거나 심사를 위하여 추가로 자료가 필요하다고 판단되는 때에는 해당 정당에 안심번호 제공 요청서의 보완 또는 자료의 제출을 요구할 수 있으며, 그 요구를 받은 정당은 지체 없이 이에 따라야 한다.

② 이동통신사업자는 중앙선거관리위원회규칙으로 정하는 바에 따라 이용자에게 정당의 당내경선이나 여론수렴 등을 위하여 본인의 이동전화번호가 정당에 안심번호로 제공된다는 사실과 그 제공을 거부할 수 있다는 사실을 알려야 한다.

③ 안심번호를 제공받은 자(그 대표자 및 구성원을 포함한다)는 유효기간이 지난 안심번호를 즉시 폐기하여야 한다.

④ 누구든지 안심번호를 제공한 이동통신사업자에게 당내경선의 결과·효력이나 여론수렴의 결과에 대하여 이의를 제기할 수 있다.

> **ADVICE** ① 제57조의8 제4항
> ② 제57조의8 제6항
> ③ 제57조의8 제7항
> ④ 누구든지 안심번호를 제공한 이동통신사업자에게 당내경선의 결과·효력이나 여론수렴의 결과에 대하여 이의를 제기할 수 없다(제57조의8 제12항).

14 「공직선거법」상 사전투표소의 설치에 대한 설명으로 옳지 않은 것은?

① 구·시·군선거관리위원회는 선거일 전 5일부터 2일 동안 관할구역의 읍·면·동마다 2개소씩 사전투표소를 설치·운영하여야 한다.

② 구·시·군선거관리위원회는 사전투표소를 설치할 때에는 선거일 전 9일까지 그 명칭·소재지 및 설치·운영기간을 공고하고, 선거사무장 또는 선거연락소장에게 이를 통지하여야 하며, 관할구역 안의 투표구마다 5개소에 공고문을 첨부하여야 한다.

③ 구·시·군선거관리위원회는 설치된 사전투표소의 투표사무를 보조하게 하기 위하여 사전투표사무원을 두어야 한다.

④ 중앙선거관리위원회는 사전투표소에서 통합선거인명부를 사용하기 위한 선거전용통신망을 구축하여야 한다.

 ① 구·시·군선거관리위원회는 선거일 전 5일부터 2일 동안(이하 "사전투표기간"이라 한다) 관할구역(선거구가 해당 구·시·군의 관할구역보다 작은 경우에는 해당 선거구를 말한다)의 읍·면·동마다 1개소씩 사전투표소를 설치·운영하여야 한다(제148조 제1항).
② 제148조 제2항
③ 제148조 제3항
④ 제148조 제5항

15 선거방송토론위원회 주관 대담·토론회에 대한 설명으로 옳은 것은? (다툼이 있는 경우 판례에 의함)

① 중앙선거방송토론위원회는 대통령선거후보자 중에서 1인 또는 수인을 초청하여 2회 이상 대담·토론회를 개최하여야 한다.

② 선거방송토론위원회 주관 대담·토론회의 방송에 있어서 청각장애 선거인을 위한 자막 또는 수화통역의 방영을 의무사항으로 규정하지 아니한 것은 청각장애 선거인들의 참정권 등 헌법상 기본권을 침해하지 않는다.

③ 선거방송토론위원회 주관 대담·토론회의 참가기준으로 여론조사 평균지지율 100분의 5를 요구하는 것은 과잉금지원칙에 위배된다.

④ 「방송법」에 의한 방송사업자·중계유선방송사업자 및 인터넷언론사 또는 중계유선방송사업자는 선거방송토론위원회의 부담으로 대담·토론회를 중계방송할 수 있다.

 ① 중앙선거방송토론위원회는 대통령선거후보자 중에서 1인 또는 수인을 초청하여 3회 이상 대담·토론회를 개최하여야 한다(제82조의2 제1항).
② 헌재 2009. 5. 28. 2006헌마285
③ 헌재 2009. 3. 26. 2007헌마1327
④ 「방송법」 제2조(용어의 정의)의 규정에 의한 방송사업자·중계유선방송사업자 및 인터넷언론사는 그의 부담으로 대담·토론회를 중계방송할 수 있다(제82조의2 제13항).

16 무효투표에 해당하는 것을 모두 고른 것은? (다툼이 있는 경우 판례에 의함)

> ㉠ 거소투표자의 기표 및 봉함이 투표자 본인의 의사에 따라 직접 행하여졌으나 그 회송용 겉봉투의 봉함 부분에 거소투표자의 사인 대신 당해 투표자들이 요양치료중인 정신병원장의 직인이 날인된 경우
> ㉡ 선상투표신고서에 기재된 팩시밀리 번호가 아닌 번호를 이용하여 전송되거나 전송한 팩시밀리 번호를 알 수 없는 경우
> ㉢ 기표의 횟수와 관련하여 후보자·정당란 외에 추가 기표되었으나 추가 기표된 것이 어느 후보자·정당에도 기표한 것으로 볼 수 없는 경우
> ㉣ 사전투표소에서 투표한 선거인이 선거일의 투표개시 전에 사망한 경우 해당 선거인의 투표

① ㉠, ㉡
② ㉠, ㉢
③ ㉡, ㉢
④ ㉢, ㉣

> **ADVICE** ㉠ 대판 2000. 10. 6. 선고 2000수63
> ㉡ 제179조 제1항
> ㉢㉣ 제179조 제4항

17 후보자 추천 및 등록에 대한 설명으로 옳은 것은?

① 정당이 비례대표국회의원선거 및 비례대표지방의회의원선거에 후보자를 추천하는 때에는 그 후보자 중 100분의 50 이상을 여성으로 추천하되, 그 후보자명부의 순위의 매 홀수에는 여성을 추천하여야 하며, 비례대표국회의원선거 및 비례대표지방의회의원선거에서 이를 위반한 때에는 등록신청을 할 수 없고 등록 후에도 등록을 무효로 한다.

② 지역구국회의원선거의 무소속후보자가 되고자 하는 자는 관할선거구선거관리위원회가 후보자등록신청개시일 전 5일부터 검인하여 교부하는 추천장을 사용하여 300인 이상 500인 이하의 선거권자의 추천을 받아야 하며, 이 경우 추천선거권자수의 상한수를 넘어 추천을 받아도 된다.

③ 지역구지방의회의원 및 지방자치단체의 장의 선거에 있어서 정당추천후보자의 등록은 정당추천후보자가 되고자 하는 자가 신청하되, 추천정당의 당인(黨印) 및 그 대표자의 직인이 날인된 추천서와 본인승낙서를 등록신청서에 첨부하여야 한다.

④ 후보자등록 후에 정당추천후보자가 당적을 이탈·변경하거나 2 이상의 당적을 가지고 있는 때, 또는 소속정당의 해산이나 그 등록의 취소 또는 중앙당의 시·도당창당승인취소가 있는 때에는 그 후보자의 등록은 무효가 된다.

18 「공직선거법」상 선거공약서에 대한 설명으로 옳지 않은 것은?

① 선거공약서는 대통령선거에 있어서는 32면 이내로, 시·도지사선거에 있어서는 16면 이내로, 자치구·시·군의 장선거에 있어서는 12면 이내로 작성한다.

② 선거공약서의 수량은 해당 선거구 안에 있는 세대수의 100분의 10에 해당하는 수 이내로 한다.

③ 후보자와 그 가족, 선거사무장, 선거연락소장, 선거사무원, 회계책임자 및 후보자와 함께 다니는 활동보조인은 선거공약서를 배부할 수 있지만, 우편발송(점자형 선거공약서는 제외한다)·호별방문이나 특정 장소에 비치하는 방법을 포함한 살포의 방법으로 선거공약서를 배부할 수 없다.

④ 관할선거구선거관리위원회는 당선인 결정 후에는 당선인의 선거공약서를 그 임기만료일까지 선거관리위원회의 인터넷홈페이지 또는 중앙선거관리위원회가 지정하는 인터넷홈페이지에 게시하여야 한다.

Answer 16.① 17.④ 18.④

19 선거에 관한 헌법재판소 판례를 설명한 것으로 옳지 않은 것은?

① 부재자투표의 투표개시시간을 일과시간 이내인 오전 10시부터로 정한 것은 과잉금지원칙에 위배하여 청구인의 선거권과 평등권을 침해하는 것이다.

② 동시계표 투표함 수에 비하여 상대적으로 적은 수의 개표참관인이 선정될 수 있는 경우에도 동시계표 투표함 수를 제한하지 않는 것은 헌법에 위반되지 않는다.

③ 선거일 전 180일부터 선거일까지 선거에 영향을 미치게 하기 위하여 인터넷에 글이나 동영상을 올려 게시하거나 전자우편을 전송하는 방법으로 후보자나 정당에 관한 일정한 내용의 정보를 표현하는 행위를 금지하는 것은 헌법에 위반되지 않는다.

④ 「공직선거법」상 후보자뿐만 아니라 '후보자가 되고자 하는 자'에 대한 비방 행위도 처벌한다고 하더라도 과잉금지원칙에 반하여 선거운동의 자유를 침해하는 것은 아니다.

ADVICE ① 헌재 2012. 2. 23. 2010헌마601
② 헌재 2013. 8. 29. 2012헌마326
③ 구 공직선거법(2005. 8. 4. 법률 제7681호로 개정되고 2010. 1. 25. 법률 제9974호로 개정되기 전의 것) 제93조 제1항 및 공직선거법(2005. 8. 4. 법률 제7681호로 개정된 것) 제255조 제2항 제5호 중 제93조 제1항의 각 '기타 이와 유사한 것'과 공직선거법(2010. 1. 25. 법률 제9974호로 개정된 것) 제93조 제1항 및 공직선거법(2005. 8. 4. 법률 제7681호로 개정된 것) 제255조 제2항 제5호 중 제93조 제1항의 각 '그 밖에 이와 유사한 것'에, '정보통신망을 이용하여 인터넷 홈페이지 또는 그 게시판·대화방 등에 글이나 동영상 등 정보를 게시하거나 전자우편을 전송하는 방법'이 포함되는 것으로 해석하는 한 헌법에 위반된다(헌재 2011. 12. 29. 2007헌마1001).
④ 헌재 2013. 6. 27. 2011헌바75

20 「공직선거법」상 선거권에 대한 설명으로 옳지 않은 것을 모두 고른 것은?

> ㉠ 제20대 국회의원선거(2016. 4. 13. 실시)에서 1997년 1월 14일 출생자인 甲이 선거인명부에서 자신이 누락되어 있음을 확인하여 이에 대해 이의신청하였고 그 결과 이유 있다는 결정통지를 받았다면 선거권을 행사할 수 있다.
>
> ㉡ 乙은 절도죄로 2015년 4월 13일 대구지방법원에서 징역 1년, 집행유예 2년을 선고받았다. 乙은 형의 선고를 받고 그 집행이 종료되지 아니하였기 때문에 제20대 국회의원선거(2016. 4. 13. 실시)에서 선거권을 갖지 못한다.
>
> ㉢ 익산시장 丙은 2010년 재임 중 직무와 관련하여 「형법」 제129조의 수뢰죄를 범하여 1년의 징역형을 선고받고 그 집행을 받지 아니하기로 확정되었다. 丙은 제20대 국회의원선거(2016. 4. 13. 실시)에서 선거권을 갖는다.
>
> ㉣ 丁이 2013년 4월 14일에 「정치자금법」 제45조 위반으로 100만원의 벌금형을 선고받고 그 형이 확정되었다면 제20대 국회의원선거(2016. 4. 13. 실시)에서 선거권을 갖지 못한다.

① ㉠, ㉡   ② ㉠, ㉣

③ ㉡, ㉢   ④ ㉢, ㉣

ADVICE ㉠ 구·시·군의 장의 착오 등의 사유로 인하여 정당한 선거권자가 선거인명부에 누락된 것이 발견된 때에는 해당 선거권자 또는 구·시·군의 장은 주민등록표등본 등 소명자료를 첨부하여 관할 구·시·군선거관리위원회에 서면으로 선거인명부 등재신청을 할 수 있다(제43조).

㉡ 그 형의 집행유예를 선고받고 유예기간 중에 있는 사람은 선거권이 있다(제18조 제1항).

㉢ 1년 이상의 징역 또는 금고의 형의 선고를 받고 그 집행이 종료되지 아니하거나 그 집행을 받지 아니하기로 확정되지 아니한 사람은 선거권이 없다(제18조 제1항).

㉣ 100만원이상의 벌금형의 선고를 받고 그 형이 확정된 후 5년 또는 형의 집행유예의 선고를 받고 그 형이 확정된 후 10년을 경과하지 아니하거나 징역형의 선고를 받고 그 집행을 받지 아니하기로 확정된 후 또는 그 형의 집행이 종료되거나 면제된 후 10년을 경과하지 아니한 자는 선거권이 없다(제18조 제1항).

공무원 기출문제집

서원각 기출문제집으로 시험 출제경향 파악하자!

▲ **기출문제 정복하기**

전 직렬 공통 필수과목
일반행정직
사회복지직
교육행정직

▲ **최신 기출문제**

필수과목/행정직
교육행정직/사회복지직

▲ **최근 5개년 기출문제**

국어/영어/한국사/사회
행정법총론/행정학개론
교육학개론

▲ **최근 10개년 기출문제**

국어/영어/한국사/사회
행정법총론/행정학개론
교육학개론

▲ **최신 3개년 기출문제**

필수과목/행정직
교육행정직/사회복지직

▲ **서울시 공무원**

필수과목 기출문제정복하기,
국어/영어/한국사/
행정학개론/행정법총론

▲ **기출문제 정복하기**

9급 건축직/7급 건축직/
9급 기계직/8급 간호직/
9급 보건직

네이버 카페 검색창에서 '공무공부'를 검색하셔서 네이버 카페 공무공부에 가입하시면 각종 시험 정보를 보실 수 있습니다.

취업준비하기

서원각과 함께 확실하게 취업 대비하자!

▲ 자기소개서
Before&After

▲ 취업영어면접

▲ 여성을 위한
면접핸드북

▲ 서울시 공무원
영어면접

▲ 자신감
공무원면접

▲ 공사공단 채용

공사공단 인적성검사
공사공단 고졸채용 인적성검사

▲ 금융권 채용

금융권 인적성검사
금융권 채용 법학/ 경영학
금융경제 상식

▲ 대기업 채용

대기업 채용 인적성검사
대기업 고졸채용 인적성검사
대기업 생산직채용 인적성검사

네이버 카페 검색창에서 '기업과 공사공단'을 검색하셔서 네이버 카페 기업과 공사공단에 가입하시면 각종 시험 정보를 보실 수 있습니다.